ZHUANLIFA XUESHUO
YU ANLI YANJIU
（一）

专利法学说
与案例研究

（一）

闫文军　著

 知识产权出版社
全国百佳图书出版单位

图书在版编目（CIP）数据

专利法学说与案例研究（一）/闫文军著.— 北京：知识产权出版社，2015.10

ISBN 978-7-5130-3878-2

Ⅰ.①专… Ⅱ.①闫… Ⅲ.①专利法—法的理论—研究—中国

②专利法—案例—中国 Ⅳ.①D923.42

中国版本图书馆CIP数据核字（2015）第255625号

内容提要

作者从法官、学者和律师的视角，着眼于中外专利法中的理论和实务问题，通过比较研究、理论探讨、案例分析，对我国专利法领域的若干热点问题进行了深入研究。主要内容涉及：专利保护的客体、职务发明奖励报酬、专利申请及权属、专利诉讼、权利要求解释、等同原则、侵权判断和侵权责任等。

责任编辑：龚 卫　　　　　　　责任校对：董志英

封面设计：SUN 工作室　　　　责任出版：刘译文

专利法学说与案例研究（一）

闫文军　著

出版发行：知识产权出版社 有限责任公司		网　　址：http://www.ipph.cn	
社　　址：北京市海淀区西外太平庄 55 号		邮　　编：100081	
责编电话：010-82000860 转 8120		责编邮箱：gongwei@cnipr.com	
发行电话：010-82000860 转 8101/8102		发行传真：010-82000893/82005070/82000270	
印　　刷：北京科信印刷有限公司		经　　销：各大网上书店、新华书店 及相关专业书店	
开　　本：787mm×1092mm　1/16		印　　张：23.25	
版　　次：2015 年 10 月第 1 版		印　　次：2015 年 10 月第 1 次印刷	
字　　数：368 千字		定　　价：80.00 元	

ISBN 978-7-5130-3878-2

前　言

　　粗略算来,在知识产权领域工作已经将近二十年了。在这段时间里,我特别关注与专利法有关的问题。在工作中,我审理过专利案件,代理过专利纠纷,讲授过专利课程,研究过专利课题。这样的工作经历使我有机会从法官、学者和律师的不同视角考虑专利法的问题。但另一方面,这种思考往往就事论事,遇到什么问题考虑什么问题,而缺少一些对专利法的系统研究。为了与业界同行分享我对专利法的认识,我将近年来自己写的与专利法有关的文章编辑成册,并付诸出版。因特别欣赏王泽鉴先生的《民法学说与判例研究》丛书,我斗胆将这本册子命名为《专利法学说与案例研究（一）》。

　　这本书收录了我在专利法方面的21篇文章,以及关于专利法修改草案、司法解释草案的两篇意见。文章涉及专利法以下几个方面的问题。

　　1. 专利保护的客体

　　《从Myriad案看基因的专利保护》主要从介绍美国最高法院的Myriad案判决入手,探讨基因的专利保护问题。

　　2. 职务发明奖励报酬

　　《我国职务发明奖励报酬纠纷分析研究》对我国近年来职务发明奖励报酬案件进行了总结分析,对审理此类纠纷案件中的一些实体和程序问题进行了探讨。《日本中村修二职务发明报酬案评介》是对日本中村修二职务发明报酬案的点评。

　　3. 专利申请及权属

　　《专利申请权刍议》是对专利法中的一个基本概念"专利申请权"的辨析,说明了清楚界定这一概念含义的必要性。《非真正权利人申请专利后的解决途径》分析了专利权属争议的解决途径,对完善我国的解决途径提出了新的设想。《因法律文书导致专利权变动的专利权转移时间辨析》与上一篇密切相关,针对因法律文书导致的专利权变动,探讨了如何确定专利权转移时间的问题。《权利要求不清楚及其法律后果》针对专利申请中出现的一个问题"权利要求不清楚",探讨和分析了如何认定以及认定权利要求不清楚后如何解决的问题。

4. 专利诉讼

《确认不侵犯专利权之诉的受理条件研究》探讨了确认不侵犯专利权之诉的受理条件；《FRAND 许诺的性质及相关问题诉讼研究》分析了 FRAND 许诺的性质、禁令的适用以及标准使用人针对标准必要专利权人提起的诉讼的受理问题。

5. 权利要求解释

《美国专利审查中的"最宽合理解释"方法》和《Phillips 诉 AWH 案与美国专利权利要求解释》都是对美国权利要求解释的介绍，前一篇针对的是专利审查中的权利要求解释，后一篇针对的是专利侵权诉讼中的权利要求解释。

6. 等同原则

《中国大陆专利侵权判断中的等同原则》是对我国适用等同原则的简要总结和介绍。《中日专利侵权判断中的等同原则比较研究》则是对中国和日本适用等同原则的比较研究。《"特意排除"规则：限制等同原则适用的一种新规则》探讨了限制等同原则中的一种情形：特意排除。《无效过程中的修改与禁止反悔原则》对无效过程中的修改什么情况下导致禁止反悔原则的适用进行了分析。

7. 侵权判断和侵权责任

《外观设计专利侵权判断标准探讨》分析了如何判断外观设计专利侵权的判断标准。《专利间接侵权的主观要件研究》和《专利间接侵权研究》都是针对专利间接侵权的问题，前一篇只就间接侵权的主观要件进行分析；后一篇则在总结我国法院间接侵权判决的基础上，全面分析了如何审理与间接侵权有关的纠纷。《"旧瓶装新酒"的专利法探讨》在介绍我国有关案例的基础上，提出了权利用尽原则适用于作为包装物的外观设计专利产品的意见。《专利侵权产品使用者之停止侵权责任辨析》在介绍美国案例的基础上，提出了应限制对专利产品使用者适用停止侵权责任的意见。

随着我国知识产权事业的飞速发展，我国知识产权的从业人员和研究队伍不断壮大。专利法领域新的研究成果不断涌现。希望本书中的有关内容能对我国专利法的研究和适用带来一点有用的信息，也希望广大同仁提出宝贵的意见。

目　录

从Myriad案看基因的专利保护

2013 年 6 月 13 日，美国最高法院就 Ass'n for Molecular Pathology v. Myriad Genetics 案（以下简称 Myriad 案）作出最终判决，[①] 认定 Myriad 对 BRCA1 和 BRCA2 所拥有的 DNA 专利无效但 cDNA 专利有效。此案不仅对于美国的基因专利保护制度有重大影响，而且也引起了全世界对基因专利保护的反思。本文将通过 Myriad 案介绍美国基因专利保护政策，以期对我国的基因专利保护政策的制定和完善有所启示。

一、Myriad 案简介

（一）Myriad 公司及其 BRCA1 和 BRCA2 相关专利

Myriad 公司是一家美国分子诊断公司，致力于开发人类基因，并且用于治疗人类疾病。公司和犹他大学的研究机构人员定位出 BRCA 基因在人类基因组中的物理位置，将 BRCA 基因从染色体中分离出来并检测出该基因的确切核苷酸序列。BRCA1 是一种对人类的恶性肿瘤有抑制作用的基因，能够帮助修复乳腺细胞或其他组织细胞中受损的 DNA，在无法修复相关 DNA 时，则会将相关细胞彻底消灭。研究表明，如果 BRCA1 本身受到破坏，则受损 DNA 无法获得修复，罹患癌症的几率将大大增加。该基因可以被用来对女性进行基因测试，从而能够更容易发现乳腺癌等疾病，以及时采取措施进行预防或治疗。

Myriad 公司向美国专利商标局提交了多个专利申请，于 1997 ~ 2000 年获得了乳腺癌易感基因 BRCA1 和 BRCA2 相关的 7 个专利授

---

① Ass'n for Molecular Pathology v. Myriad Genetics, Inc., 569 U.S., 133 S. Ct. 2107 （2013）.

权。其专利核心是权利要求，其中最具代表性的是 5747282 号专利，其中重要的权利要求是权利要求 1 和权利要求 2。

权利要求 1 的内容为：An isolated DNA coding for BRCA1 pllypeptide, said polypeptide having the amino acid sequence set forth in SEQ ID NO：2.

中文翻译为：一种分离的 DNA，该 DNA 编码 BRCA1 多肽，该多肽具有序列 2 的氨基酸序列。

在该专利的说明书中，有关序列 2 的描述，序列 2 代表 BRCA1 多肽的氨基酸序列。该专利权利要求不长，但它给予公司的权利保护范围却很广，其所要求的分离 DNA 分子囊括了所有可以编码 BRCA1 多肽的离体 DNA，包括离体的基因组 DNA 和人工合成的 cDNA。

权利要求 2 的内容为：The isolated DNA of claim1, where in said DNA has the nucleotide sequence set forth in SEQ ID NO：1.

中文翻译为：根据权利要求 1 所述的分离的 DNA，所述 DNA 具有序列 1 中所列核苷酸序列。在该专利的说明书中，序列 1 是编码 BRCA1 的 cDNA 序列，只列出了 BRCA1 基因的外显子，共 5914 个碱基对。

cDNA 指与 RNA 链互补的单链 DNA，以其 RNA 为模板，在适当引物的存在下，由 RNA 与 DNA 在一定条件下合成的 DNA。BRCA1 基因组大约有 80 000 个核苷酸，而 cDNA 大约只有 5500 个核苷酸，这是因为基因组含有编码的外显子和非编码的内含子，而 cDNA 只有外显子，合成过程中，内含子通过人工修剪被除掉了。

可以看出，该专利中权利要求 1 的保护范围比较大，而权利要求 2 是权利要求 1 的从属权利要求，只保护人工合成的 cDNA。根据权利要求 1 以及类似相关专利权利要求的保护，Myriad 公司成为美国本土唯一可以对 BRCA1 和 BRCA2 基因进行序列分析的公司，每个标本基因 BRCA1 和 BRCA2 序列分析和结果解释的价格是 3000 美金。Myriad 为了保持自己在 BRCA1 和 BRCA2 基因上的权利，他们起诉 OncorMed 和宾夕法尼亚大学，指责他们侵权，尽管当时后者只是在进行政府支持的临床试验，但仍然与 Myriad 进行了和解。

（二）一审判决

Myriad 公司对 BRCA1 和 BRCA2 基因专利，特别是对 BRCA1

和 BRCA2 基因检测的垄断，引起了公众及有关组织的不满。2009 年，美国分子病理学协会和美国公民自由联盟（ACLU）、非营利组织公共专利基金会（PUBPAT）等组织代表科学家和患者群体在纽约南区联邦法院起诉 Myriad 公司、犹他大学研究基金会和美国专利商标局，指控 Myriad 公司拥有的 BRCA 基因专利是非法的，限制了科学研究，损害了患者对医疗权的获得。起诉书指出给人类基因授予专利违反了美国宪法第一修正案和专利权法，因为人类基因并不是"自然的产品"。美国的其他重要组织，包括美国医学协会、畸形儿基金会、美国人类遗传学协会等也提出庭外辩护状，支持向 BRCA 突变基因的专利发起挑战。

案件争议的焦点是 Myriad 公司从人类染色体中提纯并分离的 DNA 基因片断是否具有可专利性。2010 年，纽约南区联邦法院作出了一审判决。[①] 法官 Sweet 在判决中指出，从自然中分离出的产品与自然界中存在的物质相比必须具有显著不同才具有可专利性。基因片断是人体信息的一种多功能的物质载体，是自然法则的物理体现。鉴于其特殊的性质，分离提纯后的基因片断并没有改变其基本性质，其性质和储存的信息与人体中存在的基因片断并没有本质的区别，因而他判定 Myriad 公司用于申请专利的基因属于自然的产物，不具可专利性。

（三）二审判决

Myriad 公司提起了上诉，美国联邦巡回上诉法院于 2011 年 7 月作出二审判决。[②] 该判决部分推翻一审判决，判定 Myriad 的 BRCA 基因具有可专利性。法院的多数派意见认为，判断某申请专利的"发明"是自然产物还是人类发明，关键在于该发明物的内在特征与在自然界中天然存在物相比所具有的变化。法官 Lourie 起草了多数派意见。判决认为，Myriad 发明的基因与自然界人体内的基因相比，其化学特征是不同的，该基因具有可专利性。首先，从化学组成上看，Myriad 公司分离的 BRCA 基因的化学构成和该基因在细胞内时的化学构成存在不同，"人体内的 DNA 存在于人体细胞内，是 46 个巨大而连续 DNA 分子之一。每个 DNA 分子本身是不可分割的，是一个更大的结构复杂的染色体的一部分。在每个染色体内，DNA 分子被周围组蛋白包裹而

---

① 669 F. Supp. 2d 365（S. D. N. Y. 2009）.

② 653 F. 3d 1329（Fed. Cir. 2011）.

形成染色质的结构，而染色质又形成染色体结构"。"是分离后的基因的特征，而不是其生理性的用途或功用决定了可专利性"。法官 Lourie 否认相同的核苷酸序列的重要性。他认为判断可专利性应该予以考虑的关键因素是基因的化学组成而不是基因序列所携带的遗传信息（基因编码）。而携带遗传信息是基因的主要用途，因而事实上 Lourie 法官拒绝考虑基因的功用性。Lourie 法官同时也拒绝考虑人体内原生状态和分离后的 DNA 尽管在化学结构上存在差异，但它们却编译相同的多肽编码这一事实"分离后的基因的可专利性并不能因为它携带与人体内自然产生的更复杂的基因有相同的遗传信息而被否认"。Lourie 法官同时表示"尽管生物学家可能从其用途方面来区分生物分子，但基因是具有化学特性的物质，它是否具有可专利性取决于其化学结构而不是它的功用"。

法官 Moore 同意专利有效的意见，但理由与 Lourie 法官不同。Moore 法官的分析则着眼于基因的微观化学结构。她认为分离的 DNA 分子，不同于其原本与末端的成千上万的额外的核苷酸相连。另外，不像非隔离的它有碱基的独特序列，这并不是自然状态下的。虽然是从中获取的，但它有明显不同的核苷酸序列。另外，自然产生的基因序列包含内含子和外显子，而 cDNA 不包含内含子。这些都是独特的地方。

法官 Bryson 反对分离后的基因片断具有可专利性的观点。他认为：Myriad 主张的基因是实际上存在于人类染色体上的。对那些基因的物质上的变化仅仅是把它们从在自然界中原本存在的环境中提取出来。提取的过程无疑是困难的，但分离出来的基因和原始的基因是没有区别的。从这个意义上来说那些基因就类似于最高法院在案中提到的"在地球上新发现的矿物"，或者"在野外新发现的植物"。可能提取新发现的矿物或者去发现、提取和繁殖新植物的过程是很艰难的，但并不意味着这些自然发生的物质可以成为发明出来的产品。Bryson 法官还指出，Myriad 公司的基因的核苷酸序列同自然发生的人类基因中所发现的核苷酸序列完全相同。因此，他认为分离后的基因片断不具有可专利性。

（四）重审判决

美国分子病理学协会等原告不服上述二审判决，向美国最高法院申诉。2012 年 3 月 26 日，美国最高法院撤销了美国联邦巡回上诉法院判决，发回重审。

美国最高法院将该案发回联邦巡回上诉法院重审。重审仍然由 Lourie、Bryson 和 Moore 三位法官审理。2012 年 8 月 16 日，联邦巡回上诉法院决定维持原判。判决仍然由 Lourie 起草，3 位法官的意见与二审时基本相同，其判决结果也与二审判决相同。[①]

（五）美国最高法院的终审判决

2013 年 6 月 13 日，美国最高法院作出最终判决。[②] 美国最高法院最终裁决 Myriad 公司分离的 BRCA1 和 BRCA2 基因不具备可专利性，但同时也认为人工合成的 cDNA 具备可专利性。根据美国最高法院的判决，Myriad 公司没有创造出任何东西。可以肯定的是，Myriad 公司发现了一个重要而且有用的基因，但是从周围的遗传物质中分离出这两个基因，并不是一种发明行为。人工构建的 cDNA 虽然与天然 DNA 包含相同的编码信息，但是 cDNA 通常会省略天然 DNA 片段中某些不编码蛋白质的部分，这样的 cDNA 是可以作为专利的。

二、美国关于专利适格性的历史发展

（一）美国专利法的规定

根据美国专利法的规定和实践，专利申请人的专利申请要获得专利授权必须符合五个要件：一是属于专利保护的客体；二是具有新颖性；三是具有非显而易见性；四是具有实用性；五是说明书公开充分。[③] 其中，第一个问题被称为专利适格性问题。Lourie 法官在 Myriad 案的重审判决中曾指出："专利适格性"问题是一个门槛测试，而不是判定此发明是否能获得专利。判定发明是否能获得专利是一个对多项其他法定要求的测试。[④] 可见，前面所说的五个条件中，第一个条件是门

---

① 689 F.3d 1303；2012 U.S. App. LEXIS 17679；103 U.S.P.Q.2D（BNA）1681.

② 569 U.S.（2013）.

③ William B. McConnel, Patenting Isolated Human Enhancer Elements &The Utility Requirement Problem, 23 *Alb. L.J. Sci. & Tech.* 409（2013）.

④ 689 F.3d 1303；2012 U.S. App. LEXIS 17679；103 U.S.P.Q.2D（BNA）1681.

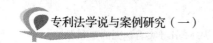

槛，只有符合这一条件，才涉及判断是否符合其他条件的问题。

《美国专利法》关于专利保护客体的规定是第101条的规定：凡发明或发现任何新颖而实用的方法、机器、产品、物质合成，或其任何新颖而实用之改进者，可按本法所规定的条件和要求获得专利。这一规定，最早见于1793年的《美国专利法》，但在1793年的《美国专利法》中，方法是由技艺来表达的。1952年的《美国专利法》中，才将技艺改为方法，并延用至今。但是美国专利法中并没有明确规定不授予专利权的客体。

（二）美国专利判例中不授予专利权的客体

虽然美国专利法中并没有对不授予专利权的客体作出明确规定，但美国的判例已经将某些客体排除在专利保护之外。美国最高法院认为一个产物要成为可专利的客体，必须要它与自然状态下存在显著的不同特征，即一个来自自然的原始材料必须要经过一个过程，使它具有一个新的不同的特征、特性或者用途等，才能成为可专利的客体。[1]

其中最主要的是三种不予保护的客体：自然规律、物理现象和抽象观念。为什么这三类例外不能授予专利，主要理由是这是人类知识的存货，是所有人可自由使用的，而不是为某人专门保存的。[2]In Gottschalk v. Benson and Parker v. Flook 案中，法院认为，这三类不能授予专利的原因是它是科技工作的基本工具。[3]其中基因专利涉及的是某些产品是否属于自然规律或自然产品，从而不具有专利适格性。

（三）美国关于专利适格性的主要判例

自然产品能否授予专利源于 Ex parte Latimer 案[4]。原告主张对从澳大利亚松针细胞组织中提取的纤维授予专利。专利商标局认为，纤维只是自然产品，就像收割机收割的小麦一样只是从周围环境中剥离出来，不能授予专利权。但在 Parke-Davis & Co. v. H.K.Mulford Co. 案[5]

---

① Am. FruitGrowers, Inc. v. BrogdexCo., 283U. S. 1, 11（1931）.
② 这一理由最早在1948年的 Funk Bros. 案中阐述，并在后来的案件中被引用。
③ Gottschalk v.Benson, 409 U.S. 63, 67（1972）.
④ 1889 Dec. Comm'rPatat 123.
⑤ 189 F. 95（S.D.N.Y.1911）.

中，法院认为提纯的肾上腺素可以授予专利权，因为与自然状态相比，它在商业和医疗上是一种新的东西。即使只是没有任何改变的萃取物，也没有任何规则认为它不能授予专利。这与 Exparte Latimer 案是矛盾的。学者认为，从自然界中提取的产品能否授予专利，关键是看其是否存在"有用的差别"，这是影响自然产品给予专利保护的主要原因。如果一个从自然状态中剥离的产品使之比自然状态下更有用，仍可以获得专利。① 之所以如此，是因为"美国专利法当时还没有明确的自然产品的归类，作为区别于新颖性、实用性和创造性的问题"。②

后来的两个案件法院都没有授予专利权。General Electric Co. v. De Forest Radio Co. 案 ③，法院认为纯钨只是一种发现，而不是发明了其特点。在 In re Merz 案 ④ 中，法院认为天青石做成的蓝色颜料不能授予专利。

Funk Brothers 案 ⑤ 是其后影响较大的一个案件。专利权利要求保护的是一种豆科植物接种菌，由选自特定种系的相互间不存在抑制作用的菌株组成。而在此之前，提取来自一种根瘤菌的接种菌是现有技术。几种根瘤菌组合在一起被认为相互有抑制作用。专利权人发现了相互不具有抑制作用的根瘤菌，并组合在一起申请了专利。美国最高法院认为，专利权人并不是创造了细菌相互间的不抑制作用。不存在抑制作用的特征，就像"太阳的热量、导电性或金属的质量"，是"大自然的杰作"，因此不具备可专利性。选择的几个品种为一个产品的组合是最新发现的自然原理的一个应用，也不是具备可专利性的技术改进，因为没有任何一个细菌品种获得了不同的特性或用途。这一案件被认为是专利适格性的重要案例，但这时适格性问题仍不是一个独立的问题，美国最高法院是在创造性的术语下进行讨论的。⑥

Merck &Co.V. Olin Mathieson Chemical Corp. 案 ⑦ 涉及维生素 B12

①② Christopher Beauchamp, Patenting Nature : A Problem of History, 16 Stan. Tech. L. Rev. 257, 271-73（2013）.

③ 28F.3d 641, 643-48（3d Cir.1928）.

④ 97 F.2d 599（C.C.P.A.1938）.

⑤ 333 U.S. 127（1948）.

⑥ Christopher M. Holman, Patent Eligibility Post-Myriad : A Reinvigorated Judicial Wildcard of Uncertain Effect, The George Washington Law Review, November 2014 Vol. 82 No. 6.

⑦ 253 F. 2d 156（4th Cir. 1958）.

活性成分。在专利申请之前多年，人们就发现食用肝脏有助于治疗恶性贫血。Merck 公司的两名员工致力于肝脏中抗贫血成分的研究，并成功提取了称为维生素 B12 的物质，于 1952 年申请了专利维生素 B12。1955 年获得授权。Merck 公司指控 Olin mathieson 侵犯其专利权。Olin mathieson 提出了专利无效的反诉。一审法院认为，维生素 B12 活性成分是包含牛肝脏中提取的维生素 B12 的物质，它与牛等反刍动物肝脏中的成分是一样的，是多年来一直就存在的。二审法院认为，维生素 B12 的物质在牛体中只是很少的量，也可以产自某种微生物。作为自然酵素，没有任何使用价值、治疗价值和商业价值，直到转化成专利产品。专利法第 101 条的规定，并没有把"新的和有用的组合物"的自然产品排除在专利保护之外。那些受专利保护的有形物在某种意义上说也是自然之物，因为其基本原材料来自自然。维生素 B12 属于自然物质，但是是不为人知的，该专利要求保护的并非是天然形态的维生素 B12，而是利用微生物人工合成的高纯度的维生素 B12，同时揭示了维生素 B12 生产加工过程，揭示了维生素 B12 的功效，因此，法院判定 Merck 的专利有效，应给予保护。对于自然物质来说，自然物质也能成为适格的专利客体，满足专利授权条件，也能被授予专利权。

Diamond v. Chakrabarty 案[①]是美国专利法历史上关于专利适格性的里程碑式的案件。该案中，Chakrabarty 就一种转基因的微生物申请了专利。美国最高法院认为，美国专利法在规定专利保护客体时，使用了"任何"一词，表明专利保护的客体例如"产品""物质合成"具有最广泛的含义。美国国会的立法意图是用发明专利来保护"阳光下人所制造出来的一切东西"。美国专利法也没有将有生命的物质排除在发明专利保护的范围之外。所有的人造的东西，不论是有生命的还是无生命的，都属于专利法保护的客体。就本案的转基因微生物来说，它是一种人造的产品，而非自然存在的东西，因而属于专利保护的客体。因为"权利要求主张的并不是迄今未知的自然现象，而是非天然存在的产品或化合物，是具有'与众不同的名称、特征及用途'的人类智慧的结晶"。对于专利局所提出的，引用宗教界和科学界人士的看法，即进行基因发明的研究，有可能产生严重危害人类自身的结果，

---

① 447 U. S. 303（1980）.

例如造成污染，传播疾病，导致基因多样性的丧失等。最高法院认为，是否授予微生物以专利权，并不影响科学家的相关研究。在个别人就特定的研究结果寻求专利保护之前，已经有大量的研究工作存在。无论法律是否给予专利保护，科学家的探索不会停止。有关微生物的研究结果是否应当获得专利保护，完全是一个立法解决的问题。法院的任务仅仅是确定，在国会制定的法律中，某一具体术语的含义是什么。美国国会可以通过立法修改第 101 条，对微生物不提供专利保护，但在国会作出那样的修改前，法院只能认定申请人发明的微生物属于专利保护的对象。①

Chakrabarty 案并不是一致的判决，有的法官持反对意见。但美国国会立法并没有否定这一判决，并且通过美国联邦巡回上诉法院，进一步肯定了这种做法。②

三、美国基因专利的发展及 Myriad 案的影响

（一）美国的基因专利保护及审查标准

Chakrabarty 案之后，在美国联邦巡回上诉法院的主导下，专利保护客体大幅扩张，最著名的是计算机实施的方法、金融方法和商业方法，最后到了生物技术领域。专利局运用 Chakrabarty 案的推理，判定植物和动物都可以受到发明专利的保护。③ 而基因正是在这种背景下受到专利保护的。

基因（gene），是核酸中贮存遗传信息的遗传单位，是贮存有功能的蛋白质多肽链或 RNA 序列信息及表达这些信息所必需的全部核苷酸序列。④ 人类基因已成为重要的战略性资源，未来的基因诊断、基因治疗技术都将建立在基因序列的基础之上，因此科学界、生命科学技术公司都在极力争夺基因资源的桥头堡。

基因资源转化为权利主要靠专利制度。基因能否授予专利，即基

---

① 李明德.美国知识产权法 [M].2 版.北京：法律出版社，2014：42-43.

②③ Christopher M. Holman,Patent Eligibility Post-Myriad : A Reinvigorated Judicial Wildcard of Uncertain Effect, The George Washington Law Review, November 2014 Vol. 82 No. 6.

④ 李迪，张晓铃.有关基因专利的研究 [J].法制与社会，2007（1）.

因是否具有专利适格性，首先一个问题是基因是发明创造还是科学发现。如果基因是发明创造，当然应当授予专利；但是，如果基因是科学发现，则不能用专利保护。因此，关于基因属于发明创造还是科学发现，基因专利的支持者与反对者的意见截然相反。

基因专利的支持者认为：基因是有机化合物。当把基因从它所在的染色体上分离并提纯后，它们就符合作为化学化合物申请专利的条件，这也是专利保护所及的程度。基因专利的反对者认为：基因是天然存在的，不是任何人的发明，因而不应由任何人所拥有。两种对立的观点困扰着专利法理论和实务界。但这并没有阻碍基因被授予专利的进程。在 Chakrabarty 确立的原则的指导下，在美国强专利保护的趋势中，加上美国《拜杜法案》刺激了大学和科研机构在生物医药领域的研发和保护欲望，对基因给予专利保护成为自然而然的事。

1995 年 7 月 14 日，美国专利商标局公布了《美国实用性审查指南》，该指南为生物技术和制药工业确立了同其他领域一样的实用性标准。该实用性审查指南实质上降低了此前美国专利商标局对生物技术发明专利的实用性标准。先前要求申请人必须指出能够应用于产业的具体用途，才能满足实用性要求，而现在只需普通技术人员合理预期一项技术值得进一步的研究和发展，即认为只要一项发明方案在本领域普通技术人员看来是可信的或者其实用性是显而易见的，即可达到实用性条件。

2001 年 1 月 5 日，美国专利商标局公布了新的《美国实用性审查指南》，该指南的草案于 1999 年 12 月公布，已经过一年的公众评议并作了最后的修订。该指南适用于所有技术领域的专利申请实用性判断，但重点是为解决新兴技术领域中尚未被充分了解的新材料（如基因）的专利申请引发的实用性判断问题。美国生物技术产业组织认为该指南将促进有关基因发明专利的申请。新指南为 DNA 序列专利申请确立的实用性审查准则是：除非新颖的 DNA 序列的具体生物学功能或者它与具体的人体状况的关系被公布，否则，这类序列发明不能获得专利权。本指南要求，申请必须要公开一个具体的、实质的、可信的用途。在新的审查指南指导下，美国专利局开始使用三步法判断发明的实用性：第一，发明是否具有具体的实用性；第二，发明是否具有实质的实用性；第三，发明是否具有可信的实用性。新的审查指南对实用性的审查规则规定更为具体、更易于实践操作,而且规定的标准也比 1995 年文本严格。在实际操作中,美国法院和美国专利商标局对基因专利实用性的标准进行比较宽的解释,使大部分的基因专利申请很容易满足这一标准。

美国最高法院 Myriad 案的判决,改变了对基因专利的审查和授权标准,使适格性问题成为基因专利审查的一个首要的问题。案件判决的当天,美国专利商标局就向审查员发布了备忘录,称 Myriad 案将从根本上改变核酸有关技术的审查方针,完全来自自然存在的核酸及片段,不管是不是提取的,将不再授予专利。[①]2014 年 3 月 4 日,美国专利商标局颁布了关于自然物质包括自然法则、自然现象和自然产品的专利性审查指南,[②] 新指南规定,要求保护的自然物质必须实质地(significantly)或明显地(markedly)区别于自然存在的物质,才能授予专利。这种区别必须是结构上的明显区别,而不是功能上的区别。

(二)欧洲和日本基因专利的可专利性

美国不仅仅扩大本国专利的保护范围,也非常希望其他国家在新技术保护方面采取宽松的标准。同时很多国家和地区为了自身生物技术发展的需要,也对生物技术专利采取了比较宽松的标准。

自 20 世纪 80 年代以来,欧共体委员会一直在寻求在生物技术的专利性方面制定指令。欧共体委员会认为,对于这种专利的保护,不同的成员国之间存在较大差异,并且总体来说比美国和日本更弱。指令的目的在于加强对生物技术专利的保护,并澄清哪些可以得到专利保护。1998 年 6 月 16 日,欧盟部长理事会通过了欧共体生物技术专利指令草案,1998 年 7 月 30 日,该指令生效。生物技术专利指令的目的之一就是:在所有成员国对生物发明提供有效和统一的保护,并通过保护刺激欧洲生物工程领域的投资,增强针对美国和日本的竞争力。[③]指令明确指出,为本指令之目的,新的、有创造性的,而且能够在工业上应用的发明应具有可专利性,即使它们涉及由生物材料组成或含有生物材料的产品,或者涉及一种使生物材料得以复制、产生或应用

---

① http://www.uspto.gov/sites/default/files/patents/law/exam/myriad_20130613.pdf.
② http://www.uspto.gov/patents/law/exam/myriad-mayo guidance.pdf.
③ 李明德,等. 欧盟知识产权法 [M]. 北京:法律出版社,2010:376.

的方法。① 指令明确，从自然环境中分离的或通过技术手段产生的生物材料可以成为发明的客体，即使它曾在自然界中存在。② 对于基因的可专利性，指令序言部分指出，未说明功能的单纯 DNA 序列不包含任何技术信息，因此属于不具有可专利性的发明，③ 为了适用于工业应用从而符合专利性标准，当基因序列或部分基因序列用于生产蛋白质或其中某部分时，有时有必要指明生产了哪种蛋白质或某种蛋白质的哪个部分或指明其可实现什么功能。④

面对有关生物技术和生命科学的专利基本上被美国企业垄断的局面，从 1999 年开始，日本政府就开始实施与美国、欧盟等国家或地区进行基因专利争夺的战略方针。日本专利厅甚至还效仿美国的做法，制订了一系列新方针，将拥有特定用途的片段也纳入专利制度保护的范围。日本把蛋白质、基因、片段等与基因相关的发明看作化合物，在工业实用性上的要求与其他化合物没有实质性的差别。这些化学物质，只要能从申请文件公开的内容中预见到它们的具体用途，就具备了专利法要求的实用性条件。日本特许厅于 1997 年 4 月 1 日实施的《特殊领域发明的审查指南》中第二章是关于生物技术领域发明的审查指南。在生物技术发明的审查指南中只是较为笼统的指出，只是发现不是创造，不具有实用性发明不能在产业上应用，不具有实用性。例如，仅仅是对自然界中存在的微生物、植物以及动物的认识，由于没有创新而只是发现，实用性没有在说明书中描述或不能推知的基因、载体、重组载体、转化细胞、容和细胞、重组蛋白质和单克隆抗体等发明不具有实用性。

（三）我国基因专利的审查标准

我国《专利审查指南 2010》规定的基因专利的审查标准是：无论是基因或是 DNA 片段，其实质是一种化学物质。这里所述的基因或 DNA 片段包括从微生物、植物、动物或人体分离获得的，以及通过其他手段制备得到的。人们从自然界找到以天然形态存在的基因或 DNA

---

① 《关于生物技术发明的法律保持指令》第 3（1）条。
② 《关于生物技术发明的法律保持指令》第 3（2）条。
③ 《关于生物技术发明的法律保持指令》序言第（23）条。
④ 《关于生物技术发明的法律保持指令》序言第（24）条。

片段，仅仅是一种发现，属于《专利法》第 25 条第 1 款第（1）项规定的"科学发现"，不能被授予专利权。但是，如果是首次从自然界分离或提取出来的基因或 DNA 片段，其碱基序列是现有技术中不曾记载的，并能被确切地表征，且在产业上有利用价值，则该基因或 DNA 片段本身及其得到方法均属于可给予专利保护的客体。[①] 上述规定，在 2001 年版和 2006 年版的专利审查指南中，就已经有基本相同的规定。

可以看出，欧盟、日本和我国对于基因专利审查的标准，与美国 Myriad 案之前美国的标准是基本相同的，即通过实用性标准模糊了发明与发现的区别，使基因专利的授权关注点集中在实用性问题上，而不是适格性或者是不是科学发现这一问题上。

四、结束语

美国一直是基因专利保护的积极推动者。随着美国在全球生物技术领域领先的优势日渐扩大，美国对基因专利采取了相对比较宽松的标准，使基因专利申请比较容易获得授权。这便于美国生物技术企业在世界范围内进行"圈地运动"，排挤竞争对手，扩大竞争优势。这无疑是符合生物领域中当时暂时领先的市场主体的利益的，这在世界范围内也是美国国家利益的体现。为了刺激生物技术方面的投资，促进本国生物技术研究和发展本国的产业，很多国家和地区如欧盟和日本等也都采取了与美国相似的政策，对基因专利采取了比较宽松的标准，大量的基因专利被授权。据估算，美国已经授予了人类基因中 41% 的基因以专利权。[②]

但是，专利保护是一把双刃剑，基因专利授权刺激了生物技术发展的同时，也引起了人们的担忧。反对基因专利的最主要理由是基因专利会阻碍科学研究和妨碍公共利益。就 Myriad 公司的 BRCA 专利而言，反对的理由主要是：一是它延缓了乳腺癌等遗传病方面的创新，二是限制了对基因检测及其他健康产品的使用。[③] 在质疑和反对声音越

---

① 《专利审查指南 2010》第二部分第十章第 9.1.2.2 条的规定。

② Rosenfeld, J.A.& Mason, C.E.Genome Med.5, 27（2013）.

③ Amelia Smith Rinehart,Myriad Lessons Learned,S.J. Quinney College of Law research paper No. 87.

来越强烈的背景下，美国最高法院终于在 Myriad 案中对基因专利踩了刹车。最初，人们普遍认为 Myriad 案将重挫美国的基因工业，对基因专利以至生物技术产业带来根本性的变革。在 Myriad 判决之后，Myriad 公司以及其他生物技术公司的股价曾大幅下挫。

但两年多来，美国并没有制定限制基因专利的立法，而 Myriad 案对美国基因工业的影响并没有当初人们认为的那样大。宣告基因不能授予专利并不像最初想的那么可怕。美国最高法院判决后，Myriad 公司仍在发展，2013 年年收入比 2012 年增加了 23%，并扩大了经营领域。Myriad 公司以及其他生物工程公司在纳斯达克的股价回复到原来的水平。并且，连 Myriad 公司也认为它在这一案件中取得了胜利。这是因为，在基因工业中，真正挣钱的是合成基因和有关方法的权利要求，而这些权利要求并没有被认定不能授权。[①]

美国有学者认为，Myriad 案，美国最高法院恰当地实现了专利法的目标，通过促进科学进步同时对科技基本工具的不正当限制进行制约，找到专利法这把双刃剑的平衡点。Myriad 案的判决是科学、公众健康、个人医疗的巨大胜利，而它是通过只是打了一下生物工业的手腕来实现的。[②]

在美国已经给基因专利踩刹车减速的情况下，其他国家并没有立即效仿。其中的原因可能是，其他国家授予的专利数量远比美国少，基因专利所带来的问题并不突出。另外，如何在基因专利审查和授权的过程中，找到一个恰当的平衡点，还要等待美国积累更多的经验。因此，如何确定基因专利授权的恰当标准，还需要进一步地探索和研究。

---

①② EMILY J. BOLYARD, Association For Molecular Pathology V.Myriad Genetics, Inc. : Progress By Principles, Journal of Health Care Law and Policy Volume 18 | Issue 1 Article.

我国职务发明奖励报酬纠纷分析研究

职务发明人、设计人应当从单位得到一定的经济回报。[①] 当发明人、设计人认为没有得到适当的回报时，可以通过诉讼来主张自己的权利。这类纠纷就是"职务发明创造发明人、设计人奖励报酬纠纷"。[②] 本文就近些年来我国发生的职务发明奖励报酬纠纷案件进行分析和考察，并就如何处理职务发明奖励报酬纠纷以及完善我国职务发明奖励报酬制度提出自己的建议。

一、职务发明奖励报酬的意义

（一）我国国内申请人职务发明的数量分析

近年来，我国国内申请人职务发明申请和授权的数量逐年上升，职务发明所占比例也越来越高。从理论上说，每一件职务发明在获得授权后都会涉及奖励的问题，实施后都会涉及报酬的问题。因此，我国企业需要处理的职务发明奖励报酬事件数量巨大，而且呈上升趋势。

（二）职务发明奖励报酬制度的意义

职务发明奖励报酬制度是企业激励机制的重要组成部分。合理的企业职务发明奖励报酬制度，不仅有利于调动企业内部科技人员发明创造的积极性，而且有利于促进技术成果的转化和应用。对于国家而言，合理可行的职务发明奖励报酬制度，不但可以保障职工的合法权益，

---

① 由于我国专利包括发明、实用新型和外观设计三类，其完成人有的称为发明人，有的称为设计人。本文为论述方便，有时只使用"发明人"一词，其含义包括发明人和设计人。

② 根据《最高人民法院关于审理专利纠纷案件适用法律问题的若干规定》第1条的规定，人民法院受理的专利纠纷案件的类型包括职务发明创造发明人、设计人奖励、报酬纠纷案件。

调动职工发明创造的积极性，而且可以激励企业加大创新投入，保障企业创新的回报，对于建设创新型国家具有重要的意义。而法院公平合理地处理职务发明奖励报酬纠纷，对于保障职务发明人的权利，完善我国职务发明制度，指导企业建立职务发明奖励报酬的规定，具有重要意义。

我国《国家知识产权战略纲要》第18条指出：完善职务发明制度，建立既有利于激发职务发明人创新积极性，又有利于促进专利技术实施的利益分配机制。利益分配机制是我国职务发明制度的核心，而利益分配的主要形式就是企业给职务发明的人的奖励报酬。

二、我国职务发明奖励报酬纠纷

（一）我国职务发明奖励报酬纠纷的法律规定

关于职务发明奖励报酬，1984年制定的《专利法》就作出了规定，但当时只称为奖励。[①]1992年专利法修改对上述条款没有修改。2000年专利法修改将发明创造实施后的奖励改为"合理的报酬"。2008年专利法修改对上述条款没有修改。

关于奖励报酬的标准，从1985年实施的《专利法实施细则》到2001年实施的《专利法实施细则》都有规定。2001年7月1日实施的《专利法实施细则》第74条至第77条对职务发明奖励报酬的标准作了规定。根据上述规定，获得专利权的国有单位给发明人或设计人奖金应该在专利权公告之日起三个月内发放，且发明、实用新型、外观设计分别不少于2000元、500元、500元；单位自己实施的，从实施发明专利所得利润纳税后提取不低于2%或者从实施该项外观设计专利所得利润纳税后提取不低于0.2%，单位许可他人实施的，从许可实施该项专利收取的使用费纳税后提取不低于10%作为报酬，支付给发明人或者设计人。上述规定是针对国有企事业单位作出的，同时中国其他单位可以参照执行。

2010年修改的《专利法实施细则》不再区分国有单位和非国有单位，而是适用于"被授予专利权的单位"，同时增加了"约定优先"的

---

① 1984年制定的《专利法》第16条的规定。

原则。实施细则所规定的奖励报酬的数额和比例，仅适用于单位与职工没有约定也未在依法制定的规章制度中规定的情形。另外，2010 年的《专利法实施细则》还提高了奖励的标准。

（二）我国职务发明奖励报酬纠纷概况

虽然我国 1984 年制定的《专利法》规定了对职务发明人的奖励，1985 年实施的《专利法实施细则》规定了"专利权持有单位"对发明人的奖励和报酬。但是，该实施细则并没有规定产生纠纷时的处理途径。因此，在专利制度实施之初，对职务发明人的奖励只是对国有单位的一种倡导，没有成为可诉的法律义务。1993 年实施的《专利法实施细则》规定了单位不支付奖励报酬时，发明人或者设计人可以请求上级主管部门或者单位所在地的专利管理机关处理。① 而最高人民法院 1985 年发布的《关于开展专利审判工作的几个问题的通知》规定的专利纠纷案件的受案范围，并不包括职务发明奖励纠纷。

2001 年 7 月 1 日实施的《最高人民法院关于审理专利纠纷案件适用法律问题的若干规定》将职务发明奖励报酬纠纷案件作为人民法院受理的专利纠纷案件的一类。因此，在 2001 年 7 月 1 日之前，我国并不存在法院处理的职务发明奖励报酬纠纷。从 2001 年 7 月 1 日开始，职务发明奖励报酬纠纷案件才正式成为一类案件。

从 2001 年 7 月至今，我国法院受理的职务发明奖励报酬纠纷案件并不多。相对于上百万件的职务发明而言，只有极个别的职务发明专利因奖励报酬产生纠纷诉至法院。

三、对我国职务发明奖励报酬纠纷有关问题的分析

下面根据我国法院作出的职务发明奖励报酬纠纷案件判决，就职务发明创造纠纷案件中的有关问题进行分析。

（一）《专利法实施细则》2010 年修改前规定的奖励报酬标准对非国有企事业单位的适用问题

我国 2001 年的《专利法实施细则》规定的职务发明奖励报酬的标

① 1992 年制定的《专利法实施细则》第 77 条第 2 款的规定。

准是针对"国有企业事业单位"而作出的，同时规定"中国其他单位可以参照执行"。当非国有企业事业单位的职工提起诉讼时，法院是否应当按照《专利法实施细则》规定的标准确定奖励报酬数额，早期法院判决中曾有不同的意见。例如，在谢××案①中，法院认为，国有企业事业单位以外的企业有权"参照"执行，也有权不参照执行，而自行制定相关的奖励办法。而在方××案②中，法院认定，由于被告系在中国境内登记的中外合资企业，系中国境内的其他单位，在中国发生民事纠纷时，应当适用中国的法律。因此，应当按照《专利法实施细则》规定的标准确定奖励报酬的数额。最高人民法院也在判决中确认，《专利法实施细则》的规定可以适用于所有企业：该细则第 77 条规定，中国其他单位可以参照执行。从上述法律、法规的有关规定来看，给予职务发明人或者设计人职务发明奖金是被授予专利权的单位应履行的法律义务，任何单位均不能例外。③

在职务发明奖励报酬纠纷案件中，很多企业并不是国有企业事业单位，法院也都是按照《专利法实施细则》规定的标准计算奖励报酬数额的。虽然 2010 年后的《专利法实施细则》在职务发明奖励报酬问题上已经不再区分国有单位还是非国有单位，但如果因实施细则修改前的奖励报酬发生纠纷，还会因适用修改前的实施细则而出现细则的规定能否适用于非国有单位的问题。笔者认为，在适用修改前的《专利法实施细则》规定的标准时，国有单位和非国有单位应当是有所区别的。对于国有单位而言，《专利法实施细则》规定的标准具有强制性，国有单位必须遵守，不能通过约定或制订自己的规定使职务发明奖励报酬的标准低于实施细则的规定。而对于非国有单位而言，实施细则的规定并不是强制标准，只是"参照"标准。如果非国有单位通过与职工的约定，或者通过内部规章制度制订了不同的标准，即使该标准低于实施细则规定的标准，一般也应当承认该标准的效力。但是，如果非国有单位并没有自己的标准，法院就可以适用实施细则规定的标准。

---

① 谢××诉明达玻璃（厦门）有限公司，厦门市中级人民法院（2004）厦民初字第 346 号判决（判决时间：2005 年 7 月 23 日）。

② 方××诉山东淄博新华—肯孚制药有限公司，山东省高级人民法院（2005）鲁民三终字第 26 号判决（判决时间：2005 年 8 月 23 日）。

③ 雷××诉东莞亿润电子制品有限公司，最高人民法院（2012）民申字第 1023 号（判决时间：2013 年 9 月 27 日）。

（二）部分发明人起诉时其他发明人的地位问题

有时一件发明创造的发明人为 2 人或 2 人以上，而提起职务发明奖励报酬纠纷的当事人并不是全部发明人。在这种情况下，其他发明人是否应当参加诉讼，如果参加诉讼是以什么身份参加？从我国法院的有关判决看，有四种不同的做法。

第一种做法是追加未提起诉讼的其他发明人为共同原告。在采用这种做法时，如果其他发明人不表示放弃诉讼和实体权利，法院又有两种做法。第一种是如果其他发明人不表示放弃诉讼和实体权利，但又不参加诉讼，则不将其作为当事人。例如，在陈××案[①]中，陈××是案中职务发明的 3 个设计人之一，只有他一人提起了诉讼。法院认为，要判定一个设计人的报酬，首先要对所涉专利在推广应用过程中取得的经济效益总额进行认定，即必须先计算出该专利的总报酬才能进行分割，而总报酬的计算与另两个设计人有直接的关系，即实施专利所获经济效益总额需经所有设计人予以确认，且各共有人是否对总报酬的分割已有协议约定等也需要所有设计人加以明确，如果不追加其他设计人，可能会损害其他设计人的合法利益。由于各设计人在请求专利报酬诉讼中的地位应该是平等的，故应当通知其作为共同原告参加诉讼。因此，法院通知其他两个设计人作为原告参加诉讼。但其他设计人既不放弃实体权利，也不愿意参加诉讼。法院计算出该专利职务发明报酬的总额，并将应属于陈宏远的部分 70 616.38 元支付给陈宏远。另一种做法是，只要其他发明人不表示放弃诉讼和实体权利，法院就将其作为原告。在严××案[②]中，涉案专利的发明人共有 6 人，只有严××1 人提起诉讼。法院通知其余 5 人，肖××、李×泱、李×肖、孙××、王××作为共同原告参加诉讼。除王××明确表示放弃实体权利外，其余 4 人既不愿意参加诉讼，又不放弃实体权利，法院将肖××、李×泱、李×肖、孙××4 人作为共同原告。在范××案[③]中，专利发明

---

① 陈××诉上海交运股份有限公司，上海市第一中级人民法院判决，参见：潘福.知识产权审判案例评析［M］.北京：法律出版社，2008：219.

② 严××诉马鞍山钢铁股份有限公司，合肥市中级人民法院（2007）合民三初字第123号判决（判决时间：2008年6月27日）。

③ 范××等诉辽宁师范大学，辽宁省高级人民法院（2012）辽民三终字第734号判决（判决时间：2012年12月7日）。

人为范 ×× 、高 ×× 、廖 ×× 、徐 × 4 人，提起诉讼的是范 ×× 和高 ×× 2 人。廖 ×× 、徐 × 明确表示不参加诉讼，并放弃就涉案发明专利享有的关于奖励的实体权利。

第二种做法是法院根据提起诉讼的原告的申请，追加其他未提起诉讼的发明人作为原告参加诉讼。在吴 ×× 案①中，涉案专利的发明人有 6 人，起诉的是吴 ×× 等 5 人，起诉后其中 2 人王 ×× 、杜 ×× 放弃了诉讼权利和实体权利，另外 3 人申请追加未起诉的李 ×× 为原告。李 ×× 经法庭传唤后既不放弃实体权利，也不参加诉讼，法院仍确定其为原告。

第三种做法是法院通知其他未提起诉讼的发明人作为第三人参加诉讼。例如，在唐 ×× 案②中，涉案专利的发明人为刘 ×× 和唐 ×× 2 人，唐 ×× 提起诉讼后，法院通知刘 ×× 作为第三人参加诉讼。法院计算出报酬总额后，按 50% 的比例判决给原告，第三人没有实体权利和义务。

第四种做法是法院不通知其他未提起诉讼的发明人参加诉讼，只就提起诉讼的当事人的诉讼请求进行审理。例如，在方 ×× 案中，提起诉讼的方 ×× 是两个发明人之一，法院只是将报酬的二分之一判给方 ×× ，而没有涉及另一发明人。在肖 ×× 案③中，肖 ×× 作为两个发明人之一提起诉讼，法院没有追加另一发明人为共同原告。在朱 ×× 案④中，朱 ×× 是涉案专利 4 个设计人中的一个，法院没有追加另外 3 人为原告或第三人。在张 ×× 案⑤中，其起诉的专利中，有的还有其他发明人，法院没有追加其他发明人，只就张 ×× 的诉讼请求作出了判决。

作者认为，在确定是否通知其他未提起诉讼的发明人参加诉讼之前，应当先分析职务发明人要求奖励报酬的权利的性质。由于我国专利法规定了单位对职工发放职务发明奖励报酬的义务，当职务发明被

---

① 吴 ×× 等诉新光集团有限公司、盐城市利国煤矿，南京市中级人民法院、江苏省高级人民法院判决。

② 唐 ×× 诉中国嘉陵工业股份有限公司（集团），重庆市高级人民法院（2008）渝高法民终字第 246 号判决（判决时间：2009 年 4 月 16 日）。

③ 肖 ×× 诉烟台华鲁热电有限公司，山东省高级人民法院（2006）鲁民三终字第 87 号判决（判决时间：2006 年 12 月 7 日）。

④ 朱 ×× 诉东莞威霸清洁器材有限公司，广东省高级人民法院（2007）粤高法民三终字第 229 号判决（判决时间：2007 年 12 月 21 日）。

⑤ 张 ×× 诉北京华夏聚龙自动化股份公司，北京市高级人民法院（2014）高民（知）终字第 4815 号判决（判决时间：2014 年 12 月 18 日）。

授权之后,就形成了单位与发明人之间的债权债务关系。单位是债务人,发明人是债权人。当发明人是 2 人以上时,由于法律没有规定各个发明人所享有的奖励报酬请求权为连带债权,各个发明人一般也不会作出连带债权的约定。因此,不应当认定发明人所享有的奖励报酬请求权为连带债权,各个发明人应当按照自己的份额分享权利。每个发明人所享有的是按自己的份额要求单位履行的权利。这样,多个发明人所享有的奖励报酬请求权,与继承权是不同的。在继承的情况下,继承开始后,遗产应当在所有继承人之间进行分配。如果其中一人放弃继承,意味着他所放弃的份额由其他继承人分享。因此,在继承开始后,如继承人、受遗赠人中有既不愿参加诉讼,又不表示放弃实体权利的,应追加为共同原告;已明确表示放弃继承的,不再列为当事人。[①] 但在涉及多个职务发明人的奖励报酬时,一个发明人放弃主张奖励报酬的权利,应视为放弃就其所享有的份额向单位主张的权利,单位免除对该发明人支付奖励报酬的义务,并不意味着该人放弃的份额由其他发明人享有。就这一点而言,参照继承的做法,追加其他发明人作为原告是不合适的。

我国《民事诉讼法》第 119 条规定:必须共同进行诉讼的当事人没有参加诉讼的,人民法院应当通知其参加诉讼。没有提起诉讼的发明人是不是"必须共同进行诉讼的当事人"呢?这涉及发明人就职务发明提起的诉讼是否是必要共同诉讼。一般认为,必要共同诉讼是指当事人一方或双方为两人以上,共同诉讼标的是同一的,法院必须合并审理并合一裁判的共同诉讼。诉讼标的的同一性决定了必要共同诉讼是一种不可分之诉,要求共同诉讼人必须一同起诉或应诉,还要求法院必须合并审理,且作出合一判决,以避免分开审理、分别判决而导致出现相互矛盾的判决。如果共同诉讼人未一同起诉或应诉的,法院应当予以追加。[②] 作者认为,在发明人职务发明奖励报酬纠纷中,虽然同一发明的各个发明人都是针对该发明的奖励报酬提起诉讼,但诉讼标的并不是同一的,法院也并不是必须合一裁判。虽然职务发明报酬总额的计算涉及其他发明人,但在其他发明人并不提起诉讼的情况下,

---

① 《最高人民法院关于贯彻执行〈中华人民共和国继承法〉若干问题的意见》第 60 条的规定。

② 江伟.民事诉讼法 [M].北京:高等教育出版社,2000:114.

法院完全是可以查明事实对报酬总额作出认定的。在法院就提起诉讼的当事人的报酬数额作出判决后，其他发明人再提起诉讼，法院仍可以再作出判决。判决结果并不必然矛盾。

因此，追加未提起诉讼的发明人作为原告是不妥的。其他原告提出追加共同发明人作为原告的做法也同样不妥。"原告追加原告"的做法本来就没有法律依据，实质上还是一种变相的法院追加原告。

但是，部分发明人在提起诉讼后，如果法院不通知其他发明人，可能在其他发明人不知道的情况下法院作出判决。法院在判决中认定的报酬总额其他发明人可能不认可，例如其他发明人可能有其他证据证明报酬总额应该更多。这时，在一个判决作出后，如果其他发明人再提起诉讼，法院可能会在判决中认定的报酬总额与第一个判决不同。这会影响法院判决的权威性，也会带来诉累。因此，法院在不通知其他发明人的情况下只就提起诉讼的发明人作出判决，也是不妥的。

由于部分发明人提起的诉讼中法院要计算报酬总额，而报酬总额的计算以及各发明人之间报酬的分配与其他发明人有利害关系，因此，可以将其他发明人作为第三人通知其参加诉讼。在诉讼中，该第三人可以就报酬总额的计算和各发明人之间的分配发表意见并提供证据，但该第三人并没有实体的权利和义务。一旦通知第三人参加诉讼后，该第三人再就该专利提起职务发明奖励报酬诉讼，法院就可以按照前一判决确定的标准认定该第三人应当得到的数额。因此，笔者赞同上述第三种做法。

（三）有的发明人放弃了权利时，其他发明人是否可以得到报酬总额的问题

在有的案件中，个别发明人放弃了实体权利。这种情况下，主张权利的当事人是否可以得到报酬总额的全部，法院的处理不尽一致。一种做法是，个别发明人放弃了实体权利后，奖励报酬的权利归属于其他发明人。例如，在吴××案中，一审法院认为，即使其中有的发明人放弃了权利，也不应当影响提起诉讼的其他发明人行使完整的报酬请求权。部分发明人的放弃行为仅在发明人内部产生效力，并不发生外部效力。而且，如果法院因部分发明人的放弃行为而扣减报酬，那么应当等份扣减还是不等份扣减显然是难于作出判断的，所以，王××、

杜××放弃本案的实体权利，不影响原告吴××等主张全部报酬请求权。在范××案中，4 个发明人中两人放弃了实体权利，两人提起了诉讼。法院依照《专利法实施细则》的规定，参考申请专利时的《辽宁师范大学校内津贴分配方案》，酌情确定 5000 元的奖励数额。而这一数额，是奖励的总额。另一种做法是，个别发明人的放弃只在放弃人与单位之间发生效力，其他人所得到的仍是自己的份额。例如，在严××案中，法院认定，涉案专利应付给设计人的报酬总额为 243 286 元。鉴于专利设计人之一的王××放弃了获得专利报酬的实体权利，故可按报酬总额的六分之一，即 40 548 元免除马鞍山钢铁股份有限公司的付酬义务。因此，法院判令被告应向严××等 5 人支付专利报酬 202 738 元。

笔者认为，由于职务发明人之间的债权并不是连带债权，各个发明人应是按份与专利权人之间形成债权债务关系。部分发明人放弃权利是放弃要求专利权人履行义务，而不是将其权利转让给其他发明人。因此，笔者同意上述第二种做法。

（四）原告为多人时法院如何确定报酬数额的问题

当发明人中有 2 人或 2 人以上作为原告参加诉讼时，涉及法院如何判决奖励报酬数额的问题。对此，笔者所见到的判决中，法院都是确定众原告所应得的奖励报酬总额，并一并将总额判给各原告，不对每个原告所应得的数额作出判决。例如，在严××案中，法院判令被告应向严××等 5 人支付专利报酬 202 738 元。在吴××案中，一审法院判决新光集团有限公司向原告吴××等 4 人支付发明专利的报酬共计 197 284 元。

众原告就奖励报酬的总额提出诉讼请求，法院确定各原告所得的总额后判决给所有原告，这样判决当然是没有问题的。但是，如果各个原告并不是就总额提出诉讼请求，而是每个人都提出自己的诉讼请求。这时法院是否可以就每个人的应得数额分别判决呢？笔者认为，由于各发明人所享有的是按份债权，如果发明人分别提出自己的诉讼请求，法院可以就每个人所得的数额进行判决。

（五）多个发明人所得的奖励报酬数额是否应当平均分配的问题

在笔者所见到的所有案件中，法院都是按照发明人的数量平均分配奖励报酬。而在审理过程中，有的发明人提出要求不平均分配奖励报酬的请求。例如，在陈××案中，陈××主张，自己系涉案专利的3个设计人之一，自己的贡献率大，要求法院对3个发明人的贡献率进行鉴定，并要求法院判令交运公司按自己的贡献率支付报酬。法院认为，设计人的贡献大小不一定依工作量来认定，有时一个突然产生的构思就可能具有很高的价值，成为专利的核心部分，且开发设计当时的实际情况也需要各设计人予以举证证明，这也是鉴定的事实基础。而各设计人在本案中对此说法不一，且缺乏相关证据，鉴定的可操作性差，判断困难。因此，法院没有同意鉴定，判决交运公司向陈××支付该专利报酬总额的三分之一。再如，在唐××案中，嘉陵公司以专利证书上的设计人排序以及相关技术资料的签章为由，认为唐××在专利设计中仅起辅助作用，不应当平分报酬。法院认为，在没有足够证据证明嘉陵公司及刘××的主张，亦无法查明唐××在涉案专利设计过程中的具体贡献大小的情况下，应依法推定唐××关于与刘××平分专利报酬的主张成立。再如，在王××案①中，发明人主张涉案专利有4个发明人，王××作为项目联系人，在项目中处于最重要地位，其所应获得的奖励和报酬应为总额的35%。法院认为，"鉴于每项涉案发明专利的发明人均为四位，而由《警用DNA身份鉴定试剂盒技术开发合同》此份证据无法得出王××在涉案四项专利的发明过程中所作的贡献大于或小于其他三位发明人，其他在案证据亦无法证明王××在涉案四项专利的发明过程中的实际贡献大小，故本院将按照四分之一的平均份额确定基点公司应当向王××支付的奖励数额"。

笔者认为，多个发明人所享的债权是按份的债权，但按份的债权并不意味着平均分配。在发明创造完成的过程中，每个发明人所作出的贡献是不同的，有时差距还非常大。如果一律平均分配奖励报酬，有时会出现不公平的后果。因此，从原则上讲，法院可以不平均分配奖励报酬。但是，如果按照各个发明人的贡献率来确定奖励报酬的分配比例，会遇到两个困难：一个困难是使用什么证据来证明贡献率；另一个困难是按照什么标准来认定贡献率。就证据而言，即使发明过程的证据是完备的，也很难确认具体哪个技术构成是谁来完成的；就标准

---

① 王××诉基点认知技术（北京）有限公司，北京市第三中级人民法院（2014）三中民初字第06031号判决（判决时间：2014年10月17日）。

而言，每个发明都有自己的特点，很难有确定贡献率的标准。在个别案件中，如果两个困难解决了，法院就可以按照不同的比例分配奖励报酬。因此，如果有多个发明人，法院应假定各个发明人平均分配奖励报酬。如果当事人提出了不平均分配的主张，由提出主张的一方证明贡献率，或者各方之间的存在分配比例的协议。在其主张得到证明的情况下，法院可以不平均分配奖励报酬。

（六）发明人是否可以向专利被许可人主张权利的问题

在吴××案中，涉案发明专利权人新光集团将专利许可给盐城市利国煤矿具体实施。新光集团与利国煤矿是两个独立法人，但新光集团是利国煤矿的全额投资者，统一行使利国煤矿的生产经营决策、财产控制等权利。新光集团和利国煤矿之间并无书面的许可实施合同，新光集团也未从利国煤矿收取使用费。原告最初起诉了新光集团和利国煤矿。一审法院认为，新光集团和利国煤矿均是各自独立的企业法人，但利国煤矿的生产经营决策、财产控制等权利是由其全额投资者新光集团统一行使的。这种高度集权的经营模式，使得利国煤矿成为新光集团实现其企业目标的工具，丧失了作为企业法人的自我意志、自我决策的独立性。一审法院根据新光集团和利国煤矿资产、业务混同的事实，运用公司人格否认制度判决新光集团对利国煤矿实施涉案专利这一生产经营决策行为承担相应的民事责任，按照利国煤矿实施专利所获利润向吴××等支付相应报酬。

在苟×案①中，苟×原是被告一北京路翔技术发展有限责任公司的职工，而苟×除起诉该公司外，还起诉了其关联企业广州路翔股份有限公司。法院认为，二被告虽然曾存在投资与被投资关系，但均系彼此独立的企业法人。原告与广州路翔公司之间没有雇佣关系，而该公司也不是涉案专利的权利人，因此原告要求该公司支付奖励及报酬的诉讼主张及请求，缺乏事实及法律依据，不予支持。

专利法规定职务发明专利权人应当向发明人支付报酬，是因为专利权人得到了发明人完成的专利，并从专利中获益。对于被许可人而言，被许可人是接受了他人许可而实施专利的，与发明人没有直接的联系。

① 苟×诉北京路翔技术发展有限责任公司、广州路翔股份有限公司，北京市第二中级人民法院（2005）二中民初字第82号判决（判决时间：2005年6月17日）。

发明人不能向一个没有法律关系的单位要求支付报酬。因此，笔者同意上述案件中法院的做法，发明人无权要求专利权人之外的人支付报酬。

但是，另一方面，当专利权人将专利许可给关联企业时，可能没有向使用者收取专利使用费。没有使用费，而自己又不实施时，发明人也很难从专利权人处得到报酬。这时虽然发明人可以主张许可合同因恶意串通而无效。但是，如果专利权人与实施方不承认有合同，只是实施方实施专利时专利权人没有制止，发明人就失去了请求确认合同无效的机会。吴××案中，法院运用法人人格否认的理论，判决新光集团支付职务发明报酬。但是，适用法人人格否认的条件是比较严格的，很多情况下专利权人与实施方并没有达到人格混同的地步。笔者认为，如果不能适用法人人格否认理论，但专利权人与实施方是关联企业，专利权人免费或以低价许可给实施方，或者不制止实施方未经许可的实施行为，法院可以参照实施方的收益作为专利权人的收益，向发明人支付报酬。例如，在潘××与深圳市金沙江投资有限公司（简称金沙江公司）、深圳市生物谷医药有限公司（简称深圳生物谷公司）职务发明创造发明人奖励、报酬纠纷案[①]中，法院就没有简单地依据关系公司之间的许可合同计算专利权的许可收益。法院认为，许可人金沙江公司是被许可人深圳生物谷公司的股东，两者之间存在直接投资关系，且代表许可人金沙江公司和被许可人深圳生物谷公司签订专利实施许可合同的是同一个人。在没有同类专利许可使用费作为参照的情况下，仅以两个关联公司约定的专利许可使用费作为发明人报酬的计算依据并不客观。而在陈××案[②]中，法院也作出了免费许可不免除专利权人义务的认定。法院认为，金城集团将涉案专利模具无偿交付给北京航空材料研究院使用，使陈××作为设计人应当享有的获得报酬的权利不能实现，这不利于鼓励发明创造和推动创新，不利于促进科学技术的进步和社会经济的发展，亦违反了我国专利法的立法宗旨和基本原则。且金城集团与北京航空材料研究院具有利害关系，金

---

① 广东省高级人民法院（2011）粤高法民三终字第316号判决（判决时间：2011年7月26日）。

② 陈××诉金城集团有限公司，江苏省高级人民法院苏知民终字第0041号判决（判决时间：2013年11月6日）。

城集团与该院之间目前还存在动力涡轮毛坯的采购业务，金城集团将涉案专利模具无偿交付该院使用可能会为金城集团带来间接经济利益。本案中，即使北京航空材料研究院使用涉案专利模具能够生产出合格产品关键是该院的铸造技术先进，也不能因此完全否定或忽视涉案实用新型专利的作用。再如，在刘××案[1]中，法院认为，虽然烙克赛克公司自己并未实施涉案专利，也无证据表明烙克赛克公司直接收取了专利实施许可费或专利转让费，但是烙克赛克公司将涉案专利许可案外人飞洲公司实施系以飞洲公司必须购买烙克赛克公司生产的密封电缆模块为条件，而且事实上烙克赛克公司生产的密封模块与飞洲公司生产的涉案专利框架产品组装后销售给了中广核集团，因此烙克赛克公司基于涉案专利的许可实施获得了相应的商业收益。涉案实用新型专利已由案外人飞洲公司实施生产相关专利产品，烙克赛克公司也据此获得了相应的收益，因此，根据上述法律规定，烙克赛克公司应当向发明人刘××支付相应的职务发明创造报酬。

（七）发明人所在单位并不是专利权人时，谁有义务支付奖励报酬

有些情况下，发明人完成发明创造后，申请专利的人并不是发明人所在的单位。专利授权后，专利权人并不是发明人所在的单位。这时，发明人应向谁主张发明的奖励报酬，成为实践中的一个问题。

在范××案[2]中，法院认为：职务发明创造发明人奖励、报酬纠纷案支付职务发明人奖励与报酬的义务主体是"被授予专利权的单位"。本案中，原告虽系7个实用新型专利的发明人，但该7个实用新型专利的申请人及权利人均为开××材料有限公司，被告与开某某材料有限公司系不同的法律主体，原告无权向被告主张上述7个实用新型专利的职务发明人奖励与报酬。但是，在判决中，法院并没有审查被告公司与专利权人开××材料有限公司的关系，也没有考虑被告是否从中获利。

---

[1] 刘××诉烙克赛克密封系统（上海）有限公司，上海市高级人民法院（2013）沪高民三（知）终字第131号判决（判决时间：2013年12月20日）。

[2] 范××诉深圳太平洋绝缘材料有限公司，深圳市中级人民法院（2013）深中法知民初字第272号判决（判决时间：2014年9月1日）。

在张××案①中，张××是 3M 中国公司的职工，而 3M 创新公司和 3M 中国公司都作为 3M 公司的全资子公司。按照 3M 公司的统一安排，张××完成的发明创造由 3M 创新公司申请了专利。张××对 3M 创新公司和 3M 中国公司提起了诉讼。法院认定，3M 公司所采取的"中央集权"的知识产权管理模式，是基于其关联企业之间的协议产生，并不能否定发明人依据法律规定而享有的相关权利。由于 3M 公司及其关联企业之间的协议，涉案发明由 3M 创新公司申请并获得专利权，但专利法关于对发明人给予报酬的规定，其立法本意是给予发明人应得的劳动报酬，该获得报酬的合法权利不应由于跨国企业内部的协议安排而受到损害，因此，即使 3M 中国公司并非涉案发明的专利权人，但其系张××的雇主，仍应当向张××支付职务发明报酬。3M 创新公司并非张××的雇主，3M 创新公司由于 3M 公司关联企业之间的协议而成为涉案发明专利权人，鉴于法院已认定 3M 中国公司应向张××支付职务发明报酬，张××向 3M 创新公司请求支付职务发明报酬，并无事实和法律依据。因此，法院认定张××有权向 3M 中国公司主张职务发明报酬，不支持张××要求 3M 创新公司支付职务发明报酬的主张。

根据我国《专利法》第 16 条的规定，支付职务发明人奖励与报酬的义务主体是"被授予专利权的单位"，而支付的对象是发明人并且发明人应当是专利权人的职工。如果发明创造完成后获得专利权的人并不是发明人的"本单位"，严格来说，专利权人和发明人所在的单位都没有支付奖励报酬的义务。作为专利权人来说，其获得发明创造可能是基于与发明人所在单位之间的合同或其他法律关系。例如，委托开发、科技成果在申请专利之前转让、专利申请权转让等。在上述法律关系中，专利权人只与发明人所在的单位存在法律关系，而与发明人并不存在法律关系。一般情况下，专利权人获得专利权时已经支付了相应的对价，不可能再要求专利权人向发明人支付奖励和报酬。

而就发明人所在单位来说，由于其没有获得专利权，就不属于专利法中规定的"被授予专利权的单位"。在这种情况下，张××案中，法院从专利法规定职务发明的奖励报酬的目的出发，认定发明人所在

① 张××诉 3M 创新有限公司、3M 中国有限公司，上海市高级人民法院（2014）沪高民三（知）终字第 120 号判决（判决时间：2015 年 4 月 22 日）。

单位仍有支付奖励报酬的义务。这种观点和做法是值得赞同的。另外，笔者认为，除了像张××案中企业按集团内部的协议将专利权安排给其他公司之外，委托开发、科技成果在申请专利之前转让、专利申请权转让等情形下，发明人所在单位虽然都不是专利权人，但其获得的收益与专利权转让的收益性质上非常相似，也可以将该收益参照专利转让的收益，支付职务发明人奖励和报酬。

（八）职务发明奖励报酬纠纷的诉讼时效及计算报酬的起止点

1. 职务发明奖励报酬纠纷的诉讼时效

在职务发明奖励报酬纠纷中如何适用诉讼时效的规定，我国法院存在两种做法。

第一种做法是只要专利仍在有效期内，法院就认为没有超过诉讼时效。例如，在谢××案[1]中，涉案专利1996年获得授权，原告于2004年11月15日起诉要求支付自1997年以来的职务发明报酬。法院认为，讼争专利目前仍处于专利保护期内，原告请求被告支付报酬处于延续状态，其现提起诉讼，未超过诉讼时效。而在陈××案[2]中，涉案专利申请日为2000年12月29日，授权日为2002年1月2日，因专利权人未缴纳年费于2008年2月20日被公告终止。陈××于2011年11月30日提起诉讼。对于是否超过诉讼时效的问题，法院认为，金城集团主动提前终止涉案专利的行为，可能影响到职务发明人陈××获得相应报酬的权利，因此，金城集团在因其自身原因而导致涉案专利被终止时，应及时将相关情形告知陈××。另外，国家知识产权局的公告虽是向社会公众公开，但要求发明人随时查询和阅读该公报则过于苛求。在金城集团未告知陈××涉案专利已提前终止的情况下，不能推定陈××已经知道或者应当知道涉案专利被提前终止的情形，更不能以涉案专利终止公告日期2008年2月20日来计算本案的诉讼时效。因此，法院认定陈××的起诉未超过诉讼时效，并支持

---

① 谢××诉明达玻璃（厦门）有限公司，厦门市中级人民法院（2004）厦民初字第346号判决（判决时间：2005年7月23日）。

② 陈××诉金城集团有限公司，江苏省高级人民法院苏知民终字第0041号判决（判决时间：2013年11月6日）。

发明人要求职务发明报酬的诉讼请求。

第二种做法是适用两年诉讼时效，但原告可以主张起诉日前两年的报酬。例如，在肖××案中，涉案专利于1992年获得授权，而此前被告于1991年将该技术转让给他人。原告于2005年起诉主张按照技术转让费支付职务发明报酬。法院认为，原告的诉讼请求已超过两年诉讼时效期间。在薛××案[①]中，涉案专利1999年获得授权，原告于2003年起诉主张1998年至2003年的职务发明报酬。法院认为，权利人超过两年起诉的，如果侵权行为在起诉时仍在继续，侵权损害赔偿数额应当自权利人向人民法院起诉之日起向前推算两年计算。在朱××案中，原告起诉时主张威霸公司应该支付的年限为自起诉时往前推算两年，法院认为这种主张符合诉讼时效的规定，支持了原告这种主张。

在潘××与云南生物谷药业股份有限公司职务技术成果完成人奖励、报酬纠纷案[②]案中，法院则对奖励和报酬做了区别对待。对于奖励的请求，法院认为涉案发明专利授权公告日为2005年3月30日，而潘××2011年4月11日才向原审法院提起诉讼，故超过诉讼时效。而对于报酬的请求，法院则没有考虑诉讼时效的问题，而是基于自2007年以来被告使用专利的获利情况作出了判决。在詹××案[③]中，法院也做了上述区分，认为对于奖励应适用两年的诉讼时效，而对于报酬则不能从授权时起计算诉讼时效。法院指出：《专利法实施细则》（2002年12月28日修订）和《专利法实施细则》（2010年1月9日修订）均规定有每年支付和一次性支付两种可以选择和替代的履行方式，且对一次性支付的履行期限仅规定为"在专利权有效期限内，实施专利后"，没有特别限制，因此无论被授予专利权的单位是否按年度支付报酬，均可随时选择一次性支付报酬，发明人或设计人也可以随时请求一次性支付报酬，诉讼时效应从债权人要求履行义务的宽限期届满之日或债务人在债权人第一次向其主张权利之时明确表示不履行义务之日起算。詹××于2011年12月27日在劳动争议仲裁中主

---

① 薛××诉武汉一枝花实业股份有限公司,湖北省高级人民法院（2004）鄂民三终字第10号判决（判决时间：2004年6月13日）。

② 云南省高级人民法院（2012）云高民三终字第59号判决（判决时间：2013年6月21日）。

③ 詹××诉重庆长江轴承股份有限公司,重庆市高级人民法院（2013）渝高法民终字第00029号判决（判决时间：2013年4月12日）。

张实施专利报酬时才第一次请求一次性支付实施专利报酬，此前长江轴承公司虽未按年度支付报酬，但也未明确表示不会一次性支付报酬，应当认定詹××此前既不知道也不应当知道其权利被侵害，故詹××请求支付实施专利报酬的诉讼时效应当从 2011 年 12 月 27 日第一次提出请求后长江轴承公司拒绝履行之日起算，詹××于 2012 年 3 月 8 日向一审法院提起支付实施专利报酬的诉讼请求并未超过诉讼时效，应受法律保护。

笔者认为，职务发明奖励报酬请求权是一种债权请求权，应当受诉讼时效的限制。对于奖励而言，由于《专利法实施细则》规定了明确的支付时间，其诉讼时效应当从单位应当支付奖励并且发明人知道或者应当知道可以得到奖励时开始计算。单位许可他人实施专利或转让专利时，发明人就许可费或转让费中获得的报酬，应当从单位得到许可费或转让费并且专利权人知道或者应当知道之日起开始计算。而对于单位实施专利而支付的报酬，法院的判决中有截然不同的诉讼时效计算办法。因此，在单位自己实施专利时，如何计算诉讼时效，是值得研究的问题，也需要在司法中统一意见。笔者认为《专利法实施细则》中的"给予发明人或者设计人一次性报酬"不应理解为专利到期后一次性支付，而是至少每年应当给予一次性报酬。否则，单位也可以主张其支付报酬的义务要在专利到期后"一次性支付"，并且由于时间跨度太长不利于保存证据和稳定当事人之间的法律关系，影响职务发明人奖励报酬制度的实施。由于《专利法实施细则》规定的报酬计算以"年"为单位，我们不能要求发明人在得知单位实施职务发明时就提起诉讼，而是可以在一年之后单位未发放报酬时主张权利，超过两年则对两年之前的实施行为无权主张权利。因此，应当从单位实施专利取得收益并且发明人知道或者应当知道之日满一年开始计算诉讼时效。对于起诉之日三年之前的报酬，专利权人可以以超过诉讼时效提出抗辩。

2. 计算报酬的开始时间

从我国法院的有关判决看，计算报酬的开始时间主要有三种情况：

第一种情况是起诉日前两年开始。对于这种情况前面已经进行了分析。

第二种情况是从专利授权日开始计算。在专利授权日仍在诉讼时效之内的情况，法院一般从授权日开始计算职务发明人的报酬。例如，方××案、石××案①、唐××案、朱××案等，法院都是从授权日开始计算职务发明人的报酬。

第三种情况是从授权日前单位开始实施专利技术的时间开始计算。例如，在吴××案中，专利授权日是1997年3月6日，而原告起诉主张的职务发明报酬的起算日是专利申请日。法院认为，对于专利授权以前的实施行为要求原告另行主张，客观上会造成当事人的诉累，不符合诉讼经济原则。同时，国家对实施职务技术成果给予发明人的奖励比例高于《专利法》规定。基于以上考虑，法院认为，将本案计算实施发明专利奖励报酬的期间确定为1992年6月13日（专利申请日）至1998年年底专利权终止日是适当的。

其实上述三种做法在观点上是一致的。第一种因涉及诉讼时效而产生起算点不同于授权日。第三种虽然自申请日开始计算报酬，但法院仍认为报酬的起算点应是授权日，只不过是为了诉讼方便，将职务发明奖励报酬（授权日开始）和职务技术成果奖励报酬（申请日到授权日）一并在判决中计算。

其实在计算报酬起算时有争议的问题是，职务发明人能否就专利授权日前单位实施专利或许可他人实施专利而主张报酬？吴××案中，法院虽支持了原告的请求，但是将之作为职务技术成果报酬而支持的。这就涉及我国《专利法实施细则》规定的职务发明报酬计算的时间点。我国《专利法实施细则》规定的报酬是"在专利权有效期限内"。我国《专利法》规定的专利的期限是从申请日开始计算的。从申请日开始，申请人已经可以实施其发明，他人已经不可能就同样的发明创造再申请专利。因此，在很多情况下，专利申请人在专利授权前已经实施了专利。如果将职务发明人的报酬限定为授权后的报酬，即使同时认为职务发明人可以主张授权前的职务技术成果报酬，也是人为制造麻烦。将"在专利权有效期限内"理解为专利申请日开始到终止日，发明人就可以主张从申请日开始计算报酬。这样不但可以省去将专利授权日后和授权日后报酬的计算人为地分为两段的麻烦，对于发明人和专利权人来说也是公平的。但是，对于专利授权前职务发明的报酬，由于

---

① 石××等诉重庆长江涂装机械厂,重庆市高级人民法院（2005）渝高法民终字第9号判决（判决时间: 2005年5月12日）。

只有在专利授权后才能明确专利保护的范围，也才能明确单位实施的是否是该专利，如果在专利授权前就提起诉讼，法院将难以审理。因此，对于专利授权前的职务发明报酬，发明人应当在专利授权后提起诉讼。

3. 计算报酬的截止时间

如果诉讼期间专利尚未到期，发明人能否一并主张判决之后的报酬？在方××案中就出现了这一问题。案中专利的申请日为1999年12月3日，到期日为2019年12月2日。原告起诉要求新华肯孚公司一次性支付15年的报酬。法院认为，报酬系在专利权有效期内根据实施该专利所得每年税后利润予以计算，但鉴于专利权的不稳定性，不能确定涉案专利是否至2019年12月2日一直处在有效的法律状态，因此，对于方××要求一次性支付报酬的主张，在新华肯孚公司不同意的情况下，不宜支持。但是，在张××案中，法院在确定赔偿数额时将"剩余专利有效期限"作为酌定考虑报酬数额的因素。法院在判决中并没有指出计算报酬的截止时间，可以认为法院判决的报酬是发明人的全部报酬，而不是截止到判决日的报酬。而在詹××案中，法院则明确支持了判决后的报酬，将报酬的计算至专利权法定终止日。法院指出：詹××请求的是一次性支付实施专利报酬，本院认为，实施涉案专利的经济效益是体现为节约费用，浮动幅度较小，相对比较稳定，一次性支付报酬符合法律规定和本案实际情况。另外，詹××已经退休，一次性支付报酬对双方均更为便利，有利于彻底解决纠纷；且实施涉案专利的报酬的比例和数额不高，一次性支付不会影响长江轴承公司正常的生产经营，故对詹××关于一次性支付实施专利报酬的诉讼请求应予支持。综上，长江轴承公司每年应向詹××支付不少于6万元税后所得利润或营业利润的4%，即不少于2400元作为实施涉案专利的报酬，从2007年3月14日起计算至2017年3月13日止。参照上述比例，长江轴承公司应当向詹××支付实施专利的一次性报酬24 000元。

在报酬计算的截止日期上，法院还有不同的做法。多数的判决都只计算到判决日，有的案子法院没有具体计算而是酌定报酬时，将专利的生命周期内的所有报酬计算在内，而有些案子中法院则明确支持了判决后的报酬。笔者认为，法院作出判决的依据应当是确定的，而判决日之后的报酬数额是难以确定的。计算职务发明的报酬必须有两个前提：一是专利有效；二是专利权从专利中取得收益。在判决之后，专利可能被宣告无效，也可能被专利权人放弃。即使专利仍然有效，也有可能出现新的技术使专利失去市场价值。这都会使职务发明的人后续报酬成为未知数。即使通过评估和鉴定，也很难计算出相对准确的数额。因此，除非双方当事人就后续报酬达成一致意见，法院不应支持后续报酬的诉讼请求。

类似的情况在日本也曾出现过。在轰动世界的中村修二案中，东京地方法院认为中村修二应得的适当报酬应当为 6 043 006 万日元。在计算上述数额时，法院一直计算到专利到期日 2010 年。[①] 而该判决的判决日是 2003 年，自 2003 年至 2010 年被告的收益额是法院根据市场成长率、被告占有率、被告成长率等推算的，总额为 1068 亿日元。案件上诉到东京高等法院后，双方达成了由日亚公司向中村修二支付共计 84 391 万日元的发明补偿金的和解协议。东京高等法院向双方提出的《法院关于和解的意见》中也计算了 2003 年以后收益额。法院认为由于专利所属领域技术更新特别快，很可能会出现替代技术，因此以 1994 年至 2002 年的平均收益额的 70% 计算，2003 年后的收益额为 2.5 亿日元。可见，虽然东京高等法院也计算了后续的报酬，但两级法院计算的被告收益分别为 1068 亿和 2.5 亿日元，差距是非常大的。这也说明，判决日后的收益及报酬计算是很难的，并且结论也是不可靠的。

4. 发明人离职后是否仍可以要求职务发明报酬

有的案件中，当事人起诉时或法院判决时发明人已经离开了所在单位，这时可能会产生离职后单位是否仍应向其支付职务发明报酬的问题。例如，在吴 × 与某微电子装备有限公司职务发明创造发明人奖励纠纷案 [②] 中，法院认为，《专利法》（2000 年修正）第 16 条规定，被授予专利权的单位应当对职务发明创造的发明人或者设计人给予奖励。根据此规定，任何单位均负有向职务发明人支付奖励的法定义务。作为单位的专利权人，有义务向发明人支付奖励。虽然专利权人的《知

[①] 东京地方法院平成 13 年（ワ）第 17772 号判决，http://www.courts.go.jp/hanrei/pdf/6F6054620D5D761C49256E6F0034B198.pdf。

[②] 上海市第一中级人民法院（2011）沪一中民五（知）终字第 144 号判决（判决时间：2011 年 7 月 11 日）。

识产权奖励办法》规定发明人离职后涉及的奖励不予发放，但由于支付发明人奖励是单位的法定义务，在其制定的奖励办法中是不能对该义务的承担加以限制或免除的。笔者赞同该案中法院的认定。职务发明奖励报酬针对的是单位职工，这只要求在作出发明人是职工，并不要求申请奖励报酬时仍是单位的职工。

（九）职务发明报酬额的计算问题

从我国法院关于职务发明奖励报酬纠纷的判决看，所有案件都涉及职务发明的报酬，只有个别案件除涉及报酬外，还涉及奖励。可见，职务发明奖励报酬纠纷的争议点主要在于报酬而不是奖励。由于奖励有固定的数额标准，而报酬需要计算，报酬的计算问题往往成为案件中双方争议的焦点。

1. 并非以职务发明奖励报酬名义发放的奖金是否应计为已发放的奖励报酬

很多企业除了以职务发明奖励报酬的名义发放奖金外，有时会以其他名义发放奖励，比如，特别贡献奖、年终奖，以及晋升工资等。这些奖励，往往与发明人作出的发明创造有联系。职务发明人往往因其专利给企业带来贡献而容易获得这些奖励。在发生纠纷时，有时会出现这些奖励是否计为已发放的奖励报酬的问题。

在谢××案中，被告根据该公司的《合理化建议与技术改进奖励实施办法》，于1996年发布"关于1996年度合理化建议和技术改进项目的表彰决定"对包括原告在内的有关人员进行了表彰，评定原告的讼争专利设计的奖励等级为二级，奖励1万元并给予晋升二级工资。法院认为，被告依据其自行制定的《奖励实施办法》对原告进行奖励，应认定已经履行了《专利法》规定的义务。原告因晋升工资而在专利有效期内多收入28 800元，再加上1万元奖金已超过《专利法实施细则》规定的标准。因此，法院判决驳回原告诉讼请求。

在朱××案中，被告威霸公司主张，在朱××离职之时已经支付了额外的经济补偿10万元人民币给朱××，由于朱××系自动辞职，用人单位没有相应的补偿义务，因此，该笔补偿不属于劳动法律法规所规定的经济补偿金，而是包括了朱××所应得的所有报酬，也包括朱××的职务发明创造发明人、设计人报酬。法院认为，由于威霸公司提交的该证据二收据和汇款凭证上并未说明系包括给予朱××职务发明创造发明人、设计人的报酬，威霸公司也未提交其他证据证明该款项的性质，因此，该证据不足以证明威霸公司已经支付朱××职务发明创造发明人、设计人报酬。

在潘××与金沙江公司、深圳生物谷公司职务发明创造发明人奖励、报酬纠纷案[①]中，金沙江公司主张发明人潘××晋升的工资属于报酬。法院认为，金沙江公司是否已支付潘××职务发明创造发明人的报酬，应由金沙江公司承担举证责任。金沙江公司提交的潘××工资通知单、薪酬调整通知单、工资发放明细表、员工评价表等证据，并未说明包括了给潘××的职务发明创造发明人报酬，金沙江公司也未提交其他证据证明其已支付给了潘××职务发明创造发明人的报酬。据此，法院认定，金沙江公司未支付给潘××职务发明创造发明人的报酬。

上述案件看起来有明显不同，谢××案中法院将其他形式的奖金、工资计为已发放的报酬，潘××案中则没有把晋升工资视为报酬，朱××案中法院没有将补偿金计为已发放的报酬。但法院的观点并不矛盾。法院的基本观点是，因发明而得到的奖励报酬，可以计为已发放的职务发明奖励报酬。奖励报酬是否是因发明而得到的，应由专利权人举证。专利权人应证明发明人得到的奖励报酬与其他因素无关，只是因完成发明创造而获得。特别是在晋升工资的情况下，专利权人应当证明工资晋升只是因完成发明创造而获得，而不是通常情况下的工资晋升，并且也没有影响正常的工资晋升。笔者认为，《专利法》规定的职务发明奖励报酬的目的是给发明人合理的补偿，并激励发明人完成更多的发明创造。由于企业情况各异，企业给技术人员的奖励和激励措施也呈现多样化。如果不把其他形式的奖励计为职务发明报酬，会制约企业运用多种形式奖励调动职工积极性的动力。

2. 发明人曾将发明据为己有，是否会影响其获得的奖励报酬

有时单位和职工会产生是否属于职务发明创造的争议，如果原属于职工所有的专利被法院判决为归单位所有，职工就成为职务发明的发明人。在这种情况下，职工是否还有权得到职务发明的奖励报酬呢？苟×案就涉及这个问题。苟×曾以自己的名称申请了涉案专利并获

[①] 广东省高级人民法院（2011）粤高法民三终字第316号判决（判决时间：2011年7月26日）。

得授权，后法院认定专利应属于归被告所有的职务发明。苟×提起职务发明奖励报酬的诉讼后，被告主张，原告将属于本公司的技术成果以个人名义申请专利的行为，违背了公平诚信原则，没有理由获得奖励。法院认为，虽然涉案专利最初是原告以其个人名义申请并获得专利权，但北京市高级人民法院的终审判决书已确认涉案专利系原告在北京路翔公司的职务发明创造，专利权应归属北京路翔公司，因此该公司应根据法律规定给予作为涉案专利主要设计人的原告合理数额的奖金。因此，法院的意见是，只要在诉讼中的专利为职务发明，单位就有义务支付奖励报酬。刘××案也涉及这个问题。涉案专利由发明人刘××申请并在授权后成为专利权人，后来经过诉讼法院判决专利权归单位所有。在其后提起的职务发明奖励报酬诉讼中，单位主张刘××申请专利的行为侵犯了单位的权利，因此单位不应再支付报酬。法院认为，刘××申请涉案专利的行为是否构成对烙克赛克公司的侵权，不是本案的审查范围，也不影响烙克赛克公司应当依据上述法律规定向刘××支付相应的职务发明创造奖励。笔者赞同上述两个案件中法院的认定。专利权属与职务发明人奖励报酬是两个法律关系，专利权确认归属于单位后，单位就有义务向职务发明人支付奖励报酬。当然，如果发明人曾作为专利权人并通过行使专利权取得收益，单位也可以向发明人要求返还取得的利益。

3. 单位实施专利时如何计算单位的利润额

按照《专利法实施细则》的规定，单位实施专利时，应当按照所得利润额为基数，计算应付给发明人的报酬。但单位的所得利润额应如何计算，是很多案件中争议的焦点。

在翟××案[①]中，被告沈阳纺织研究院曾使用涉案专利制造设备并以成本价出售，并没有获利。法院认为，虽然买方同时购买纺织研究院生产的涂塑布，但没有证据证明涂塑布的购买者将涂塑布全部通过专利设备制成导风筒，从而将涂塑布的利润同该设备完全联系起来，即由涂塑布获得的利润不能等同于设备利润。因此，法院认定被告没有从使用专利中获得利润。

在苟×案中，法院根据被告使用专利制造和销售数量、销售价格

---

① 翟××诉沈阳市纺织科学研究院,辽宁省高级人民法院（2005）辽民四终字第36号判决（判决时间：2005年5月27日）。

及合理的制造成本等因素，综合确定计算报酬的数额。

在薛××案中，被告一枝花公司提出使用原告技术生产销售洗衣粉虽然有销售利润，但分摊了财务和管理费用后是亏损的，不应当支付报酬。法院认为，被告利用薛××的专利生产的洗丽洗衣粉，除去生产和销售成本后，得到近 662 万元的销售利润，如果一枝花没有用薛××设计的专利设备生产洗丽洗衣粉，其摊到该部分洗衣粉上的相关费用并不会因此就减为零，而是要摊到其他产品上去的，亏损的总额并不会发生多大变化，与此相对应的是，一枝花公司利用薛××专利生产洗丽洗衣粉获得了利润，从而减少了亏损额，并且，一枝花公司在未举证证明一般洗衣粉和利用该专利装置生产洗衣粉在一定时间内，投入成本和获取利润各有多大等情况下，将该公司的财务费用和管理费用按产品销售总额进行笼统分摊，就会造成不论生产成本高低、利润空间大小而平均分摊的问题；加之该公司相关财务和管理费用数额巨大，存在即使实施该专利获取利润再大一些，但一经分摊相关费用后可能仍为负数的情况，显然这对于专利职务发明人的奖励是不公平的。况且，一枝花公司也并未按《专利法》的相关规定，在每一年度进行核算、奖励。因此，一枝花公司以总体亏损为由拒付薛××报酬的做法法院不予支持。最后，法院根据销售利润，综合酌定一枝花公司应当支付给薛××2001 年和 2002 年报酬共 6 万元。

在朱××案中，被告威霸公司未对其使用专利所得利润举证。一审法院认为，威霸公司作为实际生产销售主体，自主掌握各类产品的生产销售情况，故威霸公司生产销售各项专利产品所获得的税后利润的举证责任应当由威霸公司承担，威霸公司对之不举证应当承担举证不能的不利后果。最后，法院以威霸公司 2004 年度税后利润总额，即人民币 1454.71 万元作为计算外观设计专利设计人报酬的税后利润。二审法院认为，原审判决以威霸公司 2004 年度的税后利润来计算职务发明创造设计人报酬不符合有关行政法规的规定，但一审认定的数额尚属合理，因此维持了一审判决。

在唐××案中，被告嘉陵公司以自己的利润统计表中利润为负为由主张不应向发明人支付报酬。而原告则以专利摩托车与其他摩托车不含税价差乘以销售数量作为被告的利润。最后，法院对双方的主张都没有采纳。理由是，嘉陵公司单方制作利润表，无法与审计报告对应佐证,且不能完整反映所有专利摩托车的税后利润。而唐××的计算,不同摩托车价差受多方面因素的综合影响制约,两种摩托车除了专利点火系统外还有其他差异。最后,法院参照摩托车行业整体情况及摩托车点火器的市场平均利润率,以点火器的销售价格、平均利润率和使用数量计算出利润总额。

在严××案中,法院以采用专利技术吨钢消耗降低,产生经济效益增加值作为利润总额。

可见,由于企业往往不对单一产品进行独立核算,要计算企业使用专利技术的利润额是很困难的。对此,法院应根据不同的情况确定计算利润的方法。而对于利润的举证责任,按一般的举证责任分配规则,应当由原告举证。但原告很难就被告的利润举证。因此法院在有的案件中加重了被告的举证责任。笔者认为,对于利润额应合理分配举证责任,原告应证明被告使用了涉案专利。在此基础上,被告应就其利润额举证。如果被告不举证,法院可以根据平均利润率等推定被告的利润额。当被告举证的利润额为负数时,法院应审查其扣除的成本、费用是否合理,并以其真实的利润额作为计算依据。即使被告的利润额确定为负数,法院也不宜驳回原告的诉讼请求。因为被告使用专利总会带来一定的收益,或者养活了亏损,法院应当根据情况酌定原告的报酬额。在没有现成的利润额可以作为依据时,根据产品的成本和销售价格计算利润,不失为一种科学的方法。

4. 如何确定计算报酬的比例

我国《专利法实施细则》规定了计算报酬的最低比例,在产生争议时,法院是否可以确定高于最低比例的比例?从我国法院的判决看,有三个案件确定的比例高于最低比例。在唐××案中,法院按照6%的比例计算实施专利的报酬;在翁××案[①]中,法院按照30%的比例计算许可专利的报酬,主要理由是被告消极对待他人提起的专利无效,致使原告根据涉讼专利在专利权期限届满之前继续被推广应用所产生的经济效益而主张报酬的权利行使不能。在石××案中,法院将实施专利的报酬比例确定为10%,主要理由是重庆市地方法院规定的报酬比例较高、发明人贡献较大而被告放弃了专利等。在詹××案中,二

① 翁××诉上海浦东伊维燃油喷射有限公司,上海市高级人民法院(2008)沪高民三(知)终字第23号判决(判决时间:2008年4月18日)。

审结合重庆市的经济社会发展水平和该案的具体情况认为计算实施专利报酬的利润提取比例酌定为 4% 比较合理，调整了一审法院采用 2% 的最低比例。

由于《专利法实施细则》规定的是最低报酬比例，在一般情况下，法院都应当按照最低比例确定报酬数额，但也可以根据情况确定高于最低比例的比例。如果按照最低比例确定的报酬数额较低，法院可以确定较高的比例。例如，在唐 × × 案中，法院按 6% 计算的报酬额为 2 万元。如果按 2% 的比例计算只有 6000 多元。或者有其他理由，以高的比例计算报酬才公平时，可以确定较高的比例。例如翁 × × 案、石 × × 案就属于这种情况。

5. 是否考虑专利技术对利润的贡献率

我国《专利法实施细则》规定的报酬计算办法，是基于"实施该项发明或者实用新型专利的营业利润"以及"许可实施该项专利收取的使用费"。因此，利润和使用费都应是实施或许可他人实施专利带来的。如果利润或使用费中包括其他因素，则应当将其他因素扣除。例如，在翁 × × 案中，被告将包括涉案专利在内的喷油泵总成技术许可给他人。法院委托鉴定机构对涉讼专利在相关喷油泵总成中的技术比重进行鉴定，并按照鉴定机构确定的比例确定了专利使用费在使用费总额中的数额。可见，该案确立了当许可的技术不只是涉案专利时，应当分清涉案专利在技术许可中的比例，并按比例计算专利使用费的原则。

但是，当专利权人自己使用专利技术生产产品时，如果产品中还含有其他专利，或者其他因素对于利润的形成起重要作用，是否还应当考虑专利在产品中的利润贡献率？现有判决并没有涉及这个问题。笔者认为，有时一件产品往往包含多项专利，甚至几十上百项专利，如果不考虑专利的利润贡献率，单位就每一个专利都按照总利润的一定比例支付职务发明报酬，有时可能报酬总额会超过利润额。有时即使产品中的专利数量并不多，但专利所起的作用明显不同，或者其他因素起到更大的作用。在这些情况下，可以考虑专利对利润的贡献率。总利润乘以贡献率所得的利润，才应是"实施该项发明或者实用新型专利的营业利润"。

6. 是否可以酌定发明人报酬的数额

有时发明人报酬的数额缺乏有效的证据支撑，但单位又通过实施职务发明取得了收益，这时有些法院采用酌定的方式确定报酬的数额。

例如，在前述张××案中，法院在综合考虑华夏聚龙公司涉案专利技术的性质和授权时间、涉案专利应用的领域和范围、涉案专利产品可能占华夏聚龙公司产品的比重、涉案专利产品当前的销售情况、平均市场价格及营业利润、剩余专利权有效期限、涉案8项专利的相互关系及共同发明人的情况等基础上，酌定报酬数额为15万元。在雷××案①中，被告使用了涉案的职务发明，但称没有收益，一审、二审法院均酌定赔偿数额10万元。案件申诉到最高法院后，最高法院指出：亿润公司承认其实施了涉案专利，但又不举证证明其所获利润，在此情况下，一审法院参考亿润公司实施涉案专利的时间、专利类型等情况，酌情判令亿润公司一次性支付雷××10万元职务发明报酬，二审法院依法予以维持。在范××案中，法院判决指出：根据《专利法实施细则》第78条的规定，参照但不依照《专利法》法定酌情赔偿的规定，并鉴于被告2008年度高新技术产品（服务）情况填报表上载明的信息（当年使用涉案专利再生产的产品销售收入占到总收入的99.16%）；另考虑被告2011年、2012年快报工业增加值台账计算表上反映的年度营业利润及涉案专利发明人包括原告与"张某某"等因素，酌情确定本案应支付的报酬为人民币100 000元。在潘××与云南生物谷药业股份有限公司职务技术成果完成人奖励、报酬纠纷案中，法院综合考虑涉案发明专利的由来、涉案发明专利的实施情况、灯盏生脉胶囊的获利情况、涉案发明专利有2个发明人等因素，酌定生物谷公司支付潘××职务发明人报酬380 000元。

在陈××案中，法院参考涉案专利的价值、创造的效益等因素，将数额酌定为7万元。黄×案②中，法院考虑到涉案专利技术授权时间、具体实施情况、产品的一般市场价格、利润和产品的合理销售情况，酌情确定韩江公司应向黄×支付12万元的专利报酬。当事人申请再审后，最高法院认为，一审、二审判决认定的发明专利和实用新型专利的奖金偏高，应予适当减少。另一方面，一审、二审法院计算

---

① 雷××诉东莞亿润电子制品有限公司,最高人民法院（2012）民申字第1023号（判决时间：2013年9月27日）。

② 黄×诉北京韩江自动化玻璃机械设备有限公司,北京市高级人民法院（2011）高民终字第1708号判决（判决时间：2011年7月13日）。

黄×应获得的报酬时，仅计算了七项专利，与实际实施的八项专利不同，因此，应适当增加黄×应获得的报酬。综合上述因素，一审、二审判决认定韩江公司应获得的奖金、报酬总计13.3万元，并无明显不当。[①]在陈××案中，法院综合考虑涉案专利的价值、被上诉人陈××对涉案专利所作的贡献、涉案专利的保护期、涉案专利在生产中的作用、金城集团购买动力涡轮产品的价格及数量等因素，确定金城集团给付陈××报酬5万元。

在张××案中，法院认定，3M中国公司将涉案发明的权利转移给3M创新公司所获得的对价、实施涉案发明专利所获取的利润、专利权人对外许可所收取的使用费等，均难以查明，在双方关于职务发明报酬计算的主张均难以支持的情形下，原审法院综合全案情况，酌情确定3M中国公司向张××支付20万元职务发明报酬，法院认为于法不悖。

通过研究相关案例可以看出，在2010年前法院判决的案件中，很少采用酌定的方式。但最近采用酌定方式确定数额的案件越来越多，所占比例也非常高。这种趋势不仅使人担心判决的公平合理性以及可能产生的影响。职务发明奖励报酬纠纷，一般是在双方就奖励报酬的数额无法达成一致意见时才起诉到法院。双方一般不是对是否应给付奖励报酬的"定性"产生争议，而是对奖励报酬的"定量"产生争议。这时法院应当尽量依据法律的规则精确计算出奖励报酬的数额。大量采用酌定方式确定报酬数额，往往难以使当事人信服，有时会与专利权人的收益有较大的出入。并且，如果单位的获利较大，单位一般不愿意把证据提交给法院，而是期待法院酌定一个较低的数额。笔者认为，可以通过分配举证责任的方式使法院有更多的资料可以计算报酬数额。通过法律或司法解释，将获利情况的举证责任由单位负担，在单位无正当理由未提供相关证据时，可以推定发明人的诉讼请求成立。

7. 专利无效、放弃对职务发明人报酬的影响

有时专利权人故意放弃专利或者放任专利被无效，发明人对专利被放弃或无效后的报酬仍提出请求。例如，在石××案中，被告于2003年8月书面声明放弃涉案专利权。发明人的继承人认为被告放弃

---

① 最高人民法院（2012）民申字第931号裁定（裁判时间：2012年12月4日）。

专利权的行为有主观上的恶意，其放弃行为应为无效。一审法院认为，被告在诉讼过程中放弃专利的行为，并不能影响发明人应当获得的法定报酬。二审法院认为，权利人只要不违背法律的禁止性规定，就可以按自己意愿处分该权利。专利权失效以后，不论重庆长江涂装机械厂是否仍然依照该技术生产产品，发明人都不再享有获得报酬的权利。在翁××案中，由于被告的放任，专利于2005年12月23日被宣告无效，原告主张报酬计算到2011年专利到期日。法院认为，原告只能要求被告伊维公司支付专利权被宣告无效前基于专利许可使用费的收取所应提取的相应报酬。在唐××案中，原告因担心专利无效，提出要求在涉案专利权的放弃、终止、无效纠纷时嘉陵公司通知其共同维护专利权的诉讼请求。法院认为，唐××是涉案专利的设计人之一，但并非专利权人，其依法只能请求嘉陵公司就涉案专利给予一定的奖励与报酬。嘉陵公司等专利权人在处分专利权时，可能会影响到唐××获得报酬的权利，但这一权利实现与否本来就取决于专利权人实施专利的情况与处分专利的方式，处分专利权是专利人固有的权利，职务发明创造的发明人或设计人无权干涉。

《专利法》规定的发明人报酬应当在专利有效期内支付。不管专利因何种原因而归于无效，原专利权人都无义务再向职务发明人支付报酬。上述案件中，法院都确认了这一原则。但专利无效或放弃会涉及发明人的利益，特别是在专利权人故意放弃专利或放任专利被无效，有人认为是一种为了不向发明人支付报酬的恶意行为。因此，在翁××案和石××案中法院都确定了比最低标准更高的报酬比例。但对于是否还应当给专利权人其他"惩罚"，笔者认为并无必要。一般情况下，即使给职务发明人支付报酬，单位所得的利益仍远远大于给发明人的报酬。因此，理性的人是不会因避免支付发明报酬而放弃专利的。

四、《促进科技成果转化法》对职务发明奖励报酬的影响

2015年8月29日，第十二届全国人民代表大会常务委员会第十六次会议《关于修改〈中华人民共和国促进科技成果转化法〉的决定》，其中第44条规定：职务科技成果转化后，由科技成果完成单位

对完成、转化该项科技成果作出重要贡献的人员给予奖励和报酬。同时，第 45 条规定了"科技成果完成单位未规定、也未与科技人员约定奖励和报酬的方式和数额"时的标准，这一标准比《专利法实施细则》规定的标准高很多，并且这一标准对于"国家设立的研究开发机构、高等院校"具有强制性。但是，与《专利法实施细则》相比，《促进科技成果转化法》没有区分奖励和报酬，并且发放的对象不限于"发明人"，而是"对完成、转化该项科技成果作出重要贡献的人员"。《促进科技成果转化法》的效力层次高于《专利法实施细则》，原则上讲发明人可以依据《促进科技成果转化法》的规定提出奖励报酬的请求，但由于《促进科技成果转化法》是针对完成和转化人员作出的规定，如何区分"完成"人员和"转化"人员，如何确定发明人奖励报酬的份额，还需要通过行政法规或司法解释进一步明确。

日本中村修二职务发明报酬案评介

美国加利福尼亚大学教授中村修二因研发被视为不可能的"蓝光"，荣获了 2014 年诺贝尔物理学奖。早在十年前，中村修二就已是全球的知名人物。在 2004 年英国《知识产权管理》杂志评选的全球最有影响的 50 名知识产权人物中，日本的中村修二名列其中。中村修二入选的原因是他提起的职务发明报酬案获得了巨额赔偿。

中村修二曾经是日本日亚化学工业株式会社（简称日亚公司）的半导体发光元件研发人员，其于 1990 年在日亚公司作出了相关制造蓝色发光二极管技术的发明创造；1993 年在该技术的基础上再研制出了更具突破意义的双重异型结构的蓝色发光二极管；随后又研发出了高亮度二极管和紫外光激光二极管。中村修二的发明创造由日亚公司申请获得了专利。日亚公司于 1993 年 12 月起生产该种结构的蓝色发光二极管，并因此带来了巨大的利润，但中村修二只得到数额很小的奖励。

2001 年 8 月，中村修二向东京地方法院起诉，要求法院确认上述发明是非职务发明，要求追加其为共同专利权人，如果法院认定属于职务发明，则应当向其支付合理报酬 200 亿日元。东京地方法院 2004 年 1 月 30 日就此案作出判决，认定属于职务发明，中村修二在该职务发明中的适当报酬应当为 6 043 006 万日元。但由于中村修二的诉求仅仅是 200 亿日元，根据"不多于请求原则"而判决日亚公司支付中村修二 200 亿日元报酬。①

日亚公司上诉后，东京高等法院 2005 年 1 月 11 日主持双方达成了和解协议，由日亚公司向中村修二支付共计 84 391 万日元的发明补偿金。

---

① 东京地方法院平成 13 年（ワ）第 17772 号判决，http : // www.courts.go.jp/hanrei/pdf/ 6F6054620D5D761C49256E6F0034B198.pdf.

中村修二案件之所以引起广泛的关注，是因为一审判决的职务发明报酬是一个天文数字。此案也引起了日本对职务发明报酬数额的讨论，并最终促成了日本专利法有关规定的修改。

2005年前有效的《日本专利法》规定，决定雇员因职务发明而得到的合理报酬数额时，必须考虑到雇主通过该发明所得到的利益，以及雇员对该发明所完成的贡献程度。在东京地方法院的判决中，法院认为"适当报酬"计算之基础——雇主应当获得的利润是指独占实施发明专利权所获得的利润（独占利润），而非实施这一专利权所得的利润；专利权是在其有效期限内都可以独占实施的权利，独占利润的计算也要将专利有效期满为止可能得到的部分计算在内。东京地方法院经过计算认为，至专利到期日2010年10月，日亚公司独占利润为1208亿日元，而中村修二对发明的贡献度为50%，因此其就职务发明适当报酬是独占利润乘以雇主对发明的贡献度，约604亿日元。

对于上述法院的判决，企业界提出了强烈的反对意见，要求修改《日本专利法》职务发明相关规定。以800多家日本企业为会员的日本知识产权协会发表意见指出：此判决所判的"适当报酬"之高超乎常识，其解释完全无视企业活动实际情况，十分片面，判决没有考虑发明创造及其商品化过程中的风险，是极其不合理的。企业也纷纷表示担心，担心"事后由法院来决定报酬额的做法会给企业经营带来风险"，认为"这一连串判决所带来的结果是使日本企业背上了许多潜在的诉讼炸弹，今后企业会朝避开多风险的研究开发、从外买入能获益专利的方向发展，日本企业就会失去自主开发的特点"，担心"发明报酬的高涨会导致研究人员过度的权利意识，会向周围隐瞒自己的想法和信息"，会给研究开发带来阻碍；还指出"如果企业要承担如此大的风险和成本，企业会将研究开发据点撤出日本"。[①]

东京高等法院在审理过程中，对于报酬的计算与地方法院有较大的差别。首先，东京高等法院计算的截止期限为判决之日，而不是到专利到期日。这样，东京高等法院计算的利润总额只有120亿日元。其次，东京高等法院认为中村修二对于发明的贡献度为5%，仅为一审判决的十分之一。这样，中村修二所得到的报酬只有6亿多日元，加

---

① 钱孟姗.日本《特许法》职务发明规定的讨论与修改——对我国专利制度完善带来的启示［J］.知识产权，2004（5）.

上滞纳金为 8 亿多日元。

中村修二对东京高等法院计算的补偿金额表示了强烈不满："东京地方法院先前判定的 600 亿日元的补偿金数额被认为过高，而判定仅有其百分之一的 6 亿日元是一个妥当的数字，并且按照这种逻辑来计算出贡献度，根本讲不通。"并称日本法院只代表大公司的利益，"日本司法制度已经腐烂"，告诫日本青年科技工作者要到美国去创业。

在该案的审理过程中，日本修改了《日本专利法》第 35 条的规定，保留了 35 条的第 1、2、3 款，将现行的第 4 款细化为第 4 款、第 5 款。第 4 款，"对于前款的报酬，在合同、工作规章及其他规定中做了规定时，根据规定所支付的报酬，要从制定决定报酬之基准时雇主等与从业人员等双方间的协商情况、所制定基准的公开状况、就报酬的计算听取从业人员意见的状况来考虑，必须合理"。第 5 款，"就前款的报酬未做规定或者根据规定所支付的报酬按照该款规定被认为是不合理时，第 3 款中的报酬额要考虑雇主等基于该发明应该获得的利润额、雇主等就该发明所承担的负担、所作出的贡献及给予从业人员等的待遇及其他情况来决定"。新的规定关于职务发明人报酬的计算更为详细，更尊重双方的约定和企业的规章制度，只有在约定和制度不合理时，才按照法律的规定计算。

职务发明报酬的纠纷，一般在职工在企业间具有一定的流动性，但流动性又不是特别强的情况下发生，也就是在劳动力市场程度从低到高的过渡过程中。在劳动力市场化程度非常低的情况下，即使有职工职务发明的奖励报酬制度，一般不会出现职务发明的奖励报酬纠纷。《日本专利法》中关于职务发明报酬的第 35 条的规定，最早制定于 1921 年。但 80 多年基本上没有员工与企业发生的职务发明人报酬纠纷，许多技术人员仍然不知法律规定职务发明的专利申请权和专利权归发明人所有，可以要求适当的报酬。在日本公司长期的终身雇用制、就业流动性很小的情况下，即使知道法律条款的存在，发明人也难以或不愿意提起诉讼。而 20 世纪末 21 世纪初，职工的流动性变强，日本陆续出现了包括中村修二案在内的几个有影响的职务发明报酬案。从这些案件可以看出，日本的企业以前对职务发明人的报酬重视不够。受这几个案件的影响，日本企业界和理论界都重视职务发明报酬问题，并修改了专利法，完善了有关制度。与日本的情况正好相反，美国则属于劳动力市场化程度比较高的国家，职工的流动性一直很强。美国专利法中并没有关于职工职务发明奖励报酬的规定，职工的报酬包括发明创造的报酬，都由市场来解决。而美国也很少发生职务发明报酬纠纷。其中的原因在于，在职工流动性强的情况下，雇主为了吸引和留住有创造能力的雇员，往往以"合理"的报酬作为员工的回报。所以一般不会出现职工对报酬不满意的情况。即使员工发现报酬不合理，往往采取"跳槽"的方式而不是诉讼的方式。

因此，是否需要明确规定职务发明人的奖励报酬，特别是是否需要对职务发明人的奖励报酬数额作出强制性（特别是最低标准）的规定，应该视一个国家当时的劳动力市场化程度而定。劳动力市场化程度越高，越不需要制定专门的法律规定，劳动力市场化程度越低，越需要制定专门的规定，甚至要制定奖励报酬的最低标准。但另一方面，在劳动力市场化程度特别低时，法律的规定还很难起到实际作用。

另外，在人员和资本具有国际流动性的情况下，职务发明报酬标准问题还会影响到一个国家的创新能力。如果法定的职务发明报酬标准过高，会加大企业的研发成本，企业会减少研发投入，甚至将研发中心转移到职务发明报酬较低的国家和地区；如果职务发明的报酬标准过低，会挫伤员工的创造热情，甚至使科研人员到回报更高的国家和地区。日本在关于中村修二案件的讨论中，就充分暴露了这个问题。因此，确定一个适度的职务发明报酬标准，不但涉及雇主与雇员之间的利益平衡，还涉及国家的持续创新能力。

我国目前也正处于劳动力市场化程度越来越高的时期。从原来的职工很少有流动，逐渐变得职工流动性越来越频繁。因职务发明奖励报酬所产生的纠纷也陆续出现。由于市场化程度没有达到像美国那样的水平，还需要法律规定保障发明人的权利。因此，我国《专利法》在1984年制定时就规定了职务发明人奖励报酬的条款。[①]这一条款在以后的专利法修改中一直未做实质性修改。在1985年制定的《专利法实施细则》第六章专门就"对职务发明创造的发明人或者设计人的奖励"作了规定，其中规定了奖励的最低数额和报酬的计算标准。一直

---

① 1984年制定的《专利法》第16条规定：专利权的所有单位或者持有单位应当对职务发明创造的发明人或者设计人给予奖励；发明创造专利实施后，根据其推广应用的范围和取得的经济效益，对发明人或者设计人给予奖励。

到 2010 年新的《专利法实施细则》实施，上述规定除了数额上的变化外，也没有实质性变化。

在我国专利法第三次修改的过程中，职务发明奖酬制度的修改也成为人们探讨的内容之一。对于是继续保护甚至进一步细化职务报酬、职务技术成果报酬的提取比例或者数额，还是取消相关的量化指标，存在不同的意见。一种意见要求取消量化指标，认为职务发明创造和职务技术成果的个案情况千差万别和千变万化，不宜一刀切，也难以一刀切。职务报酬、职务技术成果报酬的提取与支付，归根结底是企业内部的事情，应当由企业来确定，不应由公共政策、法律来量化规范。而另一种意见则要求继续明确并且细化我国职务报酬提取比例的量化指标，认为职务报酬制度建设及其执行不但是企业的内部事务，更是涉及国家科技进步和经济发展的公共政策，是激励自主创新和铸造自主知识产权的主要杠杆，事关国家重大利益，应当在法律与政策层面上加以明确规范和适当量化规定，以保障职务报酬制度的实施。也有学者提出，中国职务报酬权的提取比例宜量化，但是应当采用仅仅量化其提成比例之下限的量化模式，保底下限以不低于 20% 为好，经济较发达地区可以通过地方法规与政策规范将本地区统一规定的保底下限提升至不低于 30%。[①] 最终通过的专利法修正案并没有就职务发明奖励报酬的具体标准作出规定。2010 年制定的《专利法实施细则》对奖励报酬的计算做了比较大的调整，调整的主要内容在于增加了约定优先的规定。《专利法实施细则》第 76 条第 1 款规定：被授予专利权的单位可以与发明人、设计人约定或者在其依法制定的规章制度中规定专利法第 16 条规定的奖励、报酬的方式和数额。第 77 条和第 78 条都规定：被授予专利权的单位未与发明人、设计人约定也未在其依法制定的规章制度中规定的情况下，才按照实施细则的规定计算职务发明人的报酬。上述规定，使单位在确定职务发明人奖励报酬的数额和计算方法时，具有一定的灵活性，可以约定或在规章制度中制定奖励报酬的计算办法。但对于单位与职工的约定或规章制度中确定的标准，在发生纠纷时法院是否需要进行审查，如果其标准不合理时能否认定其无效，现行的《专利法实施细则》中没有明确的规定。

---

① 陶鑫良.职务报酬的发明权属性及其创新激励机制［M］//.吴汉东,知识产权年刊,北京:北京大学出版社,2007.

　　根据我国目前的社会经济环境特别是劳动力流动性的现状，制定关于职务发明奖励报酬的规定是有必要的。我国目前正在讨论制定的职务发明条例将对职务发明的奖励报酬作出更详细的规定。法律法规关于职务发明奖励报酬的规定，一方面要保护发明人利益，另一方面不能过分加重企业的负担。在发明人利益和企业利益之间找到恰当的平衡点，才能保证企业乃至国家的持续创新能力。

专利申请权刍议

专利申请权是我国专利法中的一个重要概念。专利法中有很多涉及专利申请权的问题，例如专利申请权的权属问题、转让问题、许可问题、出资问题、质押问题。研究这些问题，首先需要准确界定专利申请权的含义。然而，遗憾的是，对于这个基本的概念，现在其实还没有统一的认识。这样就造成了在讨论涉及专利申请权的问题时，虽然表面上看起来讨论的是一个问题，但由于对专利申请权的界定不同，实质上使用的是同样的术语但指向的不是同一个问题。因此，统一对专利申请权的认识，并确定统一的含义，是很有必要的。

一、学术研究中的"专利申请权"

对于专利申请权的含义和内容，学者有三种不同的界定。

第一种观点认为，专利申请权就是可以提出专利申请的权利。例如，有学者认为："专利申请权，是指公民、法人或者其他组织依据法律规定或者合同约定享有的就发明创造向国务院专利行政部门提出专利申请的权利。"[①] 有学者认为，所谓专利申请权，是指在技术成果研发成功之后，依据《专利法》等法律的规定申请专利的权利。[②] 有的学者区分了"专利申请权"和"专利申请案中的权利"的概念。在其看来，所谓专利申请权，是指将发明创造申请专利的权利。一旦提出专利申请，此项权利已用尽，不复存在。所谓"专利申请案中的权利"是指专利申请人在提出专利申请以后，到专利被授权以前所享有的权利。[③]

---

① 吴汉东.知识产权法学［M］.北京：北京大学出版社，2005：165.
② 王利明.合同法研究：第 3 卷［M］.北京：中国人民大学出版社，2012：583.
③ 李顺德.知识产权法律基础［M］.北京：知识产权出版社，2005：143.

第二种观点认为，专利申请权是专利申请人将专利申请提交到国家知识产权局后所享有的权利。例如，有学者认为，专利申请权是指申请人在向国家知识产权局提出申请以后对其专利申请享有的权利，即对该专利申请的所有权。[①]有的学者认为，在专利申请日之前，只有一项权利存在，即申请专利的权利。在申请人向国家知识产权局提出申请的时候，即从专利申请日起，产生了专利申请权，专利申请权随着专利的授予或者驳回而终止。[②]有学者指出，我国专利法所说的专利申请权转让，解释上应当是指专利申请提出以后对专利申请所有权的转让而言。[③]还有学者早在1992年就指出，在专利技术贸易中，有关"专利申请权"的转让，一般是指申请日后授权前的权利转让，而且这时所谓"申请权"的转移，还意味着物权的转移，这种转移在新权利人获得专利权时明显体现出来。[④]

第三种观点认为，专利申请权包括前述两种观点所界定的内容，既包括申请专利前的权利，也包括申请专利后至专利授权前的权利。例如，有学者认为，专利申请权是指一项发明创造产生之后，该发明创造的所有人享有的向国家知识产权局提出专利申请并基于该申请取得专利权的权利。[⑤]有学者认为，专利申请权实际上包含三层内容：一是程序性的权利，即向国家知识产权局提出专利申请的权利；二是实质性权利，即对准备申请专利的技术合法拥有的权利；三是专利期待权，即专利申请可能被批准，在获得授权以后，期待权就转化为实际的专利权。[⑥]也有学者认为，专利申请权，是权利人就某项尚未获得专利权的发明创造所享有的一系列权利的总称。专利申请权是一种财产权利，其核心是对发明创造的支配权。权利人享有某个发明创造的专利申请权，则可对其实施占有、使用、收益、处分。专利申请权因发明创造的完成而产生，但如果"发明创造"为法律所禁止（例如发明一种新型盗窃工具）或者与既存专利相冲突，则不产生专利申请权。专利申请权包括以下四项子权利：申请专利和获得专利权的权利；专利申请的

① 尹新天.中国专利法详解 [M].北京：知识产权出版社，2011：112.
② 宿迟.知识产权名案评析 [M].北京：人民法院出版社，1996：7.
③ 汤宗舜.专利法教程 [M].北京：法律出版社，2003：58.
④ 刘树中，唐利莎.专利申请权的内涵及其与相邻权利的比较 [J].情报科学，1992（6）.
⑤ 启平.专利制度研究 [M].北京：法律出版社，2005：116.
⑥ 衣庆云.专利申请权和专利使用权入股问题探析 [J].当代法学，2000（1）.

修改权、撤回权以及就专利申请陈述意见的权利；转让专利申请权的权利；实施和改进发明创造的权利。① 有学者认为，专利申请权是一个特定的法律概念，是指专利申请人就特定发明创造向国务院专利行政部门提出专利申请后，申请人就该项尚未获得专利权的发明创造所享有的一系列权利的总称。专利申请权实际上包含三层内容：一是程序性权利，包括请求国务院专利行政部门对发明创造进行审查权（发明专利的形式审查和实质审查，实用新型专利和外观设计专利的形式审查）、撤回专利申请权、专利申请被驳回时享有的陈述意见并进行修改的权利及请求授予专利权的权利等；二是使用收益权，即对申请专利的发明创造的使用权和转让权；三是专利期待权，即专利申请被国务院专利行政部门审核通过，在获得授权以后，期待权就转化为了专利权。② 有学者认为，专利申请权利是一项综合性权利，其内涵包括：（1）对所掌控的发明创造（技术秘密）的使用权、转让权；（2）提出专利申请和获得专利权的权利；（3）专利申请的修改权、撤回权以及就专利申请陈述意见的权利；（4）转让已提出的专利申请的权利。③

由于上述三种不同观点的存在，使专利申请权的有关问题变得人为复杂起来。每篇研究涉及专利申请权的论文，都要对专利申请权做一次界定。在界定其含义的基础上，再进行相关的研究。这样，同样是研究专利申请权的论文，比如研究专利申请权质押的问题，其所指的专利申请权可能是不同的，这就造成了研究内容的可比性不强，并且容易给人以错误的认识。

二、我国法律、法规和司法解释中的专利申请权

在我国有关的法律、法规和司法解释中，也使用"专利申请权"一词，下面对这些规定进行介绍，并力图从规定中探寻专利申请权的含义。

1984 年制定的《专利法》是第一部使用"专利申请权"的法律，该法第10条第1款和第4款规定：专利申请权和专利权可以转让。……

---

① 朱一飞. 专利申请权初论 [J]. 理论界，2006（10）.
② 周倩. 专利申请权可质押性研究 [D]. 上海：华东政法大学，2012：4.
③ 陈月红. 论专利申请的可质押性 [J]. 前沿，2009（12）.

转让专利申请权或者专利权的，当事人必须订立书面合同，经专利局登记和公告后生效。该法第65条还规定：侵夺发明人或者设计人的非职务发明创造专利申请权和本法规定的其他权益的，由所在单位或者上级主管机关给予行政处分。该法还同时使用了"申请专利的权利"的术语。该法第6条规定：执行本单位的任务或者主要是利用本单位的物质条件所完成的职务发明创造，申请专利的权利属于该单位。从当时《专利法》第10条的规定看，"专利申请权"指的是专利申请提交到专利局后申请人所享有的权利。因为该条规定专利申请权转让合同经过"专利局登记和公告后生效"。如果是还没有提交专利申请的科技成果，专利局无法进行登记和公告。另外，《专利法实施细则》等行政法规和规章中关于"专利申请权"的规定，也都与《专利法》的含义相同。例如1992年颁布的《专利法实施细则》第86条规定："当事人因专利申请权或者专利权的归属发生纠纷，已请求管理专利工作的部门处理或者向人民法院起诉的，可以请求国务院专利行政部门中止有关程序。"在《专利法》第三次修改的过程中，在修订草案送审稿中曾将"专利申请权"改为"专利申请"。但最后没有按照这一草案进行修改。到目前为止，《专利法》中的关于"专利申请权"和"申请专利的权利"的规定，仍与最初的《专利法》相同。

《民法通则》第88条第3款规定：合同对专利申请权没有约定的，完成发明创造的当事人享有申请权。这里的"专利申请权"与《专利法》中的"专利申请权"的含义有明显区别。《专利法》中的"专利申请权"是专利申请人对专利申请在授权之前所享有的权利。这种权利是因申请专利而产生的，可以通过合同转让，但并不属于在科技成果完成前可约定归属的权利，也不能由法律规定其归属。而《民法通则》的"专利申请权"是由当事人约定或法律规定归属的权利，这种权利实际上是《专利法》中的"申请专利的权利"。

《合同法》中也同时使用了"申请专利的权利"和"专利申请权"。比较典型的规定是该法第340条的规定：合作开发完成的发明创造，除当事人另有约定的以外，申请专利的权利属于合作开发的当事人共有。当事人一方转让其共有的专利申请权的，其他各方享有以同等条件优先受让的权利。合作开发的当事人一方声明放弃其共有的专利申请权的，可以由另一方单独申请或者由其他各方共同申请。申请人取得专利权的，放弃专利申请权的一方可以免费实施该专利。合作开发的当事人一方不同意申请专利的，另一方或者其他各方不得申请专利。该法第 339 条的规定与此相似。另外，该法第 342 条规定，技术转让合同包括专利权转让合同、专利申请权转让合同、技术秘密转让合同、专利实施许可合同。《合同法》的上述规定中，虽然使用了"申请专利的权利"和"专利申请权"两个用语，但其含义并没有明显的区别。从第 340 条第 2 款的规定看，"合作开发的当事人一方声明放弃其共有的专利申请权"，发生在"由另一方单独申请或者由其他各方共同申请"之前，也就是说在申请专利之前就可以由当事人声明放弃共有的"专利申请权"，这说明这里的"专利申请权"指的就是申请专利的权利，而不是申请专利之后申请人所享有的权利。而从《合同法》第 342 条规定看，"专利申请权"转让合同是技术转让合同的一种。在这个意义上，只有申请专利之后，才可能将权利进行转让。在申请专利之前，当事人可以转让技术成果或者技术秘密，但不能不转让成果的所有权而单独转让"申请专利的权利"。因此，在《合同法》的规定中，"专利申请权"的含义是模糊的，也是不一致的。一方面，"专利申请权"与"申请专利的权利"是两个概念，但有时含义又相同；另一方面，在前后出现"专利申请权"的不同条文中，同一概念又具有不同的含义。

最高人民法院的司法解释中也多次涉及"专利申请权"。最高人民法院 1985 年 2 月 16 日《关于开展专利审判工作的几个问题的通知》中指出，"人民法院对专利申请权纠纷作出的判决，发生法律效力后应及时抄送国家专利局"。例如，《最高人民法院关于审理专利纠纷案件适用法律问题的若干规定》第 1 条规定，人民法院受理的专利纠纷案件中，包括"专利申请权纠纷案件"。《最高人民法院关于审理技术合同纠纷案件适用法律若干问题的解释》第 23 条规定了专利申请权转让合同履行中，专利申请权被驳回或视为撤回的法律后果。《最高人民法院对国家知识产权局〈关于征求对协助执行专利申请权财产保全裁定的意见的函〉的答复意见》（2001 年 10 月 25 日（2000）民三函字第 1 号）规定，人民法院需要对专利申请权进行保全的，应当向国家知识产权局发出协助执行通知书，载明要求保全的专利申请的名称、申请人、申请号、保全期限以及协助执行保全的内容。最高人民法院司法解释中出现的"专利申请权"，与《专利法》的含义基本相同，即"专利申请权"指的就是有权利申请专利的人申请专利后所享有的权利。

可见，在我国的法律、法规和司法解释中规定的"专利申请权"含义就不相同。虽然我国《专利法》及《专利法实施细则》中规定的"专利申请权"含义一直没有改变，且与"申请专利的权利"是一个相对应的用语，但由于《民法通则》和《合同法》中的含义与《专利法》中的含义并不相同，加之专利申请权本身从字面含义看就是"申请专利的权利"。这样，不同的人在使用中赋予"专利申请权"不同的含义，造成了该词使用的混乱。

三、其他国家和我国台湾地区的相关概念

《美国专利法》关于"申请专利的权利"的规定，是与"可享专利的发明"的规定在一起的，即第101条的规定：凡发明或发现任何新颖而实用的方法、机器、产品、物质合成，或其任何新颖而实用之改进者，可按本法所规定的条件和要求获得专利。这里并没有把"申请专利的权利"或"专利申请权"列为一条单独的权利，也没有使用专门的术语来界定。关于申请专利之后的权利，《美国专利法》称之为"专利申请（applications for patent）"，其第261条第2款规定：专利申请、专利或者其中的任何利益，在法律上均可以依书面文件予以转让。因此，这里的"专利申请"，相当于我国专利法中的"专利申请权"。

中国台湾"专利法"（2011年12月21日公布）规定了"专利申请权"，并对其进行了界定，其第5条第1款规定：专利申请权，指得依本规定申请专利之权利。该规定第7条规定：受雇人于职务上所完成之发明、新型或设计，其专利申请权及专利权属于雇用人。从上述规定看，台湾地区"专利法"中的专利申请权与大陆《专利法》中的"申请专利的权利"相同。另外，从台湾地区"专利法"的其他规定看，其所称的专利申请权，不仅仅是指申请专利的权利。例如，该规定第6条规定：专利申请权及专利权，均得让与或继承。第14条规定：继受专利申请权者，如在申请时非以继受人名义申请专利，或未在申请后向专利专责机关申请变更名义者，不得以之对抗第三人。为前项之变更申请者，不论受让或继承，均应附具证明文件。可以看出，专利申请权继受与转让，不仅是在申请专利之前。在专利申请之后发生专利

申请权转移的，可以向专利管理机关申请变更申请人。在申请专利之后，当事人对权属发生争议的，法院判决确定专利申请权的归属。并且，台湾地区学者认为，专利申请权因专利核准，申请人取得专利权而消灭。① 因此，台湾地区的"专利申请权"不仅具有"提出专利申请"的权利，还具有中国大陆《专利法》中"专利申请权"的含义。这就是说，台湾地区虽然也有"专利申请权"的用语，但其含义包括大陆《专利法》中的"申请专利的权利"和"专利申请权"。

《欧洲专利公约》中并没有相应的"专利申请权"的用语。该公约第 60 条关于权属的规定是对"欧洲专利"作出的：欧洲专利应当属于发明人或其权利继受人。如果非权利人申请了专利，有权取得专利的人可以取代申请人，以自己的名义继续该专利申请的审查程序。而根据该公约第七章（第 71～74 条）的规定，欧洲专利申请（European patent application）是一种财产标的，可以许可、转让。因此，在《欧洲专利公约》中，并没有与"申请专利的权利"对应的用语，而申请专利之后到授权之前的阶段的专利申请，是一种可以转让的财产，被称为"欧洲专利申请"。

《日本专利法》中使用的是"获得专利的权利（特許を受ける権利）"的用语。在该法第 35 条关于职务发明的规定中，"获得专利的权利"与"专利权"是并列的概念。例如，第 35 条第 3 款规定：从业者等根据合同、工作规章及其他规定，就职务发明让使用者等继受获得专利的权利或者专利权，或者为使用者等设定了专用实施权的……有权获利相应的对价。另外，根据该法第 33、34 条的规定，获得专利的权利可以转移、继承和设立临时实施权。从第 34 条的规定看，"获得专利的权利"可以在申请专利之前继承②，也可以在申请专利之后继承③。而根据该法第 34 条之第 2 款、第 3 款的规定，就获得专利的权利设定临时专用实施权或临时普通实施权，应在申请专利之后，因为设定临时实施权的前提是"在该专利申请的请求书最初所附的说明书、

---

① 杨崇森．专利法理论与应用［M］．北京：三民书局，2008：160.

② 《日本专利法》第 34 条第 1 款规定："专利申请之前的获得专利的权利的继承，如该继承人不申请专利，则不得对抗第三人。"

③ 《日本专利法》第 34 条第 4 款规定："申请专利后的获得专利的权利之继承，除继承及其他概括继承之外，如不向特许厅长官申报，则不产生效力。"

权利要求书或者附图所记载的事项范围内"。根据该法第27条的规定，临时实施权的设定、保留、转移、变更、消灭或者处分限制，需要在专利登记簿上登记。可见，《日本专利法》中"获得专利的权利"既包括申请专利之前的权利，也包括申请专利之后专利授权之前的权利，而设定临时实施权则需要在申请专利之后。"获得专利的权利"与中国台湾"专利法"中"专利申请权"的含义基本相同，但不同于大陆《专利法》中的"专利申请权"。

《德国专利法》中没有"申请专利的权利"的概念，其第6条规定：专利权属于发明人或者其合法继受者。两人以上合作完成一项发明，专利权由其共有。而对于申请专利之后的权利，《德国专利法》称之为："获得专利的权利。"该权利可以通过诉讼的方式转移给真正的权利人[1]，并且可以继承和转让[2]。可见，《德国专利法》中"获得专利的权利"相当于我国《专利法》中的"专利申请权"。

通过以上的介绍可以看出，对于"专利申请权"，各个国家与我国台湾地区的规定存在较大的差别。中国台湾地区使用了"专利申请权"的概念，并且其含义涵盖申请专利前和专利申请后，此含义与《日本专利法》中"获得专利的权利"基本相同。《德国专利法》中也有"获得专利的权利"，但其含义仅指申请专利之后的权利。而在《美国专利法》和《欧洲专利公约》中，并没有特定的用语指称专利申请之前的"申请专利的权利"，而申请专利之后授权之前的权利，称为"专利申请"，可以继承和转让。

四、关于我国"专利申请权"含义的思考

在我国有关法律规定中，"专利申请权"的概念存在模糊和不统一的地方，使用中存在诸多不便。因此，厘清"专利申请权"的含义，统一这一概念的用法，是很有必要的。

中国大陆《专利法》区分了"申请专利的权利"与"专利申请权"，但日本和中国台湾地区没有进行区分。对之不进行区分是有道理

---

[1] 《德国专利法》第8条规定：权利人的发明被无权获得专利的人提出专利申请，或者因非法侵占而受到损害的，可以要求申请人让与获得专利的权利。

[2] 《德国专利法》第15条第（1）项规定：获得专利的权利，请求授予专利的权利以及基于专利产生的权利可以由继承人继承，也可以有限制地或者无限制地转让给其他人。

的。"申请专利的权利"与"专利申请权"归属的法律规则是一致的。在我国专利申请权纠纷的案件中，所适用的规则主要是我国《专利法》第6条和第8条关于"申请专利的权利"的规定。其实，我国《专利法》中的"申请专利的权利"与"专利申请权"只是时间点不同，申请专利之前的权利为"申请专利的权利"，而申请专利之后的权利为"专利申请权"。但是，《民法通则》和《合同法》并没有进行严格的区分，其"专利申请权"其实包含了"申请专利的权利"。在这种情况下，是否有必要将"申请专利的权利"与"专利申请权"进行区分呢？

发明创造在申请专利前和申请专利之后，虽然在权利的归属方面没有明显的区别，但权利人所享有的权利以及行使权利的方式还是有明显区别的。在发明创造申请专利之前，权利人所享有的是对该发明创造的所有权。权利人可以将其许可和转让，可以通过申请专利转化为专利权。在许可和转让时，所适用的法律规则其实是技术秘密许可和转让的规则，严格来说是技术秘密的许可或转让。权利人将其申请专利是行使权利的一种方式。从这种意义上讲，权利人享有"申请专利的权利"。但权利人不可能单独许可或转让"申请专利的权利"。因此，"申请专利的权利"仅仅是行使发明创造的所有权时的一种形态，本身并没有独立存在的价值。因此，《美国专利法》及《欧洲专利公约》中并没有将"申请专利的权利"规定为一种专门的"权利"。我国《专利法》虽然使用了"申请专利的权利"这一术语，但也只是在确定发明创造归属时使用，并没有关于这一权利的保护、转移、继承等的规则和案件。

与此相对应，权利人将发明创造申请专利之后，享有了就该专利申请获得专利的期待权。这种权利具有财产的内容，可以转让和继承，并且在某些国家可以进行许可（例如在日本）。对于能否将其用于投资入股和质押，还存在不同的意见。这种情况下，将发明创造申请专利之后的权利，作为一种单独的权利，探讨其权利行使的方式和规则，才有意义，也更为方便。如果将申请专利之前的权利和申请专利之后的权利作为一种权利（像日本和中国台湾地区那样），就需要分别说明在申请专利之前的规则和申请专利之后的规则，凭空增加了很多不便，其实也并无必要。

因此，笔者建议将申请专利之前的权利与申请专利之后的权利进行区分，其实重点是将申请专利之后的权利进行界定，并确定一个指称的术语。我国《专利法》将申请专利之后的权利称为"专利申请权"，虽然容易造成误解，且与《民法通则》和《合同法》中的用法不完全一致，但已经使用多年，特别是在司法实践中其含义已经确定，如果换为其他的术语恐将带来更多的混乱。因此，笔者建议修改《民法通则》和《合同法》中关于"专利申请权"的用法，将其含义与《专利法》中的含义一致起来，专指专利申请人将专利申请提交到国家知识产权局后所享有的权利。

非真正权利人申请专利后的解决途径

非真正权利人，指对发明创造不享有申请专利的权利的人，即对申请专利前的发明创造不享有所有权的人。这里不包括共有人之一擅自将共有的发明创造申请专利的情形。非真正权利人申请专利后，通过什么途径保护真正权利人的权利，是本文所探讨的问题。

一、非真正权利人申请专利产生的原因

如果甲了解了某发明创造的内容并申请了专利，这并不意味着甲就是真正的权利人。在某些情况下，甲可能并不享有申请专利的权利。这至少产生于以下情形：

（1）甲是乙单位的职工，甲完成的发明创造属于职务发明创造；

（2）甲与乙签订合同，根据合同的约定或者法律的规定，申请专利的权利属于乙；

（3）甲通过不正当手段窃取了乙的发明创造；

（4）乙的发明创造在《专利法》第24条规定的宽限期内公开，甲在知得了乙公开的内容后，在乙之前将该发明创造申请了专利。

二、我国现行法律规定下的解决途径

当甲申请了专利，但并不是真正权利人时，真正权利人应当获得法律救济的途径。通过法律救济，使非真正权利人不能获得专利，而真正权利人享有相关的权利。对真正权利人进行法律救济的途径，无非是非真正权利人的专利申请变更给真正权利人，或者使非真正权利人的申请失去法律效力，而真正权利人可以重新提出申请。

我国目前采用的是前一种途径，具体内容如下。

（一）专利申请人对发明创造不享有权利，并不是实质审查的事由，也不是无效的事由

我国《专利法》第38条规定："发明专利申请经申请人陈述意见或者进行修改后，国务院专利行政部门仍然认为不符合本法规定的，应当予以驳回。"

《专利法实施细则》第53条规定："依照专利法第三十八条的规定，发明专利申请经实质审查应当予以驳回的情形是指：（一）申请属于专利法第五条、第二十五条规定的情形，或者依照专利法第九条规定不能取得专利权的；（二）申请不符合专利法第二条第二款、第二十条第一款、第二十二条、第二十六条第三款、第四款、第五款、第三十一条第一款或者本细则第二十条第二款规定的；（三）申请的修改不符合专利法第三十三条规定，或者分案的申请不符合本细则第四十三条第一款的规定的。"

《专利法》第45条规定："自国务院专利行政部门公告授予专利权之日起，任何单位或者个人认为该专利权的授予不符合本法有关规定的，可以请求专利复审委员会宣告该专利权无效。"

《专利法实施细则》第65条规定："依照专利法第四十五条的规定，请求宣告专利权无效或者部分无效的，应当向专利复审委员会提交专利权无效宣告请求书和必要的证据一式两份。无效宣告请求书应当结合提交的所有证据，具体说明无效宣告请求的理由，并指明每项理由所依据的证据。前款所称无效宣告请求的理由，是指被授予专利的发明创造不符合专利法第二条、第二十条第一款、第二十二条、第二十三条、第二十六条第三款、第四款、第二十七条第二款、第三十三条或者本细则第二十条第二款、第四十三条第一款的规定，或者属于专利法第五条、第二十五条的规定，或者依照专利法第九条规定不能取得专利权。"

可见，无论是在专利审查过程中，还是专利无效过程中，专利局和专利复审委员会都只对申请专利的材料本身进行审查，并不审查申请人是不是真正的权利人。因此，非真正权利人申请专利，如果专利申请文件本身没有问题，就可以获得授权，且不会被无效。

（二）真正的权利人可以通过裁决，确定自己是真正的权利人

非真正权利人申请的专利不能被无效，真正权利人维护自己的权

利，可以通过以下方式：

第一种方式：向法院提起诉讼。

《最高人民法院关于审理专利纠纷案件适用法律问题的若干规定》第1条规定："人民法院受理下列专利纠纷案件：1.专利申请权纠纷案件；2.专利权权属纠纷案件；……"

第二种方式：请求管理专利工作的部门的解调。

《专利法实施细则》第85条规定："除专利法第六十条规定的外，管理专利工作的部门应当事人请求，可以对下列专利纠纷进行调解：（一）专利申请权和专利权归属纠纷；……。"

第三种方式：仲裁裁决。

《中华人民共和国仲裁法》第2条规定："平等主体的公民、法人和其他组织之间发生的合同纠纷和其他财产权益纠纷，可以仲裁。"

可见，真正权利人主张权利的方式，就是通过诉讼、仲裁或专利管理部门的调解，得到一个判决书、调解书或裁决书（以下统称为"法律文书"），确认某专利（专利申请权）归真正权利人所有。

（三）真正权利人持法律文书进行权利人的变更登记

《专利法实施细则》第14条的规定："除依照专利法第十条规定转让专利权外，专利权因其他事由发生转移的，当事人应当凭有关证明文件或者法律文书向国务院专利行政部门办理专利权转移手续。"

《专利审查指南2010》第一部分第一章第6.7条规定，专利申请权（或专利权）转让或者因其他事由发生转移的，申请人（或专利权人）应当以著录项目变更的形式向专利局登记。办理所有权转移著录项目变更时，申请人应持权利转移协议书、调解书、判决书、仲裁调解书或者仲裁裁决书、转让或者赠与合同、经过公证的当事人是唯一合法继承人或者当事人已包括全部法定继承人的证明文件等材料。著录项目变更手续自专利局发出变更手续合格通知书之日起生效。专利申请权（或专利权）的转移自登记日起生效，登记日即上述的手续合格通知书的发文日。

可见，真正权利人持法律文书进行了著录项目变更后，专利权（专利申请权）的权利人就发生了变更，由原来的申请人变更为真正权利人。

三、目前解决途径中存在的问题

（一）如果真正权利人本来不想申请专利，而是想作为商业秘密保护，如何救济

1. 如果在专利未公开前，真正权利人已经通过著录项目变更，将自己变更为权利人，可以撤回专利申请

但是，现实中，这种情况很少出现。在专利公开前，真正的权利人发现他人已经申请专利的情况并不多见。

2. 专利公开后，真正权利人通过法律途径将专利申请人（专利权人）变更为自己，但因无法再作为商业秘密保护，能否请求损害赔偿

如果甲的行为符合侵犯商业秘密的要件，原则上可以请求损害赔偿。根据我国《反不正当竞争法》第10条的规定，如果甲采用了不正当手段获取了商业秘密（以盗窃、利诱、胁迫或者其他不正当手段获取权利人的商业秘密），然后又通过申请专利将该商业秘密披露，就构成侵犯他人商业秘密。但实践中没有发现类似的诉讼。如果有类似诉讼，如何确定损失是一个难题。

（二）如果甲的专利申请有瑕疵，有可能不能授权、无效，或保护范围太窄，如何救济

甲在申请专利时，有可能提交的专利申请文件有瑕疵，从而影响到专利授权或专利保护。这种情况下，真正权利人乙应克服上述可能影响其权利的问题。

（1）在专利公开前，乙如果得到了胜诉的法律文书并办理了变更登记，可以撤回申请，重新提交全新的申请，或者根本不提申请。

（2）在专利授权前，乙如果得到了胜诉的法律文书并办理了变更登记，可以进行修改。

《专利法》第33条规定："申请人可以对其专利申请文件进行修改，但是，对发明和实用新型专利申请文件的修改不得超出原说明书和权利要求书记载的范围，对外观设计专利申请文件的修改不得超出原图片或者照片表示的范围。"

但是，专利权人的修改是有限制的，主要是时间的限制和范围的限制。

关于修改的时间限制，专利权人并不是随时可以修改，修改分为主动修改和答复审查意见时的修改。《专利法实施细则》第51条规定："发明专利申请人在提出实质审查请求时以及在收到国务院专利行政部门发出的发明专利申请进入实质审查阶段通知书之日起的3个月内，可以对发明专利申请主动提出修改。实用新型或者外观设计专利申请人自申请日起2个月内，可以对实用新型或者外观设计专利申请主动提出修改。申请人在收到国务院专利行政部门发出的审查意见通知书后对专利申请文件进行修改的，应当针对通知书指出的缺陷进行修改。"

关于修改范围的限制，即《专利法》第33条规定的"不得超出原说明书和权利要求书记载的范围"。对其含义，《专利审查指南2010》第二部分第八章第5.2.1.1规定：原说明书和权利要求书记载的范围包括原说明书和权利要求书文字记载的内容和根据原说明书和权利要求书文字记载的内容以及说明书附图能直接地、毫无疑义地确定的内容。

可见，由于修改时间和修改范围的限制，真正权利人通过修改获得补救是很有限的。申请过程中的修改，很容易成为因修改超范围而无效的理由。很多情况下，即使发现了最初申请中存在的问题，也无法通过修改进行弥补。

（3）发明和实用新型在专利授权前且在提出申请之日起12个月内，乙可以把前一申请作为优先权基础，重新提交申请。

《专利法》第29条第2款规定："申请人自发明或者实用新型在中国第一次提出专利申请之日起十二个月内，又向国务院专利行政部门就相同主题提出专利申请的，可以享有优先权。"

发明和实用新型在专利授权前且在提出申请之日起12个月内，如果真正权利人持法律文书变更了权利人，他可以选择对申请文件进行修改，也可以重新提交申请并要求优先权。为什么不直接修改，而是根据优先权原则重新申请，主要有以下两个方面的好处。

一是可以改变申请的类型。《专利法实施细则》第30条第2款的规定，申请人要求本国优先权，在先申请是发明专利申请的，可以就相同主题提出发明或者实用新型专利申请；在先申请是实用新型专利申请的，可以就相同主题提出实用新型或者发明专利申请。

二是重新申请时内容比修改更宽松。《专利审查指南2010》第二部分第三章第4.1.2条规定：《专利法》第29条所述的相同主题的发明或者实用新型，是指技术领域、所解决的技术问题、技术方案和预期效果相同的发明或者实用新型。但应注意这里所谓的相同，并不意味着在文字记载或者叙述方式上完全一致。这比《专利法》第33条规定的"原说明书和权利要求书记载的范围"更宽松。

（4）在收到授予专利权的通知后2个月内提出分案申请。

《专利法实施细则》第42条规定："一件专利申请包括两项以上发明、实用新型或者外观设计的，申请人可以在本细则第五十四条第一款规定的期限届满前，向国务院专利行政部门提出分案申请；但是，专利申请已经被驳回、撤回或者视为撤回的，不能提出分案申请。"

分案申请的内容不得超出原申请记载的范围。分案申请只适用于特殊情况，即一件申请包含两项以上的发明创造时才可以分案。

（5）在专利授权后的无效过程中，可以修改权利要求。

《专利法实施细则》第69条规定："在无效宣告请求的审查过程中，发明或者实用新型专利的专利权人可以修改其权利要求书，但是不得扩大原专利的保护范围。发明或者实用新型专利的专利权人不得修改专利说明书和附图，外观设计专利的专利权人不得修改图片、照片和简要说明。"在专利授权后，专利权人不能主动提出修改权利要求。只有在他人提出无效宣告后，专利权人才能进行修改。并且在无效过程中的修改，其修改的方式和范围是非常有限的。《专利审查指南2010》只列举了三种修改方式。虽然最高人民法院在（2011）知行字第17号行政裁定书中认为，专利审查指南并未绝对排除其他修改方式，但修改的方式仍是非常有限的。

（三）存在的问题

尽管按目前我国的法律规定，非真正权利人有以上解决申请文件存在缺陷的途径，但并不是在每个专利案件中都可以使用上述途径。绝大多数情况下，乙无法重新专利，修改受到严格的限制，且很多情况下无法对甲提交的专利申请进行修改，只得接受甲申请的专利，承担申请存在缺陷所带来的后果：无效或保护范围过窄。

四、其他国家的做法

（一）日本的做法

对于非真正权利人申请专利后，真正权利人的救济方式有两种。

一种方式是真正权利人自己申请专利，非真正权利人的专利申请被驳回或无效。《日本专利法》第39条第1~4款规定了先申请原则，同时第6款规定：既不是发明人，也不是获得专利的权利或者获得实用新型登记的权利之继承人提出了专利申请或者实用新型登记申请的，关于第1款至第4款之适用，将该申请不视为专利申请或者实用新型登记申请。而《日本专利法》第49条规定的驳回理由之一是：当该专利申请人并非发明人，且又没有继受该发明的获得专利权权利的。《日本专利法》第123条规定的专利权无效的理由之一是"专利的授权基于非发明人且对发明没有继受获不得专利权的权利的人提出专利申请的"。

另一种方式是根据经济产业省的命令转移。《日本专利法》第74条规定，如果申请专利的人不是真正的权利人，真正的权利人可以根据经济产业省的命令，要求对专利权进行转移。在专利权转移登记时，该专利权视为最初就归申请登记的人所有。

可见，对于真正权利人的救济方式，日本规定了两种方式，主要的方式是自己提出专利申请，而非真正权利人提交的申请被驳回或被宣告无效。当然，在这种情况下，因申请公开而丧失新颖性的法律后果并未消失，对于这种情况，申请有必要依据《日本专利法》第30条第2款的规定，主张新颖性并未丧失。[①] 这就是说，在非真正权利人申请的专利公开之日起6个月之内，真正权利人申请专利仍不丧失新颖性，仍可能获得授权。

次要的方式是真正的权利人可以要求经济产业省发布命令，将非真正权利人的专利权转移给真正的权利人。这可以弥补真正权利人申请专利因新颖性丧失可能带来的损失。

---

① 田村善之.日本知识产权法［M］.周超，等，译.北京：知识产权出版社，2011：205.

日本的做法，在一定程度上可以避免因他人申请专利的瑕疵而给真正权利人带来的损失。

（二）韩国的做法

对于非真正权利人申请专利后的处理，根据《韩国专利法》第33条第1款规定：作出发明的人或者其继承人有权依照本法获得专利。

《韩国专利法》第34条规定：一件申请因为不是由第33条第1款规定的发明人或者有权获得专利的继受人（以下称为无权之人）提出而按照第62条第（ii）项中的规定不能授予专利的，则正当权利人后来提交申请视为是在无权之人提交的申请的申请日时提交的。但正当权利人在无权之人提交的申请被驳回后超过30日才提交申请的，本条不适用。

《韩国专利法》第35条规定：因为不具有第33条第1款规定的获得专利的权利而按照第133条第1款第（ii）项的规定撤销一件专利的决定成为终局的，则正当权利人后来提交的申请被认为是在被无效的专利申请的申请日提交的。但是，在后申请是在先申请的公告日后超过两年或者在该审判决定成为终局后超过30日才提交的，本条不适用。

《韩国专利法》第62条第（ii）项中规定的驳回专利申请的一项理由是：申请是由不具有第33条第1款规定的获得专利权利的人提交的。

《韩国专利法》第133条第1款第（ii）项规定的专利无效的理由包括：专利权被授予按照第33条第1款的规定无权获得专利权的人或者专利权违反第44条的。

从以上规定可以看出，对于非真正权利人申请专利的情形，并不是通过法律文书来变更权属，而是对无权申请专利的人不予授权或宣告无效，而对有权申请专利的人的专利申请进行授权，并将无权申请专利的人的专利申请日视为在后的有权申请专利的人的申请日。这与日本的做法基本相似，也可以避免因他人申请专利的瑕疵而给真正权利人带来的损失。

（三）美国的做法

美国发明法案之前的《美国专利法》第102条第（6）项规定，请求给予专利权的发明不是申请人自己完成的，是不授予专利权的理由之一。新的《美国专利法》取消了这一规定，但是，从《美国专利法》的规定中，仍可以看出，只有真正的发明人才可能获得专利。

《美国专利法》第 101 条规定的专利的客体，不是针对物，而是针对人，任何发明或发现新颖而实用的人，可以获得专利。《美国专利法》第 102 条关于新颖性的规定，也是规定了发明人可以获得专利。根据上述规定，如果申请人不是发明人，就不能获得授权。这条理由也是《美国专利法》第 282 条以及第 321 条规定的无效的理由之一。

非真正发明人申请的专利不符合专利法令条件，并且根据《美国专利法》第 102 条 b（1）（A）规定，在专利申请前一年内，因发明人或共同发明人以及直接或间接从发明人或共同发明人处得到发明人的披露，不视为影响专利新颖性的现有技术。也就是说，非真正发明人申请的专利，即使已经公开，也不影响公开后一年内由真正发明人申请的专利的新颖性。

因此，在非真正发明人申请的专利公开后一年内，真正发明人申请专利，仍能获得授权，而非真正发明人申请的专利不能获得授权。这样就保证了真正发明人的利益不因非真正发明人申请专利而受影响。

（四）德国的做法

对于非真正权利人申请专利后，真正权利人的救济，德国规定了两种救济方式：第一种方式是根据《德国专利法》第 7 条、第 21 条的规定重新提出专利申请。《德国专利法》第 7 条第（2）项规定：以侵占为由对专利提出异议，致使专利权被撤销或者被撤回的，异议人可以在接到正式通知后的一个月内，就该发明递交专利申请，并可以享有在先专利的优先权。《德国专利法》第 21 条第（1）项规定：有下列情形之一的专利应当被撤销：……3. 该专利的实质性内容是未经他人同意而获取其说明书、附图、模型、装置或者设备，或者他人实施的方法；第（3）项规定：专利被撤销后，专利申请和专利视为自始即不存在。

第二种方式是根据《德国专利法》第 8 条的规定，通过诉讼或非诉讼方式要求申请人让与获得的专利。《德国专利法》第 8 条规定：权利人的发明被无权获得专利的人提出专利申请，或者因非法侵占而受到损害的，可以要求申请人让与获得专利的权利。该申请已经被授予专利的,可以要求专利让与人让与专利权。通过诉讼方式让与专利权的,除本条第四句和第五句另有规定的外,应当在专利授权公布之后两年内进行。如果受侵害人以非法侵占为由对专利提出异议的,应当在异议程序结束后一年内通过诉讼主张让与专利权。如果专利权人取得专利权是非善意的,则不适用本条第三句、第四句的规定。

（五）意大利的做法

《意大利工业产权法典》第118条规定:(1)依照本法典具有资格的任何人均可提交注册申请或者专利申请。(2)终局判决确定提交申请者之外的人有资格获得注册或者专利,工业产权的所有权尚未被授予的,自终局决定作出时起3个月内,该人可以(a)以自己的名义接收专利申请或者注册申请,从而具有申请人身份;(b)提交一件新专利申请或者注册申请,在其内容不超出在先申请的内容或者主题与在先申请的主题充分一致的范围内,其起始日期回溯至原申请提交日或者优先权日,而原申请不再有效;(c)获得申请被驳回的结果。(3)如果有权的人之外的人获得专利授予或者注册,有权的人可以采用下列措施:(a)获得命令自注册日起转让专利或者注册证书至其名下判决;(b)对不具有资格的人的专利授予或者注册主张无效。

可见,如果无权申请专利的人提出专利申请或已经获得专利,则有权获得专利的人可以要求判决归其所有;或者申请专利无效,且在有他人专利授权前重新提出申请。

小结:上述几个国家的做法虽有不同之处,但有共同的特点,就是允许真正的权利人重新提出专利申请,这样给真正的权利人以选择权,可以弥补因他人申请专利的缺陷给其带来的损害。

五、结论

我国专利制度建立之初,对于专利申请撰写水平的差异考虑不多。针对非真正权利人申请专利的情形,只作出了将非真正权利人的申请变更为真正权利人申请的解决途径。这种解决途径具有便捷高效的优点。但随着专利制度的实施,专利申请的要求越来越高,专利申请的专业性和技巧性也越来越受重视。在专利审查和保护时,专利局、专利复审委员会和法院不再特意宽恕专利申请人（专利权人）专利申请中的失误，专利申请中的缺陷可能导致专利不能授权、无效或保护范围太窄。如果非真正权利人申请专利时存在缺陷，真正权利人不能重新提出专利申请，只能在原申请的基础上进行补救。但我国专利法对于专利申请人和专利权人的补救也有严格的限制，特别是在专利授权后就失去了主动补救的机会。这对于真正权利人的保护非常不利。使其不得不承担他人失误给其带来的不利后果。

具体而言，除了目前的专利权属纠纷的解决途径外，可以考虑增加将非真正权利人申请专利作为驳回、无效的理由之一，非真正权利人的申请被驳回、无效后，由真正权利人申请专利的规定。具体规定，可以参照韩国的规定，即在专利被驳回后30日内，或者非权利人的申请公告日后起两年内且在无效决定生效后30日内重新提交申请，则可以以原来的申请作为申请日，且原来的申请不损害真正权利人申请的新颖性。

因法律文书导致专利权变动的专利权转移时间辨析

一、问题的提出

专利权和专利申请权 ① 可以通过签订转让合同的方式转移，也可以因执行法院的判决书、调解书以及仲裁机构的裁决书、调解书（以下统称为法律文书）而转移。② 其中，专利权自何时起发生转移，是专利权变动中的一个重要问题。

根据我国《专利法》第 10 条的规定，专利申请权或者专利权的转让自登记之日起生效。但是该条对非转让情况下的专利权转移，并没有作出规定。根据我国《专利法实施细则》第 14 条的规定：除依照《专利法》第 10 条规定转让专利权外，专利权因其他事由发生转移的，当事人应当凭有关证明文件或者法律文书向国务院专利行政部门办理专利权转移手续。该条虽然规定了非转让的情况下的专利权转移手续，但没有规定这种情况下专利权的转移时间。

《专利审查指南 2010》第一部分第一章第 6.7 条规定，专利申请权（或专利权）转让或者因其他事由发生转移的，申请人（或专利权人）应

---

① 下文中除引用法律条文外，只使用专利权，但其结论也同样适用于专利申请权。

② 非真正的权利人申请的专利，不属于我国《专利法》第 45 条和《专利法实施细则》第 65 条所规定的无效理由。对此，真正的权利人应根据《最高人民法院关于审理专利纠纷案件适用法律问题的若干规定》第 1 条的规定向法院提起专利申请权纠纷或专利权权属纠纷的诉讼；也可以根据《专利法实施细则》第 85 条的规定，请求管理专利工作的部门调解；当然，双方当事人也可以通过仲裁解决争议，确定权利的归属。因此，在非真正权利人申请专利情况下，真正的权利人只能持上述机关的法律文书，将他人申请的专利变更为自己的专利。通过法律文书变更专利权申请权或专利权归属，在我国具有非常重要的意义。

当以著录项目变更的形式向专利局登记。办理所有权转移著录项目变更时，申请人应持权利转移协议书、调解书、判决书、仲裁调解书或者仲裁裁决书、转让或者赠与合同、经公证的当事人是唯一合法继承人或者当事人已包括全部法定继承人的证明文件等材料。著录项目变更手续自专利局发出变更手续合格通知书之日起生效。专利申请权（或专利权）的转移自登记日起生效，登记日即上述的手续合格通知书的发文日。

根据《专利审查指南 2010》的规定，专利权转移时间均以登记日为准。虽然对《专利审查指南 2010》是否应当作出上述规定还存在质疑，[①] 但在《专利法》和《专利法实施细则》对于因法律文书导致专利权转移时间都缺乏具体规定的情况下，《专利审查指南 2010》的上述规定，成为确定专利权转移时间的依据。

在法律文书生效后至登记公告前，有一段时间，本文称为登记期。在登记期内，由于没有进行登记公告，专利权还没有转移给法律文书确定的权利人。但有可能发生一些影响到法律文书确定的权利人的事件。例如：

（1）在登记期内，如果原专利权人仍签订了专利许可合同，在法律文书确定的权利人持法律文书进行了登记后，该专利许可合同是否有效，如何履行？按照专利权转移登记才生效的规则，原权利人与他人在登记期内订立的专利许可合同，由于专利权还没有发生变更，该合同应为有效合同。在法律文书确定的权利人持法律文书进行了登记并成为权利人后，如果该合同继续有效，会严重影响专利权人的利益；如果认定该合同无效或无法履行，还缺乏明确的法律依据。[②]

（2）如果原专利权人与他人签订了专利转让合同，受让人持受让合同进行专利权登记，专利行政管理部门应当如果办理登记？如果转

---

① 笔者认为，《专利审查指南 2010》只是国家知识产权局处理相关事务的规则，规定专利权转移的时间并不合适。

② 对于专利权转让后原许可合同是否继续有效，《最高人民法院关于审理技术合同纠纷案件适用法律若干问题的解释》第 24 条第 2 款明确了在转让合同成立前签订的专利实施许可合同继续有效，但对于转让合同成立后登记前签订的合同以及法律文书生效后登记前签订的合同的效力，由于缺乏相应的规定，我国理论和实践中都存在争议。尹新天先生认为，专利权转让合同与许可合同之间是否实行 "买卖不破租赁" 原则还有待于司法实践予以回答或通过最高人民法院的司法解释予以明确。尹新天. 中国专利法详解 ［M］. 北京：知识产权出版社，2011：118-119.

让合同的受让方先进行了登记，其登记是否有效？按照专利权转移登记才生效的规则，登记期内的专利转让合同，也应认定为有效合同，合同受让人持转让合同进行所有权登记，登记部门应当给予办理。办理完专利权转移登记后，受让人成为专利权人，而法律文书将无法执行。

（3）如果此前已经签订了专利许可合同，或者已经发生了专利侵权行为，登记期内的许可使用费或侵权赔偿金应归属于谁？按照专利权转移登记才生效的规则，专利许可的收益以及侵权赔偿金理论上应当赔偿给原专利权人，这对于法律文书确定的权利人明显不公平。

（4）如果登记期内原专利权人破产，该专利属于破产财产还是法律文书确定的权利人的个人财产？按照专利权转移登记才生效的规则，登记公告前的专利应属于破产财产。法律文书确定的权利人将无法通过执行判决取得专利。

（5）如果登记期内原专利权人书面声明放弃专利权，该专利权是否终止？按照专利权转移登记才生效的规则，原专利权人书面声明放弃专利权的行为不违反法律的规定，专利权终止，法律文书确定的权利人无法取得专利权。

可见，对法律文书确定的专利权变更，如果采用专利权转移登记才生效的规则，会产生难以处理的问题或不公平的后果，且会影响到法律文书的严肃性。

二、解决思路分析

针对上述问题，有必要改变现行法律的规则或制定新的规则，以便更合理地确定因法律文书导致的专利权转移的时间问题。解决的思路主要有以下三种。

第一种思路，改变专利权转移登记法律效力的规定，将登记生效改变为登记对抗。按照这种思路，无论因何种原因导致的专利权转移，登记只是对抗第三人的要件，而不是生效的要件。其实，多数国家的专利权登记都只有对抗效力，而不是专利权转移的要件。但是，由于我国最初选择了专利权登记生效的做法，而且登记生效最有利于交易安全。为解决法律文书导致的专利权变更，改变专利权登记的效力，似无必要，也会损害交易安全。

第二种思路，在现行的专利权变动登记生效的规定不变的情况下，针对法律文书导致的专利权变更，作出例外规定。例如，在有关的法律中增加一些新的规定，规定在变更专利权的法律文书生效后，原权利人在登记期内转让或许可专利的所得属于不当得利，在登记期内放弃专利权的行为无效，登记期内专利权人破产时专利不属于破产财产等。作出上述规定后，实质上已经产生了法律文书生效专利权就转移的效果，但另一方面还要坚持登记生效的规则，并且这种方式有时会挂一漏万，无法适用新出现的问题。

第三种思路，在不改变因交易导致的专利权登记的效力的前提下，改变法律文书导致的专利权变更登记的效力，将登记生效改变为登记对抗，法律文书生效时专利权就变更。本文主要从不动产物权登记的效力以及其他国家专利变更的规则，考察这种思路的可行性。

三、不动产物权变动规则及其借鉴

2007 年颁布的《物权法》规定了不动产所有权变动的规则。其中有关规定对于确定专利权转移时间的规则，具有一定的借鉴意义。

（一）不动产物权变动规则

对于不动产物权变动时登记的效力，主要有登记对抗主义和登记生效主义。[①] 登记对抗主义认为物权变动的登记虽有社会公信力，但并不是物权变动的要件。采用登记对抗主义的典型国家有法国、日本等。登记生效主义认为，无论对社会第三人，还是在双方当事人之间，物权变动如果没有进行登记，都将确定地不发生物权变动的效力。采用登记生效主义的典型国家有德国、瑞士、韩国以及我国台湾地区等。采用登记生效主义的国家和地区，大部分对于因法律文书导致的物权变动的生效时间，做了例外的规定。例如，《瑞士民法典》第 656 条第 2 款第（2）项规定：取得人在先占、继承、征收、强制执行或法院判决等情形下，得在登记前，取得所有权。但是，非在不动产登记簿上登记，不得处分土地。《韩国民法典》第 187 条规定：因继承、公用征收、判决、拍卖及其他根据法律规定所发生的不动产物权的取得，无须登记。

---

① 梁慧星，陈华彬.物权法［M］.2 版.北京：法律出版社，2010：87.

但未经登记的，不得处分。中国台湾"民法典"第 759 条规定：因继承、强制执行、公用征收或法院之判决，于登记前已取得不动产物权者，非经登记，不得处分该物权。《德国民法典》在确立了登记生效的同时，也规定了非因法律行为导致的物权变动不以公示为生效要件，但并没有将因法律文书导致的物权变动包括在内。

中国大陆《物权法》关于不动产物权变动的规则，借鉴了瑞士民法典、韩国民法典和中国台湾地区"民法"的有关规定。① 大陆《物权法》第 9 条确立了不动产物权变动登记生效主义规则。同时，《物权法》第 28 条规定：因人民法院、仲裁委员会的法律文书或者人民政府的征收决定等，导致物权设立、变更、转让或者消灭的，自法律文书或者人民政府的征收决定等生效时发生效力。第 31 条规定：依照本法第 28 条至第 30 条规定享有不动产物权的，处分该物权时，依照法律规定需要办理登记的，未经登记，不发生物权效力。根据上述规定，法律文书的生效时间就是当事人的物权设立、变动或者消灭的时间，法律文书本身就具有与登记、交付等公示方法相同的效力。② 同时，即便因法律文书而取得物权者无须登记即取得该物权，但权利人再行处分该物权且该物权之变动实行登记生效要件主义的，仍应登记，否则不产生物权变动之效果。③

（二）登记生效主义及法律文书例外的原因

为什么中国大陆《物权法》仿效德国、瑞士、德国及中国台湾地区的规定选择登记生效主义，而不是仿效法国和日本采用登记对抗主义？其理由主要有以下几点：第一，有利于维护交易安全。第二，有利于明确产权关系。第三，有利于法官正确地审理有关不动产的案件，减少调查取证的困难。第四，有利于加强对不动产的管理，了解整个市场中不动产交易的情况，从而也有利于对不动产交易征收相应的税收。④

---

① 这可从对《物权法》的起草产生过重要影响的两部物权法草案学者梁慧星和王利明先生的建议稿说明中得到佐证。梁慧星.中国物权法草案建议稿：条文、说明、理由与参考立法例［M］.北京：社会科学文献出版社，2000：189.王利明.中国民法典学者建议稿及立法理由·物权编［M］.北京：法律出版社，2005：19.

② 江平.中华人民共和国物权法精解［M］.北京：中国政法大学出版社，2007：47.

③ 程啸.因法律文书导致的物权变动［J］.法学，2013（1）.

④ 王利明.物权法研究［M］.3 版.北京：中国人民大学出版社，2012：279-281.

为什么将法律文书导致的物权变动作为公示生效的例外，主要有以下观点：第一种观点为"公示替代说"，此说认为法律文书本身就是一种公示方法，它们取代了登记或交付，发挥着公示的作用，向外界展现了物权的变动，没有必要再以登记或交付作为物权变动的生效要件。① 第二种观点为"维护法律文书效力说"，该说认为因法律文书导致的物权变动，自法律文书生效时，物权变动的效力就发生。这是维护判决书、裁定书和仲裁裁决的效力的需要。② 第三种观点为"政策选择说"，此说认为，在法律行为引起物权变动的时候，需要通过登记或交付来贯彻物权公示的原则，使物上的法律关系清晰明确，提高交易效率，维护交易安全。因法律文书导致的物权变动并非基于法律行为的物权变动，因此不存在当事人变动物权的意思，自然也不存在提高交易效率、维护交易安全的需要。从政策选择的角度，就不需要以法律文书来公示。③ 笔者认为，上述几种观点，实质上从不同的侧面解释了因法律文书导致的物权变更不需要公示的合理性。

将公示作为物权变更的生效要件，对于因法律行为而导致的物权变动而言，人们能够很容易地明确物的归属，进而充分发挥物的效用，权利人也可以很好地维护自己的物权。但对于法律行为之外的法律事实导致的物权变动而言，将公示作为物权变更的生效要件，无法实现充分发挥物的效用的目的，影响到生效法律文书的权威性，也不利于保护法律文书确定的权利人的利益。为此，立法将法律文书导致的物权变动作为例外，法律文书生效时即发生物权变动的效力。

（三）专利权利转移与不动产物权变更

我国 1984 年制定的《专利法》第 10 条第 4 款规定：转让专利申请权或者专利权的，当事人必须订立书面合同，经专利局登记和公告后生效。但是，该条的规定中还存在模糊的地方，即专利权转让合同自登记和公告后生效，还是专利权的转让自登记和公告后生效，该条的规定并不清楚。2000 年《专利法》的修改，将上述内容修改为现行规定，即"转让专利申请权或者专利权的，当事人应当订立书面合同，

① 胡康生.中华人民共和国物权法释义 [M].北京:法律出版社,2007：79.
② 王利明.物权法研究 [M].3 版.北京:中国人民大学出版社,2012：286.
③ 程啸.因法律文书导致的物权变动 [J].法学,2013（1）.

并向国务院专利行政部门登记，由国务院专利行政部门予以公告。专利申请权或者专利权的转让自登记之日起生效"。这一规定，明确了登记是专利权转让生效的时间，而不是专利权转让合同生效的时间。可见，在我国《物权法》还没有制定之前，《专利法》就已经确立了专利权的转让以登记为生效要件的制度。

我国《专利法》制定时，对于专利权转移采用登记生效的做法，当时并没有争议，也没有关于为什么采用这种做法的解释。有专家认为，专利权是国家主管部门经过审查而授予的权利，其存在与否、期限长短、权利人是谁等法律状态是由国家知识产权局负责登记的，因此专利权的转让不仅涉及双方当事人的利益，也涉及公众的利益。专利权作为一种类似于物权的财产权，其变动也需要进行公示，同时专利权的客体是一种无形财产，无法像有形财产那样被占有和交付，因此专利权的变动只能如同不动产的变动那样采用登记的公示方式。① 可以看出，专利权转让采用登记生效的原因，与不动产转让登记生效的原因是相同，主要是考虑到交易安全和效率。

《物权法》对法律文书导致的不动产物权变动设置了特别的生效时间，专利法是否需要为因法律文书导致的专利权变动设置特别的生效时间呢，这就要看专利权与不动产物权有什么区别。专利权属于无形财产权，而不动产物权属于有形财产权，尽管二者有很多不同之处，但最主要的不同点在于对于有形财产，所有人可以通过占有它而基本上达到保护自己财产不受侵害的目的，而对于无形财产，所有人不能通过占有它们而达到保护它们不受侵害的目的。② 英美法仅仅把知识产权与有形财产在获得的方式上做了严格区别，但却把二者的转移方式逐渐统一。我国台湾学者也认为，专利权与物权颇为近似。二者的区别在于，专利权被他人侵害时，权利人对侵害人虽有妨害排除请求权与妨害停止请求权，但并无返还请求权。物权编共有部分于专利权有不少例外规定。③ 因此，专利权与不动产物权的区别，并不在于二者转移方式上。在确立所有权转移的规则时，专利权并没有需要特别考虑的因素，可以借鉴物权法的规定。

---

① 尹新天.中国专利法详解［M］.北京：知识产权出版社，2011：116–117.

② 郑成思.知识产权论［M］.北京：法律出版社，1998：39.

③ 杨崇森.专利法理论与应用［M］.台北：三民书局，2008：21.

四、其他国家和地区专利权转移及登记的规则

专利权是一种财产权，各国专利法都规定专利权可以通过法律行为或非法律行为转移，并且在转移时要进行登记。但是，对于登记的效力，还有不同的规定，大体可以分为登记对抗主义和登记生效主义。

（一）登记对抗主义

与不动产转移中的登记对抗主义相同，专利权转移中的登记对抗主义指专利权自转让合同生效时转移，但未经登记，对第三人不具有对抗效力。多数国家或地区都采用登记对抗主义，例如美国、德国、法国、瑞士、印度、菲律宾、巴西及中国台湾地区等。[①]

例如，根据《美国专利法》第 261 条和美国专利商标局的《专利审查指南》第 301 条的相关规定，专利权的转移要在专利商标局登记，但登记不发生专利权转让的效力，只产生对抗的效力。同时美国还规定了三个月的强力对抗期间，只要在三个月内进行了登记，就可以对抗所有的转让和抵押，即使是登记之前发生的转让和抵押也不例外。

在采用登记对抗主义的国家和地区，没有必要单独为法律文书导致的专利权转移设立特殊的规定。既然通过合同转让时，合同生效时专利权就转移，那么在通过法律文书转移专利权，则当然也是在法律文书生效时专利权转移。

（二）登记生效主义

登记生效主义指专利权自在登记机关办理了登记时转移。采用登记生效主义的国家除我国外，主要有日本和韩国。

1. 日本的相关规定

根据《日本专利法》第 98 条的规定，专利权的转移（继承等一般承继的情形除外），非经登记不发生效力。可见，日本一改不动产登记仅具有对抗效力的做法，将登记作为专利权利转移的生效要件，只规定了继承的例外，并没有规定法律文书的例外。

---

① 相关规定参见：国家知识产权局组织翻译.外国专利法选译［M］.北京：知识产权出版社，2015.

日本没有规定法律文书例外的原因，是对于专利权属争议，日本并不像我国一样依据法律文书进行权利变更。《日本专利法》第 39 条第 1 ～ 4 款规定了先申请原则，同时第 6 款规定，非真正权利人的申请不视为专利申请或者实用新型登记申请。而《日本专利法》第 49 条和第 123 条将申请人并非真正权利人作为驳回和无效的理由。因此，在出现权属争议时，真正权利人自己申请专利，并要求驳回非真正权利人的申请或宣告其无效。这也就不存在法律文书导致专利权转移的问题。

2. 韩国的相关规定

《韩国专利法》第 101 条规定：专利的转移（继承或者其他概括继承除外），非经登记不发生效力。同样，韩国专利法也没有规定法律文书例外。

与日本相同，韩国的专利权属争议也主要靠真正权利人重新申请专利解决，而不是通过法律文书变更专利权。《韩国专利法》第 33 条第（1）项规定：作出发明的人或者其继承人有权依照本法获得专利。如申请人不符合上述规定，则可因《韩国专利法》第 62 条的规定而驳回，或者因第 133 条的规定被无效。而与此同时，真正权利人可以根据《韩国专利法》第 34 条的规定在前一申请被驳回后 30 日内，或者依据第 35 条的规定，在前一申请公告日后两年内或者在该审判决定成为终局后 30 日内提交专利申请。这时，真正权利人提交的申请视为是在无权人提交申请的申请日时提交的。

3. 登记生效主义与法律文书例外

对于专利权的转移，多数国家实行登记对抗主义，笔者仅发现日本和韩国实行登记生效主义。而日本和韩国都不是主要通过法院解决权属纠纷，不涉及通过法律文书转移专利权何时生效的问题。在这种情况下，日本和韩国不可能也没有必要规定法律文书作为登记生效的例外。可见，尽管少数采用登记生效主义的国家都没有规定法律文书例外，但这主要是因为这些国家不需要作出这样的规定。

五、结论及建议

对于专利权的转移，我国采用了登记生效主义。同时，对于非真正权利申请的专利，我国没有采用驳回或无效制度，而是采用了通过法律文书转移的方式。通过法律文书转移专利权时，如果仍采用登记生效的制度，会产生本文开篇时所提到的各种问题，影响法律文书的严肃性，损害真正权利人的利益。

对于这些问题的解决，我国《物权法》提供了可供借鉴的规则。我国《物权法》与很多国家地区的物权法一样，对于不动产物权的转移，在采用登记生效主义的同时，规定了法律文书导致物权转移的例外。专利权与不动产物权非常相似。不动产物权变动规则的理由，完全可以适用于专利权的变动。从其他国家关于专利权转移的规定来看，多数国家采用的是登记对抗的做法。采用登记生效的国家如日本和韩国，虽然没有规定法律文书导致专利权变更的例外，但这是因为这两个国家没有必要作出专门规定。

因此，我国应参考《物权法》的规定，对专利权转移的时间做进一步的规定。具体而言，对于专利权的转移，在采用登记生效主义的同时，应规定法律文书导致专利权变动的例外。即法律文书确定专利权变动时，法律文书生效的时间就是专利权变更的时间。法律文书生效后，原专利权人不再是专利权人，无权再签订专利许可或转让合同（如果签订了合同，则属于无权处分的合同），无权再收取专利许可使用费或侵权赔偿金，当然也无权放弃专利权。当然，虽然在法律文书生效时文书确定的专利权人已经取得了专利权，但为了保护专利登记的公信力，也应当采取物权法的做法，在登记前专利权人不能处分该专利。

权利要求不清楚及其法律后果

我国《专利法》第 26 条第 4 款规定：权利要求书应当以说明书为依据，清楚、简要地限定要求专利保护的范围。因此，权利要求不清楚，成为专利申请不能授权或无效的理由。在专利侵权诉讼中，也会因权利要求不清楚影响侵权判断。无效过程中如何认定权利要求是否清楚，侵权诉讼中遇到权利要求不清楚如何处理，值得我们进行探讨。

一、最高人民法院"柏××案"

2012 年，最高人民法院就柏×× 与成都难寻物品营销服务中心、上海添香实业有限公司侵害实用新型专利权纠纷案作出了判决，①以权利要求不清楚以至于无法确定专利保护范围为由，驳回了专利权人的诉讼请求。此案被列为中国法院知识产权司法保护 2012 年十大创新型案件之一。此案的典型意义在于：最高人民法院明确指出对于权利要求的撰写存在明显瑕疵，无法准确确定专利权的保护范围的，不应认定被诉侵权技术方案构成侵权。本案体现了最高人民法院合理强化民事程序对纠纷解决的优先和决定地位，促进民行交织的知识产权民事纠纷的实质性解决的政策导向，对类似案件的处理有一定的指导意义。②

柏×× 系专利号 200420091540.7、名称为"防电磁污染服"实用新型专利（以下简称"涉案专利"）专利权人。涉案专利的权利要求

---

① 最高人民法院（2012）民申字第 1544 号裁定书。
② 2012 年中国法院知识产权司法保护十大创新性案件［EB/OL］（2014-10-1）http：//www.chinacourt.org/article/detail/2013/04/id/949762.shtml.

1 可以归纳为以下技术特征：A. 一种防电磁污染服，包括上装和下装；B. 服装的面料里设有起屏蔽作用的金属网或膜；C. 起屏蔽作用的金属网或膜由导磁率高而无剩磁的金属细丝或者金属粉末构成。2010 年 5 月 28 日，成都难寻物品营销服务中心销售了由上海添香实业有限公司生产的添香牌防辐射服上装（以下简称"被诉侵权产品"）。柏 ×× 以被诉侵权产品侵犯其实用新型专利权为由，于 2010 年 7 月 19 日向成都市中级人民法院提起本案诉讼。一审法院驳回柏 ×× 的诉讼请求，四川省高级人民法院二审维持一审判决。二审法院在判决中认为：涉案专利的权利要求 1 对其所要保护的"防电磁污染服"所采用的金属材料进行限定时采用了含义不确定的技术术语"导磁率高"，并且在其权利要求书的其他部分以及说明书中均未对这种金属材料导磁率的具体数值范围进行限定，也未对影响导磁率的其他参数进行限定；本案审理过程中，柏 ×× 也未提供证据证明防辐射服的"导磁率高"在本领域中有公认的确切含义。故本领域技术人员根据涉案专利权利要求书和说明书的记载无法确定权利要求 1 中的特征 C 中的高导磁率所表示的导磁率的具体数值范围。就被控侵权产品的特征 c 而言，其仅仅是表明该防辐射服采用了不锈钢金属纤维材料，并未对不锈钢金属纤维的导磁率以及有无剩磁等情况进行说明，根据柏 ×× 在一审庭审中的陈述，不锈钢并不一定是导磁率高而无剩磁的金属，故在柏 ×× 既未举证证明涉案专利技术特征"导磁率高"所表示的导磁率的具体数值范围，也未举证证明被控侵权产品所采用的不锈钢纤维的导磁率的数值范围属于其权利要求保护范围且该不锈钢纤维具有无剩磁的特性的情况下，柏 ×× 关于技术特征 C 与 c 相同的主张不能成立，故被控侵权产品未落入涉案专利权利要求 1 的保护范围。添香公司生产、销售的添香牌防辐射服及难寻中心销售的上述产品均未侵犯柏 ×× 的实用新型专利权。①

柏 ×× 不服，向最高人民法院申请再审。最高人民法院审理认为，准确界定专利权的保护范围，是认定被诉侵权技术方案是否构成侵权的前提条件。如果权利要求的撰写存在明显瑕疵，结合涉案专利说明书、本领域的公知常识以及相关现有技术等，仍然不能确定权

---

① 四川省高级人民法院（2011）川民终字第 391 号民事判决。

利要求中技术术语的具体含义，无法准确确定专利权的保护范围的，则无法将被诉侵权技术方案与之进行有意义的侵权对比。因此，对于保护范围明显不清楚的专利权，不应认定被诉侵权技术方案构成侵权。

关于涉案专利权利要求 1 中的技术特征"导磁率高"。首先，根据柏×× 提供的证据，虽然磁导率有时也被称为导磁率，但磁导率有绝对磁导率与相对磁导率之分，根据具体条件的不同还涉及起始磁导率 μi、最大磁导率 μm 等概念。不同概念的含义不同，计算方式也不尽相同。磁导率并非常数，磁场强度 H 发生变化时，即可观察到磁导率的变化。但是在涉案专利说明书中，既没有记载导磁率在涉案专利技术方案中是指相对磁导率还是绝对磁导率或者其他概念，也没有记载导磁率高的具体范围，亦没有记载包括磁场强度 H 等在内的计算导磁率的客观条件。本领域技术人员根据涉案专利说明书，难以确定涉案专利中所称的导磁率高的具体含义。其次，从柏×× 提交的相关证据来看，虽能证明有些现有技术中确实采用了高磁导率、高导磁率等表述，但根据技术领域以及磁场强度的不同，所谓高导磁率的含义十分宽泛，从 80 Gs/Oe 至 83.5×104 Gs/Oe 均被柏×× 称为高导磁率。柏×× 提供的证据并不能证明在涉案专利所属技术领域中，本领域技术人员对于高导磁率的含义或者范围有着相对统一的认识。最后，柏×× 主张根据具体使用环境的不同，本领域技术人员可以确定具体的安全下限，从而确定所需的导磁率。该主张实际上是将能够实现防辐射目的的所有情形均纳入涉案专利权的保护范围，保护范围过于宽泛，亦缺乏事实和法律依据。

综上所述，根据涉案专利说明书以及柏×× 提供的有关证据，本领域技术人员难以确定权利要求 1 中技术特征"导磁率高"的具体范围或者具体含义，不能准确确定权利要求 1 的保护范围，无法将被诉侵权产品与之进行有意义的侵权对比。因此，对被诉侵权产品的导磁率进行司法鉴定已无必要。二审判决认定柏×× 未能举证证明被诉侵权产品落入涉案专利权的保护范围，并无不当。

此案提出了在专利侵权诉讼中权利要求不清楚的问题。权利要求不清楚是否已经成为审理侵权案件中的一项抗辩理由，引起了人们的关注。我们先分析在专利无效过程中权利要求不清楚的问题，再对权诉讼中的有关问题进行分析。

二、我国专利审查和无效中的权利要求不清楚

（一）我国《专利法》和《专利法实施细则》的规定

2000 年修订的《专利法》对权利要求的规定相对简单，其第 26 条第 4 款的规定是：权利要求书应当以说明书为依据，说明要求专利保护的范围。而 2001 年颁布的《专利法实施细则》第 20 条第 1 款规定：权利要求书应当说明发明或者实用新型的技术特征，清楚、简要地表述请求保护的范围。[①] 这一规定，在 2008 年《专利法》修改时成为《专利法》第 26 条第 4 款的规定。因此，关于专利权利要求清楚的要求，从原来的实施细则的规定变为现行专利法中的规定，而其内容并没有变化。

（二）我国《专利审查指南 2010》的规定

《专利审查指南 2010》的规定：权利要求书应当清楚，一是指每一项权利要求应当清楚，二是指构成权利要求书的所有权利要求作为一个整体也应当清楚。[②] 权利要求书应当清楚的一个方面的内容是"每项权利要求所确定的保护范围应当清楚"，即权利要求的保护范围应当根据其所用词语的含义来理解。一般情况下，权利要求中的用词应当理解为相关技术领域通常具有的含义。在特定情况下，如果说明书中指明了某词具有特定的含义，并且使用了该词的权利要求的保护范围由于说明书中对该词的说明而被限定得足够清楚，这种情况也是允许的。[③] 同时，审查指南还指出：权利要求中不得使用含义不确定的用语，如"厚""薄""强""弱""高温""高压""很宽范围"等，除非这种用语在特定技术领域中具有公认的确切含义，如放大器中的"高频"。[④]

---

① 这一规定适用于 2009 年 10 月 1 日之前申请的专利。针对这些专利，在审查和无效过程中涉及权利要求是否清楚时，一般称为是否符合《专利法实施细则》第 20 条第 1 款的规定。

②③④ 国家知识产权局《专利审查指南 2010》第二部分第二章第 3.2.2 节的规定。

（三）专利复审委员会在专利无效过程中的认定

在专利审查和无效中，都会涉及权利要求不清楚的问题。作者对专利复审委员会在专利无效过程中涉及权利要求不清楚的决定进行了分析。从这些案件看，专利无效过程中涉及的权利要求不清楚，可以分为两大类：第一类是因权利要求的整体结构引起的。例如，对各部件之间的连接关系进行清楚地说明，[①] 从属权利要求所述技术方案与其引用的独立权利要求所述技术方案相互矛盾，[②] 用技术效果代替技术特征，[③] 一项权利要求中记载的数个技术特征相互矛盾，[④] 等等。第二类是权利要求中的个别用语引起的。其中绝大多数争议都是因第二种原因引起的。本文主要探讨因第二类原因引起的权利要求不清楚的问题。

对于权利要求中的用语，在以下几种情况下被认定导致权利要求不清楚。第一种情况是因使用了无确切含义的词导致无法确定权利要求的含义。权利要求的保护范围应当根据其所用词语的含义来理解，如果权利要求中的用词本身含义不确定，并且不属于相关技术领域通常或公认的具有确切含义的用词，且说明书中也未对该用词的特定含义进行具体限定，则该用词的使用将导致权利要求保护范围不清楚。[⑤] 在"冷却管"实用新型专利无效决定中，[⑥] 权利要求 1 中有这样的描述"该控制转盘的盘体上设有至少二个对应外管中不同半径的内管端的注孔，成对称状布设于盘体上"。专利复审委员会认为，根据上述第一句话的描述，本领域的技术人员可以理解到至少二个注孔对应外管中不同半径的内管端，即至少二个注孔不是设置在同一圆周上。而上述第二句话描述到"成对称状布设于盘体上"，既然至少二个注孔不在同一圆周上，又如何能成对称分布，从权利要求 1 的描述不得而知。根据"对称"一词本身的含义，若两个孔成对称分布，应当有一个参照物，即两个孔相对于某个参照物对称。但目前的权利要求 1 中并没有限定注孔相对于什么对称，不同圆周上的两个注孔如何对称，不同圆周上的

---

① 专利复审委员会第 12640 号无效审查决定。
② 专利复审委员会第 4218 号无效审查决定。
③ 专利复审委员会第 4807 号无效审查决定。
④ 专利复审委员会第 13198 号无效审查决定。
⑤ 专利复审委员会第 12730 号无效审查决定。
⑥ 专利复审委员会第 5802 号无效审查决定。

两个注孔如何布置才属于权利要求 1 的保护范围之内不得而知。因此，权利要求 1 所限定的保护范围不清楚。在"电动改锥用旋具"实用新型专利无效决定中，^① 专利复审委员会认为，在本专利权利要求 1 中采用"垂直平行"以及"端部相对平行"这些技术含义不确定的词语来表述本实用新型的技术特征，致使所属领域的技术人员根据权利要求 1 所记载的内容，无法清晰地确定本专利请求保护的范围。因而，本专利权利要求 1 未清楚地表述请求保护的范围。在"泡轻瓷葵花环"实用新型专利无效案中，^② 专利复审委员会认为，权利要求 1 中采用诸如"特殊的葵花形""周圆六边"等技术含义不确定的词语来表征本实用新型的技术特征，致使所属领域的技术人员根据权利要求 1 所记载内容，无法清晰地确定专利要求保护的范围。在"一种镜片"实用新型专利无效决定中，^③ 专利复审委员会认为，权利要求中"曲度"一词及其单位"C"并不是本领域常用的术语，而且说明书中也没有给出有关"曲度"的定义或者曲度与曲率半径之间的换算关系式，致使权利要求 1 和 2 请求保护的范围不清楚。

第二种情况是如果一项权利要求限定的技术方案存在多种不确定的理解，致使本领域技术人员即便参考说明书也不能清楚地确定其保护范围，则该权利要求不清楚^④。在"铝合金卷帘片型材"实用新型专利无效决定中，^⑤ 权利要求中有"装饰面（1）的弧度为 7 ~ 13mm"的用语，专利复审委员会认为，本领域的普通技术人员不能根据说明书记载的内容唯一的理解出"装饰面（1）的弧度为 7 ~ 13 度"，还可以理解为"装饰面（1）的弧高为 7 ~ 13mm"，因此本领域普通技术人员对该权利要求技术方案的理解不唯一，所以不能简单地认为这是一个单位标注错误。在"一种新型金融自助服务亭"实用新型专利无效决定中，^⑥ 本领域技术人员在阅读了本发明的说明书之后，对权利要求 1 限定的技术方案会产生两种理解，因而并不能确定权利要求 1 想保护的是哪一种技术方案。

---

① 专利复审委员会第 7749 号无效审查决定。
② 专利复审委员会第 5175 号无效审查决定。
③ 专利复审委员会第 9853 号无效审查决定。
④ 专利复审委员会第 21682 号无效审查决定。
⑤ 专利复审委员会第 7993 号无效审查决定。
⑥ 专利复审委员会第 6928 号无效审查决定。

第三种情况是使用了在权利要求中限制使用的词。在"红外分光测油仪"实用新型专利无效案中，① 专利复审委员会认为，权利要求中的"等"字使权利要求不清楚。如果一项权利要求中的"例如"与其后的技术特征在该权利要求中限定出不同的保护范围，则造成该权利要求保护范围不清楚，不符合《专利法实施细则》第 20 条第 1 款的规定。②

当然，并不是只要在权利要求中出现含义不确切的用语就都会导致权利要求不清楚。判定权利要求是否清楚地表达了请求保护的范围，应站在所属技术领域的技术人员的角度、结合其所知晓的所属技术领域的技术知识来加以判断，如果所属技术领域的技术人员从一项权利要求记载的内容能够明白无误地得出确定的技术方案，则应当认为该权利要求清楚地表达了请求保护的范围。③ 在"槽道弯头分区结构"实用新型专利无效决定中，④ 专利复审委员会指出，要判断权利要求 7 中的"预定位卡口"的含义是否清楚，不能简单、孤立地从字面意义上去理解，而应当结合上下文并综合考虑说明书中记载的整体技术方案，基于本领域技术人员掌握的普通技术知识和一般理解能力，来判断其含义是否足够清楚。权利要求 7 中的"预定位卡口"的作用在于提供一种预先确定槽道弯头分区结构与直通槽道之间相对位置的卡口，便于槽道弯头分区结构与直通槽道的进一步拼接固定，因此对于本领域技术人员而言，权利要求 7 中的"预定位卡口"的含义是清楚的，权利要求 7 符合《专利法实施细则》第 20 条第 1 款的规定。另外，专利复审委员会在一些案件中还指出，在判断一项权利要求是否清楚地表述了请求保护的范围时，应当综合考虑在该权利要求中未予文字示出，而对本领域的技术人员而言暗含其中且属公知常识的技术特征。⑤ 权利要求存在的文字上的疏漏如果是本领域普通技术人员结合说明书及附图可以理解清楚的，则不应认为该权利要求不清楚。⑥ 当一项权利要求的某个附图标记明显有误时，如果本领域技术人员从说明书中文字

---

① 专利复审委员会第 4354 号无效审查决定。
② 专利复审委员会第 12976 号无效审查决定。
③ 专利复审委员会第 17441 号无效审查决定、第 12543 号无效审查决定。
④ 专利复审委员会第 11266 号无效审查决定。
⑤ 专利复审委员会第 6916 号无效审查决定。
⑥ 专利复审委员会第 6123 号无效审查决定。

记载的内容和说明书附图的内容可以确定该附图标记实际表达的含义，则权利要求中该附图标记的明显错误尚不足以导致该权利要求的保护范围不清楚。①

（四）法院在行政判决中的认定

在专利复审委员会作出因权利要求不清楚而专利无效的决定后，专利权人起诉到法院的案件并不多。在法院审理的这些案件中，多数情况下都是认定权利要求是清楚的。例如，在福建海源自动化机械股份有限公司与国家知识产权局专利复审委员会发明专利权无效行政纠纷案中②，权利要求中有"使刮板（9）能够按照规定的时间周期实现下降和抬起动作"的用语。对于其中"规定的时间周期"是否清楚存在争议。北京市高级人民法院认为，本专利权利要求1的刮料器是用来实现对所有需要刮料的任何机器进行刮料，还是仅针对制砖机的夹坯器进行刮料，如果是前者，则本专利权利要求1中的"规定的时间周期"可能是不清楚的；如果是后者，则本专利权利要求1中的"规定的时间周期"可能是清楚的。本发明的目的在于克服现有夹坯器工作中存在的上述不足。并且，在本专利说明书"具体实施方式"部分中，对本发明的自动刮料器的描述也是紧密联系夹坯器进行的。因此，虽然说明书只能用于解释权利要求的内容，而不能用于限定权利要求，但本领域技术人员根据本专利说明书的记载能够综合地认识到本发明的自动刮料器是用于对夹坯器进行刮料。由于本专利权利要求1的刮料器针对制砖机的夹坯器进行刮料，而根据本专利说明书和权利要求来看，本领域技术人员可以理解在作为制砖机的刮料器时，"按规定的时间周期"应当是和夹坯器夹制成形砖坯的周期对应的时间周期，因此本专利权利要求1中的"规定的时间周期"这一技术特征的含义是清楚的。

再如，在东莞市铁志电子有限公司诉国家知识产权局专利复审委员会专利行政纠纷案中，③ 对于权利要求中"截断刃的刀刃由折叠增厚压平成为斜角"是否清楚产生了争议。法院认为，结合权利要求1的整体描述以及说明书的解释，本领域技术人员可以理解到，本专利中

---

① 专利复审委员会第 12866 号无效审查决定。
② 北京市高级人民法院（2012）高行终字第 409 号行政判决。
③ 北京市第一中级人民法院（2011）一中知行初字第 3230 号行政判决。

副刀片的刀刃由多层折叠形成，显然上述的"压平"是指副刀片相应部分折叠后的压平；而斜角的形成，本领域技术人员完全可以理解到，其是由副刀片上相应部分即被折叠后形成刀刃部分的形状决定的。至于"斜角如何斜"的问题，本专利是对现有的副刀片的截断刃的刀刃作出的改进，而非对副刀片截断刃主体的外形轮廓进行的改进。所以"截断刃的刀刃折叠增厚压平成为斜角"中的"斜角"是对刀刃相对副刀片主体所成的常规角度关系的限定，在本领域技术人员都知道现有的该常规角度关系的前提下，本领域技术人员看到这一术语对其含义并不会产生歧义，因此，权利要求 1 中的"斜角"并不会影响本领域技术人员对该权利要求保护范围的理解。对于"斜角"的形成已在权利要求 1 中限定，通过折叠增厚压平形成，本领域技术人员在制作过程是可以形成该角度关系。其次，特征"折叠增厚压平成为斜角，并再切割修边的多层刀刃"中的折叠增厚压平和切割修边均是已知的方法名称，它们用于限定刀刃的斜角和多层刀刃，采用这些方法名称来限定的结构特征不会导致权利要求 1 不清楚。

再如，在王 × 诉中华人民共和国国家知识产权局专利复审委员会专利无效行政纠纷案中，[①] 对于权利要求中使用了"必要时"是否导致权利要求不清楚产生争议。法院认为，判断一项权利要求是否清楚应当以本领域普通技术人员为判断主体。若本领域普通技术人员在通读涉案专利权利要求后能够唯一的确定相关词语的含义，则该权利要求是清楚的。同时，判断一项权利要求是否清楚是可以结合说明书或附图的内容，若本领域技术人员在阅读说明书或附图后能够唯一的确定相关词语的含义，则该权利要求是清楚的。法院通过解释权利要求，认为本领域技术人员能够确定"必要时"的确切含义，因此权利要求是清楚的。同时，法院还指出，关于原告主张各版本审查指南均明确指出权利要求中不得使用"必要时"等用词，因此，权利要求 1 中关于"必要时"的限定是不清楚的。对此，本院认为，《专利审查指南2010》之所以限制使用"必要时"等词语，原因在于使用上述词语可能导致权利要求保护范围的不清楚。但是，如上所述，如果本领域普通技术人员结合涉案专利所要解决的技术问题等，在阅读说明书或附

---

① 北京市第一中级人民法院（2012）一中知行初字第 2598 号行政判决。

图后能够唯一的确定"必要时"等词语的含义,则不能简单的因为字面上出现了"必要时"等词语,而直接认定涉案专利的权利要求不清楚。

在深圳海王药业有限公司诉中华人民共和国国家知识产权局专利复审委员会专利行政纠纷案中,[①] 权利要求中的一句话是"其中奥沙利铂在水中的浓度大约是 2mg/ml 而且溶液 pH 的平均值大约是 5.3。"对此,北京市第一中级人民法院认为,"《专利审查指南 2010》第二部分第二章第 3.2.2 节规定,当权利要求中出现'约'这类用语时应当针对具体情况判断使用该用语是否会导致权利要求不清楚。具体到本案,权利要求 1 中限定的奥沙利铂的浓度和 pH 均为范围值,在此基础上权利要求 2 将奥沙利铂浓度和 pH 限定到具体数值,本领域技术人员知道在对奥沙利铂溶液浓度和 pH 进行测定时,由于受测量方法、测量仪器、试剂和人员等方面的影响,测量结果不会完全一致,它们之间会出现测量偏差,而且本领域技术人员根据其掌握的有关测量偏差的常识能够知道如何确定容许的偏差。因此,权利要求 2 中存在的'大约'的表述实质上是对测量偏差的限定,并且本领域技术人员知道如何确定在什么样的容许偏差内获得本发明的技术效果,'大约'这一表述并没有使权利要求 2 的保护范围不清楚"。

从专利复审委员会的决定和北京市第一中级人民法院、北京市高级人民法院的行政判决看,在权利要求是否清楚的问题上,法院掌握的标准与专利复审委员会掌握的标准没有明显差别。比较一致的看法是,对于专利权利要求是否清楚,需要结合专利的上下文,从本领域普通技术人员的角度去判断。即使权利要求存在缺陷,如果本领域技术人员可以确定其含义,权利要求仍然是清楚的。

三、美国权利要求不清楚的认定及解决

1790 年之前,美国专利法并没有要求专利申请文件中的权利要求。1790 年的《美国专利法》,开始使用权利要求。但很长时间以来,权利要求并不像现在这么重要。19 世纪 70 年代以后,美国重视了专利的公示的作用。权利要求成为确定专利保护范围的依据,相应的,权利要求的"清楚"要求也受到了重视。

---

① 北京市第一中级人民法院(2010)一中知行初字第 1169 号行政判决。

现行《美国专利法》第112条（b）规定：说明书最后以一项或几项权利要求书作为结论。权利要求书应特别指明和清楚地请求发明和或共同发明人认为其发明的客体。这就是美国专利法对权利要求"清楚"的要求。

从1998～2008年，美国联邦巡回上诉法院审理了涉及权利要求"清楚"的案件48起，其中32起认定权利要求是清楚的，16起认定权利要求不清楚。[①]美国联邦巡回上诉法院在Exxon Research and Engineering Co. v. United States案[②]中确立了"无解地模糊"（insolubly ambiguous）的标准，"我们尊重专利有效这一法定假设，我们保护发明人的创造性贡献（虽然有时其起草的专利文件并不理想），因此只有经过合理努力进行权利要求解释仍一无所获时，才能认定权利要求是不清楚的"，"如果经过合理努力进行权利要求解释，仍无法对本领域技术人员提供足够特定和清楚的权利要求边界，则权利要求无解地模糊，因不清楚而无效"。[③]如果权利要求可经修正而作出解释（amenable to construction），就不属于无解地模糊。[④]

美国最高法院在2014年判决的Nautilus, Inc. v BioSig Instruments, Inc.案中，[⑤]改变了美国联邦巡回上诉法院认定权利要求是否清楚的标准，提出了更为严格的标准。

本案涉及运动装备中的心率监视器。专利称，之前的心率监视器在测量每次心跳产生的电子信号（ECG信号）时经常不准确。不准确是因为被称为肌动电流信号（EMG信号）的另一种电子信号造成的。EMG信号是运动者的股肌产生的。EMG信号可伪装为ECG信号从而防碍心率监视器的探测。该发明称通过消除上述障碍对现有技术进行了改进。发明的关键在于EMG和ECG波形的根本区别：从用户左手探测的ECG信号与从右手得到的信号具有相反的极性，而从两只手

---

① Christa J. Laser, A Definite Claim On Claim Indefiniteness : An Empirical Study Of Definiteness Cases Of The Past Decade With A Focus On The Federal Circuit And The Insolubly Ambiguous Standard, *Chicago-Kent Journal of Intellectual Property*, Vol. 10, p. 25, 2010.

② 265 F.3d 1371, 1375（Fed. Cir. 2001）.

③ 715 F. 3d, at 898.

④ 715 F. 3d 891, 898-899（2013）.

⑤ 572 U.S. __（2014）, No. 13-369.

探测的 EMG 信号具有相同的极性。专利设备通过从每只手测量平衡的 EMG 信号，然后通过电子线路去除相同的 EMG 信号，从而排除了 EMG 信号的干扰。专利描述了包括盛在空心圆柱体中的心率监视器，用户双手握住空心圆柱体，每只手都可以接触其中的电极，一个是"活的（live）"，另一个是普通的。专利权利要求 1 中的技术特征包括：一个有显示装置的长形物（圆柱体）；"电子线路包括讯差放大器；一个活电极和一个普通电极以"相互距离关系"（spaced relationship with each other）安装在圆柱体的两部分。另外，权利要求还描述了其他技术特征，包括圆柱体的设置可以让用户的双手接触到每一部分的两个电极，探测到的 EMG 信号实质上具有相同的规模和距离，从而使讯差放大器不产生 EMG 信号。在图 1 中活电极标示为 9 和 13，普通电极标示为 11 和 15。

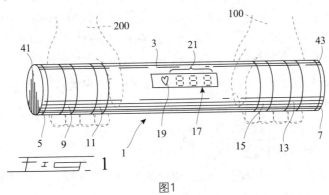

图1

专利权人对 Nautilus 公司提起了侵权指控。Nautilus 向美国专利商标局请求复审，复审主要围绕专利是否具有新颖性和创造性。最后美国专利商标局认定专利有效。之后，侵权诉讼恢复审理。2011 年，美国地区法院就权利要求解释进行听证。专利权人称权利要求中的"距离关系"，指的是每对电极中活电极与普通电极的距离。而被告称，根据专利权人在复审中向美国专利商标局提交的材料，认为空间关系指两个电极之间的距离大于电极宽度。美国地区法院认为，权利要求中的"距离关系"与电极宽度无关，指的是在圆柱体一端活电极与普通电极有特定的关系，而在另一端的活电极与普通电极有相同或不同的确定关系。这一术语，并没有告诉法院或任何人准确的空间是什么，甚至没有提供任何参数来决定合适的位置。因此,权利要求是不清楚的。

美国联邦巡回上诉法院撤销了美国地区法院的判决。多数人意见认为，只有当权利要求不可经修正而作出解释或无解地模糊时，才能认为是不清楚的。本案的权利要求是清楚的。从权利要求的用语、说明书、审查档案等足以看出，专利权利要求保护的装置的一些内在参数，足以使本领域技术人员理解"距离关系"的界限。法院认为，这些材料使"距离关系"的含义清楚，活电极与普通电极之间的距离不能比用户的手的宽度更大。因为专利要求活电极与普通电极在一只手的不同位置探测电子信号。另外，内部证据得知，这一距离不能特别小，以至于实质上将活电极与普通电极装在一个电极中，只有一个触点。最后得出结论，本领域技术人员通过调整不同的设计，包括两个电极之间的距离，可以得到平衡的去除 EMG 信号的功能。

美国最高法院认为，当事人在以下三点上是有共识的：第一，权利要求是否清楚，从本领域技术人员的角度进行衡量。第二，在衡量权利要求是否清楚时，权利要求要结合说明书和审查档案进行阅读。第三，权利要求是否清楚要根据专利申请时本领域技术人员的眼光进行衡量。双方当事人对于《美国专利法》第 112 条允许多大程度上的不清楚存在不同的意见。被告认为，如果读者可以对权利要求作出不同的合理解释，则专利是无效的。而专利权人认为，专利只对要求保护的发明的范围给出合理的提示。美国最高法院认为，《美国专利法》第 112 条实现了微妙平衡，一方面，权利要求的清楚要件考虑语言的内在限制。一定程度的不确定性，是对发明提供适当保护的代价。另一方面，专利必须足够精确，以对要求保护的对象提供清楚的公示，从而告知公众哪些仍是公有的。否则就会存在不确定区域，他人会冒侵权风险进入。如果没有权利要求清楚这一检验标准，专利申请人会有强大的动力在其权利要求加入不确定性。因此我们必须协调两种相反的利益，要求专利权利要求从说明书和审查档案的角度看，以合理确定性告知本领域技术人员其发明的范围。虽然绝对的精确是不可能做到的，但权利要求必须清楚。

美国最高法院对联邦巡回上诉法院的标准进行了批评。美国最高法院指出，联邦巡回上诉法院提出要看权利要求是只有当权利要求不可经修正而作出解释或无解地模糊时，才能认为是不清楚的。这种标准会导致下级法院的混乱，因为它缺乏第 112 条规定的精确性。法院可以赋予权利要求某些含义还不够。清楚要件要看本领域技术人员在申请专利时如何理解，而不是看法院事后怎么看。容忍那些不会使权利要求"无解地模糊"的不确定性，将削弱清楚要件的社会公示功能，鼓励可能会抑制发明创造的"不确定区域"，这违背了美国最高法院的警告。联邦巡回上诉法院的标准，比法律允许的确定性更捉摸不定，其使用的"无解地模糊"和"可经修正而作出解释"的术语，使法院和代理人置身大海，又没有可以信赖的指南针。

但是，美国最高法院并没有使用自己确立的标准对本案进行审查，而是责令联邦巡回上诉法院重新进行审查。

可见，美国最高法院强调了权利要求的公示作用，要求权利要求必须具有"合理确定性"。这一标准，比联邦巡回上诉法院适用的"无解地模糊"的标准更为严格。这一标准，不仅会影响美国法院和美国专利商标局对权利要求清楚要件的审查，而且会影响到专利申请人对权利要求的撰写。

四、"权利不清楚"在我国专利审查和行政诉讼中的解决

《美国专利法》第 112 条（b）的规定，与我国《专利法》第 26 条第 4 款的规定相比，虽然所使用的用语不同，但关于权利要求的标准是基本相同的。其核心是权利要求的"清楚"标准。由于语言表达总是存在局限性，要求权利要求完全精确地界定发明是很难做到的。因此，必须有一定的规定来确定权利要求是否足够清楚。

美国最高法院在前述"心率监视器"案件中提出的确定权利要求是否清楚的标准，虽然是在专利侵权案件中提出的，但实质是关于专利效力的判断。因此，美国法院的上述标准，可以与我国专利复审委员会在专利无效决定以及法院在行政判决中的标准进行比较。

美国所适用的标准与我国的标准存在相同之处，即都是以本领域技术人员为判断主体来确定权利要求是否清楚；判断权利要求是否清楚，不只是从权利要求本身出发，还要结合其他权利要求、说明书、附图、专利审查档案等证据材料。美国强调本领域技术人员判断的时间点是专利申请日，我国并没有明确判断的时间点。但一般对于专利效力的

判断，都是以专利申请日为时间点进行判断的。

对于判断权利要求是否清楚的标准，我国专利复审委员会和法院并没有总结统一的标准。美国联邦巡回上诉法院多年来总结和适用了"无解地模糊"以及"可经修正而作出解释"的标准。简言之，只要能够通过解释的方法确定其含义，就不能认定权利要求不清楚。我国专利复审委员会和法院所适用的标准，与上述标准比较接近。

美国最高法院提高了权利要求清楚要件的标准，要求权利要求必须具有合理的确定性。这一标准到底与联邦巡回上诉法院的标准有多大差距，实践中对于权利要求的撰写和审查会带来多大的影响，还需要进一步观察。在目前的情况下，我们没有必要改变我国目前适用的标准，但应关注美国提高权利要求清楚要件标准的做法，并在判断权利要求是否清楚时考虑权利要求的公示作用。

五、"权利要求不清楚"在我国专利侵权诉讼中的解决

（一）权利要求清楚与权利要求解释

我国专利侵权纠纷是由各地具有专利案件管辖权的法院处理，而专利有效性是由专利复审委员会解决，并由北京有管辖权的法院进行司法复审。处理专利侵权案件的法院在审理案件过程中并不审查专利的有效性问题。因此，侵权法院涉及的是如何确定专利保护范围的问题，而不是专利是否有效的问题。

在判断专利有效性时，涉及权利要求是否清楚时，如果是由于权利要求中使用了含义不清的用语引起的，需要对该用语进行解释。此时的权利要求解释，解决的是权利要求的保护范围是否清楚。如果通过解释，有争议的用语的含义是清楚的，则可以得出权利要求清楚、专利有效的结论。如果权利要求的边界不清楚，则可以得出权利要求不清楚的、专利无效的结论。

而在专利侵权诉讼过程中，也需要对权利要求进行解释。这时的权利要求解释，关注的并不是权利要求的边界是否清楚，而是被控侵权物是否在专利权利要求的保护范围之内。专利侵权诉讼中的权利要

求解释,是在假定专利有效的前提下进行的。在专利侵权诉讼的过程中,通过解释权利要求,即使发现权利要求存在边界不清楚的情况,但只要被控侵权物仍处于专利保护范围之内,仍应作出被控侵权物落入专利保护范围的结论,而不必涉及专利是否有效的问题。例如,如果权利要求对某一技术特征的长度没有明确的记载,根据说明书、附图和审查档案,可以有 1cm ~ 5cm、2cm ~ 6cm 等不同的理解,这时可以认定权利要求不清楚,在审查专利效力时可以作出专利无效的结论。但在专利侵权诉讼中,如果被控侵权物中相应技术特征的长度是 3cm,则应该得出被控侵权物落入专利保护范围的结论。

因此,在侵权诉讼中解释权利要求时,不应考虑权利要求是否清楚的问题。

(二)我国专利侵权诉讼中的"权利要求不清楚"问题

权利要求不清楚,有的属于专利的边界不清楚,但保护范围的一部分内容是可以确定的;而极端的情况是权利要求根本无法解释,任何保护范围都无法确定。上述情形,都属于可能导致专利无效的情形。在专利侵权诉讼过程中,对于专利边界不清楚的权利要求,应按最大边界看是否落入专利保护范围,如果被控侵权物落入最大的范围,仍应在专利有效的基础上,合理确定被控侵权物落入专利保护范围。但是,如果权利要求根本无法作出解释,则难以作出被控侵权物是否落入专利保护范围的结论。

在这种情况下,最理想的解决办法是让被控侵权人向专利复审委员会提出无效宣告,然后审理侵权诉讼的法院等待无效的结果。如果专利最终被无效,则侵权诉讼自然就解决了。如果被控侵权人不向专利复审委员会提起无效宣告,审理侵权诉讼的法院必须作出是否落入专利保护范围的判决。这就属于前面介绍的最高人民法院的柏××案的情形。对于此案是否在专利侵权诉讼中引入了一项新的抗辩事由,使被控侵权人可以提出专利权利要求不清楚作为侵权抗辩,存在不同的意见。作者认为,在专利侵权诉讼中,不应引入权利要求不清楚的抗辩。专利侵权诉讼是在假定专利有效的基础上进行的,专利侵权诉讼的法院不应审理类似权利要求不清楚的无效理由。如果在专利侵权诉讼中引入专利权利要求不清楚的抗辩理由,则会大量出现在侵权诉讼中提出的权利要求不清楚的主张，给审理专利侵权案件的法院带来沉重的负担，同时还可能出现审理侵权案件的法院的认定结果与专利复审委员会的决定、北京法院的行政判决不一致的情形。因此，尽管存在像"柏××案"这样的特殊情况，最高人民法院也不应当确立侵权诉讼法院处理"权利要求不清楚"问题的规则。审理侵权案件的法院，仍以判断侵权的一般规则处理有关问题，即在确定专利保护范围后看被控侵权物是否在专利保护范围内，如果确实无法确定专利保护范围，则可以认定专利保护范围是空的，当然被控侵权物不会落入其中。但是，这时，审理侵权案件的法院可以不评论专利权利要求是否清楚以及专利是否有效的问题。

确认不侵犯专利权之诉的受理条件研究

——从美国宣告式判决的受理条件谈起 *

2002 年以来，我国法院审理了多件确认不侵犯专利权之诉案件。2009 年出台的司法解释明确了此类案件的受理条件。本文从美国宣告式判决的受理条件谈起，探讨如何进一步完善我国确认不侵犯专利权之诉的受理条件。

一、美国宣告式判决的受理条件

（一）《美国宣告式判决法》的规定

在美国，确认判决被称为宣告式判决（Declaratory Judgment）。宣告式判决是一种诉讼机制，该机制可以使对权利或法律关系感到不安的当事人得到司法裁判。[①]1934 年，美国国会就颁布了《美国宣告式判决法》。《美国宣告式判决法》规定：美国的任何法院，在它管辖权之内的实质的争议的案件中，基于提出的合适的诉讼，可以宣告寻求这种宣告判决的任何利益当事人的权利和其他法律关系，无论是否有进一步的救济。[②]

宣告式判决法的目的是终止不确定性或争议。因为宣告式判决的

  ＊ 本文包含中国科学院大学法学硕士郭莹的研究成果。

① Edwin Borchard, Declaratory Judgments 2527（2d ed. 1941）.

② 28 U.S.C. 2201（2004）："In a case of actual controversy within its jurisdiction, … any court of the United States, upon the filing of an appropriate pleading, may declare the rights and other legal relations of any interested party seeking such a declaration, whether or not further relief is or could be sought."

性质和目的，宣告式判决并非可以适用于一切案件。当很多商业纠纷在当事人之间确实有实质的争议，才使一方当事人有权提出该诉讼。宣告救济适合于在采取将来的诉讼之前，一方当事人需要法院的裁判，此裁判将给予不确定或不安全中的一方当事人诉讼救济。[①]宣告式判决在专利案件中适用非常普遍。因为专利侵权诉讼可能导致巨额赔偿、严重影响生产经营，并且对于是否侵权的判断见仁见智，潜在侵权人有时处于是否侵权的困扰中。提出宣告式判决正是解决这种困境的有效救济手段。

（二）美国宣告式判决的受理条件变迁

1. "实质的争议"（actual controversy）

在 1937 年的 Aetna 案[②]中，美国最高法院首次确定了宣告式判决法中所谓的"实质的争议"（actual controversy）的含义，认为：争议必须是确定的和具体的，触及有相对法律利益的当事人的法律关系。

在 1941 年的 Maryland 案[③]中，美国最高法院进一步界定了"实质的争议"的含义。美国最高法院声明，在立法意义之内的存在的"实质的争议"依赖于"基于所有情况，主张的事实是否表明在有相对法律利益的当事人之间，有一个实质的争议，该争议有足够紧急性和真实性使宣告式判决的颁布有正当理由"。[④]

2. "诉讼的合理怀疑"标准

美国联邦巡回上诉法院在专利案件的审理中，逐渐形成了两部分"诉讼合理怀疑"标准（two-part "reasonable apprehension of suit" test）来决定是否存在"实质的争议"。第一部分，法院要考虑专利权人的行为是否对宣告式判决原告一方产生了诉讼的合理怀疑。对此，需要考虑专利权人的行为，法院客观的分析专利权人的行为是否使宣告式判决诉讼的原告产生诉讼的合理怀疑。虽然诉讼的合理怀疑的最

---

① Amer. Household Products, Inc. v. Evans Manufacturing, Inc., 139 F.Supp.2d 1235, 1239 (N.D. Al. 2001).

② Aetna Life Insurance Co. v. Haworth, 300 U.S. 227 (1937).

③ Maryland Casualty Co. v. Pacific Coal & Oil Co., 312 U.S. 270 (1941).

④ Maryland Casualty Co. v. Pacific Coal & Oil Co., 312 U.S. 270 (1941); see also Arrowhead Indus. Water, Inc. v. Ecolochem, Inc., 846 F.2d 731 (Fed. Cir. 1988); see also EMC Corp. v. Norand Corp., 89 F.3d 807, 810 (Fed. Cir. 1996).

好的证据来自诉讼威胁的表达形式，但是合理怀疑"也许包含在微妙的行为中，假如这个行为就专利权人而言'上升到足以确定的实施他的专利的意图'"。① 第二部分，法院要考虑宣告式判决的原告是否有专利权人主张的潜在的侵权行为或是否为此潜在的侵权行为做充分的准备。宣告式判决的原告必须参与一个实际的制造、销售或者使用行为或者是必须有一个为这些活动的有目的的准备。

3. MedImmune 案确定的受理条件

2001 年，Genentech（基因科技公司）以信件的方式通知 MedImmune（医学免疫公司），称医学免疫公司的产品落入其专利保护范围，主张医学免疫公司偿还基因科技公司许可费用。基于保护自己的商业利益，医学免疫公司向基因科技公司支付了许可费，之后提起了专利无效和不侵权的宣告式判决诉讼。②

加利福尼亚的地方法院认为不符合受理条件而驳回了宣告式判决。美国联邦巡回上诉法院依据自己先前的 Gen-Probe 判例确认了美国地区法院的驳回处理。2007 年，案件上诉到了美国最高法院，美国最高法院推翻了下级法院的判决，并将案件发回重审。美国最高法院从 Maryland 案中重新阐明受理条件，并批判了联邦巡回上诉法院确定的两部分"诉讼的合理怀疑"标准，认为该标准与美国最高法院的 Aetna 判例和 Maryland 判例相矛盾。美国最高法院认为，决定宣告式判决是否存在，法院必须考虑争议的相关程度，把受理的门槛放在一个稍微适中的程度。相反，联邦巡回上诉法院的"两部检验法"代表了更加僵化的方法，仅仅当有一个冒犯的法律行为时，才有争议存在。美国最高法院认为，在决定是否有"实质的争议"的时候，要考虑"所有的情况"。

4. 新标准的适用

MedImmune 案以后，美国法院按照 MedImmune 案的标准审查是否符合宣告式判决的受理条件。据统计，在 MedImmune 案前三年，

---

① Steve Seidenberg, Judgment Day :SanDisk Decision Opens the Door to Increased Patent Litigation, Inside Counsel, Aug. 2007, at 20, 22.

② MEDIMMUNE, INC. v. GENENTECH, INC., et al.No. 05-608, 549 U.S. 118 ;127 S. Ct. 764 ; 166 L. Ed. 2d 604 ; 2007 U.S. LEXIS 1003 ; 75 U.S.L.W.4034 ; 81 U.S.P.Q.2D (BNA) 1225 ; 2007-1 Trade Cas. (CCH) P75, 543 ; 20 Fla. L.Weekly Fed. S 27.

美国地区法院认为符合受理条件的确认不侵犯专利权之诉占 19%（26 件案件中认定 5 件符合受理条件），而在 MedImmune 案后三年，美国地区法院认为符合受理条件的比例达到 39%（49 个案件中认定 19 件符合受理条件）。[①] 可见，通过 MedImmune 案，美国法院降低了确认不侵犯专利权之诉的受理条件。综合来看，美国法院认为符合受理条件的主要有以下情形。

第一种情形是专利权人提出专利许可的要求。关于专利许可的商谈足以符合提起宣告式判决的条件。例如，在 SanDisk 案件中，STM 联系 SanDisk，邀请开一个讨论交叉许可的会议。在会议上，STM 不断地重复提到一些 SanDisk 的销售行为是"未经许可的行为"。这之后，SanDisk 提出了宣告式判决诉讼。美国地区法院驳回了起诉。美国联邦巡回上诉法院依据 MedImmune 案中论证，撤销了美国地区法院的判决。联邦巡回上诉法院认为，即便没有之前的判例要求的专利权人的行为引起诉讼的合理怀疑，只要专利权人主张关于一方当事人的具体行为的权利，当事人主张他有权利进行该行为，将产生宪法第三条规定的"案件或争议"。[②] 2007 年的另一个案件 Adenta GmbH v. OrthoArm, Inc. 案[③] 中，被许可人与专利权人之间本来已经签订了许可合同并正在履行，Adenta 提出专利是无效的，因此拒绝支付使用费，专利权人提出将使用法律手段维护自己的权利。联邦巡回上诉法院认为符合受理条件。Sony Electronics, Inc. v. Guardian Media Technologies 案[④] 也属于这种情况。另外，2012 年的 3M Company v. Avery Dennison Corp 案[⑤] 中，美国联邦巡回上诉法院认为，非正式的许可要约也可以成为宣告式判决的条件。Avery 的知识产权顾问给 3M 的知识产权顾问打了一个电话，称 3M 的产品"可能侵犯"了 Avery 的专利，并表示可以提供许可。两天后，3M 的知识产权顾问给 Avery 的知识产权顾问打了电话，拒绝接受许可，并表示如果 Avery 可以提

---

① David I. Levine and Charles E. Belle, BUSINESS LAW FORUM : INTELLECTUAL PROPERTY REMEDIES : DECLARATORY RELIEF AFTER MEDIMMUNE, 14 Lewis & Clark L. Rev. 491（2010）.

② Sandisk Corp., 480 F. 3d at 1381.

③ Adenta GmbH v. OrthoArm Inc., 501 F.3d 1364（Fed. Cir. 2007）.

④ 497 F.3d 1271, 1281-82, 1286-87（Fed. Cir. 2007）.

⑤ 3M Company v. Avery Dennison Corp, No.2011-1339（Fed. Cir. Mar. 26, 2012）.

供进一步的消息，也可以改变决定。Avery 称其正在制作其专利权利要求与 3M 产品的对比表，并且将发给 3M。但 Avery 实际上并没有寄发该对比表。一年以后，3M 提起了确认不侵权诉讼。联邦巡回上诉法院认为，根据 3M 主张的事实双方已经存在实质争议。因为，Avery 的知识产权顾问提出了许可要约，并准备寄送侵权对比表，虽然使用了"可能侵犯"而不是"已经侵犯"，也是无关紧要的。Avery 是 3M 的直接竞争者，并且曾针对 3M 的产品提起专利侵权诉讼，在对 3M 的一个产品提出可能侵权的主张后，又对 3M 的另一个产品提起侵犯另一专利的诉讼。

第二种情形是专利权人与被控侵权人没有进行许可谈判，但进行了其他交流。2009 年的 Hewlett 案①中，联邦巡回上诉法院又一次适用了"所有情况"标准，认为符合宣告式判决的受理条件。Acceleron 给在 Hewlett-Packard（HP）发信商议讨论 Acceleron 的专利。HP 提议签订不起诉协议，对方拒绝。HP 提起了确认不侵权诉讼。联邦巡回上诉法院认为，专利所有人 Acceleron 给 Hewlett 的信没有强调指控侵权，但是仍使 HP 有权提出宣告式判决诉讼。联邦巡回上诉法院考虑"Acceleron 是一个专利许可企业，如果不能从许可专利中获利，那么 Acceleron 将不会实施专利"。这就意味着，联邦巡回上诉法院会更支持实质进行买卖专利产品的专利权人，而不是仅仅许可专利的拥有专利的企业。在 ABB Inc. v. Cooper Industries, LLC 案②中，专利权人 Cooper 给 ABB 写信，称 ABB 将产品委托他人加工违反了许可合同，自己将主张权利。同时，Cooper 还给接受 ABB 委托加工产品的人发信，称自己将主张权利。联邦巡回上诉法院认为 ABB 有权提起确认不侵权诉讼。

第三种情形是对同行的诉讼和公开声明。在 Micron Technology, Inc. v. MOSAID Technologies 案③中，专利权人 MOSAID 给 Micron 和业内其他三个制造商发了警告信，称愿意许可其专利。后来，MOSAID 对 Micron 外的其他制造商提起了诉讼，诉讼以签订许可合

---

① Hewlett-Packard Co. V. Acceleron LLC, 587 F.3d 1358 (Fed. Cir. 2009).

② ABB Inc. v. Cooper Indus., LLC., No. 2010-1227, 2011 WL 553603, at 1 (Fed. Cir. Feb. 17, 2011)。

③ Micron Tech., Inc. v. MOSAID Techs., Inc., 518 F.3d 897, 899 (Fed. Cir. 2008).

同而结案。MOSAID 发表了公开声明，强调了其许可政策。Micron 提起了确认不侵权诉讼。地区法院以侵权警告已经过去了四年，而公开声明又没有提及 Micron 为由驳回了起诉。二审中联邦巡回上诉法院结合 MOSAID 对业内同行的起诉以及公开声明，认为双方已经存在实质争议，符合提起宣告式判决的条件。

　　第四种情形是作出有条件的不起诉承诺时。一般情况下，如果专利权人向潜在侵权人作出了不起诉承诺，潜在侵权人就不能提起确认不侵权诉讼。例如在 Dow Jones & Co. v. Ablaise 案① 中，法院就认为专利权人作出不起诉承诺后，潜在侵权人再提起确认不侵权诉讼不符合受理条件。但是，在 Revolution Eyewear, Inc. v. Aspex Eyewear, Inc. 案② 中，专利权人在被控侵权人停止了有关行为后作出了就其之前的行为不起诉承诺。法院认为，该不起诉承诺并没有解决以后是否侵权的争议，仍然符合确认不侵权诉讼的受理条件。

　　第五种情形是提出简略新药申请（ANDA, Abbreviated New Drug Application）③ 时。在 Teva/Novartis 案④ 中，Novartis 拥有与它的产品 Famvir 相关的五个专利，其中一个专利是针对药物（泛昔洛韦）的活性成分，而其他四个专利是针对使用这个药物的治疗方法专利。Novartis 起诉 Teva 专利侵权，但是仅仅涉及 973 活性成分专利。之后，Teva 对 Novartis 的其他的四个方法专利提出了宣告式判决诉讼。地区法院驳回了起诉。联邦巡回上诉法院推翻了地方法院的驳回决定。联邦巡回上诉法院认为，旧的"诉讼的合理怀疑"标准已经被 MedImmune 案件推翻，现在适用的是在 Maryland 案中产生的标准：在 MedImmune 案中，法院重新确定了决定宣告式判决诉讼管辖的正确的标准：依据所有的情况，主张的事实，是否表明在有相对法律利益关系的当事人之间有一个实质的争议，该争议具有足够紧急性和真实性使宣告式判决的颁布有正当的理由。仿制药生产者提交仿制药的申

---

　　① 606 F.3d 1338, 1349（Fed. Cir. 2010）.

　　② 556 F.3d 1294, 1295（Fed. Cir. 2009）.

　　③ 美国仿制药制造者向 FDA 提交的申请，用于仿制药的评审和最终批准，它们基本上不需要临床前资料（动物实验）和临床资料（人体实验）来确定安全性和有效性所包括的资料，因此称为简略新药申请。

　　④ Teva Pharms. USA, Inc. v. Novartis Pharms. Corp., No. 06-1181,（Fed. Cir. Mar. 30, 2007）.

请，这就意味着对专利提出挑战，从而提起确认不侵权诉讼是正当的。

第六种情形是专利权人针对原告提起了其他诉讼。例如，在 Arkema Inc. v. Honeywell International 案[①]中，Honeywell 公司就制冷剂 1234yf 拥有多项专利，并就其中的几项对 Arkema 公司提起了侵权诉讼。Arkema 向法院提起确认不侵权诉讼，要求法院确认不侵犯 Honeywell 在 1234yf 技术中的两项新的方法专利。美国联邦巡回上诉法院认为，双方存在实质争议，符合确认不侵权诉讼的受理条件。

（三）美国确认不侵犯专利权之诉受理条件评价

可以看出，在宣告式判决的受理条件方面，美国法院经历了从宽松到严格再到宽松的过程。这与美国对待专利权人的态度的变化过程是一致的。美国对专利的态度一直是随着经济社会发展的变化和需求而变化。根据美国学者切瑟姆的分析[②]：1930 年以来，美国一直延续着对专利的弱救济政策。20 世纪 70 年代末，在美国经济几乎被日本超过的情况下，卡特政府开始了 20 世纪最后 20 年的鼓励专利政策，美国最高法院也随之转向亲专利的侵权救济政策。相应地，美国联邦巡回上诉法院通过"诉讼的合理怀疑"标准，限制对专利权人提起确认不侵权诉讼。但 20 世纪 80 年代以来专利数量的激增带来的不仅仅是繁荣，也带来了新的问题。20 世纪 80 年代末期开始的法律变革将专利制度从一个创新激励器转变为一个威胁创新过程本身的诉讼和不确定性发生器。[③]20 世纪末 21 世纪初开始，美国开始反思对专利的强保护政策。美国法院开始对专利权进行限制。在这种情况下，美国最高法院又恢复了确认不侵权诉讼中的"所有情况"标准，使潜在侵权人更容易对专利权人提起确认不侵权诉讼。

宣告式判决受理条件的变化，比较明显的影响就是削弱了"专利怪物"（patent trolls）的力量。一些分析家认为，当专利怪物借故生端的追求许可协议时，宣告式判决宽松的受理条件将削弱专利怪物的力量。[④]

---

① 706 F.3d 1351（Fed. Cir. 2013）.

② Chisum on patents，1-0，5，（Mattew Bender & Company，Inc.，2002）.

③ ［美］乔希.勒纳,亚当·杰夫.创新及其不满——专利体系对创新与进步的危害及对策［M］.罗建平，兰花，译.北京：中国人民大学出版社：2007：157.

④ Greg Halsey,There Is a Pink Elephant at Our Patent Negotiation,and His Name Is Declaratory Judgment，46 San Diego L. Rev. 247（2009）.

当然，对于现行的受理条件，也有人表示担忧。正如 SanDisk 案中 Bryson 法官的意见："任何一个潜在的许可通知，可能使专利权人面临宣告式判决诉讼。假如被许可人主张他的行为没有落入专利权的范围，任何一个与潜在的被许可人的行为有关的要求支付许可费的要约都将产生第三条的案件或争议。"

二、我国确认不侵犯专利权之诉的受理条件

（一）相关规定

2002 年 7 月 12 日最高人民法院（2001）民三他字第 4 号在明确此类案件的案由为"确认不侵犯专利权纠纷"的同时，也明确了确认不侵犯专利权之诉的受理条件，其受理条件与《民事诉讼法》第 108 条规定的传统的民事案件的受理条件一致。

2009 年 4 月 21 日公布的《最高人民法院关于当前经济形势下知识产权审判服务大局若干问题的意见》（以下简称"2009 年审判意见"）第 13 条规定：……除知识产权权利人针对特定主体发出侵权警告且未在合理期限内依法提起诉讼，被警告人可以提起确认不侵权诉讼以外，正在实施或者准备实施投资建厂等经营活动的当事人，受到知识产权权利人以其他方式实施的有关侵犯专利权等的警告或威胁，主动请求该权利人确认其行为不构成侵权，且以合理的方式提供了确认所需的资料和信息，该权利人在合理期限内未作答复或者拒绝确认的，也可以提起确认不侵权诉讼……根据这一规定，在两种情形下原告可以提出确认不侵犯专利权之诉：第一种情形是由于专利权人发送警告信引起的确认不侵犯专利权之诉；第二种情形是行为人主动向专利权人请求确认其是否侵权，专利权人不作为的情况下，行为人可以提出确认不侵犯专利权之诉。

2009 年《最高人民法院关于审理侵犯专利权纠纷案件应用法律若干问题的解释》（以下简称"2009 年司法解释"）第 18 条规定：权利人向他人发出侵犯专利权的警告，被警告人或者利害关系人经书面催告

权利人行使诉权，自权利人收到该书面催告之日起一个月内或者自书面催告发出之日起二个月内，权利人不撤回警告也不提起诉讼，被警告人或者利害关系人向人民法院提起请求确认其行为不侵犯专利权的诉讼的，人民法院应当受理。根据上述规定，只有满足三个条件，法院才可以受理确认不侵犯专利权之诉案件：第一，权利人发出侵权警告；第二，被警告人或者利害关系人经书面催告权利人行使诉权；第三，合理期限内权利人不撤回警告也不提起诉讼。

（二）2010年前的司法实践

自2002年以来至2009年年底，法院受理的确认不侵犯专利权案件，大致有以下三种情形：第一种情形是专利权人发送侵权警告信之下的诉讼，如奇瑞汽车有限公司诉赵××确认不侵犯专利权纠纷案、[①]葛××等与浙江久盛地板有限公司案、[②]佳德宝诉德威木业案[③]等案件都涉及专利权人直接向被控侵权人发送侵权警告函。此外，专利权人向他人发送侵权警告，利害关系人也可以提出确认不侵犯专利权之诉。如辉博公司与奥克公司案[④]，中国户外媒体有限公司诉扣喜阳案[⑤]等。总结上述案件，无论专利权人是直接向被控侵权人还是间接向被控侵权人的交易相对人发送警告信，或者是像南通市江海滤布厂诉杨×案[⑥]一样，专利权人同时向被控侵权人和其交易相对人发送侵权警告信，被控侵权人都可以向法院提出确认不侵犯专利权之诉。

第二种情形是专利权人不作为之下的诉讼。如王××与兆鹰五金公司案[⑦]就是此种情况。此案件肯定了在相对人主动请求确认是否侵权，而专利权人在合理期限内未答复，影响相对人的正常生产经营活动的，相对人可以提出确认不侵犯专利权之诉。

第三种情形是撤销专利侵权案件之下的诉讼。如亚东公司诉康纳

---

① 合肥市中级人民法院（2006）合民三初字第56号。
② 浙江省高级人民法院（2009）浙辖终字第110号。
③ 南京市中级人民法院（2009）宁民三初字第51号。
④ 上海市第一中级人民法院（2007）沪一中民五（知）初字第192号。
⑤ 上海市第一中级人民法院（2008）沪一中民五（知）初字第78号,上海市高级人民法院（2008）沪高民三（知）终字第102号。
⑥ 南通市中级人民法院（2006）通中民三初字第0189号。
⑦ 金华市中级人民法院（2008）金中民三初字第165号,浙江省高级人民法院（2009）浙知终字第2号。

公司案、①实益公司诉三安公司案②。法院认为,对于权利人提起侵权之诉后,又撤回起诉,已干扰了被控侵权人的正常经营,被控侵权人以此作为诉讼理由提起确认不侵犯专利权之诉,只要符合我国民事诉讼法规定的起诉条件,人民法院应予受理。

（三）2010 年后的司法实践

自从 2009 年司法解释公布后,法院都基本按照 2009 年司法解释的规定,判断是否符合受理条件。但是,真正符合 2009 年司法解释规定的受理条件的案件并不多。笔者在北大法宝的数据库中只找到一个案件,即北京京铁华龙药业有限责任公司与贵州老来福药业有限公司确认不侵犯专利权纠纷案。③

有些案件中,法院认为原告虽接到专利权的侵权警告,但并未书面催告权利人行使诉权,因此不符合确认不侵犯专利权诉讼的受理条件。例如,徐 × × 与江苏磁能探伤机有限公司等确认不侵犯专利权纠纷案,④吴 × × 与浙江 × × 司确认不侵犯专利权纠纷案⑤等。但是,也有的案件中,虽然接到侵权警告函的原告没有发函要求专利权人行使诉权,法院仍受理了原告提起的确认不侵权诉讼,并且在专利权人没有就此提出抗辩的情形下,法院作出了实体判决。例如,吴 × ×、泉州大昌纸品机械制造有限公司请求确认不侵犯专利权纠纷案。⑥有的案件中,虽然法院认为符合受理条件,但双方当事人对于原告是否寄出了催告行使诉权的函存在争议。例如,湘北威尔曼制药股份有限公司与哈药集团制药总厂确认不侵犯专利权纠纷案。⑦

也有个别案件中,法院并没有严格按照 2009 年司法解释的规定认定受理条件。例如,在怀化正好制药有限公司（以下简称"正好药业"）

---

① 北京市第一中级人民法院（2005）一中民初字第8998号、（2006）一中民初字第8603号。
② 陕西省高级人民法院（2009）陕民三终字12号:2007年2月,实益公司以三安公司侵犯其"自动消防泄压阀"专利权为由将三安公司诉至北京市第一中级人民法院,后来实益公司撤回起诉。2008年5月4日三安公司以确认不侵犯专利权纠纷为由,将实益公司诉至西安中院。
③ 北京市高级人民法院（2011）高民终字第 354 号民事判决。
④ 最高人民法院（2013）民申字第 1952 号民事裁定。
⑤ 浙江省高级人民法院（2011）浙辖终字第 95 号裁定。
⑥ 郑州市中级人民法院（2010）郑民三初字第 123 号民事判决。
⑦ 黑龙江省高级人民法院（2011）黑知终字第 17 号民事裁定。

与太阳石（唐山）药业有限公司（以下简称"太阳石药业"）确认不侵犯专利权纠纷案中，正好药业以太阳石药业申报的"金刚藤丸"涉及其专利为由向国家食品药品监督管理局药品评查中心发函，致使该中心终止了对太阳石药业申请注册的中药品种的审批程序。太阳石药业于 2009 年 9 月 24 日以特快专递的方式函告正好药业，表达了自己的意见和观点，太阳石药业于 2009 年 12 月 21 日起诉。法院认为，正好药业向国家食品药品监督管理局药品评查中心发函，起到了直接向太阳石药业发出警告的作用，并引发了严重后果，且国家食品药品监督管理局药品评查中心亦将此函转给了太阳石药业。自太阳石药业向正好药业发函至太阳石药业起诉，已超过法定时间。太阳石药业提起的确认不侵犯专利权诉讼，符合受理条件。①

（四）对我国确认不侵犯专利权之诉受理条件的分析

可以看出，在 2010 年前的司法实践中，法院掌握的确定不侵犯专利权之诉的受理条件较为宽松。由于我国司法解释规定的确认不侵犯专利权之诉的管辖按照侵权案件标准确定，侵权行为地法院可以受理确认不侵权诉讼，因此，原告可以选择其住所地（属于侵权行为地）的法院管辖。实践中，基本上所有的确认不侵犯专利权之诉的案件都是由原告住所地法院管辖的。由原告住所地法院管辖，对原告更为便利，并且作出有利于原告判决的可能性更大。于是出现了潜在侵权人千方百计通过提起确认不侵犯专利权之诉而将自己行为合法化的状况。针对这种状况，2009 年司法解释严格限制了受理条件，其目的是"防止被告动辄提起确认不侵权之诉"。②

按照 2009 年司法解释规定的受理条件，2009 年前我国法院受理的确认不侵犯专利权之诉，基本都不符合该条件。因为在这些案件中，只有一种情形是在专利权人发送侵权警告信之下提起的。即使在这些案件中，收到侵权警告的人也都没有向专利权人发出过起诉催告。2010 年之后，法院受理的确认不侵犯专利权诉讼明显减少，而法院认定符合受理条件的案件更少。这说明，2009 年司法解释的规定，极大

① 河北省高级人民法院（2010）冀民三终字第 28 号民事裁定。
② 孔祥俊，王永昌，李剑．关于审理侵犯专利权纠纷案件应用法律若干问题的解释的理解与适用［J］．人民司法，2010（3）．

地限制了确认不侵犯专利权之诉的提起。

将2009年司法解释规定的条件与美国宣告式判决的受理条件相比，可以看出该条件比美国的受理条件严格得多。美国的近些年来提起的确认不侵犯专利权之诉，也都不符合我国2009年司法解释规定的条件。确认不侵犯专利权之诉，对于消除专利领域可能出现的争议具有重要的作用。特别是在专利成为一种竞争手段，"专利怪物"频繁利用专利要挟潜在侵权人时，确认不侵犯专利权之诉是潜在侵权人消除疑虑、对抗"专利怪物"的武器。将确认不侵犯专利权之诉的条件限制得过于严格，无疑束缚了潜在侵权人使用这种武器的权利，也助长了专利权人滥用专利的欲望。

三、完善我国确认不侵犯专利权之诉受理条件的建议

（一）完善2009年司法解释第18条的建议

2009年司法解释第18条对我国确认不侵犯专利权之诉的受理条件做了明确的规定。但该规定限制条件太严，对侵权警告的主体、内容和方式又不太明确。我们有必要将该规定进一步完善。

1. 侵权警告的主体

根据2009年司法解释的规定，发出侵权警告的主体是权利人，但是权利人是否包括专利权独占许可或排他许可给第三人，我们难以得出确定的答案。发出侵权诉讼威胁的主体应该为专利权人或其他有资格享有专利权的人比较合理。因为如果仅在专利权人发出侵权诉讼威胁的情况下，原告才可以提出确认不侵犯专利权之诉，那么如果是其他有资格享有专利权的人发出的侵权诉讼威胁，原告则找不到适格的被告。如果将发出侵权诉讼威胁的主体范围无限扩大到"任何人"，那么在专利权人没有发出侵权警告的情况下，法院受理原告的诉讼后会涉及对是否侵犯专利权以及专利权是否有效等与专利权人切生利益相关的内容的认定，对没有发出侵权警告的专利权人不公平。我国的司法解释对于侵权警告主体的规定可以借鉴英国的做法，将发出侵权警告的主体规定为专利权人或者有资格享有专利权的人，即专利权人、

独占许可人和排他许可人。

2. 侵权警告的形式

2009 年司法解释没有规定侵权警告的方式有哪些。生活中常见的有警告函、律师声明、严正声明等。司法实践中还出现以下两种形式：第一，权利人或其利害关系人起诉后，又主动撤回起诉。第二，权利人向行政机关或海关提出侵权查处。这些情况能否视为侵权警告，难以从 2009 年司法解释中得出结论。在我国的司法实践中，侵权警告威胁既包括通过媒体、新闻发布会等公开警告外，也包括直接向原告发出不公开的警告信等。对于提出专利侵权诉讼之后又撤诉的情形，要视具体情况判断是否为一种侵权警告。如果权利人确实采用诉讼的方式达到警告的目的，则可以视为侵权警告。而权利人向行政机关请求查处的情况下，是可以视为发出侵权警告的。

3. 取消书面催告制度

根据 2009 年司法解释的规定，书面催告作为确认不侵犯专利权之诉的前置程序，使得权利人的侵权之诉优先于被控侵权人或利害关系人提出的确认不侵犯专利权之诉，权利人滥用专利权首先发出警告，导致双方法律关系处于不稳定状态之后，又有优先选择管辖法院的权利。发出警告制造纠纷的是权利人，提请司法机构解决也由权利人来控制，选择对自己有利的法院，这明显对被控侵权人或利害关系人不公平。

我国现行书面催告制度虽然可以限制被控侵权人或利害关系人滥用诉权，但是对被控侵权人或利害关系人极其不公平，并非最合适的平衡双方利益和禁止权利滥用的制度。笔者认为，在权利人已经提出侵权警告，并且提出侵权诉讼威胁的情况下，再让收到警告的人一方发出书面催告，对收到侵权警告的一方是不公平的。书面催告制度应当取消。当然，为了防止被控侵权人或利害关系人滥用诉权，应当限制被控侵权人或利害关系人在住所地提起诉讼。将确认不侵犯专利权之诉的管辖地确定为被告所在地法院，只有在发出侵权警告的人为在我国没有住所的外国人时，才可以由原告住所地法院管辖。

4. 增加不诉讼承诺时不能提起确定不侵权诉讼的规定

确认不侵犯专利权之诉通过法院判决，确认某一行为是否侵权，从而消除潜在侵权人对侵犯他人专利以及被控侵权的疑虑。如果专利权人已经承诺不提起侵权诉讼，潜在侵权人已经不存在被控侵权的疑虑，也就不应当再提起确认不侵权诉讼。从前面对美国介绍可以看出，不诉讼承诺是否定宣告式判决受理的条件。但是，我国 2009 年司法解释的规定中，如果权利人在接到催告后撤回了警告，收到警告的人就不能提起确认不侵权诉讼。这样，权利人可以反复提出警告，然后反复在接到催告后撤回，收到警告的人也就无法提起确认不侵权诉讼。在取消了书面催告制度以后，撤回警告的规定也应做相应修改。我们可以借鉴美国的做法，在专利权人作出承诺不再向某一特定的人主张权利后，如果专利权人起诉了收到承诺的人，法院应驳回其起诉。相应地，收到承诺的人无权向法院提起确认不侵犯专利权之诉。如果发出警告的一方只是宣布撤回警告，并不影响收到警告一方提起确认不侵权诉讼。

（二）增加可受理确认不侵犯专利权之诉的其他情形

1. 增加受理情形的必要性

受理条件是确认不侵犯专利权之诉的关键所在。受理条件要平衡专利权人和潜在侵权人之间的利益，既不能过于宽松，也不能过于严格。如果过于严格，那么将限制潜在侵权人提出宣告式判决诉讼，从而使双方的权利义务关系仍然处于不确定状态。根据 2009 年司法解释的规定，如果专利权人没有发出侵权警告，其他人就无从提起确认不侵权之诉。如果专利权人以其他方式暗示了其专利权，潜在侵权人无法提起确认不侵权之诉。在专利权人故意"放水养鱼"时，或者潜在侵权人对自己使用的技术是否侵犯他人专利心存疑虑时，潜在侵权人都没有途径得到法院或专利权人的态度。因此，严格限制提起确认不侵权诉讼的条件，虽然防止了"动辄提起确认不侵权之诉"，但也限制了当事人通过确认不侵权之诉解决争议。即使完善了 2009 年司法解释规定的受理条件，取消书面催告制度，在专利权人没有发出侵权警告的情况下，潜在侵权人也无法提起确认不侵权诉讼。仍不能解决确认不侵犯专利权之诉的受理条件过于严格的问题，确认不侵权诉讼的作用仍得不到充分发挥。因此，我们有必要增加其他受理情形。

2. 美国受理条件的借鉴意义

在专利泛滥的背景下，美国最高法院改变宣告式判决的受理条件。美国最高法院重新确立的"所有情况"标准，使法院可以综合考虑多种因素，例如，专利权人是一般企业还是专利经营公司，专利权人以前是否曾提起诉讼等。这样，法院认定是否符合受理条件时标准更灵活，也更简单。MedImmune 案后，美国法院认定符合受理条件的情形明显比以前增加，而我国的状况正好相反。2009 年司法解释之前，还没有关于确认不侵犯专利权之诉的受理条件的专门规定。法院实践中掌握的受理条件的标准比较宽松。2009 年司法解释限制了确认不侵犯专利权之诉的受理条件，使我国的受理条件比美国"诉讼的合理怀疑"标准更为严格。在增加新的受理情形时，我们应当借鉴美国受理条件变化的经验，在确定是否符合受理条件时，应当考虑有关的各种因素，同时，又不能使受理条件过于宽松。

3. 其他情形下的受理标准

我们应当借鉴美国的"诉讼的合理怀疑"标准，并适当放宽这一标准，只要潜在侵权人基于某些客观事实认为受到侵权诉讼威胁，处于对是否侵权不确定和不安的状态，潜在侵权人就可以提起确认不侵权诉讼。同时，为了限制潜在侵权人随意提起确认不侵权诉讼，可以增加书面催告程序。潜在侵权人应当先向专利权人发出书面催告通知。在专利权人逾期不提起侵权诉讼又不承诺不主张权利的情况下，潜在侵权人可以提起确认不侵犯专利权之诉。也就是说，应当进一步完善2009 年审判意见中规定的第二种情形，并纳入到司法解释中。

四、结语

确认不侵犯专利权之诉，是平衡专利权人与潜在侵权人利益的重要工具。在专利数量泛滥、专利丛林密布、专利怪物出现的背景下，我们在保护专利权的同时，也应当考虑被控侵权人或潜在侵权人的利益。在这一背景下，美国法院关于确认不侵犯专利权之诉的受理条件也悄悄发生了变化，使确认不侵犯专利权之诉的受理条件更为宽松。

我国 2009 年司法解释规定了比较严格的确认不侵犯专利权之诉的受理条件。但该条件还有待进一步细化或改变。另外，司法解释虽然具有限制不正当地提起确认不侵犯专利权之诉的作用，但同时也限制了潜在侵权人正当提起确认不侵权诉讼的机会。我国确认不侵犯专利权之诉的受理条件应进一步完善。在侵权警告的情形下，受警告的一方应可以直接提起确认不侵犯专利权之诉；除了这种情形外，潜在侵权人也可以基于相关事实在认为受到专利侵权诉讼威胁时，主动要求专利权人确认其是否侵权，逾期没有答复时，也可以提起确认不侵犯专利权之诉。

FRAND许诺的性质及相关问题诉讼研究

标准制订组织在制订标准过程中，如果标准实施涉及专利，一般会要求专利权人提出以公平、合理、无歧视原则（Fair, reasonable, and non discriminatory，即 FRAND）对外许可其专利的声明，然后再将专利纳入标准中。标准必要专利的专利权人所作出的声明，一般称为 FRAND 声明，或 FRAND 许诺（FRAND commitment）。近几年来，因 FRAND 许诺产生的诉讼有增加的趋势。本文在分析 FRAND 许诺的性质的基础上，对专利权人是否可以得到禁令救济以及标准实施人是否可以要求法院确定许可费率提出自己的看法。

一、FRAND 许诺的内容

国家标准化管理委员会、国家知识产权局 2013 年 12 月 19 日发布的《国家标准涉及专利的管理规定（暂行）》第 9 条规定，国家标准在制修订过程中涉及专利的，全国专业标准化技术委员会或者归口单位应当及时要求专利权人或者专利申请人作出专利实施许可声明。声明的选择之一是：专利权人或者专利申请人同意在公平、合理、无歧视基础上，收费许可任何组织或者个人在实施该国家标准时实施其专利。

由专利权人作出 FRAND 许诺，是世界上大多数标准制订组织涉及标准必要专利时的通常做法。例如，电器和电子工程师协会 Institute of Electrical Electronics Engineers, IEEE）的《必要专利权利要求确认函》中的一个选项是：声明人愿意给全球范围内无数量限制的申请者按照合理费率发放许可，许可的条款或条件是合理的，且明显没有不公平的歧视。^①国际电信联盟（International Telecommunication Union，ITU）的《专利陈述和许可声明》中的一个选项是：专利权人准备在世界范围内非歧视地向无数量限制的申请人发放许可，授权其按照合理的条款和条件以制造、使用和销售方式实施上述标准。^②

欧洲标准组织一般要求标准必要专利权人的声明按照 FRAND 原则进行对外许可，而美国标准组织一般要求专利权人按照 RAND 原则进行对外许可。一般认为，由于"fair"与"reasonable"的含义基本相同，所以 FRAND 和 RAND 可以互换使用，内容没有差别。^③本文在使用 FRAND 时，其含义与 RAND 是相同的。

二、FRAND 许诺的法律性质

FRAND 许诺至少涉及专利权人、标准制订组织和标准实施人三个主体。而对于 FRAND 许诺的不同认识，直接影响到各主体之间法律关系的认定。

（一）关于 FRAND 许诺的法律性质的不同观点

对于 FRAND 许诺的法律性质，国内外理论和实务中存在不同的观点，其中主要有以下四种。

第一种意见认为，FRAND 许诺是专利权人与标准制订组织合同的一部分。这种观点认为，发布 FRAND 许诺的专利权人与标准制订组织是合同关系。标准制订组织的知识产权政策是要约，而 FRAND 许诺及加入标准制订组织的行为是承诺，FRAND 许诺的内容是合同内容的组成部分。例如，在美国的苹果诉摩托罗拉案^④和微软诉摩托罗拉案^⑤中，

---

① Letter of assurance of Essential Patent Claims［EB/OL］. https：//development. standards.ieee.org/myproject/Public//mytools/mob/loa.pdf.

② Patent Statement and Licensing Declaration［EB/OL］. http：//www.itu.int/oth/ T0404000002/en.

③ 例如，美国司法部和专利商标局在 Policy Statement on Remedies for Standards-Essential Patents Subject to Voluntary F/RAND Commitments（2013）中曾有这种表述，参见 http：//www. justice.gov/atr/public/guidelines/290994.pdf.

④ Apple v. Motorola Mobility，886 F. Supp. 2d 1061（District Court for the Western District of Wisconsin August 10，2012）.

⑤ Microsoft Corp. v. Motorola，Inc.，864 F. Supp. 2d 1023，2012 U.S. Dist. LEXIS 78670，2012 WL 2030098，（W.D. Wash. June 6，2012）.

美国威斯康星州法院和华盛顿西区法院都持上述观点并作出了判决。

第二种意见认为，FRAND 许诺是专利权人对标准实施人的要约邀请。这种观点主要针对专利权人与标准实施人之间的法律关系，认为 FRAND 许诺并不是要约，只是要约邀请。例如，德国曼海姆地区法院在摩托罗拉诉微软一案中认为，摩托罗拉公司向标准制订组织作出的 FRAND 许可声明，不能视为针对不特定的甚至不认识的多数第三人作出的，仅需要第三人接受即可的具有约束力的要约，而应仅仅是请求寻求许可的各方寻求符合 FRAND 条款的要约邀请。[①]

第三种意见认为，FRAND 许诺是专利权人对标准实施人的要约，标准实施人实施标准后双方就成立专利许可使用合同。例如，我国最高人民法院在《关于朝阳兴诺公司按照建设部颁发的行业标准〈复合载体夯扩桩设计规程〉设计、施工而实施标准中专利的行为是否构成侵犯专利权问题的函》中指出，"专利权人参与了标准的制订或者经其同意，将专利纳入国家、行业或者地方标准的，视为专利权人许可他人在实施标准的同时实施该专利……"。[②]上述批复虽然没有涉及 FRAND 许诺，但从该批复的内容可以推论，如果专利权人作出 FRAND 许诺，就具有要约的效力。

第四种意见认为，FRAND 许诺是专利权人应负的强制缔约义务。这种观点认为，专利权人加入标准组织，同意将其专利纳入标准，并作出 FRAND 许诺，应理解为标准必要专利权人对标准实施者以及潜在的实施者负有以符合 FRAND 条件许可的义务，该义务与供水、供电、供气等垄断企业所担负强制缔约义务相似。[③]在华为诉 IDC 公司一案中，法院认为根据我国的法律，IDC 公司应将其标准必要专利以公平、合理、无歧视的原则授权给华为公司使用，IDC 公司负担的该义务贯穿于标准必要专利授权许可谈判、签订、履行的整个过程。[④]

（二）对 FRAND 许诺的法律性质的分析

对 FRAND 许诺性质的界定，主要目的还是为了解决专利权人与

---

① LG Mannheim，02.05.2012 – 2 O 376/11.
② 最高人民法院（2008）民三他字第 4 号函。
③④ 叶若思，祝建军，陈文全.标准必要专利使用费纠纷中 FRAND 规则的司法适用——评华为公司诉美国 IDC 公司必要专利使用费纠纷案［J］.电子知识产权，2013（6）.

标准实施人之间的争议。前述四种意见，都是从 FRAND 许诺的法律性质入手，确定专利权人与标准实施人之间的法律关系，从而解决双方之间的争议。

第一种意见承认 FRAND 许诺并不在专利权人与标准实施人之间产生许可合同关系，而是认为专利权人与标准制订组织存在合同关系，而标准实施人是利益第三人，从而标准实施人可以以利益第三人的身份直接向专利权人主张权利。笔者认为，专利权人与标准制订组织存在合同关系一般不会有争议。而标准实施人是不是可以作为该合同的利益第三人并且可以直接向专利权人主张权利，则需要根据所适用的法律进行具体分析。美国法院已接受了允许第三人执行利他合同的合同法原则 ①，因此，确认了标准实施人是利他合同的第三人，就使标准实施人可以直接向专利权人主张权利。但根据我国《合同法》第 64 条的规定 ②，第三人不能直接向债务人主张权利。因此，按照第一种意见，在我国的法律框架下是不能解决专利权人与标准实施人之间的争议的。

第二种意见和第三种意见都是从专利权人与标准实施人之间的"合同"着眼去分析的。第二种意见将 FRAND 许诺作为要约邀请，而第三种意见将其视为要约。笔者认为，从内容看，专利权人的 FRAND 许诺并不符合要约的条件，更符合要约邀请的条件。"要约是希望和他人订立合同的意思表示"，其内容应当具体明确，且要约人应表明经受要约人承诺，要约人即受该意思表示约束。而 FRAND 许诺只是表明专利权人有意愿按照公平、合理、无歧视的原则对标准实施人发放许可，其许可的条件并不具体明确，缺少构成专利实施许可合同的很多重要因素，例如许可的标的、期限、价款等。另外，专利权人也只表明将"做好准备"进行许可，或愿意给申请人发放许可。这说明，专利权人并没有一旦他人承诺就成立合同的意思表示，更没有他人实施标准的行为就构成承诺的意思表示。将 FRAND 许诺视为要约，并将实施标准的行为视为承诺，会将专利权人置于非常不利的境地。专利权人自己都不知道和谁订立了合同，也不知道合同的内容是什么，专利权人

---

① CLAUDE D. rohwer & Gordon D. Schaber，Contracts［M］. 4th. 北京：法律出版社：1999：347.

② 《中华人民共和国合同法》第64条规定："当事人约定由债务人向第三人履行债务的，债务人未向第三人履行债务或者履行债务不符合约定，应当向债权人承担违约责任。"

的利益将无法保障。美国学者也认为，标准的实施者需要与标准必要专利的专利权人签订许可协议。标准必要专利的声明本身并不构成合同。① 因此，FRAND 许诺不应当视为要约。单纯从内容看，FRAND 许诺具有要约邀请的性质。然而，如果将 FRAND 许诺仅仅视为要约邀请，则对于专利权人没有任何约束力，无法保障标准实施人可以以 FRAND 原则获得专利许可。

第四种意见认为 FRAND 许诺使专利权人具有强制缔约义务，该义务与供水、供电、供气等垄断企业所担负强制缔约义务相似。但是，供水、供电、供气等垄断企业所负担的义务是由于其自身的特殊企业性质决定的，其义务源自法律法规的规定，而作出 FRAND 许诺的专利权人与一般企业并没有区别，没有法定的义务。

我们认为，专利权人本来具有充分的缔约自由。在法律允许的范围内，专利权人可以自由决定订立合同的主体及内容，而在专利权人作出 FRAND 许诺后，专利权人已不能行使其部分权能，如专利权人不能拒绝与他人订立专利许可合同，只能按照 FRAND 原则确定合同内容等。因此，FRAND 许诺应视为专利权的弃权声明，放弃了专利权中的部分权能，如拒绝许可权、自由定价权等，至于是否还放弃了获得禁令救济的权利，需要进一步分析。

三、FRAND 许诺后的禁令救济

标准必要专利的专利权人作出 FRAND 许诺后，针对未经许可实施标准的人，是否可以获得禁令救济，是近些年来有争议的一个问题。对此，不同的法院有不同的做法。

（一）法院对 FRAND 许诺后禁令救济的不同做法

我国有的法院根据最高人民法院的批复，驳回作出参与标准制订的专利权人的禁令申请。在张××诉衡水子牙河建筑工程有限公司专利侵权纠纷中，一审法院作出了责令被告停止侵权的判决，二审法院

---

① Damien Geradin, Standardization and Technological Innovation：Some Reflections on Ex-ante Licensing, FRAND, Paper presented to the Conference "Intellectual Property and Competition Law", Brussels [EB/OL] . http：// papers.ssrn.com/sol3/papers. cfm?abstract_id=909011.

在查明专利权人参与了包含该专利的标准的制订后，撤销了一审判决。[1] 上述判决虽然没有涉及 FRAND 许诺，但既然参与标准制订就丧失了禁令救济的权利，作出 FRAND 许诺自然也就不能得到禁令救济。

德国法院一般认定专利侵权就发布禁令。德国最高法院在 2009 年的橙皮书案件[2] 判决中虽支持了禁令的请求，但同时还提出了针对标准必要专利颁发禁令的条件：标准必要专利的专利权人可以寻求针对侵权者的禁令救济，除非被诉侵权者（1）已经向专利权人提出一项真实的、合理的、无条件的以及易于被接受的报价；（2）被诉侵权者如许可合同已实际订立那样已"预期履行"其合同义务，例如将其认为合理的专利许可费提存至特别的账户。[3]

德国法院一般遵循最高法院的前述判决处理涉及标准必要专利的禁令问题。曼海姆地区法院在 Philips v. Sony Ericsson 案中，认为被告的 FRAND 抗辩成立，驳回了禁令请求。[4] 在前述摩托罗拉诉微软的判决中，曼海姆地区法院则支持了摩托罗拉要求颁发禁令的要求。法院认为，摩托罗拉公司的 FRAND 许诺，并不构成对其禁用权的弃权。在许可声明中，不存在任何对于寻求禁令的请求权的限制。即使存在这样关于专利的排他性权利的限制，其也只具有债法的性质，并不影响专利法本质的处分权能，也不应直接限制原告作为专利权人享有的权利。根据债法作出的不起诉承诺，并不足以由此构成专利权人对于不特定的、多数的可能侵犯其专利的潜在侵权人放弃寻求禁令，以实施其专利请求权的弃权。[5] 然而，欧盟委员会于 2014 年 4 月底裁定，摩托罗拉以标准专利为由在德国对苹果提出索赔的行为属于滥用专利，因为它之前保证过要将那项标准专利授权给竞争对手。苹果已经同意购买接受许可并支付使用费。

并不是所有欧洲国家的法院都采取同样的标准。法国巴黎法院在

---

[1]　河北省高级人民法院（2011）冀民三终字第 15 判决。

[2]　飞利浦公司和索尼公司拥有可刻录光盘（CD-Rs）和可重写光盘（CD-RWs）相关标准的专利技术。由于标准的技术指标都发布在被称为"橙皮书"（Orange Book）的出版物上，因此相关标准也被称为"橙皮书标准"。飞利浦公司针对实施标准者提起了专利侵权诉讼，俗称"橙皮书案件"。

[3]　Federal Court of Justice, Decision of May 6th, 2009 – Case-No. KZR 39/06, IIC 2010, 369 – Orange Book Standard., 并参见 http://zh.scribd.com/doc/151697269/Haedicke–Expert–Report.

[4]　Philips v. SonyEricsson（District Court of Mannheim, May 27, 2011, doc. no. 7 O 65/10）.

[5]　LG Mannheim, 02.05.2012 – 2 O 376/11.

Ericsson v. TCT Mobile 案件中，于 2013 年 11 月作出了驳回临时禁令的申请，理由是，当双方在进行许可谈判并且就许可的地域和技术范围达成了一致，只是欠缺许可费条款，给标准必要专利的专利权人颁发临时禁令将给其不正当的优势。①

在荷兰海牙法院同样涉及橙皮书标准的专利侵权案件中②，被告援引了德国最高法院的判决，认为飞利浦公司的 FRAND 许诺将阻止其行使专利权。法院于 2010 年 3 月判决驳回了被告的抗辩。理由是，FRAND 许诺如果转化为许可合同，则被告可以自由使用专利技术。但被告并没有取得许可，原则上不能再使用专利技术。如果仅仅因为 FRAND 许诺就允许被告使用专利技术或禁止飞利浦公司行使专利权，将带来法律的不确定性。并且被告也没有向飞利浦公司要求取得许可。③然而，同一法院在 2011 年 10 月判决的三星诉苹果的案件中，驳回了三星要求对苹果发放禁令的请求。法院认为，从双方进行 FRAND 许可谈判的过程来看，三星要求发放禁令是权利滥用，违反了善意协商的先合同义务。④

2013 年 2 月 28 日，东京地方法院就三星公司诉苹果公司的禁令请求作出判决。法院认定苹果公司的产品落入三星公司专利的保护范围（该专利为 2G 和 3G 通信标准中的必要专利），但是驳回了三星公司的禁令请求。法院认为，作出 FRAND 许诺后，专利权人有义务与要求许可者进行善意谈判。苹果公司提出了许可请求，并提出了许可费率等具体条款。然而三星公司没有向对方提供相关资料，违反了基于诚实信用原则进行善意谈判的义务，构成权利滥用。⑤

近几年美国法院审理有关案件中，针对已作出 FRAND 许诺的标准必要专利的专利权人提出的禁令请求，法院基本都没有支持。在华

---

① Ericsson v. TCT Mobile：tribunal de grande instance de Paris，29 November 2013，Docket No 12/14922，http：//www.eplawpatentblog.com/eplaw/frand/.

② Philips Electronics v. SK Kassetten GmbH & Co. KG，District Court The Hague，The Netherlands，No. 316533/HA ZA 08‑2522 and 316535/HA ZA 08‑2524.

③ http：//www.iprinfo.com/julkaisut/iprinfo-lehti/lehtiarkisto/2010/IPRinfo_3‑2010-en/en_GB/Dutch_Court_Rejected_FRAND_Defence/.

④ Samsung v. Apple（District Court of The Hague，March 14，2012，doc.no. 400367/HA ZA 11‑2212）.http：//www.eplawpatentblog.com/eplaw/2012/03/nl-samsung-v-apple-frand.html.

⑤ 东京地方法院平成 23 年（ヨ）第 22098 号，http：//www.courts.go.jp/hanrei/pdf/20140109130738.pdf。

盛顿西区法院审理的摩托罗拉公司诉微软专利案中，针对摩托罗拉公司的禁令主张，法院 2012 年 11 月 29 日根据美国最高法院在 eBay 案中确立的颁发禁令的要件，驳回了摩托罗拉公司的主张。法院认为，摩托罗拉公司有义务按照 FRAND 条款发放专利许可，而微软愿意接受这样的许可，正在法院进行的诉讼也将会确定许可的内容，因此，许可将成为现实，摩托罗拉公司不会受到不可弥补的损害，而摩托罗拉公司也没有证明除了禁令外没有充分的法律救济。[①] 在伊利诺伊州北区法院审理的摩托罗拉公司诉苹果公司专利侵权案件中，针对摩托罗拉公司的禁令请求，法院于 2012 年 6 月 22 日判决，驳回了其禁令请求。法官认为，考虑到摩托罗拉公司的 FRAND 许诺，没有理由命令苹果公司停止侵权，除非苹果公司拒绝支付 FRAND 许可费。[②] 在加州北区法院审理的 Barnes & Noble v. LSI 案中，法院认为，专利权人作出了 RAND 许诺，就不能获得禁令救济。[③] 在加州南区法院审理的 Realtek v. LSI 案中，法院于 2013 年 5 月 20 日判决认为，专利权人许诺按 RAND 条件发放许可，就承认名为 RAND 许可费的金钱赔偿，足以弥补其所称侵权行为所造成的损害。法院还认为，悬而未决的禁令威胁将在 RAND 许可谈判中给专利权人内在的讨价还价的能力。[④]

（二）对各国法院不同做法的总结

从对是否颁发禁令的态度上看，可以分为三种情形：第一种情形是绝对不颁发禁令，如中国法院和美国的部分法院。表现在判决中，只要专利权人作出 FRAND 许诺，不考虑具体情形，就判决不颁发禁令。第二种情形是一般不颁发禁令，如美国的部分法院、日本法院。表现在判决中，法院会考虑案件的具体情况，分析是否颁发禁令，而颁发禁令的条件非常严格。第三种情形是一般颁发禁令，德国法院和荷兰法院在前述相关案件中的做法就属于这种情况。表现在判决中，法院也是考虑案件具体情形分析是否颁发禁令，而不颁发禁令的条件比较严格。

[①]　Microsoft Corporation v. Motorola, Inc., 2：10-cv-01823-JLR（W.D.Wash.）.

[②]　Apple, Inc. v. Motorola, Inc, No. 1：11-cv-08540 2012 BL 157789（N.D. Ill.June 22, 2012）.

[③]　Barnes & Noble, Inc. v. LSI Corp., 849 F. Supp. 2d 925, 943-44（N.D. Cal. 2012）.

[④]　Realtek Semiconductor Corp. v. LSI Corp., No. 12-3451, 2013 WL 2181717,（N.D. Cal. May 20, 2013）.

从对是否颁发禁令的法律依据来看，中国法院按照最高人民法院的批复；德国法院适用竞争法原则；日本法院适用权利滥用原则；美国法院则有的适用 eBAY 案的判例，有的适用合同法和竞争法的原则。

可见，不管是对于颁发禁令的态度还是法律依据，不同国家的法院存在差异，同一国家的不同法院存在差异，甚至同一法院在不同的时期也存在差异。

（三）对 FRAND 许诺后的专利权人是否可以得到禁令救济的分析

学者从理论上对 FRAND 许诺对禁令的影响进行了分析。美国学者 Miller 认为，专利权人作出 FRAND 许诺，不可撤销地放弃了大部分寻求传统知识产权法律救济（如法院禁令）的权利，专利权人只能请求合理使用费。[①]Shapiro 和 Lemley 也主张标准必要专利的专利权人不能寻求禁令救济。他们主要是从经济学的角度来分析的。通过禁令的威胁，使作出特定投资的潜在被许可人面临巨大损失，"取得永久禁令的威胁极大地增强了专利权人的谈判力量，导致专利许可费率高于基于专利价值和强度的自然水准"。[②] 因此，一旦标准被普遍接受，以至于只有采纳标准才能在特定市场竞争，每个拥有标准必要专利的人都可以对采纳标准的产品或服务收取不合理的高额许可费，这被称为"专利挟持"。[③]

如果标准必要专利的专利权人很容易获得禁令，禁令的威胁会影响标准实施人对专利的使用，有可能迫使标准实施者交纳不合理的使用费。因此，所有法院都认为，FRAND 许诺的作出，对于禁令救济产生影响。作出 FRAND 许诺的专利权人，并不能自动获得禁令。

但是，如果认为作出 FRAND 许诺后就失去了获得禁令救济的权利，不但在理论上依据不足，实践中也会出现难以解决的问题。第一，

---

① Joseph Miller, "Standard Setting, Patents, and Access Lock-in ;RAND Licensing and the Theory of the Firm", forthcoming 40 Indiana Law Review 2006.

② Mark A. Lemley & Carl Shapiro,Patent Hold-up and Royalty Stacking,85 TEX. L. REV. 1991，1992-93（2007）.

③ Mark A. Lemley, Ten Things to Do About Patent Holdup of Standards（And One Not To）, 48 B.C. L. Rev. 149（2007）. Shapiro, Carl. Injunctions, Hold-Up, and Patent Royalties, American Law andEconomics Review 12, no. 2 509-557（2010）.

FRAND 许诺并不导致专利权人与标准实施人之间产生专利许可合同关系，标准实施人未经许可实施专利的行为仍是侵权行为。第二，禁令是专利权人的一种救济手段，也可以视为专利权人的权利。专利权人在作出 FRAND 许诺时并没有放弃禁令救济的意思。完全剥夺专利权人禁令救济权没有法律依据。第三，实施标准者并不一定都是善意的使用人，也可能存在根本就不想支付专利使用费的人。对于这些人，如果专利权人也得不到禁令救济，明显是不合理的。第四，即使是善意的使用人，在知道不会受到禁令的制止后，也会不与专利权人协商，或者不认真与专利权人协商，而是到法院去碰运气，并且以此威胁专利权人，从而专利权人不得不接受对于其投资来说回报并不公平的许可，形成"反向专利挟持"。①

不管是专利挟持还是反向专利挟持，都不利于专利权人与标准实施人进行积极的公平谈判，既没有效率，也不公平。禁令的运用，应促使双方进行认真积极谈判，尽快达成双方都认为公平，而实质上许可费率也与专利权人的贡献相当的许可协议。因此，专利权人作出 FRAND 许诺后，既不能一概地颁发禁令，也不能一律不发禁令。由于专利权人已经作出了 FRAND 许诺，善意的标准实施人会预期可以得到 FRAND 专利许可，可能会一边实施标准一边与专利权人进行谈判。如果对于善意的、愿意接受许可的标准实施者颁发禁令，会使潜在实施人不敢在签订许可协议前实施专利，从而带来标准推广的困难。而对于已经开始实施标准的人来说，则会出现专利挟持而导致其接受不合理的条件。因此，颁发禁令的条件应受到严格限制。

2013 年 1 月 8 日，美国司法部和美国专利商标局联合发布《标准必要专利权利人基于 FRAND 原则下获取救济的政策声明》（*Policy Statement on Remedies for Standards-essential Patents Subject to Voluntary F/RAND Commitments*）指出：作出 FRAND 许诺的标准必要专利的专利权人，要求禁令的目的主要是为了获取比 FRAND 条

---

① 近年来，专利反向挟持及其危害性也受到学者的关注。Damien Geradin & Miguel Rato, Can Standard-Setting lead to Exploitative Abuse？A Dissonant View on Patent Hold-Up, Royalty Stacking and the Meaning of FRAND, http：//papers.ssrn.com/sol3/papers.cfm? abstract_id=946792。Ganglmair, Bernhard, Luke M. Froeb, and Gregory J. Werden. Patent Hold-Up and Antitrust：How A Well-Intentioned Rule Could Retard Innovation，The Journal of Industrial Economics 60, no. 2（2012）：249-273.

款更好的授权条件。实质上，对那些依赖可以依照标准制订组织的政策以合理条件获得专利许可的企业，专利权人企图重新取得讨价还价的能力。这会损害标准制订组织规范 FRAND 条款或标准必要专利权人行为的能力，进一步削弱竞争的基础，并伤害消费者的权益。……当然，在某些情况下，颁发禁令仍然是合适的救济手段。例如，在无法进行假定的许可或拒绝 FRAND 许可，或者其行为超出 FRAND 条款范围时。举例来说，如果假定的被许可人拒绝支付已经被确认为符合 FRAND 的许可使用费，或拒绝进行谈判以确定 FRAND 条款等。这种拒绝可以称为推定拒绝，如坚持那些明显不能合理地认定为 FRAND 条款的条件，企图逃避被许可人对专利权人合理补偿的义务。[①]

我们赞同上述声明中颁发禁令条件的意见。在一般情况下，专利权人作出 FRAND 许诺就不能再得到禁令救济。但是对于已经明确表示拒绝接受 FRAND 专利许可的人，或者从其行为可以推定为拒绝接受 FRAND 专利许可的人，法院可以应专利权人的要求颁发禁令。

四、标准实施人提起的诉讼

（一）标准实施人针对标准必要专利的专利权人提起诉讼的主要案件

1. 华为诉 IDC 案（中国）

从 2008 年 11 月开始，华为公司与 IDC 公司就涉案专利许可使用费问题在中国广东省深圳市等地进行了多次谈判。IDC 公司向华为公司多次发出要约，华为公司均未接受。2011 年，华为公司向深圳市中级人民法院提起诉讼，要求按照公平、合理、无歧视条件判决确定 IDC 公司就其中国基本专利许可华为公司的许可费率或费率范围。2013 年 2 月，深圳市中级人民法院判决 IDC 公司就其中国标准必要专利和标准必要专利申请给予华为公司许可，许可使用费率以相关产品实际销售价格计算，不超过 0.019%。[②]2013 年 10 月，广东省高级人

---

① http://www.uspto.gov/about/offices/ogc/Final_DOJ-PTO_Policy_Statement_on_FRAND_SEPs_1-8-13.pdf.

② 深圳市中级人民法院（2011）深中知民初字第 857 号。

民法院二审判决维持了一审判决。[①]

2. 微软诉摩托罗拉案（美国）

摩托罗拉公司是 WIFI 技术"802.11 标准"（IEEE 的标准）和视频解码技术"H.264 标准"（ITU 的标准）中必要专利的专利权人。按照 ITU 和 IEEE 的规定，其标准中的专利必须按照 RAND 的原则许可，而摩托罗拉公司也按要求作了 RAND 许诺。微软公司的 X-Box 360 游戏等产品使用了上述标准。2010 年 10 月 21 日和 29 日，摩托罗拉公司分别就两项标准中的必要专利向微软公司提出许可提议，许可费均为最终产品售价的 2.25%。2010 年 11 月 9 日，微软公司以违约为由起诉到华盛顿西区法院，称上述两份要约违反了摩托罗拉公司对 ITU 和 IEEE 的许诺。Robart 法官认为，在确定是否违约前，应先决定 RAND 的费率应是多少。2013 年 4 月 25 日，法官判决认定，摩托罗拉公司在 H.264 标准中的专利的许可费为每件产品为 0.555 美分（最低 0.555 美分，最高 16.389 美分）；WIFI 标准中的专利许可费为每件产品最低 3.471 美分（最高 19.5 美分，最低 0.8 美分）。[②]2013 年 9 月 4 日，陪审团认定摩托罗拉公司构成违约，应赔偿微软公司损失及律师费 1452 万美元。2013 年 11 月 12 日，法院依据上述陪审团裁决作出了最终判决。判决指出，关于 RAND 许可费率的认定，是认定违约的实质性因素。[③]

3. 苹果诉摩托罗拉案（美国）

摩托罗拉公司是移动通信 3G 标准中必要专利的专利权人，标准制订组织是 ESTI 和 IEEE。2007 年，摩托罗拉公司向苹果公司提出许可其专利，许可费率 2.25%，被苹果公司拒绝。后来的三年间双方继续进行谈判，但摩托罗拉公司的所有报价，都被苹果公司拒绝。2010 年，摩托罗拉公司在 ITC 对苹果公司提起诉讼。苹果公司向法院起诉，主张摩托罗拉公司没有及时披露其专利以及没有提供 FRAND 许可，构成不公平的、欺骗的反竞争行为。最初，法院认为有必要确定 FRAND 许可费率。苹果公司要求法院确定摩托罗拉公司 FRAND 上限，

---

① 广东省高级人民法院（2013）粤高法民三终字第 305 号。

② Microsoft Corp. v. Motorola, Inc.2013 U.S. Dist. LEXIS 60233（W.D. Wash., Apr. 25, 2013）.

③ Microsoft Corp. v. Motorola, Inc.2013 U.S. Dist. LEXIS 161762（W.D. Wash., Nov. 12, 2013）.

但同时宣布其支付的最高使用费率为每部手机不超过 1 美元，如果法院确定的费率超过每件产品 1 美元，将继续对摩托罗拉公司诉讼。因此，法院认为，苹果公司一方面要求法院确定许可费率，另一方面又宣布不受法院确定的数额的影响，实质上是希望法院确定许可费率的上限，以便于其进行今后的商谈。因此，法院决定将不确定 FRAND 的费率是多少，只是认定摩托罗拉公司提出来的条件是否是 FRAND 的。[①]

4. 瑞昱诉 LSI 案（美国）

LSI 拥有 IEEE 802.11 标准中的两项专利，LSI 提出了许可建议，许可费为售价的 5%，中国台湾瑞昱公司（Realtek）提出让 LSI 提供更多信息，后双方中止了谈判。2012 年年初，LSI 提出瑞昱公司的产品侵犯了其专利，要求停止侵权。一周后，向联邦贸易委员会提出 337 调查，并要求联邦贸易委员会发布禁令。瑞昱公司向法院起诉，主张 LSI 违反合同，因其提议的许可费过高，另外还要求法院确定 RAND 许可费率。2014 年 2 月，陪审团确定了许可费率，两项专利的许可费为售价的 0.19%，同时陪审团还确定了 LSI 因违约赔偿瑞昱公司 385.5 万美元。[②]

（二）对标准实施人起诉案件的总结和比较

上述四个案件都是由标准实施人针对专利权人提起的，都涉及法院确定 FRAND 许可费率的问题。

美国的三起案件，都是以违约纠纷提起来的，标准实施人并没有请求法院确定 FRAND 许可费率。美国法院受理上述案件都是按利益第三人合同的法律关系受理的。只要专利权人作出 FRAND 许诺，标准实施人都是利益第三人，都可以提出违约诉讼。当然，在提起违约诉讼时，应有专利权人违约的事实，即专利权人违反了其 FRAND 承诺，也就是违反了与标准制订组织的合同。在瑞昱公司诉 LSI 案中，瑞昱公司提出，LSI 提出的不合理报价本身，就构成了违约。在微软公司与摩托罗拉公司的案件中，微软公司提出的违约基于以下事实：摩托罗拉公司提出的许可费率不符合 RAND；对微软公司侵犯标准必要专利要求禁令；不对微软公司的芯片供应商发放许可等。从美国法院的审理情

---

① Apple Corp. v. Motorola, Inc., 2012 U.S. Dist. LEXIS 157525（Wis, November 2, 2012）.

② http://www.essentialpatentblog.com/wp-content/uploads/sites/234/2014/02/2014.02.27-324-Verdict.pdf.

况看，FRAND 费率只是作为认定是否构成违约的前提，而不是最终判决的主文。

华为公司诉 IDC 案中，华为公司起诉的主张是要求按照公平、合理、无歧视条件判决确定 IDC 就其中国基本专利许可华为公司的许可费率或费率范围，法院将案由定为"标准必要专利使用费纠纷"而不是合同纠纷[①]，最终法院判决的是 IDC 许可给华为公司的费率。

四个案件都涉及 FRAND 许可费率，但对许可费率的表述是不同的。华为公司诉 IDC 案中，法院确定了一个固定的数额；微软公司诉摩托罗拉公司案件中，法院确定了固定的数额以及上下限额；在瑞昱公司诉 LSI 案中，陪审团确定了固定的数额，但法院的判决还没有最后决定；在苹果公司诉摩托罗拉公司案中，法院只是就摩托罗拉公司是否违约作出认定，不对许可费率作出判决。另外，四个案件中 FRAND 许可费率的效力也是不同的。华为公司诉 IDC 案中的许可费率是法院的判决主文，具有强制执行的效力；美国微软公司诉摩托罗拉公司案中的许可费率只是认定违约的因素，并不具有执行效力。

（三）对标准实施人起诉案件的总结分析

1. 法院解决 FRAND 许可费率的必要性

标准实施人提起诉讼的案件，都是在双方无法就 FRAND 许可费达成协议时产生的，法院在审理过程中也都涉及 FRAND 许可费。标准制订组织的知识产权政策，以及专利权人的 FRAND 许诺，只是确定了标准实施中涉及标准必要专利的解决原则。标准发布后，标准制订组织不介入专利权人与标准实施人之间的谈判。当标准必要专利的专利权人与标准实施人无法达成协议时，通过什么机构、适用什么程序解决双方的争议，促进双方的谈判成为标准实施过程中面临的问题。对此，美国法院和我国法院都认为法院是解决这一争议的机构。例如，在前述微软公司诉摩托罗拉公司案中，法官指出：认定了摩托罗拉公司必须按照 RAND 条件许可其标准必要专利后，法院不可避免地得出结论，必须有一个场所解决什么是 RAND 许可协议这一问题。在这里，

---

① 确定案由的理由，参见《华为 VS 美国 IDC：中国判决赢得世界尊重》，http://news.nfdaily.cn/content/2014-04/17/content_97821504.htm。此案被最高人民法院确定为 2013 年中国法院 10 大知识产权案件之一，是我国首例标准必要专利使用费纠纷案件。

法院可能是唯一这样的场所。① 在苹果公司诉摩托罗拉公司案中，法官指出，像在本案中这样双方不能达成公平、合理、非歧视的条款的情况，法院可能是决定许可条款的唯一场所。② 在华为公司诉 IDC 案中，法官认为，被告方违背了其承诺的 FRAND 义务，原告如果不寻求司法救济，除被迫接受被告单方面所提出的条件外，原告没有任何谈判余地，因此，原告请求通过民事诉讼寻求救济，符合法律规定。③

在专利权人与标准实施人就专利许可费率争执不下时，标准制订组织和仲裁机构都没有成为合格的争议解决机构。这时，法院介入以确定许可费率是必要的。

2. 标准实施人起诉专利权人的受理条件

华为公司诉 IDC 案中，广东省高级人民法院认为，关于标准必要专利使用费或者使用费率的确定问题，在当事人不能达成协议的情况下，可以请求人民法院确定。④ 而审理该案的法官认为，倘若权利人滥用了这种必要专利时，比如进行了不公平定价或者故意拖延、阻碍许可实现，双方长期无法达成一致时，则可以申请法院裁决。⑤

在美国的三个案件中，由于标准实施人提起的是违约诉讼，法院都没有对受理条件进行分析。原则上说，只要原告是实施标准的人，被告是作出 FRAND 许诺的标准必要专利的专利权人，法院就可以受理这类诉讼。

可以看出，无论是我国法院还是美国法院，受理标准实施人提起的诉讼的受理条件是非常宽松的，基本上是无条件地受理这类诉讼。我们认为，如果标准实施人可以无条件地对专利权人提起诉讼，会带来严重的问题。专利权人在将标准纳入专利并向标准制订组织提交 FRAND 承诺时，该标准在哪些地方被采纳，哪些人可能实施该标准都可能是不确定的。有时专利权人就标准必要专利在很多国家都申请

---

① Microsoft Corp. v. Motorola, Inc.2012 U.S. Dist. LEXIS 146517；106 U.S.P.Q.2D（BNA）1127（W.D. Wash.October 10，2012）.

② Apple Corp. v. Motorola, Inc., 2012 U.S. Dist. LEXIS 157525（Wis, November 2, 2012）.

③ 叶若思，祝建军，陈文全. 标准必要专利使用费纠纷中 FRAND 规则的司法适用——评华为公司诉美国 IDC 公司必要专利使用费纠纷案［J］. 电子知识产权，2013（6）.

④ 广东省高级人民法院（2013）粤高法民三终字第 305 号判决.

⑤《华为 VS 美国 IDC：中国判决赢得世界尊重》［EB/OL］. http：//news.nfdaily.cn/content/2014-04/17/content_97821504.htm.

了专利。只要在采纳了该标准并且专利权人也申请了专利的国家，标准实施人都可能对专利权人提起诉讼，专利权人不但要花费人力物力应付这些诉讼，还有可能承担赔偿责任以及负担法院诉讼费和对方律师代理费。[①]另一方面，标准实施人可以选择对自己有利的法院诉讼，即使败诉也不用承担责任，而通过诉讼有可能获得比较低的许可费率。这样，标准实施人有足够的动机对专利权人提起诉讼，而没有动力与专利权人进行许可谈判。专利权人不得不特别谨慎地主张专利权，甚至不敢主张专利权。这会影响专利权人将专利纳入标准的积极性，也会削弱其创新的动力，不利于科技的发展和进步。

3. 法院受理标准实施人提起诉讼的价值目标

为了克服或尽量避免前面所说的问题，我们有必要分析法院受理标准实施人起诉并解决 FRAND 许可费率的价值目标。法院介入解决FRAND 许可费率，主要是破解专利权人与标准实施人在许可费率谈判中的僵局，使专利许可能够继续进行。

我们认为，法院在介入解决 FRAND 许可费率时，有两个价值目标需要考虑。第一个价值目标是许可费率要公平合理。要实现真实的许可费率公平合理，主要依靠双方当事人平等协商。这就要求双方当事人在协商时法律地位平等。如果一方以诉讼为手段"要挟"另一方则双方的地位不平等，难以达成公平合理的许可协议。如果标准必要专利专利权人可以要求法院对未经许可的实施人发放禁令，则可能出现"专利挟持"。[②]为了避免这一现象，美国法院、司法部和专利商标局都认为，除了极个别的标准实施人拒绝许可的情形外，专利权人不能获得禁令。[③]我国法官也认为，作出 FRAND 许诺的专利权人不能获得禁令救济。[④]如果专利权人不能得到禁令救济，专利权人的专利挟

---

① 如前所述,在微软公司诉摩托罗拉公司案中,法院判令摩托罗拉公司赔偿微软公司1452万美元。

② Mark A. Lemley, Ten Things to Do About Patent Holdup of Standards(And One Not To), 48 B.C. L. Rev. 149 (2007). Shapiro, Carl. Injunctions, Hold-Up, and Patent Royalties, American Law andEconomics Review 12, No. 2 509-557 (2010).

③ 例如,2013年1月8日,美国司法部和美国专利商标局联合发布《标准必要专利权利人基于 FRAND 原则下获取救济的政策声明》(Policy Statement on Remedies for Standards-essential Patents Subject to Voluntary F/RAND Commitments) 就表明了这种观点。

④ 叶若思, 祝建军, 陈文全. 标准必要专利使用费纠纷中 FRAND 规则的司法适用——评华为公司诉美国 IDC 公司必要专利使用费纠纷案 [J]. 电子知识产权, 2013 (6).

持问题就不会存在。但是，在专利权人不能获得禁令救济，而标准实施人还能够很容易地向法院提起诉讼时，则对专利权人形成更强有力的反向挟持。在这种情况下，双方的地位又变得不平等，标准实施人成为强势方。专利权人为了避免诉讼，更愿意接受可能不公平的许可价格。

第二个价值目标是要尽量减少诉讼，促进谈判。法院受理标准实施人的起诉，介入确定 FRAND 许可费率，只应作为标准必要专利许可的特例，不能成为常态。因为法院的介入不是有效率的解决方式。最好的方式是双方积极进行协商，通过协商达成协议。标准实施人可以很容易地对专利权人提起诉讼，会刺激标准实施人的投机行为，抑制其积极谈判的热情。除了双方都是标准必要专利的专利权人从而需要交叉许可的情形外，标准实施人不会轻易提出愿意接受的价格，而是一直要求专利权人降低价格，最后标准实施人再向法院提起诉讼。

如果不对法院受理标准实施人针对专利权人的诉讼设定条件，不利于公平合理地确定许可费率，也不利于促进谈判。因此，有必要考虑设定法院受理标准实施人起诉的条件，以促进上述两个价值目标的实现。

4. 法院介入确定 FRAND 许可费率的构想

法院介入确定 FRAND 许可费率，不只是出现在标准实施人针对专利权人的诉讼中，也可以适用于专利权人针对标准实施人提起的侵权诉讼中。针对专利权人的侵权诉讼，如果标准实施人不是拒绝接受许可的人，专利权人不能得到禁令救济，标准实施人可以继续实施专利，但要向专利权人支付使用费。这时，法院应当确定 FRAND 许可的费率。这种方式应成为法院介入确定 FRAND 许可费率的主要方式。

除此之外，对于标准实施人针对专利权人提起的诉讼，应严格受理条件。我们认为，应将这种案件限定在专利权人拒绝许可的情形。当专利权人明确表示拒绝许可或以其行为表示拒绝许可时，标准实施人可以对专利权人提起诉讼。一般情况下，专利权人不会明确表示拒绝许可。但是，有时针对标准实施人提出的许可请求，明确了包括许可费率的实施许可的条件，如果专利权人不予答复，或坚持明显不合理的条件，则可以认为专利权人拒绝许可。

五、结束语

标准制订组织确定了知识产权政策后，专利权人依据知识产权政策提交 FRAND 许诺，将专利权人的专利纳入标准中成为标准必要专利。标准制订组织的知识产权政策，为解决标准必要专利的许可问题提供了解决构架，但并没有最终解决标准实施人在实施标准时所产生的问题。在专利权人与标准实施人无法就专利许可达成协议时，专利权人可能对标准实施人提起专利侵权诉讼，并要求法院判令其停止侵权。FRAND 许诺作出后，并不影响专利权人的权利主体地位，但其权利的行使要受到限制。因此，FRAND 许诺是专利权人对部分权利的放弃，但不应视为放弃了禁令请求权。针对专利权人可能提出的禁令请求，要考虑禁令发放是否会形成一方对另一方的挟持。一律支持禁令请求则会造成专利权人对标准实施人的专利挟持；而一律拒绝禁令则会造成标准实施人对专利权人的反向专利挟持。为了避免一方对另一方"挟持"所带来的后果，法院应保留对标准必要专利专利权人的禁令救济，但同时应严格限定条件，将禁令仅适用于拒绝接受许可的标准实施人。这样，标准实施人一般情况下不必担心专利权人的禁令威胁，也就没有必要向法院提起确定专利许可费率的诉讼；只有在专利权人明示或明显可以看出拒绝许可时，标准实施专利人才可以向法院起诉要求由法院确定专利许可费率。

美国专利审查中的"最宽合理解释"方法

在专利审查和侵权诉讼过程中，都可能需要对权利要求进行解释。在美国专利侵权案件中，法院限制性地解释权利要求以确定其含义。而在专利审查过程中，则适用不同于侵权诉讼中的解释方法——最宽合理解释（broadest reasonable interpretation）。[①] 本文简要介绍美国专利审查中的最宽合理解释的标准及案例，并进行简要分析。

一、《美国专利审查指南》中权利要求解释

美国专利法中并没有关于专利保护范围的规定，关于权利要求解释的规则是通过判例确定下来的。《美国专利审查指南》（*Manual of Patent Examining Procedure*）是美国专利商标局在总结判例的基础上颁布的审查规则，供专利代理人和审查员使用。《美国专利审查指南》第 2111 节规定了专利审查中的最宽合理解释方法。

根据《美国专利审查指南》的规定，在专利审查过程中，待审专利权利要求应给出与说明书一致的最宽合理解释。美国专利商标局确定申请专利权利要求的范围时，不只是看权利要求的用语，还基于本领域普通技术人员根据说明书所给出的最宽合理解释。例如，在 In re Yamamoto[②]、In re Zletz 案[③] 和 In re Crish[④] 中，法院指出，在专利审查

[①] In Re Jason Arthur Taylor, Rebecca Ann Zeltinger, And John G., 484 Fed. Appx. 540；2012 U.S. App. LEXIS 12053.

[②] 740 F.2d 1569, 1571（Fed. Cir. 1984）.

[③] 893 F.2d 319, 321（Fed. Cir. 1989）.

[④] 393 F.3d 1253（Fed. Cir. 2004）.

过程中，待审专利的权利要求在可能的范围内应尽量解释得越宽越好。在 In re Prater 案① 中，权利要求保护的是对气体进行质谱分析所得出的数据进行分析的方法，这种方法包括通过将数据进行数学变换选择进行分析的数据的步骤，审查员驳回了申请，认为使用笔和纸做记号的手工方法使这种方法没有新颖性。法院支持了这种意见，认为权利要求并没有限于机器的方式，权利要求的范围包括了使用笔和纸做记号的手工方法。

另一方面，最宽合理解释应与本领域技术人员所可能得出的解释一致。否则，就是不"合理"的。例如，In re Cortright 案② 中，权利要求中有一用语"restore hair growth"（恢复头发生长），美国专利申诉和抵触委员会③ 按照最宽合理解释，将其理解为恢复到原来的状态。而美国联邦巡回上诉法院认为，上述解释是不合理的，说明书只是要求头发有一些增长，但不必长到满头头发的状态。

二、美国适用最宽合理解释的案例

在审查过程中，美国专利商标局采用最宽合理解释方法，在复审无效程序中，审查员仍采用这样的标准。如果对审查决定不服，上诉到美国联邦巡回上诉法院，法院仍采用这一标准。④ 美国联邦巡回上诉法院对美国专利商标局解释的"合理性"进行审查。

在提及最宽合理解释方法的大多数案件中，美国联邦巡回上诉法院的意见与美国专利商标局的意见是相同的，即大部分案件都维持了美国专利商标局对权利要求所做的最宽解释。例如，在 In re Paulsen 案⑤ 中，美国专利商标局和联邦巡回上诉法院都认为，权利要求中的"电脑"指的是其普通含义。说明书只是描述了笔记本电脑的某些特点和性能。这种描述，与确立特别的界定，从而限制发明的范围，

---

① 415 F.2d 1393，1404-05，162 USPQ 541，550-51（CCPA 1969）.

② 165 F.3d 1353，1359，49 USPQ2d 1464，1468（Fed. Cir. 1999）.

③ Board of Patent Appeals and Interferences，BPAI。2012年9月更名为专利审判与申诉委员会（Patent Trial and Appeal Board，PTAB）.

④ Lauren Drake，Rebooting California：Initiatives，Conventions And Government Reform：Note：Preventing Inequity：Extending Issue Preclusion To Claim Construction During Reexamination Of Previously Litigated Patents，44 Loy. L.A. L. Rev. 749（2011）.

⑤ 30 F.3d 1475，1479-80（Fed. Cir. 1994）.

使之具有与通常电脑不同的特点和性能还离得很远。在 In re Avid Identification Systems, Inc. 案①中，美国专利申诉和抵触委员会认为，由于专利说明书没有明确定义不可改变的数据（unalterable data），这一术语应定义为"不容易改变的数据"。联邦巡回上诉法院认为，说明书本身在定义"不可改变的数据"时使用了不同的术语。说明书中描述"不可改变的数据"永远不需要改变，有时描述为通常不能改变，没有连续的、明确的定义，美国专利申诉和抵触委员会对"不可改变的数据"给出了与说明书一致的最宽合理解释，对权利要求的解释没有错误。在 In Re Michael C. Scroggie 案②中，对于权利要求中的"个人电脑"，美国专利商标局认为，根据字典的解释，个人电脑的平常和普通含义指的是基于中央处理器构建的供个人使用的电脑。说明书没有对个人电脑进行重新界定，权利要求中的含义就是其平常和普通含义。联邦巡回上诉法院认为，权利要求中只使用了个人电脑一词，说明书中没有进行界定，也没有解释其含义，在审查过程中也没有修订进行界定。虽然说明书中提到了使用网络和邮件，但没有将这些限制写在权利要求中。因此，不能将权利要求中的个人电脑理解为在网络环境中使用的电脑。在 In Re David T. Pelz 案③中，涉案专利申请涉及练习击球的高尔夫训练垫，训练垫的击球表面上印有脚和球的位置标记。对比文件中的训练垫的击球表面有纵线和横线，形成网格，可以用来确定脚和球的位置。美国专利申诉和抵触委员会认为专利申请没有新颖性。美国联邦巡回上诉法院同意美国专利申诉和抵触委员会的认定，认为权利要求1并没有界定高尔夫训练垫上的标记实质上包括第一、第二、第三脚标记和球位标记，而权利要求1只是记载实质上"包括标记的表面"，而标记包括第一、第二、第三脚标记和球位标记。权利要求使用这种开放式的用语，应解释为表面上除了列举的标记外，还可以有其他的。在 In Re Henry Gleizer 案④中，涉案专利涉及电子付款和实物交易的自动交易系统和方法，包括5个步骤，但权利要求没有限定顺序。专利权人主张，对比文件没有披露5个步骤的顺序，

① 2013 U.S. App. LEXIS 438.

② 442 Fed. Appx. 547 ; 2011 U.S. App. LEXIS 19169.

③ 379 Fed. Appx. 975 ; 2010 U.S. App. LEXIS 9376.

④ 356 Fed. Appx. 415 ; 2009 U.S. App. LEXIS 27379.

而其交易系统是有顺序的。美国专利商标局认为，权利要求应进行最宽合理解释，将说明书中的顺序读入权利要求是不正确的。联邦巡回上诉法院认为，步骤顺序除非实际表述或暗示是不可缺少的，否则通常不能解释为技术方案所必须。因此，美国联邦巡回上诉法院支持了美国专利商标局的解释。在 In re Trans Tex. Holdings Corp 案[①]中，涉案专利为"在通货膨胀时调整存贷款账目方法的投资管理系统"。对于争议的权利要求中一个术语 "responsive to the rate of inflation"（响应通货膨胀率），专利权人主张，专利要求存贷款数额"连续地"一对一地与通货膨胀率对应，指的是只要有通货膨胀率产生，就会作出相应的调整。美国专利商标局和联邦巡回上诉法院认为，权利要求只是要求"直接响应"，说明书和审查档案也没有要求，只要每次出现通货膨胀率，就立即作出调整。法院根据字典对"直接"进行解释，认为根据最宽的合理解释原则，它不限于在每次通货膨胀率报告一出就立即作出调整，还包括在通货膨胀率报告出来后"稍后"调整。在 In re Shoner 案[②]中，争议专利涉及蜂窝轮胎内衬层和充气轮胎的气室系统。权利要求中有一个术语"密封和增压的"（sealed and pressurized）。对此专利申请人主张，其专利申请中的气室与其他轮胎腔体是独立密封的，专利申诉和抵触委员会和联邦巡回上诉法院认为，说明书描述了有密封气室的发明，该密封气室在结构上独立于轮胎腔体的其他部分。但专利权利要求书并没有将发明限制为气室通过内胎或类似结构密封。权利要求书只是要求气室"密封和增压"。因此，法院认为权利要求中的用语没有限制"密封"为一特定结构，而说明书也没有明确限定气室为一特定结构。在 In re Pond 案[③]中，权利要求书要求牙科冲洗头为"单一的一块"（unitary one piece），联邦巡回上诉法院支持了美国专利商标局的认定，说明书并没有对"单一的一块"进行明确的界定。说明书没有给出用语的定义，也没有使专利商标局的解释不合理。说明书中的一个实施例披露了夹物模压制造牙科冲洗头的方式。因此，按照最大范围的合理解释，包括通过夹物模压制造的产品也属于"单一的一块"。

---

① 498 F.3d 1290（August 2007）.
② 2009 U.S. App. LEXIS 24828（Fed. Cir.2009）.
③ Fed. Cir. Jan. 18，2012.

　　在有些案件中，美国联邦巡回上诉法院认为美国专利商标局的解释太宽，是不合理的。例如，在 In re Suitco Surface, Inc. 案①中，涉案专利涉及地板饰面材料，可以使用在运动场、保龄球道等使用木板、油毡、水磨石或混凝土制成的地板的表面。该发明实质上是通过黏贴层将薄塑料纸贴在地板表面。权利要求称这种材料为"装饰（finishing）地板顶表面的改进材料"。在双方复审程序中，美国专利申诉和抵触委员会认为，权利要求中的"装饰地板顶表面的材料"为在结构上适合放置在地板表面的材料。按照这种解释，"装饰地板顶表面的材料"可以指地板上的任何层，不管是不是最顶层或最后一层。联邦巡回上诉法院认为，权利要求中明示用语要求装饰地板顶表面的材料，除非是在表面的最后一层，否则不能装饰地板顶表面。如果按照专利商标局的解释，在木板、瓷砖、混凝土、薄塑料黏层等之上的地毯，都会使权利要求显而易见，因为塑料黏层是其中的一层。这种解释没有合理地反映专利的用语和披露的内容。确定最大范围的合理解释，"装饰地板顶表面的材料"，指的是"在地板顶表面的清晰的、均匀的一层，是地板表面的最终处理部分或最终覆盖层。而不是中间层、临时层或过渡层。再如，In Re Abbott Diabetes Care Inc. 案②中，专利保护的是使用电化学传感器提供血管中分析物含量信息的装置和方法。对于权利要求中的"电化学传感器"是否包括电线和电缆，专利申请人与专利商标局有不同意见。美国专利商标局认为，虽然说明书中批评了现有技术中的外部电线和电缆，说明书的实施例也不包括电线和电缆连接感应控制单元，但没有明确的限制性描述，说明现有技术中描述的电线和电缆也能实现权利要求中所说的电化学感应的功能。因此，美国专利申诉和抵触委员会对电化学传感器给予了最宽合理解释，认为包括电线和电缆。联邦巡回上诉法院认为，专利申诉和抵触委员会对电化学传感器的解释是不合理的，与权利要求书及说明书中的用语不符。权利要求本身提示了不包括电线和电缆的连接性，说明书中提到的带有电缆和电线的传感器，是在批判现有技术时而发明的，主要目的是提供"一种小巧、压缩的操控传感器的装置，可以提供信息给分析器，而不必实质性限制患者的活动或运动"。按照最宽合理

---

① 603 F.3d 1255, 1260（Fed. Cir. 2010）.

② 696 F.3d 1142（Fed. Cir. 2012）.

解释的原则，电化学传感器应正确解释为不使用电线和电缆连接传感器控制单元的分立式电化学传感器。再如，在 In re Ntp 案①中，涉案专利涉及利用射频接收机等从原始处理器到目标处理器发送电子信息的系统。权利要求 1 描述了从电子信箱系统的原始处理器向多个目标处理器中的一个发送原始信息的系统。权利要求中涉及的用语包括电子邮件信息（electronic mail message）和电子邮件系统（electronic mail system）。美国专利申诉和抵触委员会将上述电子邮件信息解释为格式化的文本信息，只要具有收件地址以确定收件人、地址或信息指向的目标就可以，而专利权人主张，电子邮件除了收件地址外，还包括发件人的身份识别信息、邮件主题、正文。联邦巡回上诉法院认为，本领域普通技术人员会认为电子邮件信息必须能够识别发件人以及主题。虽然美国专利申诉和抵触委员会可以给出最宽合理解释，但这种解释不能与说明书和其他证据割裂。根据证据，对"电子邮件信息"的最宽合理解释是指地址、能进入信息内容、有来源标识、有主题的信息。因此，美国专利申诉和抵触委员会的解释宽得不合理。最后，撤销了美国专利申诉和抵触委员会的决定，发回重审。

还有个别的案件，虽然美国联邦巡回上诉法院的多数法官支持美国专利商标局的认定，但少数法官持不同意见。例如，在 In re Graves 案②中，涉案专利是关于电子监测系统和方法的，其中权利要求涉及"同时监测选定的多个连接点"。美国专利申诉和抵触委员会认为，其含义是可以监测输入端和输出端，但并不必同时监测一个输入端和多个输出端。联邦巡回上诉法院多数法官同意这种解释，认为它是最宽的解释，并且并没有与专利披露内容不一致。而持不同意见的法官 Neis 提出了更窄一些的解释，认为争议的内容可以解释为"同时监测多个连接点或线中的每一个连接点"，否则"同时"就是多余的。按照这一解释，专利就是有效的。再如，在 In Re Robert Skvorecz 案③中，涉案权利要求中要求保护的技术方案"包括""横向设置缩进的钢筋腿"等。尽管现有技术中的钢筋腿没有横向设置的缩进，专利商标局仍认为由于权利要求中使用"包括"一词，按照最宽合理解释就包括现有的技术

---

① 654 F.3d 1279；2011 U.S. App. LEXIS 15814；99 U.S.P.Q.2D（BNA）1481.
② 69 F.3d 1147, 1152, 36 U.S.P.Q.2d（BNA）1697, 1701（Fed. Cir. 1995）.
③ 580 F.3d 1262（Fed. Cir. 2009）.

方案。联邦巡回上诉法院认为，最宽合理解释并不包括给出法律上不正确的解释。美国专利商标局的解释是不正确的。虽然权利要求中使用了 "包括" 一词，但权利要求已经记载钢筋腿具有横向设置的缩进，不能解释为包括没有缩进的钢筋腿。

还有个别案件中，合议庭多数成员改变了美国专利商标局的意见，但个别法官持不同意见。In re Buszard 案[①]，专利涉及包含聚氨酯软泡的阻燃剂组合物。权利要求中使用了 "柔性聚氨酯泡沫体的反应混合物"。现有技术披露了刚性聚氨酯泡沫。美国专利商标局按照最宽合理解释，认为 "柔性聚氨酯泡沫体" 包括 "刚性聚氨酯泡沫"。联邦巡回上诉法院的多数人认为美国专利商标局的解释过宽，"柔性聚氨酯泡沫体" 不包括 "刚性聚氨酯泡沫"。但少数法官认为，多数人意见没有正确地适用最宽合理解释方法。专利申请人没有对 "柔性聚氨酯泡沫体" 作出定义，美国专利商标局的解释是宽的，并且也不是不合理的。

三、美国最宽合理解释方法的适用及评价

（一）专利审查和侵权诉讼中适用不同的解释

美国专利审查中的最宽合理解释方法由来已久。美国联邦巡回上诉法院及其前身（关税与专利法院）以及美国专利商标局一直使用这一方法对审查中的专利权利要求进行解释。[②] 关税与专利法院在 1953 年的判决中指出：通过长时间以来的一系列判决，以下的原则已经确立：在最初考虑专利是否应授权时，不管是美国专利商标局的合议组还是法院，都不能将说明书中没有明示的限制读入权利要求中。并且，同样还确立了要给出权利要求的最宽解释。[③]

美国联邦巡回上诉法院认为，最宽合理解释方法，与美国地区法院审理专利侵权案件中对权利要求的解释（授权后的解释）是不同的、独特的解释方法。[④] 如果美国专利商标局适用侵权案件中的解释方法，

---

① 504 F.3d at 1364, 84 U.S.P.Q.2d（BNA）.

② Dawn-Marie Bey & Christopher A. Cotropia, The Unreasonableness Of The Patent Office's "Broadest Reasonable Interpretation" Standard, 37 AIPLA Quarterly Journal 2009.

③ 201 F.2d at 954, 96 U.S.P.Q.（BNA）at 414.

④ 054, 44 U.S.P.Q.2d（BNA）at 1027-1028.

将是无法逆转的错误。①

另外，在对权利要求是否进行全新审查上，专利授权案件与专利侵权案件也是不同的。美国联邦巡回上诉法院在审理针对美国地区法院的上诉中，采用的是"全新"审查标准，而在审理针对美国专利商标局的上诉案件中，采用的是"合理性"审查标准。

（二）最宽合理解释方法的合理性

美国学者认为，采用最宽合理解释方法的主要理由有以下三个。

第一，可以减少专利授权后作出更宽解释的可能，从而维护公共利益。在专利审查过程中采用最宽合理解释方法，可以将全部合理解释都考虑在内。这样，专利授权后，公众可以认为，美国地区法院或其他人对于权利要求所作的任何解释，美国专利商标局都已经审查过了。这种标准，可以帮助美国专利商标局避免错误地认为专利申请符合授权条件，但美国地区法院将权利要求的范围解释得更宽。因此，这一标准，可以避免美国专利商标局认为符合授权条件，但按照后来美国地区法院确定的专利保护范围，专利缺乏新颖性或创造性。②

第二，在审查过程中可以修改权利要求，申请人的利益并没有受到损害。申请人并没有被排除通过明示的权利要求用语，得到适当的保护。③申请人可以通过修改或说明有争议的权利要求，固定审查员的解释。美国联邦巡回上诉法院曾指出，最宽合理解释方法促进书面材料的改进，使专利保护的内容向公众提供更精确的书面告知。当权利要求可以修改时，模糊之处被确认，语言的范围和含义得到阐释，从而更清楚，也使申请人得到与其实际贡献相当的专利保护。④

第三，促进审查员与专利申请人在审查过程中的沟通。在专利审查过程中，并不像在专利侵权案件中那样假定专利是有效的。一旦审

---

① In re Zletz, 893 F.2d 319, 321-22, 13 U.S.P.Q.2d（BNA）1320, 1321-22（Fed. Cir.1989）.

②③ Dawn-Marie Bey & Christopher A. Cotropia, The Unreasonableness Of The Patent Office's "Broadest Reasonable Interpretation" Standard, 37 AIPLA Quarterly Journal 2009.

④ See In re Zletz, 893 F.2d 319, 321-22, 13 U.S.P.Q.2d（BNA）1320, 1322（Fed. Cir. 1989）.

查员驳回了专利申请，申请人要证明其申请是值得授予专利的，就要对驳回作出答复，或修改专利申请文件澄清权利要求。因此，最宽合理解释方法促进了这种必要的沟通，在假定专利有效之前使公众注意到专利的保护范围。①

（三）对最宽合理解释方法的批评

对于专利审查中采用与专利侵权诉讼中不同的最宽合理解释方法，美国学者也提出了一些批评意见。有的学者指出，最宽合理解释方法存在六个方面的不合理性：第一，与专利法的规定不符。在整个专利法中，不管是关于专利性的规定，还是关于保护范围的规定，都使用了"发明"一词，其含义应是相同的。而适用不同的解释标准，意味着权利要求的范围是不同的。按照最宽合理解释，审查员所审查的发明的范围，比侵权诉讼中法院所保护的发明的范围更大。这种状况违背了专利法关于发明这个统一的概念。第二，与统一的联邦巡回上诉法院制度相矛盾。美国国会设立联邦巡回上诉法院，就是为了解决美国专利商标局、各地区法院在适用专利法上的不一致。最宽合理解释打破了联邦巡回上诉法院要建立的基本公平目标。法院在处理美国专利商标局的案件和美国地区法院的案件时，适用了不同的标准。在不同的阶段，产生了不同的解释。在侵权和无效中，权利要求的含义是不同的。这违反了基本公平。第三，使审查员和法官回避了权利要求解释中的棘手问题。按照最宽合理解释的标准，审查员不需要确定正确的解释，只要确定"合理的"解释就可以了。审查员不需要解决是否将说明书中的限制读入权利要求的问题。因此，在审查过程中不会产生是否将说明书读入权利要求的争议，从而剥夺了公众对权利要求含义的讨论，而这种讨论对于其后的解释是有帮助的。第四，导致驳回专利申请的不当决定。适用最宽合理解释方法，比专利侵权诉讼时所保护的范围更大。二者相比存在灰色区域。如果现有技术或现有技术的变换物正好在灰色地域内，则专利不能授权，或无效。而按照侵权诉讼中美国地区法院的解释，权利要求是有效的，因为没有将不能授予专利的客体包括在内。这种情况下，驳回专利申请或认定专利无效是不妥当的。

① See Morris, 127 F.3d at 1054, 44 U.S.P.Q.2d（BNA）at 1027–1028.

第五，导致费时费力地修改权利要求。适用最宽合理解释方法，导致大量修改权利要求，从而产生人力和物力浪费，影响发明人的权利（因修改导致禁止反悔限制了专利的保护范围），增加了当事人的费用，也增加了美国专利商标局的费用。第六，标准本身是模糊的。审查指南描述了审查过程中权利要求解释的最宽合理解释方法，但对于如何适用这一标准没有进一步明确的说明，没有给适用这一标准的审查员提供案例、标准和指导。①

有的学者认为，虽然最宽合理解释方法要求作出的解释是"合理的"，即与说明书相符的最宽合理解释，并且这种解释必须与本领域技术人员所达到的解释相一致。但在实际适用中，审查员删减了这一规则，只适用最宽解释，不顾说明书以及本领域技术人员的理解。这种解释有可能导致过宽的解释，并且基于与要求保护的发明非常遥远的对比文件而驳回专利申请。于是申请人复审或缩小权利要求，从而使其专利保护范围不尽合理。②

另外，有的美国学者认为，在专利侵权诉讼中法院已经对权利要求作出解释的情况下，如果再按最宽合理解释的标准审查效力问题，则会导致不公平的结果。最宽合理解释方法的一个重要理由是，防止权利人在授权后再提出更宽的解释方法。但马克曼庭审后的权利要求解释并不存在这种情况，专利权人已经进行了最宽合理解释。③

四、对最宽合理解释方法的思考

（一）最宽合理解释方法与侵权诉讼中标准的区别

美国专利审查中的最宽合理解释方法，不同于侵权诉讼中的权利要求解释标准。在侵权诉讼中，一旦出现权利要求模糊不清时，法院

---

① Dawn-Marie Bey & Christopher A. Cotropia, The Unreasonableness Of The Patent Office's "Broadest Reasonable Interpretation" Standard, 37 AIPLA Quarterly Journal 2009.

② Joel Miller, Claim Construction at the PTO — The "Broadest Reasonable Interpretation", 88 J. Pat. & Trademark Off. Soc'y 279（2006）.

③ Lauren Drake, Rebooting California：Initiatives, Conventions And Government Reform：Note：Preventing Inequity：Extending Issue Preclusion To Claim Construction During Reexamination Of Previously Litigated Patents, 44 Loy. L.A. L. Rev. 749（2011）.

将狭义解释权利要求。法院试图得到"正确"的权利要求解释，其结果往往是比专利商标局的解释更窄。侵权诉讼中对权利要求的解释，对专利商标局并没有约束力。[①] 即使法院在侵权诉讼中对权利要求作出了解释，之后涉及专利效力的争议时，专利商标局仍可以作出与侵权诉讼中不同的解释。

例如，在前述 In re Trans Texas Holdings Corp. 案中，在侵权诉讼和无效程序中就得出了不同的结论。在侵权诉讼中，法院认为，"响应通货膨胀率"指的是直接对已经实际存在的通货膨胀市场指数作出响应，即要求与通货膨胀率有持续的、一对一的对应关系。在地区法院发布了权利要求解释令后，双方达成了和解。而在其后的单方复审程序中，美国专利商标局和美国联邦巡回上诉法院适用最宽合理解释方法认定，权利要求不限于在每次通货膨胀率报告出来时就立即作出调整。

美国联邦巡回上诉法院在 Phillips v. AWH Corp. 案[②] 中重申了侵权诉讼中权利要求解释的规则：专利权利要求中的术语应"给予其普通和习惯的含义"。普通和习惯的含义指的是本领域普通技术人员在发明作出时所理解的含义。本领域的普通技术人员在阅读专利权利要求书时，不是只阅读有争议的术语所在的权利要求，而是整个专利的文件，包括专利说明书。将这一标准与本文所述的最宽合理解释方法相比，可以看出，二者都借助说明书解释权利要求用语的含义。在专利侵权诉讼中，需要本领域技术人员根据说明书等证据所理解的含义，确定权利要求用语的"正确"含义。在审查过程中，需要看权利要求用语的最宽含义是否符合说明书的"合理"含义。如果说明书没有明确界定权利要求用语的含义，则一般就认为是符合说明书的合理含义。但是，在侵权诉讼中，不能只是看说明书是否排除了字典的普通含义，使说明书只起到检验字典含义的作用。[③] 而按照最宽合理解释方法，说明书只是起到检验最宽含义的作用。

---

① Lauren Drake, Rebooting California : Initiatives, Conventions And Government Reform : Note : Preventing Inequity : Extending Issue Preclusion To Claim Construction During Reexamination Of Previously Litigated Patents, 44 Loy. L.A. L. Rev. 749 (2011).

② 415 F.3d 1303 (Fed. Cir. 2005).

③ 美国联邦巡回上诉法院在 Phillips v. AWH Corp 案的判决中批评了这种过分强调字典含义，而忽视说明书作用的做法，认为这种做法导致专利保护范围过宽。

（二）我国侵权诉讼和专利审查中的权利要求解释

我国《专利法》第 59 条第 1 款规定了确定发明和实用新型专利保护范围的方法。这一规定应当既适用于专利审查程序又适用于专利侵权诉讼。但对于专利审查和诉讼过程中的权利要求解释是否有区别，并没有明确的规定。最高人民法院 2009 年颁布的《关于审理侵犯专利权纠纷案件应用法律若干问题的解释》[①] 规定了侵权案件中解释权利要求的准则。[②] 这一准则，与美国专利侵权案件中权利要求解释的方法是基本一致的，而对于专利审查中的权利要求解释，法律、法规和司法解释并没有明确的规定。上述司法解释能否在专利审查中使用，也没有统一的意见。从专利复审委员会的决定和法院的判决看，在专利审查和无效程序中以及后来的行政诉讼程序中，权利要求解释的方法与侵权案件中并没有明显的区别。例如，专利复审委员会曾在无效决定中指出，对于权利要求中的某一技术术语，如果说明书和权利要求书中没有对其进行特别定义或说明，则应当按照本领域通常的理解方式对其进行理解或解释。[③] 最高人民法院曾在专利行政判决中指出：利用说明书和附图解释权利要求时，应当以说明书为依据，使其保护范围与说明书公开的范围相适应。[④]

在精工爱普生株式会社与专利复审委员会、郑亚俐、佛山凯德利办公用品有限公司、深圳市易彩实业发展有限公司发明专利权无效行政纠纷案中，最高人民法院首次对专利授权确权程序中权利要求解释与侵权诉讼中权利要求解释的区别进行了论述：无论在专利授权确权程序还是在专利民事侵权程序中，客观上都需要明确权利要求的含义及其保护范围，因而需要对权利要求进行解释。在上述两个程序中，权利要求的解释方法既存在很强的一致性，又存在一定的差异性。其一致性至少体现在如下两个方面：一是权利要求的解释属于文本解释的一

---

① 法释（2009）21号，2009年12月21日由最高人民法院审判委员会第1480次会议通过，自2010年1月1日起施行。

② 该司法解释第2条规定："人民法院应当根据权利要求的记载，结合本领域普通技术人员阅读说明书及附图后对权利要求的理解，确定专利法第五十九条第一款规定的权利要求的内容。"

③ 专利复审委员会 WX16504 号决定。

④ 最高人民法院（2012）行提字第 29 号行政判决。

种，无论是专利授权确权程序还是专利民事侵权程序中对权利要求的解释，均需遵循文本解释的一般规则；二是无论是专利授权确权程序还是专利民事侵权程序中对权利要求的解释，均应遵循权利要求解释的一般规则。例如说明书及附图、专利审查档案等内部证据优先、专利申请人自己的解释优先等解释规则。但是，由于专利授权确权程序与专利民事侵权程序中权利要求解释的目的不同，两者在特殊的个别场合又存在一定的差异。在专利授权确权程序中，解释权利要求的目的在于通过明确专利权利要求的含义及其保护范围，对专利权利要求是否符合专利授权条件或者其效力如何作出判断。基于此目的，在解释权利要求用语的含义时，必须顾及专利法关于说明书应该充分公开技术方案、权利要求书应当得到说明书支持、专利申请文件的修改不得超出原说明书及权利要求书记载的范围等法定要求。若说明书对该用语的含义未作特别界定，原则上应采用本领域普通技术人员在阅读权利书、说明书和附图之后对该术语所能理解的通常含义，尽量避免利用说明书或者审查档案对该术语作不适当的限制，以便对权利要求是否符合授权条件和效力问题作出更清晰的结论，从而促使申请人修改和完善专利申请文件，提高专利授权确权质量。在专利民事侵权程序中，解释权利要求的目的在于通过明确权利要求的含义及其保护范围，对被诉侵权技术方案是否落入专利保护范围作出认定。在这一程序中，如果专利保护范围字面含义界定过宽，出现权利要求得不到说明书支持、将现有技术包含在内或者专利审查档案对该术语的含义作出过限制解释因而可能导致适用禁止反悔原则等情形时，可以利用说明书、审判档案等对保护范围予以限制，从而对被诉侵权技术方案是否落入保护范围作出更客观公正的结论。因此，专利权利要求的解释方法在专利授权确权程序与专利民事侵权程序中既有根本的一致性，又在特殊场合下体现出一定的差异性。[①]上述论述，虽然没有使用"最宽"等用语，但也表述了在特定情况下，专利授权确权程序中的对权利要求解释的范围，比专利侵权程序中更宽。但该判决同时指出，在授权确权程序中和在专利侵权程序中，权利要求解释的一般规则是相同的，差异性仅体现在极个别的情况下。这种意见，与美国的最宽合理解释

---

① 最高人民法院（2012）知行字第53-1号裁定书。

非常相似。但美国专利审查中的"最宽合理解释"是一般原则，而上述判决只是将审查程序中的"宽"限定在特殊场合。美国的"最宽合理解释"适用更广。

（三）我国是否借鉴最宽合理解释方法的思考

在专利制度国际协调化的背景下，特别是在美国制度对于其他国家有较大影响的情况下，我们是否借鉴最宽合理解释方法，是一个值得探讨的问题。我们认为，最高人民法院在爱普生案中提出的解释方法比较合理且适合我国的情况，我国没有必要提出在专利审查中借鉴采用"最宽合理解释"方法。理由如下：

（1）最宽合理解释是一种便捷的方法，而不是一种科学的方法。美国联邦巡回上诉法院曾经指出，这种方法只是审查中的权宜之计，而不是权利要求解释的规则。[①] 美国适用最宽合理解释方法的一个理由是，专利侵权诉讼中解释的范围比专利授权时的范围宽，会影响社会公众利益。其逻辑依据是，如果专利审查时采用与侵权诉讼中相同的解释方法，难免会出现侵权诉讼中解释的范围比审查时解释的范围宽的情况。审查中采用最宽合理解释方法，可以一劳永逸地解决这一问题。侵权诉讼中解释的范围不可能再比审查时宽。因此，可以说审查中的最宽合理解释方法是一种便捷的方法，并且可以节省审查工作量。但是，正如前述美国学者所指出的，最宽合理解释方法存在不合理性和不确定性，足以说明这一标准是不科学的，会造成适用中的混乱，产生人力物力的浪费。

（2）审查中和侵权诉讼中适用相同的解释方法并不一定产生问题。审查中和侵权诉讼中适用相同的解释方法，会不会出现美国所担心的，侵权诉讼中解释的范围比审查时解释的范围更宽的情形呢？从理论上说，如果专利审查和无效程序的解释是一样的，其解释的结果就是确定的和相同的，保护的范围是一致的。即使出现了侵权诉讼中解释的范围比审查时解释的范围更宽的情形，利害关系人可以向专利复审委员会申请宣告专利无效。如果专利复审委员会发现在审查时解释的范围不合适，可以参照法院的解释审查该专利是否有效。从实践看，我

---

① In Re Robert Skvorecz，580 F.3d 1262（Fed. Cir. 2009）.

国目前专利审查中和专利侵权诉讼中采用的是基本相同的权利要求解释方法，并没有产生侵权诉讼时解释的范围比审查时宽得不合理的局面。

（3）我国的专利审查制度不适合使用最宽合理解释方法。美国审查中适用最宽合理解释方法的另一个理由是，在专利审查过程中专利申请人可以对申请文件进行修改，有机会避免最宽合理解释所带来的不利影响。美国专利申请人在审查中有修改权利要求的机会，在授权后还可以通过单方复审程序和重颁程序对权利要求进行修改，适用最宽合理解释方法，不会剥夺申请人使用恰当的权利要求用语对其发明进行保护的机会。而我国的专利审查中，实用新型专利由于没有实质审查，专利局实质上不进行权利要求的解释，申请人也不可能有修改其专利申请的机会。专利授权后，专利权人无法主动提起修改权利要求。即使在他人提起无效宣告时，专利权人修改权利要求的方式也受到严格的限制。在这种情况下，如果在授权和无效程序中适用最宽合理解释方法，就可能会出现由于权利要求用语的问题，而导致发明人的发明得不到法律保护的结果。

五、结束语

最宽合理解释方法，只是美国特定专利制度和传统下形成的权利要求解释的方法。最宽合理解释方法虽然有一定的合理性，但也带来了与侵权诉讼中解释标准不一致、解释标准难以把握等问题。我国目前在专利审查中适用的权利要求解释标准，与侵权诉讼中的解释标准基本一致，只有在极个别情况下出现在授权确权程序中从宽解释的做法，同时也没有出现侵权诉讼中确定的专利保护范围宽于审查中的范围，从而影响社会公众利益的问题。在我国目前的专利审查制度下，不应强调在专利审查程序中采用不同的解释方法。

Phillips 诉 AWH案与美国专利权利要求解释

2005 年 7 月 12 日，美国联邦巡回上诉法院就 Phillips v. AWH Corp. 案 [①] 满席审理并作出了判决。该案对美国专利权利要求解释的方法进行了总结。虽然已经过去了十年的时间，该案仍作为权利要求解释的经典案例被下级法院和联邦巡回上诉法院广泛引用。本文将该案的有关情况进行简要介绍。

一、简要案情

Edward H. Phillips 发明了一种钢壳模板，焊接在一起可以成为监狱的监舍，因为它具有承载力强、抗冲击、防火、隔音等特点。Phillips 就此获得了美国专利。该专利共有 26 个权利要求，其中权利要求 1 的内容为：

一种建筑模板，组装起来可以形成隔音、防火、抗冲击的用以保护资料和人身安全的屏障或房屋，包括以下组成部分：大体平行六面体形状的外壳，该外壳带有两个光滑的钢制面板，当多个模板组装在一起时钢制面板形成内外墙；用隔音、隔热材料将两个面板的钢面隔开的密封装置；由从钢壳墙向内伸展的钢制折流板（baffles）组成的、放置在壳体内用于增加承载力的进一步手段（means）。

其中对权利要求解释的争议集中在最后一个技术特征，英文原文为：further means disposed inside the shell for increasing its load bearing

---

① 415 F.3d 1303 ; 2005 U.S. App. LEXIS 13954 ; 75 U.S.P.Q.2D（BNA）1321, July 12, 2005, Decided.

capacity comprising internal steel baffles extending inwardly from the steel shell walls.

联邦巡回上诉法院在判决中引用的专利的附图 1 至附图 3 如下：

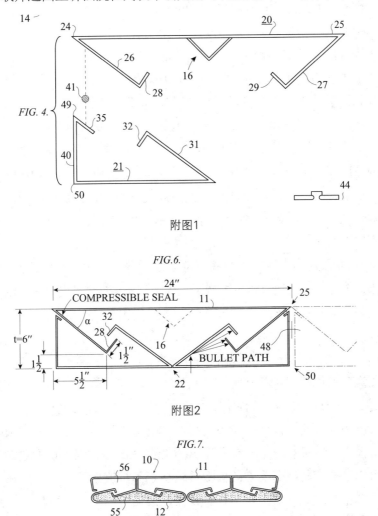

附图1

附图2

附图3

Phillips 与 AWH 公司、Hopeman 兄弟公司和 Lofton 公司（以下统称为 AWH 公司）签订了协议，由 AWH 公司开发和销售这种产品。协议于 1990 年结束后，Phillips 发现 AWH 公司还在使用其商业秘密和专利技术。1997 年，Phillips 向克罗拉多地区法院起诉 AWH 公司专利和商业秘密侵权。

二、原一、二审的结果

克罗拉多地区法院驳回了 Phillips 关于商业秘密的诉讼请求。对于专利侵权的诉讼请求，法院着重对权利要求 1 进行了解释。对于"由从钢壳墙向内伸展的钢制折流板（baffles）组成的、放置在壳体内用于增加承载力的进一步手段（means）"。地区法院认为，这属于《美国专利法》第 112 条第 6 款所说的"实现某一特定功能的手段"，"应当解释为覆盖了说明书中记载的相应结构、材料或者行为以及其等同物"①。法院认为，从说明书看，说明书的文字和附图都说明折流板与墙面的角度都不是 90 度，这样才可以产生中间连锁。因此，地区法院认为，折流板必须从墙面呈钝角或锐角伸展开来，并且必须成为内墙连锁屏障的一部分。按这种解释方法，AWH 不构成侵权。地区法院作出了不侵权的简易判决。

Phillips 提出上诉，美国联邦巡回上诉法院于 2004 年 4 月作出了判决，按合议庭多数人意见维持了一审的判决。② 合议庭认为，因为专利权利要求中对具体结构进行了充分描述，因此不适用"手段 + 功能"的规定。但是，合议庭认为，专利权人用限制的方式使用"折流板"。根据专利的书面描述，"折流板"不包括与墙面呈 90 度的状况。合议庭注意到，说明书中几次提到"折流板"使子弹改变方向，并且指出"放置成这样的角度可以使本来穿透外部钢板的子弹改变方向"。另外，合议庭还注意到，说明书中没有提到"折流板"可以放置成与墙成直角。根据"说明书的明确描述"，合议庭认为，专利权人认为他的发明是可以抗冲击、抵御子弹的模板，这决定了折流板不能与墙呈 90 度。少数持不同意见的法官认为，合议庭的意见将权利要求不恰当地限于说明书中披露的实施例，而没有采纳"折流板"这一术语的"平常含义（plain meaning）"。当事人知道，"折流板"是"阻止、妨碍或测量物质流动的手段"。专利说明书并没有对"折流板"进行重新定义，

---

① 《美国专利法》第112条第6款是关于"手段＋功能"权利要求的规定，"对于针对组合的权利要求来说，其特征可以采用'用于实现某种特定功能的机构或者步骤'的方式来撰写，而不必写出实现其功能的具体结构、材料或者行为。采用这种方式撰写的权利要求应当被解释为覆盖了说明书中记载的相应结构、材料或者行为以及其等同物"。

② Phillips v. AWH Corp., 363 F.3d 1207（Fed. Cir. 2004）.

也没有专利权人弃权声明称其含义不是普通含义的全部内容。抗冲击只是发明的几个目的之一。因此，持不同意见的法官认为，没有理由用实施例限制权利要求书语言的明白含义，法院应当采用字典对"折流板"的定义，撤销地区法院的判决。

三、联邦巡回上诉法院的再审意见

Phillips 要求对该案进行再审，美国联邦巡回上诉法院于 2004 年 7 月决定撤销 2004 年 4 月的判决，以满席审理（en banc）方式对该案进行再审。①

美国联邦巡回上诉法院的再审决定书指出，该院以满席审理的方式对该案进行再审，试图解决在 2004 年 4 月判决中提出的专利权利要求解释问题。再审决定书提出了以下 7 个问题，要求当事人及律师协会、工商业协会、政府机构以及有关的个人或团体提交咨询意见。这 7 个问题是：

（1）为了更符合专利权利要求书的公开告知功能（public notice function），在解释权利要求书中的术语时，主要应参照专业字典和通用字典以及类似来源，还是主要应参照专利权人在专利说明书中对该术语的使用方式？如果两种来源都参照，应按什么顺序？

（2）如果字典应当作为解释专利权利要求的主要来源，是不是只有当专利权人是自己的字典编纂者（lexicographer）时，或者专利说明书清楚地反映出对专利保护范围进行了舍弃时，说明书才用于限制权利要求书中文字（按照字典的定义）所确定的全部保护范围？如果是这样，当说明书中出现什么样的文字时才可以说是符合这种情况？通用字典与专业字典应如何适用？如果同一术语在字典中有多种定义时，如何决定其通常含义（ordinary meaning）？如果字典中对于某一术语提供有多种可以适用的定义时，是否应当借助说明书以决定适用

---

① 满席审理（en banc）指的是法院全体法官出庭就某一案件进行审理，有人称这种方式为大法庭审理，或全院联席审理。这种审理方式一般用于有较大影响的案件或法院试图将审判结果确立为判例的案件。满庭审理方式确立的判例，比其他判例具有更大的约束力。联邦巡回上诉法院共有 12 名法官，该院的满席审理，就是指全体 12 名法官出庭进行审理。对于本案而言，该院决定满席审理显然是想通过该案解决专利权利要求解释中的一些争议，并将本案作为有影响力的判例。

哪一个定义？

（3）如果专利说明书应当作为解释权利要求的主要来源，字典应当被如何使用？如果说明书只披露了一个实施例，而没有关于专利范围的指示性描述，是不是专利要求书中文字的通常含义的范围限于说明书中披露的发明？

（4）如果不将被撤销的判决中合议庭多数法官的意见与少数法官的意见中的权利要求方式视为相互抵触的方式，这两种方式是否应当视为相互补充的方法？这样对专利权利保护的范围就有双重限制，专利权人为使权利要求达到其意图保护的范围，是不是必须使权利要求符合这两种限制性方法？

（5）仅仅为了避免专利根据《美国专利法》第 102 条、第 103 条及第 112 条的规定被认定无效，而对专利权利要求进行限缩性解释，这种情况是否存在，如果存在，什么条件下适用？

（6）在确定专利权利要求中有争议的术语的含义时，专利审查过程以及本领域普通技术人员的专家证言应当起什么作用？

（7）为了符合最高法院案例 Markman v. Westview Instruments, Inc.[1] 以及本院满席审理案例 Cybor Corp. v. FAS Technologies, Inc.[2] 的判决，本院是否应当尊重地方法院关于权利要求解释的决定？如果是这样，在哪些方面？在什么情况下？到什么程度？

上述 7 个问题，涵盖了专利权利要求解释的主要方面。根据美国联邦巡回上诉法院再审决定的要求，有关单位和个人向该院提交了 30 多份针对上述问题的意见。提交意见的包括：美国专利商标局、美国司法部、美国联邦贸易委员会等政府机构，美国律师协会、美国专利事务所协会及一些州的律师协会、专利事务所协会等律师组织，美国专利法学会、一些州的专利法学会以及威斯康星校友研究会等学术组织，美国企业顾问协会、生物技术工业组织以及英特尔、IBM 等大企业，还有消费者联盟等相关组织以及大学教授等学者。从这里也可以看出，该案受到美国各界的广泛关注，人们都期望该案进一步明确权利要求解释的方法，特别是"律师界陷入狂热的期待之中"。[3]

---

[1]　517 U.S. 370（1996）.

[2]　138 F.3d 1448（Fed. Cir. 1998）.

[3]　美国联邦巡回上诉法院法官 Mayer 在对本案起草的反对意见中的用语。

四、联邦巡回上诉法院的再审判决

2005 年 7 月 12 日，美国联邦巡回上诉法院作出了再审判决。Bryson 法官执笔起草了判决意见，Michel、Dyk（原审中持少数意见的法官）、Prost、Linn、Clevenger、Rader、Schall、Gajarsa 表示赞同；Lourie（原审合议庭成员之一）同意判决的第一、二、三、五、六部分；Newman（原审合议庭成员之一）同意判决的第一、二、三、五部分。

判决共分六个部分，下面分别将这六个部分的内容进行介绍。

（一）

权利要求 1 中关于"折流板"的文字不属于《美国专利法》第 112 条第 6 款所说的"方法 + 功能"式的权利要求。从表面上看，"放置在壳体内用于增加承载力的其他手段"属于"方法 + 功能"式权利要求，但这里还具体描述了实现这一功能的"钢制折流板"结构。"方法 + 功能"式权利要求仅适用于只限制了功能但没有提供实现这一功能的结构的情况。本案权利要求书和说明书明白无误地说明"钢制折流板"是一具体可见的装置，并且是结构性的。因此，权利要求书中的"折流板"不适用《美国专利法》第 112 条第 6 款的规定，地区法院将该术语限于说明书中披露的相应结构及其等同物的观点是错误的，原审合议庭的意见是正确的。

（二）

根据专利法的规定，权利要求书用来界定发明人认为其发明的标的是什么，而专利说明书用来描述发明。这就出现了这样的问题：在什么程度上我们应当依赖说明书确定权利要求保护的范围。对此，我们需要进行澄清。

（1）专利权利要求书界定专利权人的独占范围，这是专利法的基本原则。我们经常说，专利权利要求中的术语应"给予其普通和习惯的含义"，并且，普通和习惯含义指的是本领域普通技术人员在发明作出时所理解的含义。本领域普通技术人员对权利要求中术语的含义的理解，为权利要求解释提供了一个客观基础。这一基础是基于以下被普遍认可的认识：发明人是本领域典型的技术人员，而专利文件是给本领域其他技术人员阅读的；本领域的普通技术人员在阅读专利权利要求书时，不是只阅读有争议的术语所在的权利要求，还阅读整个专利文件的上下文，包括专利说明书。

（2）某些情况下，本领域普通技术人员所理解的权利要求书中文字的普通含义，对于外行的法官来说也是显而易见的，这时的权利要求解释只是适用被广泛理解和接受的含义就可以了。在上述情况下，通用字典可能是有用的。但是，在很多案件中，确定权利要求书的普通和习惯含义，需要审查在某一领域具有特定含义的术语。因为本领域普通技术人员所理解的术语的含义并不那么明显，并且有时专利权人用特殊的方式使用术语，这样法院必须借助于公众可用的来源，以确定本领域技术人员对所争议术语的含义是如何理解的。这些来源包括：权利要求书的用语、说明书、专利审查档案以及与科学原理、技术术语含义、现有技术状况有关的外部证据。

①权利要求书。与说明书和专利审查档案不同，权利要求书对于确定其中术语的含义可以提供实质性指导。首先，特定术语的上下文是非常有用的。举一个简单的例子，本案中的使用"钢制折流板"的文字，强烈暗示"折流板"本身并不指钢铁制品。权利要求中的其他术语，不管是否有争议，都可以作为明确权利要求术语含义的有用来源。因为在专利中权利要求术语的使用具有一致性，权利要求中一个术语的含义通常可以说明其他权利要求中同一术语的含义。权利要求中的不同之处通常也可以用来作为明确权利要求术语的有益指导。例如，如果从属权利要求中增加了一个特定限制，就可以假定在独立权利要求中不存在这一限制。

②说明书。权利要求书并不是孤立的，它是整个包括说明书在内的专利书面文件的一部分。权利要求书必须根据说明书进行阅读。说明书与权利要求书具有密切的关系，通常它是弄清争议术语含义的最佳指南。美国联邦巡回上诉法院以及美国最高法院一贯重视说明书在解释权利要求时的重要作用。说明书在解释权利要求时的作用，来源于它的法定地位。专利法要求说明书用"全面、清楚、简洁、准确的术语"描述要求保护的发明。因此，说明书必须反映权利要求的构成。与上述原则一致，我们有的判例承认专利权人可能在说明书中对某一

术语给予特别的含义，在这种情况下，专利权人给予的含义优先。而在另外一些情况下，专利说明书披露了专利权人对权利要求书保护范围的有意舍弃或限制，这时专利权利要求的正确范围根据专利权人的意思进行确定。专利的授权程序也使说明书与权利要求书之间的关联性进一步增强。美国专利商标局在确定专利申请的保护范围时，不只是看权利要求中的文字，还根据普通技术人员依据说明书对权利要求书所给出的最广义的合理解释。综上，法院在对权利要求进行解释时严重依赖说明书是完全正确的。

③专利审查档案。除了参照说明书外，我们还认为法院应当考虑专利审查档案。专利审查档案，作为"内部证据"的一种，完整记录了专利授权过程，包括了在专利审查过程中引述的所有在先技术。像说明书一样，专利审查档案是申请人为了说明和取得专利而提供的，它可以帮助法院了解美国专利商标局和专利权人是如何理解专利的。但是，因为专利审查档案反映了美国专利商标局与专利申请人交涉的过程，而不是最后的交涉结果，它不像说明书那样清楚，因此在解释权利要求中的作用不像说明书那样大。然而，专利审查档案通常可以说明专利申请人对权利要求中文字的理解，以及专利申请人在审查过程中是否对发明进行了限制，从中可以得知专利权利要求文字的含义。

④外部证据。虽然我们强调权利要求解释时内部证据的重要性，但我们还应依赖包括专家和发明人证言、字典和学术论文在内的外部证据。虽然外部证据对于理解相关技术是有用的，但它不如内部证据重要。在外部证据中，我们曾注意到字典和论文的重要性，并特别留意到技术字典可以使法院对相关技术有更好的理解，可以使法院了解本领域技术人员理解相关术语的方式。字典特别是技术字典，因为收集了在科学领域使用的术语被接受的含义，成为帮助法院了解特定术语对于本领域技术人员所具有的含义的有效来源。因此，如果法院认为字典等对于理解权利要求中文字的含义是有帮助的，这些证据可以作为参考。

我们还认为专家证言可以作为外部证据。这是因为，专家证言可以说明发明的技术背景，解释发明的实施方式，以确保法院对于专利中技术问题的理解与本领域技术人员的理解是一致的，或者用以确定专利或在先技术中的某一术语在相关领域是具有特定含义的。但是，专家所出具的推论的、无证据支持的断言，对于法院确定专利要求书术语的含义不起作用。同样，如果专家证言与通过专利内部证据（权利要求书、说明书、专利审查档案等）得出的解释结论相冲突，专家证言也不能采用。

我们认为在解释权利要求时，外部证据的作用比专利内部证据的作用小，原因在于：第一，外部证据不是专利的一部分，不像说明书那样是在专利审查时产生的，并且是用以解释专利的范围的。第二，权利要求书应当按照一个假想的本领域技术人员的理解进行解释，而外部证据出版物可能不是本领域技术人员所写，或不是写给本领域技术人员看的，因此，可能不能反映专利所属领域技术人员的理解。第三，外部证据中的专家证言是在诉讼时为了诉讼的目的而提供的，因此可能会有内部证据中不存在的偏见。如果证据的出具人不是本领域的技术人员或者专家证言没有经过交叉质询，偏见会更严重。第四，在诉讼中用于解释权利要求的外部证据可能会多得无数。在诉讼过程中，当事人都会选择对其有利的外部证据，使法院承担着繁重的鉴别有用外部证据的任务。第五，过分依赖外部证据有可能会改变已经向社会公开的权利要求书、说明书和专利审查档案中权利要求的含义，损害专利的公众告知功能。

总之，外部证据对于法院可能是有用的，但是，除非根据内部证据进行考虑，外部证据不可能形成一个可以依赖的关于权利要求范围的解释。然而，因为外部证据可以帮助法院了解专利所属领域的有关知识，帮助法院确定本领域技术人员是如何理解权利要求的，法院运用合理判断承认和使用外部证据是允许的。在运用合理判断时，以及在审查专利要求解释的所有证据时，法院应当牢记各类证据的内在缺陷，并对是否和如何适用该证据进行相应的衡量。

（三）

虽然上述原则被多次阐述，仍有法院判决采纳了不同的权利要求解释方法，使字典的解释具有更重要的意义，使说明书和专利审查档案不具有特别突出的作用。上述情形的最典型案例是 Texas Digital Systems, Inc. v. Telegenix, Inc. 案[①]。该案中，法院指出：对于帮助

---

① 　308 F.3d 1193（Fed. Cir. 2002）.

法院确定权利要求术语的普通和习惯含义,字典、百科全书和论文是特别有用的来源。在确定权利要求文字的普通和习惯含义之前,把参照说明书和专利审查档案作为权利要求解释的第一步是不合适的。该案注意到了说明书在每个案件中都应是参考因素,但它提出的权利要求解释方法是,在根据字典、百科全书和论文等确定了权利要求书中术语的普通和习惯含义之后,再参考说明书。即使这样,借助说明书也只是看说明书是否排除了字典中的普通含义,看是否采纳字典中普通含义的假定被下列情形推翻:说明书中有明确的不同于字典含义的定义;专利权人通过说明书明确排除、限制或舍弃了权利要求范围内的内容。实际上,该案限制了说明书的作用,使说明书只起到检验字典含义的作用。这种方式,不合理地限制了说明书的作用,使说明书只起到这样有限的作用,特别是要求说明书对权利要求的文字给出明示的定义,是与我们确立以下原则不相符的:说明书是确定有争议的术语含义的唯一最佳指导;当说明书明示或暗示地界定了权利要求中术语的含义时,说明书就是确定权利要求中术语含义的字典。

夸大字典的作用所带来的问题是,只关注权利要求术语的抽象含义,而不是它在专利上下文中的含义。权利要求书术语的含义,应当是本领域技术人员在阅读了全部专利文件后所给予的"普通含义"。过分依赖于与内部证据不相关的字典,会带来将本领域技术人员所理解的含义变成该术语的抽象含义的危险,这脱离了专利上下文。专利制度是建立在权利要求书只覆盖发明标的这一前提之上的。正如最高法院在 Merrill v. Yeomans 案 [①] 中所指出的,"在我们看来,对于专利权人和社会公众而言,专利权人应当理解和正确描述他发明的是什么,他要求保护的是什么,没有比这更公平合理的了"。使用字典可能与上述指示冲突,因为专利申请人不使用字典来描述发明。因此,专利申请人描述和界定要求保护的发明的责任,与字典编辑者尽可能收集术语的所有可能定义的目标之间,可能存在不衔接的地方。

如果地区法院采纳了字典中的宽泛解释,又没有准确理解说明书中的暗示限制,就会自然导致过宽的权利要求解释。如果法院最初就重视专利权人在权利要求书、说明书和审查过程中对术语的使用,而

---

① 94 U.S.568.

不是字典中的宽泛解释，这种导致过宽权利要求的危险就会大大降低。

从性质上来说，字典对术语提供相当广泛的定义。特别是通用字典，总是尽力收集术语的所有用法，不管是常用的还是生僻的。通用字典所收集的术语的定义，不是在特定的技术领域，而是在许多不同的情境中。在这种情况下，字典中对于术语的多种定义难免会超出专利申请人所赋予的含义。因此，使用字典会将专利的保护范围扩大到应当给予的保护范围之外。

即使是专业字典或论文，在某些情况下也会有上述缺陷。不能保证论文中对术语的使用与专利权人的使用方式是一样的。实际上，论文与专利中使用方式的差异是常见的，因为专利权人是在描述一种新的东西。

我们承认，Texas Digital 等案件的目的，防止将说明书中的限制读入权利要求中，是合理的。并且我们也承认，用说明书解释权利要求和将说明书中的限制读入权利要求，在实践中是很难区分的。但是，如果法院将注意力集中到本领域技术人员如何理解权利要求术语上，解释权利要求和将限制读入权利要求的区分是相当明确的、可预见的。例如，尽管说明书会描述一些发明的实施例，我们经常警告不要将权利要求限于这些实施例。特别是我们明确否定了这样的观点：如果说明书只有一个实施例，专利权利要求应解释为限于这一实施例。这不仅是因为《美国专利法》第 112 条规定专利权利要求决定专利的保护范围，而且一个本领域的技术人员很少会将专利权利要求书的定义限于说明书中的具体实施例。

为了避免将说明书中的限制读入权利要求，重要的是要牢记，说明书的目的是教导本领域的技术人员实施该专利和使其能够实施该专利，并提供最佳的实施方式。教导本领域技术人员实施专利的最好方式之一是提供一个实际使用专利的例子。多数情况下，通过阅读说明书的上下文，可以很清楚地看到，专利权人只是提供了几个特定的例子，还是认为权利要求书与实施例是严格一致的。通常专利权人在权利要求书和说明书中使用术语的方式，使这种区分非常明显。

仍然还会有一些案件，难以认定本领域技术人员会认为实施例确立了权利要求的范围，还是仅仅是一个具体实施的例子。但我们相信，根据专利的上下文解决这个问题，比将权利要求严格限定于说明书披露的实施例或将权利要求书与说明书割裂开来，更能准确地把握专利的保护范围。

进行权利要求解释并没有一个万能的公式，也没有分析适用各种资料的先后顺序。例如，法官在遇到权利要求时，可能不从说明书看专利权人是如何使用有关术语的，而是首先看字典中的含义。适用各种来源的先后顺序并不重要，重要的是法院赋予各来源的重要性如何。

（四）

本案权利要求 1 中的语言"由从钢壳墙向内伸展的钢制折流板（baffles）组成的、放置在壳体内用于增加承载力的其他手段"，对"折流板"提出了三个明确条件：首先，它是钢制的；其次，它是墙体承载手段的一部分；最后，它从墙向内伸展。当事人双方都承认"折流板"指的是测量、阻止、妨碍物质流动的物体。内部证据证实，本领域技术人员应当按通用含义理解专利中的"折流板"。

本专利中的其他权利要求界定了"折流板"所起的作用。例如，权利要求 2 中称"折流板与面板的放置呈一特定角度，使折流板可以使可能穿透钢板的子弹改变方向"。在权利要求 2 中做这样的限制，说明专利权人在使用"折流板"这一术语时并不包括这种限制。独立权利要求 17 进一步支持了这种主张。该权利要求中称折流板"向内突出呈一特定角度，可以使可能穿透外墙的子弹改变方向"。如果本领域的技术人员认为"折流板"本身就起这样的作用，这种限制就是不必要的。从属权利要求 6 对"折流板"进行了进一步限制，称"两个外面板的内折流板相互交迭，并在某一角度互锁，形成从一个模板到另一个模板间的变向面板（deflector panels）"。如果权利要求 1 中的"折流板"本身就是呈一特定角度放置的，或是互锁的，权利要求 6 就是多余的。

说明书进一步支持了上述结论。说明书中有几处提到放置折流板可以改变子弹的方向。说明书在提到现有技术时称，"廉价房屋没有可以应付强力冲击武器的有效方式"。这说明发明人预想到了折流板的这种功能，但是，这并不是说，为了符合专利权利要求中所说的折流板，在所有实施例中的内部支撑结构都必须具有改变子弹方向的功能。说明书必须使他人可以实施专利发明，关于折流板改变子弹方向的说明是为权利要求 2、6、17 和 23 服务的，这些权利要求中明确要求折流板具有改变子弹方向的功能。

说明书中还讨论了折流板的其他作用，例如结构支撑功能，图 1、图 2 中的折流板也只具有结构支撑功能。在图 3 中，折流板起到内部屏障墙的作用。

说明书对权利要求书中引述的"折流板"设定了多重作用的事实，证实了不能要求权利要求中的"折流板"实现所有的功能，从而限制性地理解其含义。虽然使子弹改变方向是专利中折流板的长处之一，专利并没有要求所有内部延伸结构都具有这种功能。因此，我们的结论是，一个本领域普通技术人员，不会认为从墙面向内延伸的结构呈锐角或钝角是折流板，呈直角就不是折流板。

AWH 主张，对折流板应进行限制解释，否则专利就会无效。我们承认权利要求应按使专利有效的方式进行解释这一原则 [1]，但我们并没有广泛适用这一原则，也没有批准使有效分析成为权利要求解释的经常内容这样一项制度。我们只是将这一原则适用于如下情形：在适用于所有可用的权利要求解释工具后，权利要求仍然是含糊不清的。在本案中，权利要求并不是含糊不清的，因此，不必考虑哪种解释方式使专利有效就可以作出解释。权利要求应按使专利有效的方式进行解释的原则在这里并不适用。

总之，我们不同意一审法院对权利要求的解释，撤销一审判决，将案件发回重审。

（五）

我们同意一审法院关于商业秘密的判决。

（六）

考虑到本案的实际情况，我们判决中不对再审决定中的第 7 个问题发表意见。Cybor 案的判决意见不受影响。[2]

---

[1] Rhine v. Casio, Inc., 183 F.3d 1342, 1345 (Fed Cir. 1999).

[2] Cybor Corp. v. FAS Technologies, Inc., 138 F.3d 1448 (Fed. Cir. 1998) (en banc) 案认为，权利要求解释问题是纯粹法律问题，二审法院应当根据上诉请求对包括基于事实问题作出的权利要求解释进行重新解释。

五、其他法官的不同意见

Lourie 和 Newman 的意见。Lourie 执笔起草了部分反对部分同意的意见，Newman 表示赞同。两位法官表示关于权利要求解释的论述，但不同意撤销原审判决，并发回重审的决定。认为本院原合议庭的判决，就是依据本判决再次确认的原则，根据说明书对权利要求进行解释，并得出了不侵权的结论。原合议庭的不同意见认为权利要求解释时"字典优先"，本院现在已经决定不采纳这一方法。本院认可了地区法院和原审合议庭的权利要求解释方法，又将案件发回重审，没有任何道理。

Mayer 和 Newman 的意见。Mayer 执笔起草了反对意见，Newman 表示赞同。两位法官认为，坚持认为权利要求解释是法律问题，没有事实的因素的观点，是无益的、荒谬的。权利要求解释是，也应当是，根据上下文进行的：权利要求应当从一个本领域普通技术人员的角度，并考虑到发明时技术状况进行解释。这些是权利要求解释的关键问题，是事实性的。

可见，虽然本案并不是全体法官一致通过的结论，仍有法官提出了不同的意见，但这些不同意见并不是针对关于权利要求解释来源的论述，只是针对本案的处理结果，以及权利要求解释是事实问题还是法律问题的争议。

六、结论及启示

专利权利要求解释的问题在美国历来备受重视。正如美国律师协会在回答本案再审决定书中问题的咨询意见中所说，"在专利法中没有比权利要求解释更重要的了。它其实是在每一个专利侵权案件中都会出现的问题。专利权利要求的解释决定企业的兴衰。专利权利要求的范围是推动实用技术进步的发动机"。[①] 同时权利要求解释也是一项复杂的工作，美国联邦巡回上诉法院院长 Rader 曾指出：虽然权利要求解释在专利诉讼中起着关键性作用，但我们的规则还不清楚，适用还不一致。

---

① http://www.faegre.com/custom/downform2.asp?doc_num=15&pid=2185.

在本案的判决中，美国联邦巡回上诉法院对美国法院所采取的权利要求解释方法进行了全面的阐述。其主要内容可以概括如下：权利要求书对于确定其中术语的含义可以提供实质性指导；说明书通常是弄清争议术语含义的最佳指南；专利审查档案可以作为理解权利要求的资料，但其作用不如说明书大；字典、专家证言等外部证据在解释权利要求时可以使用，但其作用不如权利要求书、说明书和专利审查档案等内部证据，并且应当结合内部证据使用；字典不能作为解释权利要求的首要来源，否则会不适当地扩大专利的保护范围；在适用了所有可用的权利要求解释工具后权利要求仍然是含糊不清时，才出现按使专利有效的方式进行解释的问题。

尽管美国联邦巡回上诉法院在本案中并没有提出新的意见，只是将之前十年来的实践进行了复述①，但因为法院在判决中将权利要求解释的来源进行了总结和比较，并否定了近年来有些法院过分注重字典的做法，本案对于美国权利要求解释仍具有重要意义。它不但影响法院对权利要求的解释，还影响着专利申请人对专利申请文件的撰写。②

我国专利法及其实施细则都没有对专利权利要求解释作出具体规定③，权利要求解释的问题很长时间以来并没有受到重视，在诉讼中因为权利要求解释发生的争议也不多。直到2009年，最高人民法院才在《关于审理侵犯专利权纠纷案件应用法律若干问题的解释》中对权利要求解释的规则做了明确的规定。该司法解释第2条④和第3条⑤规定的内容，与本案中美国联邦巡回上诉法院确立的规则非常相似。

近些年来，我国法院在审理专利侵权诉讼的过程中，涉及权利要求解释的案件越来越多。这说明，我国的专利侵权纠纷，不再只是因

① 美国联邦巡回上诉法院法官 Mayer 在对本案起草的反对意见中的用语。
② 例如，美国有的律师建议，根据本案确立的原则，在专利申请时，不再是只仔细起草权利要求书，而是要仔细起草整个专利文件，并且权利要求书中的每个术语都应得到说明书的充分支持。见 http：//patentlaw.typepad.com/patent。
③ 相关的规定只有《专利法》第56条第1款的规定："发明或者实用新型专利权的保护范围以其权利要求的内容为准，说明书及附图可以用于解释权利要求。"
④ 内容为："人民法院应当根据权利要求的记载，结合本领域普通技术人员阅读说明书及附图后对权利要求的理解，确定专利法第五十九条第一款规定的权利要求的内容。"
⑤ 内容为："人民法院对于权利要求，可以运用说明书及附图、权利要求书中的相关权利要求、专利审查档案进行解释。说明书对权利要求用语有特别界定的，从其特别界定。
以上述方法仍不能明确权利要求含义的，可以结合工具书、教科书等公知文献以及本领域普通技术人员的通常理解进行解释。"

简单照搬照抄他人技术方案而引起的纠纷，更多地出现了因对专利保护范围的理解不一致而导致的纠纷。可以预见，在今后的专利侵权纠纷案件中，权利要求解释的问题仍将是一个重要的问题。美国联邦巡回上诉法院在本案中确立的权利要求的规则，对于我们合理确定专利保护范围，以及进一步完善我国的相关规则，具有重要的参考价值。

中国大陆专利侵权判断中的等同原则[*]

发明和实用新型专利的保护范围，不能拘泥于权利要求的字面含义，这已经成为各国的共识。为此，各国形成了不同的理论和做法。例如，英国的"发明精髓"原则、德国的"总的发明构思"理论等。而影响最大的是美国的 doctrine of equivalents。日本和中国台湾地区称之为"均等论"，中国大陆称之为"等同原则"。本文将对中国大陆在专利侵权判断中适用等同原则的状况进行分析和介绍。

一、关于等同原则的法律和司法解释

制定于 1984 年的《专利法》是中国大陆第一部专利法。1984 年的《专利法》规定了确定发明和实用新型专利保护范围的规则①，但没有关于等同原则的规定。此后，专利法经过了三次修订，关于发明和实用新型保护范围的上述规定一直没有修改，也都没有增加等同原则的明确规定。

但自从专利法实施以来，等同原则在我国就已经得到了承认。科技部 1992 年 8 月发布的《中国的知识产权制度》（中国科学技术蓝皮书第 7 号）指出：我国专利制度在确认争议技术是否属于专利技术保护范围时，按照世界通行的做法，采用等同原则。虽然当时法院审理的专利侵权案件并不多，但已经出现了适用等同原则的判决。例如 1992

＊ 本文是作者 2014 年参加中国社会科学院知识产权中心和台湾地区清华大学在新竹举办的"第七届海峡两岸知识产权研讨会"提交的论文。

① 1984 年《专利法》第 59 条规定：发明或者实用新型专利权的保护范围以其权利要求的内容为准，说明书及附图可以用于解释权利要求。

年的"充氧动态发酵机"案。① 然而，多年以来，法院并没有统一的等同原则规则。

2001年，最高人民法院颁布了《关于审理专利纠纷案件适用法律问题的若干规定》（以下简称《2001司法解释》）。② 该司法解释第17条明确规定了等同原则的适用及认定标准：《专利法》第56条第1款所称的"发明或者实用新型专利权的保护范围以其权利要求的内容为准，说明书及附图可以用于解释权利要求"，是指专利权的保护范围应当以权利要求书中明确记载的必要技术特征所确定的范围为准，也包括与该必要技术特征相等同的特征所确定的范围。等同特征是指与所记载的技术特征以基本相同的手段，实现基本相同的功能，达到基本相同的效果，并且本领域的普通技术人员无需经过创造性劳动就能够联想到的特征。

2009年，最高法院颁布了《关于审理侵犯专利权纠纷案件应用法律若干问题的解释》（以下简称《2009司法解释》）。③ 该司法解释第6条规定了禁止反悔原则：专利申请人、专利权人在专利授权或者无效宣告程序中，通过对权利要求、说明书的修改或者意见陈述而放弃的技术方案，权利人在侵犯专利权纠纷案件中又将其纳入专利权保护范围的，人民法院不予支持。该司法解释第5条还规定了捐献规则：对于仅在说明书或者附图中描述而在权利要求中未记载的技术方案，权利人在侵犯专利权纠纷案件中将其纳入专利权保护范围的，人民法院不予支持。

《2001司法解释》和《2009司法解释》的有关内容，是中国大陆适用等同原则的基本规则。

二、等同技术特征的认定

《2001司法解释》规定了认定等同的条件，《2009司法解释》规定了不能认定等同的情形，也就是认定等同的消极条件。

---

① 北京市高级人民法院（1992）高经终字第16号案。程永顺，罗李华.专利侵权判定——中美法条和案例比较研究[M].北京：专利文献出版社，1998：163.
② 最高人民法院法释[2001]21号。
③ 最高人民法院法释[2009]21号。

（一）认定等同的积极条件

认定等同的积极条件主要是两个方面：一是手段、功能、效果基本相同；二是本领域的普通技术人员无需经过创造性劳动就能够联想到的特征。

1. 手段、功能、效果基本相同

《2001司法解释》规定的等同特征的第一个条件"以基本相同的手段，实现基本相同的功能，达到基本相同的效果"，即手段、功能、效果基本相同。司法解释中使用了功能、效果"基本"相同的术语，说明并非要求完全相同。最高人民法院在（2001）民三提字第1号判决中指出：人民法院在认定等同物替换的侵犯专利权行为时，对被控侵权产品和方法的效果与专利的效果进行对比是必要的，但在比较二者的效果时，不应强调它们之间完全相同，只要基本相同即可。[①]

基本相同的手段，一般是指在被诉侵权行为发生日前专利所属技术领域惯常替换的技术特征以及工作原理基本相同的技术特征。基本相同的功能，是指被诉侵权技术方案中的替换手段所起的作用与权利要求对应技术特征在专利技术方案中所起的作用基本上是相同的。基本相同的效果，一般是指被诉侵权技术方案中的替换手段所达到的效果与权利要求对应技术特征的技术效果无实质性差异。

在认定功能和效果是否基本相同时，法院一般考虑专利技术特征在实现专利的目的中的功能，看被控侵权物中的替换特征是否实现基本相同的功能。实践中，在进行"功能、效果"的对比时，法院一般也是就技术特征在技术方案中的功能进行对比，将被控侵权技术与专利技术的效果进行对比。[②]

"手段、功能、效果基本相同"的标准，不但适用于产品专利，也适用于方法专利的步骤变换。最高人民法院曾在判决中指出，方法专利的步骤顺序是否对专利权的保护范围起到限定作用，从而导致在步骤互换中限制等同原则的适用，关键要看这些步骤是否必须以特定的顺序实施以及这种互换是否会带来技术功能或者技术效果上的实质性

[①] 最高人民法院（2001）民三提字第1号判决。

[②] 例如，最高人民法院的（2001）民三提字第1号案中，认定被控侵权物的防震限位板与专利技术导向板所要实现的功能基本相同，被控侵权物与专利技术所达到的技术效果也基本相同。

差异。① 可见，"手段、功能、效果基本相同"的标准适用在方法步骤变换时，主要考虑功能和效果是否基本相同。

2. 容易想到

《2001 司法解释》规定的等同特征的第二个条件是本领域的普通技术人员无需经过创造性劳动就能够联想到的特征。

对于这两个要件之间的关系，《2001 司法解释》用了"并且"二字，说明两个条件必须具备，才能认定为等同特征。最高人民法院还在判决中强调了两个条件之间的关系，"在判断被诉侵权产品的技术特征与专利技术特征是否等同时，不仅要考虑被诉侵权产品的技术特征是否属于本领域的普通技术人员无需经过创造性劳动就能够联想到的技术特征，还要考虑被诉侵权产品的技术特征与专利技术特征相比，是否属于基本相同的技术手段，实现基本相同的功能，达到基本相同的效果，只有以上两个方面的条件同时具备，才能够认定二者属于等同的技术特征"。②

在实践中，法院一般先考虑手段、功能、效果是否基本相同，再考虑本领域的普通技术人员是否无需经过创造性劳动就能够想到。如果法院认定手段、功能、效果不基本相同，则不再考虑第二个条件；如果法院认定手段、功能、效果基本相同，法院就一般得出第二个条件成立的结论。笔者没有发现一起第一个条件成立而第二个条件不成立从而不能认定等同的案件。甚至有的案件中法院在认定第一个条件成立后，直接认定构成等同。③ 可见，第二个条件在实践中所起的作用非常小。

（二）认定等同的消极条件

1. 禁止反悔

《2009 司法解释》明确规定了禁止反悔原则。其实在此之前，我

---

① 陈顺弟与浙江乐雪儿家居用品有限公司专利侵权案，最高人民法院（2013）民提字第225 号。

② 陕西竞业玻璃钢有限公司与被申请人永昌积水复合材料有限公司侵犯实用新型专利权纠纷案，最高人民法院（2010）民申字第 181 号。

③ 例如，最高法院在（2013）民申字第406号民事裁定书中，在认定技术特征F是否等同时称：二者形状基本相同，都实现了撤叉心与钢轨吻合的功能，都实现了跟端导向段与钢轨连接稳固的技术效果，二者属于等同的技术特征。

国法院就一直承认禁止反悔原则。根据我国法院的一贯做法及最高人民法院的司法解释，专利申请人、专利权人客观上所作的限制性修改或者意见陈述，不管是在专利审查过程中还是无效过程中，都导致禁止反悔原则的适用。至于该修改或者陈述的动因与专利授权条件是否有因果关系以及是否被审查员采信，均不影响该原则的适用。例如，在"一种防治钙质缺损的药物及其制备方法"专利侵权案中，最高人民法院在适用禁止反悔时并未考虑修改的原因。案中专利在审查过程中，针对国家知识产权局认为涉案专利申请公开文本权利要求中"可溶性钙剂"保护范围过宽，在实质上得不到说明书支持的审查意见，专利申请人将"可溶性钙剂"修改为"活性钙"，将葡萄糖酸钙排除在外。原审法院以"为了使专利授权机关认定其申请专利具有新颖性或创造性而进行的修改或意见陈述，才产生禁止反悔的效果"为由，认定构成等同。最高人民法院提审后以禁止反悔为由认定不构成等同。①

最高人民法院在判决中对采用禁止反悔原则的理由进行了阐述，"诚实信用原则作为民法基本原则之一，要求民事主体信守承诺，不得损害善意第三人对其的合理信赖或正当期待，以衡平权利自由行使所可能带来的失衡。在专利授权实践中，专利申请人往往通过对权利要求或说明书的限缩以便快速获得授权，但在侵权诉讼中又试图通过等同侵权将已放弃的技术方案重新纳入专利权的保护范围。为确保专利权保护范围的安定性，维护社会公众的信赖利益，专利制度通过禁止反悔原则防止专利权人上述'两头得利'情形的发生"。②并由此得出结论，不应当以从属权利要求所从属的权利要求被无效，而简单地认为该从属权利要求所确定的保护范围即受到限制。若专利复审委员会认定独立权利要求无效在其从属权利要求的基础上维持专利权有效，且专利权人未曾作上述自我放弃，则在判断是否构成禁止反悔原则中的"放弃"时，应充分注意专利权人未自我放弃的情形，严格把握放弃的认定条件。③

---

① 澳诺（中国）制药有限公司与湖北午时药业股份有限公司专利侵权纠纷案，最高人民法院（2009）民提字第20号。

②③ 中誉电子（上海）有限公司与上海九鹰电子科技有限公司专利侵权纠纷案，最高人民法院（2011）民提字第306号民事判决。

对于是否主动考虑禁止反悔的情形，曾存在不同的意见。一种观点认为，法院不应主动考虑禁止反悔。例如，北京市高级人民法院2001年制定的《专利侵权判定若干问题的意见（试行）》第46条规定：禁止反悔原则的适用应当以被告提出请求为前提，并由被告提供原告反悔的相应证据。①

最高人民法院在判决中指出，法院可以主动适用禁止反悔原则。"在禁止反悔原则是对认定等同侵权的限制。现行法律以及司法解释对人民法院是否可以主动适用等同原则未作规定，为了维持专利权人与被控侵权人以及社会公众之间的利益平衡，亦不应对人民法院主动适用禁止反悔原则予以限制。因此，在认定是否构成等同侵权时，即使被控侵权人没有主张适用禁止反悔原则，人民法院也可以根据业已查明的事实，通过适用禁止反悔原则对等同范围予以必要的限制，以合理地确定专利权的保护范围。"②北京市高级人民法院2013年颁布的《专利侵权判定指南》第60条规定：禁止反悔的适用以被诉侵权人提出请求为前提，并由被诉侵权人提供专利申请人或专利权人反悔的相应证据。在人民法院依法取得记载有专利权人反悔的证据的情况下，可以根据业已查明的事实，通过适用禁止反悔对权利要求的保护范围予以必要的限制，合理确定专利权保护范围。③北京市高级人民法院的规定，与最高人民法院的判决并不矛盾，也是目前法院普遍采纳的做法，即一般情况下如果当事人没有提出证据和主张，法院不主动审查禁止反悔的问题。但如果法院已经发现了禁止反悔的材料，即使当事人不提出来，法院也可以主动适用。

2. 捐献规则

捐献规则（the dedication rule）源自于美国，其基本含义是，对于说明书描述而权利要求未记载的技术方案，视为专利权人将其捐献给社会公众，不得在专利侵权诉讼中主张上述已捐献的内容属于等同特征所确定的范围。2009司法解释第5条明确规定了捐献规则。捐献

---

① 2001年该意见颁布后，曾作为北京市法院审理专利案件的参考。后来，随着专利法的修改和最高人民法院新的司法解释的出现，该意见不再适用。
② 沈其衡与上海盛懋交通设施工程有限公司专利侵权案，最高人民法院（2009）民申字第239号。
③ 参见：http://bjgy.chinacourt.org/article/detail/2013/10/id/1104565.shtml.

规则构成对等同范围的限制。

在"布塑热水袋的加工方法"专利侵权案中，最高人民法院认为，说明书明确记载了第 10、11 步骤可以调换，但这一调换后的步骤并未体现在权利要求中，因此调换后的步骤不能纳入专利权的保护范围。①同时，在判决中，最高人民法院还对捐献规则的含义和目的进行了阐释：准确确定专利权的保护范围不仅是为专利权人提供有效法律保护的需要，也是尊重权利要求的公示和划界作用，维护社会公众信赖利益的需要。在权利要求解释中确立捐献原则，就是对专利的保护公示功能进行利益衡量的产物。该规则的含义是，对于在专利说明书中记载而未反映在权利要求中的技术方案，不能包括在权利要求的保护范围之内。对于在说明书中披露而未写入权利要求的技术方案，如果不适用捐献原则，虽然对专利权人的保护是较为充分的，但这一方面会给专利申请人规避对较宽范围的权利要求的审查提供便利，另一方面会降低权利要求的划界作用，使专利权保护范围的确定成为一件过于灵活和不确定的事情，增加公众预测专利权保护范围的难度，不利于专利公示作用的发挥以及公众利益的维护。②

对于如何界定说明书"描述"的技术方案，涉及捐献规则适用的范围，对此还缺乏相关的案例。对于《2009 司法解释》第 5 条规定的"描述"，一种理解为只要提及技术方案的上位概念，就认为已经在说明书中描述了包括在上位概念中的所有技术方案；另一种理解是将"描述"解释为说明书中描述的具体方案或附图中记载的技术方案。按照第一种理解，捐献规则适用的范围较大，对专利权人的要求也较高，可能会导致专利权人在撰写说明书中畏手畏脚，妨碍专利权人对技术内容的充分公开。并且，按这种理解，要求专利权人将能想到的所有技术方案都包括在权利要求中，否则就得不到保护。而这是难以做到的，等同原则正是为了克服这种困难而产生的。按照这种理解适用捐献规则，将使等同原则大打折扣。按照第二种理解，对于专利权人和社会公众来说，都是公平的。因此，笔者认为，捐献规则中"捐献"的技术方案，应当是专利权人在说明书或附图披露的具体技术方案。

---

①② 陈顺弟与浙江乐雪儿家居用品有限公司专利侵权案，最高人民法院（2013）民提字第 225 号。

三、等同原则适用时已经摒弃的做法

经过二十多年的实践，以前在适用等同原则时的一些做法，经过讨论和澄清，最终被摒弃。这些做法主要有以下三种。

（一）整体等同

所谓整体等同，是指在认定是否构成侵权时，被控侵权物即使缺少专利权利要求中的一个技术特征，如果从整体上看被控侵权物符合认定等同的要件，仍可以认定被控侵权物与专利技术等同。

在 2001 年前，有的法院曾使用整体等同的认定标准。例如，在摩托车无级变速皮带轮实用新型专利侵权纠纷案[①]中，一审法院认为被控侵权物与专利技术方案的功能效果基本相同，被控侵权物虽然改变了该项专利权利要求中滚销与孔相配合的技术特征，但这种变更与专利要求保护的技术无实质性区别，因此，认定侵权成立。

《2001 司法解释》明确了等同原则指的是技术特征的等同，而不是专利权利要求的整体等同。上述规定使用了"等同的特征"这一术语，说明等同原则必须落实到权利要求的各项具体技术特征上，而不能适用于发明创造的整体。从此以后，法院在判定是否构成等同时，都就技术特征进行对比，而不再就技术方案进行整体对比。最高人民法院在 2013 年的一个判决中再次明确了这一原则：所谓等同，是指被诉侵权技术方案中的技术特征与专利权利要求中记载的对应技术特征之间的等同，而不是指被诉侵权技术方案与专利权利要求所要求保护的技术方案之间的整体等同。[②]

（二）多余指定原则

多余指定原则又称"排除非必要技术特征原则"，其基本含义是，当专利独立权利要求中记载了与完成发明目的无关的技术特征时，可以将该技术特征认定为附加技术特征或非必要技术特征，不是专利技

---

① 祁天德诉瑞安市罗南摩托车配件厂，参见：杨金琪.专利、商标、技术合同疑难案例评析[M].北京：中国物资出版社，1995：119.

② 赵彦杰与郑传周专利侵权案，最高人民法院（2013）民申字第 1199 号民事裁定。

术的构成部分。如果被告在被控侵权物中未实现该附加技术特征或非必要技术特征，仍可以认定被告构成侵权。[①]

1995 年北京市中级人民法院和北京市高级人民法院审理的"人体频谱匹配效应场治疗装置"案件[②]中，法院首次使用多余指定原则。在该案中，法院认定，虽然"立体声放音系统及音乐电流穴位刺激器及其控制电路装置"被写入独立权利要求书，并在专利无效审理中被认为具有实质性特点，但结合该专利说明书中的阐述，就该专利整体技术方案的实质来看，该技术特征不产生实质性的必不可少的功能和作用，显系申请人理解上的错误及撰写申请文件缺乏经验误写所致，故应视其为附加技术特征。虽然被控侵权物缺少"立体声放音系统及音乐电流穴位刺激器及其控制电路装置"，最后法院仍认定构成侵权。

2005 年 8 月，最高人民法院"混凝土薄壁筒体构件"专利侵权案[③]中首次否定了多余指定原则的适用，法院在判决中指出：凡是专利权人写入独立权利要求的技术特征，都是必要技术特征，都不应当被忽略，而均应纳入技术特征对比之列。本院不赞成轻率地借鉴适用所谓的"多余指定原则"。

《2009 司法解释》再次否定了多余指定原则，该司法解释第 7 条规定：人民法院判定被诉侵权技术方案是否落入专利权的保护范围，应当审查权利人主张的权利要求所记载的全部技术特征。最高人民法院在 2012 年的一个案件判决也进一步指出：我国专利侵权判定采用全面覆盖原则，无需区分必要技术特征与非必要技术特征。[④]

2005 年之前，中国大陆法院对多余指定原则多数持肯定的态度，但真正适用该原则认定侵权的案件并不多。2005 年之后，法院已经不再适用多余指定原则。

（三）改劣实施论

改劣实施论认为，如果被控侵权人故意改变或减少权利要求中的

---

① 程永顺.专利侵权判断中几个主要原则的运用［M］//程永顺.专利侵权判定实务.北京：法律出版社，2002：49.

② 北京市中级人民法院（1993）中经知初字第704号案，北京市高级人民法院（1995）高知终字第 22 号案。

③ 最高人民法院（2005）民三提字第 1 号民事判决。

④ 胡小泉与山东振东泰盛制药有限公司专利侵权纠纷案，最高人民法院（2012）民提字第 10 号。

一个技术特征，使被控侵权物在性能和效果上明显劣于专利技术，仍应当认定为构成侵权。

在"机芯奏鸣装置音板的成键方法及其设备"专利侵权案中，最高人民法院提及改劣实施的问题：被控侵权的产品和方法的效果比专利效果稍差的情形，则属于改劣的实施，改劣实施也是等同物替换的表现形式之一。① 但在上述判决中，最高人民法院并没有指出在"改劣"的情况下，是不是还适用等同的认定标准。之后，其他法院也出现了认定"变劣实施"属于等同的判决。② 但与此同时，学者多持反对意见。③

最高人民法院在 2009 年判决的"高层供暖回水缓冲排气装置"专利侵权案判决中指出，"人民法院在判断被控侵权技术方案是否落入专利权保护范围时，应当将被诉侵权技术方案的技术特征与专利权利要求记载的全部技术特征进行对比。如果被控侵权技术方案缺少权利要求记载的一个或者一个以上的技术特征，或者被控侵权技术方案有一个或者一个以上的技术特征与权利要求记载的相应技术特征不相同也不等同，人民法院应当认定被控侵权技术方案没有落入专利权的保护范围。被控侵权技术方案是否因缺少某专利技术特征而导致技术功能或效果的变劣，不应考虑"。④ 上述判决，确立了法院在认定等同侵权时，不考虑是否改劣的问题，从而否定了改劣实施论。

四、等同原则适用中的问题

1. 法院是否主动适用等同原则

对于法院是否主动适用等同原则，相关的司法解释并没有明确的规定。但根据《2001 司法解释》的规定，专利权的保护范围包括与专利权利要求的必要技术特征相等同的特征所确定的范围。这就是说，在确定专利保护范围时，不但应根据权利要求的必要技术特征，还要

---

① 最高人民法院（2001）民三提字第 1 号判决。

② 例如，北京市高级人民法院 2003 年 4 月判决的（2003）高民终字第 108 号案中，认定被侵权物用普遍注射器代替专利技术中的"血肿粉碎器"，虽然优于专利申请前的已有技术，但其技术效果明显低于专利技术。因此，应当适用等同原则。

③ 贺迎国.质疑"变劣技术方案侵权"说［N］.中国知识产权报,2003-7-8.闫文军.专利权的保护范围［M］.北京:法律出版社, 2007：511.

④ 沈阳直连高层供暖技术有限公司诉张建华,最高人民法院（2009）民提字第 83 民事判决。

根据相应的等同技术特征。因此，不管专利权人是否提出了等同侵权的主张，只有将等同侵权考虑了，才能作出被控侵权产品是否落入专利保护范围的结论。

在实践中，法院一般在认定被控侵权物与专利权利要求的必要技术特征存在不同之处时，分析不同之处是否是等同技术特征，只有在认定被控侵权技术与专利技术既不相同也不等同之后，才认定侵权不成立。北京市高级人民法院2013年颁布的《专利侵权判定指南》也认为法院应主动适用等同原则，该指南第41条规定：在专利侵权判定中，在相同侵权不成立的情况下，应当判断是否构成等同侵权。

2. 判断等同的时间基准

对于判断等同的时间，学术界有申请日（包括优先权日）、公开日和侵权日等不同的主张。①《2001司法解释》规定了等同原则，但没有规定判断等同的时间点。最高人民法院在解释其中的"普通技术人员"的含义时认为，"所谓普通技术人员，是一个抽象的概念，应当以侵权发生期间该专利所属领域的平均知识水平为标准衡量，是指具有该技术领域中的一般知识和能力的技术人员，既不是该领域的技术专家，也不是不懂技术的人"。②这说明，最高人民法院认为应当将侵权日作为判断等同的时间。

北京市高级人民法院的《专利侵权判定指南》也以侵权日作为等同判断的时间点，其第52条规定：判定被诉侵权技术方案的技术特征与权利要求的技术特征是否等同的时间点，应当以被诉侵权行为发生日为界限。从法院涉及等同的判决看，大部分都没有明确是以什么时间标准判断是否等同的。个别的案件中法院明确了判断等同的时间为侵权日。例如，在"电脑电疗仪"发明专利侵权纠纷案③中，一、二审法院都以侵权行为发生时作为判断是否构成等同的时间界限，并在此基础上认定构成等同侵权。虽然其他大部分案件都没有指明判断等同

---

① 刘惠明.试论确定专利保护范围的等同原则［J］.外国法译评,1999（4）；曲三强.专利侵权的等同原则研究［J］.现代财经,2002（9）；张泽吾.专利侵权诉讼中判断等同的标准和时间［J］.湖北省社会主义学院学报,2003（5）.

② 最高人民法院《关于审理专利纠纷案件适用法律问题的若干规定》条文释义［M］//曹建明.新专利法司法解释精解［M］.北京：人民法院出版社,2002.

③ 空军总医院诉北京市海淀区达轮科技公司,北京市中级人民法院（1993）中经知初字第390号案。

的时间点，但实质上都是将侵权日作为时间点。

3. 是否可以委托鉴定机构就是否构成等同进行司法鉴定

司法鉴定，是指在诉讼过程中，为查明案件事实，人民法院依据职权，或者应当事人及其他诉讼参与人的申请，指派或委托具有专门知识人，对专门性问题进行检验、鉴别和评定的活动。[①] 法院在审理专利侵权纠纷案件的过程中，有时会委托鉴定机构鉴定被诉侵权的产品或者方法的技术特征是否与专利的必要技术特征相同或者其对应的不同技术特征是否等同。虽然法院一般不将是否构成侵权等法律判断纳入鉴定范围[②]，但等同的判断是认定侵权的核心，一旦就是否等同作出认定后，是否侵权其实也就有结论了。

等同判断的性质是技术问题还是法律问题一直存在不同意见。在"机芯奏鸣装置音板的成键方法及其设备"专利侵犯案中，当事人江阴五金公司认为，等同替换的判断应属于人民法院的职权范围，不应通过技术鉴定来解决。最高人民法院审理认为，等同替代应属技术事实问题，人民法院在认定二者是否属于等同物替换时，有时需要借助本领域专业技术人员的判断。[③]实践中,如果法院委托鉴定机构进行鉴定，则法院再对鉴定机构的结论进行审核。最高人民法院曾指出，法院在判断被控侵权产品与原告权利要求中的技术特征是否构成等同时，如果委托有关技术鉴定单位进行比较鉴定或者请相关技术领域专家发表意见，则应当考虑鉴定结论或者专家意见是否是从普通技术人员的角度出发作出的。[④]

技术特征是否等同的判断，主要是技术问题，但其中也包括了法律问题。例如，在认定功能效果是否基本相同时，要对权利要求进行解释，在功能、效果对比时还要考虑现有技术的状况。在认定"本领域的普通技术人员无需经过创造性劳动就能够联想到"以及判断是否

[①] 最高人民法院《人民法院司法鉴定工作暂行规定》第2条。

[②] 如，上海市高级人民法院《关于知识产权民事诉讼中涉及司法鉴定若干问题的解答》第13条指出：法院委托技术鉴定的，应该在鉴定委托书中提出具体、明确的鉴定事项，如被诉侵权的产品或者方法的技术特征是否与专利的必要技术特征相同或者其对应的不同技术特征是否等同，不得将是否构成侵权等法律判断纳入鉴定范围。

[③] 最高人民法院（2001）民三提字第1号判决。

[④] 最高人民法院民三庭：《如何理解最高人民法院关于专利法（2001）法释字第21号司法解释（三）》，http://www.civillaw.com.cn/article/default.asp?id=10186。

因存在禁止反悔的事由不能认定等同时，都要进行法律的判断。在委托鉴定机构对是否构成等同进行鉴定时，如何避免由鉴定机构行使审判权，是需要探讨和考虑的问题。近年来，出现了法院不采信鉴定结论的判决。例如，在"平滑型金属屏蔽复合带的制作方法"发明专利侵权案中，最高人民法院以鉴定意见对权利要求的解释错误等为由，决定不采信鉴定结论。[①]

五、结束语

中国大陆从专利法实施以来，等同原则就一直得到认可。等同原则的适用，从没有标准到标准越来越多，中间曾有过不同适用标准的争议，最终是适用的标准越来越具体和一致。但等同原则本身是"弹性"的，不可能有绝对客观的标准，可以实现一致的结果。

等同原则将专利的保护范围扩大到权利要求的字面含义之外，保护了专利权人的利益，但也会损害权利要求的公示作用。从平衡专利权人利益和社会公众利益的角度考虑，我们应当承认等同原则。在适用等同原则时，通过认定等同的标准和对认定等同的限制等规则，进一步平衡专利权人和社会公众的利益。

等同原则的标准是有一定弹性的，掌握的宽严程度会影响等同的认定。总体来说，中国大陆法院适用等同原则认定等同的比例较高。近几年来，最高人民法院一直在强调从严把握认定等同的标准。最高人民法院 2009 年发布的《关于当前经济形势下知识产权审判服务大局若干问题的意见》指出：严格等同侵权的适用条件，探索完善等同侵权的适用规则，防止不适当地扩张保护范围。[②] 最高人民法院 2012 年发布的《关于充分发挥审判职能作用为深化科技体制改革和加快国家创新体系建设提供司法保障的意见》指出：适度从严把握等同侵权的适用条件，避免不适当地扩张专利权保护范围，防止压缩创新空间和损害公共利益，促进集成创新、引进消化吸收再创新能力大幅增强。[③]

---

① 上海锡盛电缆材料有限公司与无锡市隆盛电缆材料厂专利侵权案，最高人民法院（2012）民提字第 3 号。

② 参见：http：//www.court.gov.cn/qwfb/sfwj/yj/201002/t20100224_1916.htm.

③ 参见：http：//www.court.gov.cn/qwfb/sfwj/yj/201212/t20121225_181310.htm.

　　一般认为，等同原则适用的宽严与一个国家经济技术的发展状况有一定的关系。日本在经济技术比较落后，重要的发明掌握在国外专利权人手中，而本国发明的创新程度较低，专利"密度"很高时，对等同原则采取了特别严格的态度。这对于我们在考虑对待等同原则的态度时，有一定的参考价值。但是，从另一方面说，等同原则的适用又与专利申请人的撰写水平有一定的联系。越是撰写水平低，越是需要等同原则来提供适当的保护。在专利实施经验还不丰富时，如果对等同原则采取比较严格的态度，也会使本国发明人因撰写失误得不到保护。因此，如何掌握等同原则的宽严程度，是一个很复杂的问题。中国大陆总体技术水平还处在不断发展的进程中，又有了三十年专利制度的经验，在这种情况下从严掌握适用等同原则的条件，有利于技术创新和进步。

中日专利侵权判断中的
等同原则比较研究[*]

　　发明和实用新型专利侵权诉讼中的核心问题是被控侵权物（包括产品和方法）是否落入专利的保护范围。判断被控侵权物是否落入专利的保护保护，首先要确定专利的保护范围。对专利保护范围的确定而言，发挥中心作用的概念是等同。①

　　为了使专利保护不拘泥于权利要求的字面含义，中国和日本都在专利侵权判断中采用了等同原则。本文将以对中国和日本的比较为中心，进行专利侵权诉讼中的等同原则比较研究。②其主要内容包括两国的有关法律规定、适用等同原则的历史和概况、等同原则的要件、法院对等同原则的适用、当事人在专利侵权诉讼中涉及等同原则的举证责任等。

　　＊　本文是作者在 2004 ～ 2005 年间在日本知识产权研究所所做研究报告的基础上，根据近年两国的最新进展修改而成。感谢日本知识产权研究所对本报告的完成所提供的资助和帮助。
　　①　松本重敏.特许発明の保护范围［M］.日本:有斐阁，2000：260.
　　②　中国《专利法》中的"专利"包括发明、实用新型和外观设计专利,日本法中分别称为特许、实用新案和意匠，并分别由特许法、实用新案法和意匠法调整。等同原则涉及中国专利法中的发明和实用新型专利，也就是日本法中的特许和实用新案。本文后面的比较将涉及中国《专利法》以及有关发明和实用新型的判决，日本法中的特许法和实用新案法以及有关特许和实用新案的判决。在述及日本法律及判决时，《日本专利法》包括日本特许法和实用新案法，在引用日本法中的条文时，因有关条文在特许法和实用新案法中是基本一致的，一般只引用特许法中的条文。

　　・ 178 ・

一、等同原则的法律规定

（一）专利的保护范围、专利技术的范围与等同原则

中国专利法和有关论述中一般使用"专利权的保护范围"这一术语[①]，而日本的专利法和有关论述中一般使用"专利发明的技术范围"这一术语[②]，也有的学者使用"专利的保护范围"这一术语[③]。对于"专利的保护范围"与"专利技术的范围"之间的关系，日本学者有二者相同和不同两种观点，通说认为二者相同。[④] 本文将二者作具有相同含义的概念使用。

中国和日本的专利法中都没有关于等同原则的明确规定，与此相关的是专利法中关于专利保护范围（或专利的技术范围）的规定。等同原则是确定专利保护范围（或专利的技术范围）的原则。因此，专利法中关于专利保护范围（或专利的技术范围）的规定，就是等同原则的法律依据。

（二）日本专利法关于专利技术范围的规定

《日本特许法》第 70 条规定："（1）专利发明的技术范围，应当根据专利申请书所附专利权利要求书记载的范围确定。（2）在前项规定的情况下，在解释专利权利要求范围记载的用语的意义时，应参考专利申请书所附的说明书以及附图。（3）在上述两项中，不应参考专利申请书所附的摘要记载。"上述规定是日本专利法关于确定专利发明的技术范围的基本规定。在 1921 年的旧专利法中并没有上述规定，第（1）项是 1959 年增加的，第（3）项是 1990 年增加的，第（2）项是

---

① 例如，《专利法》第 59 条就是关于"专利权的保护范围"的规定。

② 例如，《日本特许法》第 70 条就是关于"特许发明的技术范围（特許発明の技術的範囲）"的规定。

③ 例如，著名律师松本重敏关于专利法的著作名为《特许发明的保护范围》。

④ 参见中山信弘编：《注解特许法》（第三版），第 780 页。认为"专利的保护范围"与"专利的技术范围"不同的观点又有不同的主张，一种主张认为，专利的技术范围指专利权利要求所体现的技术思想，而专利的保护范围是指构成专利侵权的实际范围；另一种主张认为，专利的技术范围指专利局决定的、描述在权利要求中的范围，而专利的保护范围是指法院承认的技术独占范围。

1994 年增加的。

《日本特许法》第 70 条第（1）项的立法目的在于，根据旧法，在确定专利发明的技术范围时，有一种意见认为技术范围应限于权利要求书的内容，而另一种意见认为技术范围应根据包含对发明的详细说明的说明书整体进行判断。现行法明确专利发明的技术范围应根据权利要求书范围的记载确定。[①]

（三）中国专利法关于专利保护范围的规定

《专利法》第 59 条第 1 款规定：发明或者实用新型专利权的保护范围以其权利要求的内容为准，说明书及附图可以用于解释权利要求的内容。上述规定的基本内容，是 1984 年中国专利法制定时的规定。后来专利法经过三次修订，上述规定基本未作修改。

对于上述规定，一般认为，它包含了两层含义。以权利要求书的内容为准，指根据权利要求书的内容来确定保护范围，不能背离权利要求书的内容，不能以说明书的内容为准。说明书和附图可以用于解释权利要求，主要是指可以用说明书和附图帮助理解权利要求。它们是一个整体的两个侧面，从重要程度上看，前者占主导地位。[②]

（四）中国和日本有关规定的比较

从上述规定来看，尽管两国的规定所用语言不完全一致，但基本内容是一致的：专利权利要求是确定保护范围的基本依据，专利说明书和附图用于帮助解释权利要求书。这就使两国确定专利保护范围时，既不是根据说明书中对发明的描述，又不拘泥于权利要求书的文字。或者说，在确定专利保护范围时，既不采用中心限定的原则，也不采用周边限定的原则。而《日本专利法》中增加第 70 条第（1）项的立法目的，就是确立专利保护时的折中原则。我国专利法制定时在专利保护方法就采纳了当时已经基本被所有国家采纳的折中原则。

确定专利保护范围时的折中原则，使等同原则在确定专利保护范围时既是必要的，又是可能的。一方面，权利要求书的字面含义具有

[①] 日本特许厅.工业所有权法逐条解说［M］.2001：180.

[②] 汤宗舜.专利法教程［M］.3 版.北京：法律出版社,2003：224-225.尹新天.专利权的保护［M］.北京：专利文献出版社，1998：171.

重要意义，但如果限于字面含义，有时会产生不合理的结果，专利权会被很容易地避开。因此，有必要将专利的保护范围扩大到专利权利要求书字面含义之外。另一方面，参照说明书和附图解释权利要求，能够将专利的保护范围扩大到字面含义之外。

二、等同原则适用的历史和概况

（一）日本等同原则适用的历史和概况

日本等同原则的适用可以简单地分为三个阶段。第一阶段是 1959 年专利法修改前，这时不存在等同原则。由于旧法中没有现行法第 70 条的规定，不存在适用等同原则的必要性和可能性，因此，当时不存在适用等同原则的理论和判决。第二阶段是从 1959 年到 1998 年 2 月，等同原则经历了从争议和消极适用到被承认的过程。1961 年 5 月 4 日大阪地方法院在"发泡性 polystyrol"案中首次提出了等同原则。最初日本虽然理论上基本承认等同原则[①]，也没有直接否认等同原则的判决，但由于存在反对等同原则的学说和大量消极适用等同原则的判决，等同原则在实务上曾难以被接受。20 世纪 80 年代以后，随着国际上出现承认等同原则的趋势，日本肯定等同原则的学说越来越强。[②] 自从东京高等法院 1994 年 2 月 3 日的判决（知的裁集 26-1-34）和大阪高等法院 1996 年 3 月 29 日的判决（知的裁集 28-1-77）后，实务上出现了积极采用等同原则的趋向。[③] 第三个阶段是从 1998 年 2 月到现在，日本法院按日本最高法院提出的等同原则的要件适用等同原则。1998 年 2 月 24 日，日本最高法院就"Ball Spline"案作出了对于等同原则具有划时代意义的判决。判决中，日本最高法院撤销了认定适用等同原则的东京高等法院的原审判决，提出了适用等同原则的要件。指出：

---

① 以前理论上接受的等同原则认为，如果发明构成要件的一部分被其他要素替换，和专利发明具有同样的目的和作用效果，并且这种替换在专利申请时，是本领域技术人员从专利发明的构成中容易想到的，则这一技术与专利发明是等同的，构成专利侵权。（参见竹田稔："我国等同原则判决的动向"，载日本知识产权研究所编《关于专利权利要求调查报告书（2）》）。

② 中山信弘.工业所有权法 上（特许法）[M].日本：弘文堂，2000：393.

③ 竹田稔.我国等同原则判决的动向 [R].日本知识产权研究所.关于专利权利要求调查报告书（2）.

当被控侵权物与专利权利要求范围中记载的构成存在差异时，不能说被控侵权物属于专利的技术范围。但是，即使被控侵权物与专利权利要求范围记载的构成存在差异，在满足下列条件的情况下，被控侵权物作为专利权利要求范围记载构成的等同物，仍属于专利发明的技术范围：（1）不同的部分不是专利发明的本质部分；（2）即使将被控侵权物中的不同部分将专利发明中的相应部分进行替换，也能产生相同的作用效果、实现发明的目的；（3）上述替换对本领域普通技术人员来讲在制造被控侵权产品时是容易想到的；（4）被控侵权制品与专利发明申请时的公知技术或者本领域普通技术人员能够在专利申请日从公知技术容易推导出的技术并不相同；（5）没有诸如在专利申请过程中将被控侵权产品从专利权利要求中有意识地排除之类的特别事由。

从此，等同原则成为解释技术范围的一个基本法律原则[①]，日本下级法院都以日本最高法院在上述判决中提出的要件为依据在审判案件中适用等同原则。至 2002 年 5 月，日本下级法院涉及等同判断的案件，地方法院 73 件，日本高等法院 43 件（其中 25 件是上述地方法院案件的控诉审）。上述案件中，认定等同的案件有 6 件，只占全部案件的近 7%。[②]

（二）中国等同原则适用的历史和概况

中国等同原则的适用可以分为两个阶段。第一个阶段是从 1984 年 4 月 1 日《专利法》实施到 2001 年 6 月。当时，理论和实务界普遍接受等同原则。但由于专利法中没有关于等同原则的规定，最高人民法院也没有相应的司法解释和判决，当时适用等同原则的标准并不统一。第二个阶段是自 2001 年 7 月到现在。2001 年 6 月 22 日，最高人民法院公布了《关于审理专利纠纷案件适用法律问题的若干规定》（自 2001 年 7 月 1 日起实施），用司法解释的形式对等同原则作了规定。[③]

---

①② 竹田稔："我国等同原则判决的动向"，载日本知识产权研究所编《关于专利权利要求调查报告书（2）》。

③ 在中国，最高人民法院的判决不具有判例的作用，只作为下级人民法院判决的参考，不能被引用作为判决的依据。而法院审判工作中具体应用法律、法令的问题，由最高人民法院进行解释。最高人民法院的司法解释，具有"准法律"的作用，它不但用于指导法院处理有关纠纷（法院判决中可以引用作为判决的依据），也成为公众理解和适用有关法律的指南。

该司法解释第 17 条规定："专利法第五十六条第一款所称的'发明或者实用新型专利权的保护范围以其权利要求的内容为准，说明书及附图可以用于解释权利要求'，是指专利权的保护范围应当以权利要求书中明确记载的必要技术特征所确定的范围为准，也包括与该必要技术特征相等同的特征所确定的范围。等同特征是指与所记载的技术特征以基本相同的手段，实现基本相同的功能，达到基本相同的效果，并且本领域的普通技术人员无需经过创造性劳动就能够联想到的特征。"上述司法解释将等同原则明确为专利侵权判定的一项司法原则。但是，该司法解释并没有规定等同原则适用时的限制条件。2009 年最高人民法院制定的《关于审理侵犯专利权纠纷案件应用法律若干问题的解释》^①规定了对等同原则的限制。主要有两种限制条件：一是禁止反悔。该司法解释第 6 条的规定：专利申请人、专利权人在专利授权或者无效宣告程序中，通过对权利要求、说明书的修改或者意见陈述而放弃的技术方案，权利人在侵犯专利权纠纷案件中又将其纳入专利权保护范围的，人民法院不予支持。二是捐献规则。该司法解释第 5 条规定：对于仅在说明书或者附图中描述而在权利要求中未记载的技术方案，权利人在侵犯专利权纠纷案件中将其纳入专利权保护范围的，人民法院不予支持。

上述两个司法解释，为等同原则的适用确立的依据和规则。自此以后，各级人民法院依据上述规定审理了大量涉及等同原则的案件。总体来说，认定构成等同的比例比日本高。

三、认定等同的要件

日本最高法院在"Ball Spline"案中提出了认定等同的五个要件。下面以日本最高法院提出的五个要件的顺序，对中国和日本认定等同的要件进行比较。

（一）非本质部分

1. 日本专利法中的"非本质部分"

日本最高法院在"Ball Spline"案中提出适用等同原则的第一个要件是"不同的部分不是专利发明的本质部分"。这一要件，要求被控侵

---

① 2009 年 12 月 21 日最高人民法院审判委员会第 1480 次会议通过，法释〔2009〕21 号。

权物与专利具有相同的技术思想。[①] 在此前的学说中，一般认为"置换可能性"和"置换容易性"是认定等同的主要要件。"非本质部分"是日本最高法院在该判决中新增加的要件。在该判决作出时担任最高法院调查官的三村量一法官对此的解释是，如果将侵害发生时作为判断等同的基准时间，只以置换可能性和置换容易性作为要件，等同成立的范围会很广泛。在被控侵权物不具备产生专利发明特有的作用效果的本质部分时，这种被控侵权物与专利发明的技术思想不同，不能说是与专利发明的构成实质同一。[②]

自从日本最高法院提出"非本质部分"这一要件后，下级法院有很多对这一要件解释的判决。东京地方法院 1999 年 1 月 28 日的"徐放性 Dicrofenac Sodium 制剂事件"判决（判时 1664-109）是较早对此进行解释的判决：专利发明的本质特征是指在专利发明范围记载的专利发明的构成中，成为该专利发明特有课题解决手段的基础的特征部分。也就是说，如果这一部分被其他构成要件替换，从整体上看，将与该专利发明的技术思想不同。……并且，考虑到发明是通过各构成要件的有机结合才产生特定作用效果这一事实，在判断被控侵权物的不同部分是否是专利发明的本质部分时，不能从形式上将专利权利要求书中记载的一部分取出来，而是将专利发明与在先技术进行对比，以确定专利发明中课题解决手段的特征性原理，从被控侵权物的解决手段与专利发明的解决手段的原理实质上属于同一原理还是不同的原理考虑，进行判断。

东京地方法院 2000 年 3 月 23 日的"生海苔异物分离除去装置事件"判决（判时 1738-97）是肯定"非本质部分"要件的代表性判决。"从专利申请时的技术水平看，从生海苔混合液中除去垃圾、虾、网丝等异物，是在先技术中还没有完全解决的技术问题。本件专利发明 1 采用了下列方案：在容器底部设计了运用驱动手段使之回转的回转板，利用离心力使比海苔比重大的异物集结在容器底部一角，生海苔从回转板与环状组织板之间的圆周状空隙中排出容器，这一解决问题的手段是特有的、在先技术中未见的。因此，本件专利发明 1 的中心的特征部分是，在容器底部设计的运用驱动手段使之回转的回转板与环状

① 中山信弘，小泉直树. 新注解特许法：上卷［M］. 日本：青林书院，2011：1091.

② JURIST 1143 号（1998 年 6 月 1 日号）。

组织板之间有一定的间距。在构成要件 B 中，环状组织板的'内周边缘''内嵌'回转板。环状组织板与回转板的具体位置关系（即与被告制品不同的部分）不应认为是本质的部分，即如果被替换，作为整体将构成与本件发明 1 不同的技术思想的部分。"

日本知识产权高等法院 2009 年 6 月 28 日判决的"高尔夫俱乐部案件"① 中，一、二审法院对于"非本质部分"的认定有不同意见。东京地方法院在一审判决中对专利权利要求中"缝合材料"这一技术特征的解释是，"在本发明中的缝合材料，将金属外壳材料和纤维强化塑料外壳材料结合，是解决本发明课题的特征性部分。这样的缝合材料，形成本发明的本质部分。"而被控侵权物使用的是"碳纤维组成的短小碎片"使球棒面和杆头相结合，是对发明本质部分的替换。二审法院认为，从技术的观点来看，"缝合材料"的意思是金属外壳中两件以上的构成部分有通过贯通孔，并且至少两处以上与纤维强化塑料外壳材料相连接。在该要件中，"有两个以上而不是一个贯通孔"和"至少两处连接点"是本发明特征的重要组成部分，缝合材料并不是本发明的本质部分，因此推翻了一审判决。

从日本法官的论述和上述判决看，认定被控侵权物与发利发明的不同部分是否是"非本质部分"，要看被控侵权物解决特定技术问题所采用的技术思想与专利发明的技术思想是否同一。如果技术思想具有同一性，则说明不同的部分是"非本质部分"，可以适用等同原则；反之，如果技术思想不同，则说明不同的部分是本质部分，不可以适用等同原则。这就是说，不能仅通过专利权利要求书中某一技术特征的比较来认定。② 但是，在具体要求认定发明本质部分时，要根据专利权利要求的记载，在技术特征对比的基础上进行。③

在前面提到的自 1998 年到 2002 年 5 月日本法院涉及等同原则的116 件案件中，有 67 件是因为不符合"非本质部分"这一要件而被认

---

① 日本知识产权高等法院平（ネ）10006 号。

② 2004 年 12 月 17 日，东京高等法院法官设乐隆一在与笔者座谈时也指出，对于最高法院提出的"非本质部分"要件，有"技术特征"和"技术思想"两种理解。最高法院判决的本意，"非本质部分"是就专利发明的技术思想而言的，而不是指某一具体的技术特征。法院在判决中也大多是从技术思想是否相来认定不同的部分是否是专利发明的"非本质部分"。

③ 中山信弘，小泉直树.新注解特许法：上卷［M］.日本：青林书院，2011：1093.

定不适用等同原则的。因此，这一要件是适用等同原则的最大障碍。①
在1998年最高法院提出等同五要件之后的认定不构成等同的案件中，
一半以上的案件是因为不符合这一要件。②

2. 中国专利法中的"基本相同的手段"

在中国《最高人民法院关于审理专利纠纷案件适用法律问题的若
干规定》规定的适用等同原则的要件中，没有关于"非本质部分"这
一要件的规定。与"非本质部分"有联系的是该司法解释中"基本相
同的手段"的规定。

从司法解释的条文看，"基本相同的手段"指的是被控侵权物的某
一技术特征在实现专利相应技术特征的功能、效果时，所采用的手段
基本相同。因此"基本相同的手段"是针对技术特征而言的，而不是
针对整个技术方案而言的。法院在司法中一般也只考虑被控侵权物中
的不同技术特征与专利发明的相应技术特征相比，其手段是否相同。
例如，在严培义与宁波市北仑新港冶金机械有限公司侵犯发明专利权
纠纷审案中，最高人民法院就是从技术特征的功能分析其实现手段的，
"从实现功能的手段来看，两者存在较大差异。本案专利的技术方案是
通过气缸拉动摆块进行转动，实现摆块的复位；而被诉侵权产品采用压
簧、推杆、摆块之间联动的方式，即在推杆与横臂之间安装压簧，推
杆与摆块连接，利用压簧的回复力带动推杆，推杆再带动摆块转动，
实现摆块复位"。③但是，有时法院会对整体技术方案的"手段"进行
比较。例如，宁波市东方机芯总厂诉江阴金铃五金制品有限公司侵犯
专利权纠纷案中，最高人民法院指出，"被控侵权的产品和方法与专利
相比，在工作原理、方法上是一样的，导向板和防震限位板这两个重
要零件的主要工作面的结构形状是相似的；二者技术特征的不同之处，
对于具有机械专业知识的普通技术人员而言，无需经过创造性的劳动
就能实现。据此，可以认定二者在技术手段上基本相同"。④

对于"基本相同的手段"的含义，最高人民法院的司法解释没有

---

① 竹田稔.我国等同原则判决的动向［M］//知识产权研究所.关于专利权利要求调查报告
书（2）.
② 中山信弘，小泉直树.新注解特许法：上卷［M］.日本：青林书院，2011：1091.
③ 最高人民法院（2012）民申字第198号民事裁定.
④ 最高人民法院（2001）民三提字第1号判决.

作出更详细的规定。在法院认定等同的案件中，很少有判决对认定"基本相同手段"的理由进行分析。而在未认定构成等同的案件中，以"手段"不同而否定适用等同原则的判决并不多。即使法院认定被控侵权物与专利不属于"基本相同的手段"，具体的分析也很少。例如，在薛胜国与赵相民、赵章仁实用新型专利侵权纠纷案中，最高人民法院认定，虽然两者均具有通过支撑架支撑揉面锤，动力驱动装置通过曲柄连杆机构带动揉面锤的支撑架上下运动的基本功能，但从二者揉面锤的工作原理和运动方式来看，显属采用了不同的技术手段，不应认为是采取了基本相同的手段。[①] 而在有些判决中，法院在认定技术手段时，有时对具体技术内容没有进行仔细区分。例如，在宁波悦祥机械制造有限公司与上海昶意机械制造有限公司侵害发明专利权纠纷案中，最高人民法院认定，"在实现'控制前车架和后车架间夹角变化'时，被诉侵权产品所采用的技术手段是，在气弹簧的通孔部分增加了一个可以从外部控制通孔导通和截止的气流阀门，从而通过对气流阀的开合来控制活塞杆的位置，进而控制气弹簧的总体长度。由于被诉侵权产品通过气流阀控制拉伸，所采用的技术手段相对于涉案专利公开的限定插销与插销孔以及伸缩杆与伸缩套管结构的配合关系来实现拉伸的锁定装置相比，二者采用的手段既不相同，也不等同"。[②]

3. "非本质部分"与"基本相同手段"的比较

如果"基本相同的手段"是针对整个技术方案而言，则它与日本专利法中"非本质部分"的含义非常相似。因为就专利发明而言，其解决技术问题的"手段"就是其基本技术思想，"基本相同的手段"说明技术思想基本相同，也说是说被控侵权物与专利发明的不同部分是"非本质部分"。

但是，从司法解释和法院的判决看，"基本相同的手段"是针对具体技术特征而言的，它与日本专利法中的"非本质部分"有明显的区别。在某些情况下，对是否等同产生争议的技术特征恰恰是反映发明技术思想的部分，是否属于"基本相同的手段"会与日本的"非本质部分"有关联。但二者考虑的出发点和得出的结论仍会不同。"基本相同的手段"主要考虑技术特征实现其功能、作用的方式；而"非本质部

---

① 最高人民法院（2009）民申字第 1562 号裁定。
② 最高人民法院（2013）民申字第 366 号裁定。

分"则将考虑发明解决技术问题的技术思想。"基本相同的手段"是所有等同特征都适用的条件；而"非本质部分"只是适用于发明的本质部分。"基本相同的手段"是认定等同特征的条件之一，即使与专利中体现发明思想的技术特征不同，仍然可以认定为等同特征；而"非本质部分"则是认定等同的否决条件，如果与专利中体现发明思想的技术特征不同，就不可能认定为等同特征。

日本专利侵权判断中，"非本质部分"则是认定等同的最重要条件。正是由于这一条件，限制了等同特征的认定，使等同的适用条件非常严格。中国专利侵权判断中，"以基本相同的手段"并非一个重要的条件。

（二）置换可能性

1. 日本专利法中的"置换可能性"

日本最高法院在 Ball Spline 案中提出的适用等同原则的第二个要件是"置换可能性"，即"即使将被控侵权物中的不同部分将专利发明中的相应部分进行替换，也能产生相同的作用效果、实现发明的目的"。可见，这里所说的"作用效果"相同，指的是将不同的部分进行替换后，整个技术方案的作用效果相同，仍能实现发明的目的。在确定置换可能性时，考虑点不是与发明人主观意图的相同，而是从说明书看与发明的概念或效果相同。①

日本曾有因结果在数量上与专利发明有六七倍的差距从而以作用效果不同否定等同适用的判决②，于是便产生了作用效果是指质的作用效果（定性的作用效果）还是量的作用效果（定量的作用效果）的问题。学者的主张是，如果发明的本质是质的作用效果，则用定性的作用效果来判断置换可能性；如果发明的本质是量的作用效果，则用定量的作用效果来判断置换可能性。③

日本最高法院的判决中对置换可能性使用了作用效果"同一"这

---

① 中山信弘.工业所有权法（特许法）[M].日本：弘文堂，1998.

② 大阪高等法院，昭 47.6.26，无体集 4 卷 1 号，第 340 页。

③ 小谷悦司.Ball Spline 最高法院判决提出的等同原则适用要件（1）和（2）的意义及今后的课题[M]// 村林隆一，小谷悦司.特许裁判的等同原则，日本：经济产生调查会，2003：26.

一概念，从其后下级法院的判决看，并不要求被控侵权物与发明专利的作用效果完全一致。有的案件中,被控侵权物实现的发明的作用效果，还产生了附加的作用效果，法院仍认为产生相同的作用效果。①

在前面提到的自 1998 年到 2002 年 5 月日本法院涉及等同原则的 116 件案件中，有 26 件是因为不符合"置换可能性"这一要件而被认定不适用等同原则的。②

2. 中国专利法中的"置换可能性"

中国最高人民法院《关于审理专利纠纷案件适用法律问题的若干规定》规定的等同特征的要件之一是，与专利权利要求中所记载的技术特征"实现基本相同的功能，达到基本相同的效果"。从字面看，上述司法解释指的是被控侵权物中的替换技术特征与专利权利要求书中的技术特征，在"功能、效果"方面基本相同。最高人民法院对此的解释也是，"等同特征与权利要求书中明确记载的技术特征必须在手段、功能和效果三个方面都没有实质区别，而是简单的替换或者变换"。③但是，对于功能和效果的分析，不能离开技术方案而只分析某个技术特征。因此，在认定功能和效果是否基本相同时，法院一般考虑专利技术特征在实现专利的目的中的功能，看被控侵权物中的替换特征是否实现基本相同的功能。实践中，在进行"功能、效果"的对比时，法院一般也是就技术特征在技术方案中的功能进行对比，将被控侵权技术与专利技术的效果进行对比。④

上述司法解释中使用了功能、效果"基本"相同的术语，说明并非要求功能、效果完全相同。最高人民法院在（2001）民三提字第1号判决中指出：人民法院在认定等同物替换的侵犯专利权行为时，对被控侵权产品和方法的效果与专利的效果进行对比是必要的，但在比较二者的效果时，不应强调它们之间完全相同，只要基本相同即可。

---

① 东京地方法院2000年3月23日的"生海苔异物分离除去装置事件"判决,东京地方法院 1998 年 10 月 7 日的"负荷装置事件"判决。

② 竹田稔："我国等同原则判决的动向",载日本知识产权研究所编《关于专利权利要求调查报告书（2）》。

③ 最高人民法院《关于审理专利纠纷案件适用法律问题的若干规定》条文释义［M］//曹建明.新专利法司法解释精解，北京：人民法院出版社，2002.

④ 例如,最高人民法院的（2001）民三提字第1号案中,认定被控侵权物的防震限位板与专利技术导向板所要实现的功能基本相同，被控侵权物与专利技术所达到的技术效果也基本相同。

在增加了新的技术效果时，如果这一技术效果是本领域技术人员预料到的，仍认定构成等同。例如，在济南一把手有限公司与修昌珉侵害发明专利权纠纷案中，最高人民法院认定，被诉侵权产品由于在固定套上端增设凸台，导致护套长度变短，产生节省材料的效果，但是这种效果是本领域普通技术人员在进行上述技术手段选择时通常可以预料到的。因此，被诉侵权产品采用的上述技术手段及其功能和效果对于本领域普通技术人员来说是无需付出创造性劳动就可以联想到的。[①]

但是，在某些情况下，被侵权物新增加的功能会影响到某一技术特征功能、效果是否基本相同的认定。例如，在刘少宏与梁均培侵犯实用新型专利权纠纷案中，最高人民法院认定，由于被控侵权产品中的"导电橡胶条"兼具信号输入和输出功能，因而和本案专利相比，被控侵权产品减少了部件，简化了结构，信号的输入输出更加稳定可靠，达到的技术效果与本案专利也不相同。因此，被控侵权产品未落入本案专利的等同保护范围。[②]在陕西竞业玻璃钢有限公司与被申请人永昌积水复合材料有限公司侵犯实用新型专利权纠纷案中，最高人民法院认定，由于被诉侵权产品中的插口管外径呈不规则台阶状，一方面导致插口管外径与钢套环之间并不能紧密配合，无法实现增强管道连接密封性的功能和效果；另一方面能够在管外径与钢套环之间形成供减阻砂浆通过的环形空间，使得从注浆孔中注入的减阻砂浆可以经由该环形空间均匀分布在管道周围，形成润滑套，实现减少管道外壁与土壤间的摩擦阻力，提高管道顶进效率的有益功能和效果。因此，被诉侵权产品中技术特征"插口管外径呈不规则台阶状"所实现的功能和效果，与权利要求1中"管头和管尾管径一致"所实现的功能和效果具有实质性的差异，二者不属于等同的技术特征，被诉侵权产品没有落入涉案专利权的保护范围。[③]

3. "置换可能性"的比较

在"置换可能性"这一要件上，中国和日本的共同之处是就"作用（功能）效果"进行比较，并且在比较时都不要求作用效果的完全

---

① 最高人民法院（2012）民申字第 1339 号裁定。
② 最高人民法院（2011）民申字第 438 号裁定。
③ 最高人民法院（2010）民申字第 181 号裁定。

一致。不同之处在于：日本法强调发明目的的实现，因此，作用效果的相同是就实现发明目的而言的；而中国法强调技术特征之间的对比，从字面看作用效果的基本相同是就技术特征而言的，而在实际判决时有时也会考虑整个技术方案的功能效果。

（三）置换容易性

1. 日本专利法中的"置换容易性"

日本最高法院在 Ball Spline 案中提出的适用等同原则的第三个要件是"置换容易性"，即"上述替换对本领域普通技术人员来讲在制造被控侵权产品时是容易想到的"。对于这一要件的合理性，日本学者认为，由于等同原则是以牺牲专利的信赖性而对专利权人提供保护，因此只有本领域技术人员容易想到的置换才属于侵权，除此之外则是允许的行为。[①]

对于本领域普通技术人员（当业者）所应具有的技术水平标准，日本最高法院在上述判决中没有明确，其后下级法院的判决中也没有涉及。学者认为，本领域普通技术人员的技术水平应是一个客观的标准，不因被控侵权人技术水平的不同而不同。对于具体标准，有学者认为应考虑到生产者和销售者，以平均工程师作为本领域的普通技术人员。[②]有人认为，应以平均技术者作为判断主体。[③]

对于置换容易性的程度，日本最高法院的判决和其后下级法院的判决中都没有明确。学说上有"进步性同一说""发明同一说"和"中间说"等主张。[④]其中多数人的意见是中间说，即认为置换容易指的是本领域普通技术人员不经过特别努力就能够想到的。也有学者认为，

---

① 中山信弘，小泉直树.新注解特许法（上卷）[M].日本：青林书院，2011：1098.

② 中山信弘.工业所有权法（特许法）[M].北京：弘文堂，1998.

③ 小谷悦司.Ball Spline 最高法院判决提出的等同原则适用要件（1）和（2）的意义及今后的课题 [M] // 村林隆一，小谷悦司.特许裁判的等同原则.日本：经济产生调查会，2003：52.

④ 同上，第52页。"进步性同一说"认为，置换容易性与作为专利成立要件之一的《特许法》第29条第（2）项的进步性相同，如果转换的技术具有创造性，则不属于等同的范围。"发明同一说"认为，置换容易性指本领域普通技术人员当然知道与发明具有同一性，包括单纯惯用手段的添加、转换、删除以及单纯材料的变换等。"中间说"认为，置换容易性的程度比进步性小，是本领域普通技术人员不经过特别努力就能够想到的。

置换容易性的程度因案而异，难以确定抽象的标准。①

对于置换容易性的判断时间，"申请时"说曾在日本占优势地位。最高法院的判决中明确了以"侵害时"作为判断时间，其后下级法院的判决也都以"侵害时"作为判断时间。对于为什么以"侵害时"作为置换容易性的判断时间，日本最高法院在 Ball Spline 案判决中指出：在专利申请时，预想到所有侵害形态并在专利权利要求书中记载是极其困难的，对方利用专利申请后知悉的物质、技术将专利权利要求中记载的一部分替换时，专利权人如果不能行使要求停止侵害的权利，会挫伤社会公众的一般发明欲望，会违反通过保护和奖励发明促进产业发达的专利法目的，产生违反社会正义和衡平理念的结果。以"侵害时"作为判断时间，本领域普通技术人员的知识随技术的进步而增加，容易想到的范围也随时间而扩大，其结果是使等同的范围扩大，利于对专利权人的保护。但这可能会将专利权人在当初发明时不包含的内容或他人在以后发明的内容都纳入专利权人独占权的范围中。②另外，将侵害时作为置换容易性的判断时间，在不同时间发生的侵权案件中专利权的保护范围会不同，也就是说，专利权的保护范围不是一个固定的范围，而是随时间而扩大。

在前面提到的自 1998 年到 2002 年 5 月日本法院涉及等同原则的116 件案件中，有 18 件是因为不符合"置换容易性"这一要件而被认定不适用等同原则的。③其中，在其他要件已经满足或者没有对其他要件进行判断而仅仅以不符合"置换容易性"的要件而认定不适用等同原则的 3 件。

2. 中国专利法中的"置换容易性"

中国最高人民法院《关于审理专利纠纷案件适用法律问题的若干规定》规定的等同特征的要件之一是，等同特征是"本领域的普通技术人员无需经过创造性劳动就能够联想到的特征"。

对于本领域普通技术人员的含义，最高人民法院的解释是"所谓普通技术人员，是一个抽象的概念，应当以侵权发生期间该专利所属

---

① 中山信弘，小泉直树.新注解特许法（上卷）[M].北京：青林书院，2011：1100.

② 中山信弘.工业所有权法（特许法）[M].日本：弘文堂，1998.

③ 竹田稔.我国等同原则判决的动向 [M]//知识产权研究所,关于专利权利要求调查报告书（2）.

领域的平均知识水平为标准衡量，是指具有该技术领域中的一般知识和能力的技术人员,既不是该领域的技术专家,也不是不懂技术的人"。①

对于判断时间，最高人民法院的上述司法解释没有作出规定。对此,学术界有申请日（包括优先权日）、公开日和侵权日等不同的主张。② 在法院涉及等同的判决中，大部分都没有明确是以什么时间标准判断是否等同的，只有个别案例中涉及判断等同的时间。③ 不管判决书中有无载明，实际上大多数法院都以侵权日作为判断等同的时间，笔者没有发现用申请日或公开日作为判断等同时间的判决。正在制定中的最高人民法院关于专利侵权的司法解释也准备将"侵权行为发生时"作为判断等同的时间。

对于"置换容易性"的程度，最高人民法院的司法解释中规定了"无需经过创造性劳动就能够联想到的"标准。

"无需经过创造性劳动就能够联想到的"与手段、功能、效果三个基本相同，是认定等同的并列条件。"在判断被诉侵权产品的技术特征与专利技术特征是否等同时，不仅要考虑被诉侵权产品的技术特征是否属于本领域的普通技术人员无需经过创造性劳动就能够联想到的技术特征，还要考虑被诉侵权产品的技术特征与专利技术特征相比，是否属于基本相同的技术手段，实现基本相同的功能，达到基本相同的效果，只有以上两个方面的条件同时具备，才能够认定二者属于等同的技术特征。"④

从法院适用"置换容易性"的情况看，在法院认定等同的判决中，一般是在认定以基本相同的手段、实现基本相同的功能、达到基本相同的效果后，再作出是本领域普通技术人员无需经过创造性劳动就能够联想到的认定，但对于作出认定的理由阐述较少。在法院否认等同

---

① 最高人民法院《关于审理专利纠纷案件适用法律问题的若干规定》条文释义 [M]//曹建明.新专利法司法解释精解，北京：人民法院出版社，2002.

② 刘惠明.试论确定专利保护范围的等同原则 [J].外国法译评,1999（4）；曲三强.专利侵权的等同原则研究 [J].现代财经，2002（9）；张泽吾.专利侵权诉讼中判断等同的标准和时间 [J].湖北省社会主义学院学报，2003（5）.

③ 如北京市中级人民法院（1993）中经知初字第390号民事判决中，认定被告利用电子技术的发展，采用了与专利权利要求里的必要技术特征不同的实体实现手段，属于等同的技术方案。

④ 陕西竞业玻璃钢有限公司与被申请人永昌积水复合材料有限公司侵犯实用新型专利权纠纷案，最高人民法院（2010）民申字第181号。

的判决中，一般是在认定手段、功能或效果不同后，再作出不是本领域普通技术人员无需经过创造性劳动就能够联想到的认定。笔者没有发现一例认定"手段、功能、效果"基本相同后，又以不是本领域普通技术人员"无需经过创造性劳动就能够联想到的"为由，否定等同的判决。

3. 关于"置换容易性"的比较

从上面的分析可以看出，中国和日本在专利等同原则的"置换容易性"方面，参照判断的主体和判决的时间基本相同①，置换容易性的程度在文字上稍有区别，中国司法解释中规定了"无需经过创造性劳动就能够联想到的"，日本最高法院判决中提到了"容易想到的"，但在其实质意义上并无区别。

从两国适用这一要件的情况看，单独以这一要件不满足而否定等同原则适用的案件都不多。

（四）非公知技术

1. 日本专利法中的"非公知技术"

日本最高法院在 Ball Spline 案中提出的适用等同原则的第四个要件是"非公知技术"，即"被控侵权制品与专利发明申请时的公知技术或者本领域普通技术人员能够在专利申请口从公知技术容易推导出的技术并不相同"。

对于这一要件的理由，日本最高法院在判决中指出：专利发明申请时的公知技术或者本领域普通技术人员能够在专利申请日从公知技术容易推导出的技术，本来就是任何人都不能取得专利权的，这种技术不能包括在发明专利的技术范围之内。

适用这一要件的典型判决如地方高等法院 2001 年 11 月 28 日判决的"三脚脚立案件"。②法院在判决中指出，"被控侵权产品与涉案实用新型之前申请的实用新型的说明书和附图中的方案相同，属于申请日的公知技术。应当认为，被控侵权产品没有落入涉案实用新型相等同的范围"。

对于这一要件中"容易推导"的判断基准，一般认为，它与《日

---

① 当然，中国"置换容易性"的判断时间还有待通过司法解释明确。
② 判时 1178 卷 130 号。

本专利法》第29条第（2）项中的创造性的判断标准相当。① 具体来说，将被控侵权物的构成用假想的权利要求的文字表现出来，再与专利发明进行对比后，抽取其中相关内容，再与公知技术进行对比看是否是容易想到的。②

从东京地方法院2000年3月23日的"生海苔异物分离除去装置事件"判决看，容易推导比较的不是公知技术和被控侵权物中的置换部分，而是被控侵权物的技术方案。

在前面提到的自1998年到2002年5月日本法院涉及等同原则的116件案件中，只有2件是因为不符合"非公知技术"这一要件而被认定不适用等同原则的。③

2. 中国专利法中的现有技术抗辩

中国曾使用公知技术抗辩和现有技术抗辩两种用法。严格来说，二者的含义有区别，因为现有技术的范围比公知技术的范围大。但一般并没有将这两个概念做严格的区分。在2008年中国专利法第三次修改之前，一般使用"公知技术抗辩"，专利法第三次修改时正式使用了"现有技术抗辩"，从此，一般都使用现有技术抗辩的概念。本文中将这两个概念不做严格区分。中国专利侵权中的现有技术抗辩，经历了从不承认到承认，再到法律明确规定的过程。最初，中国专利侵权判决中，并不承认现有技术抗辩。后来，最高人民法院主张在专利侵权判决中适用公知技术抗辩。原最高人民法院副院长曹建明在2002年指出，"被控侵权人以公知技术抗辩成立的，应当认可该抗辩理由。……对于更接近公知技术而与专利技术有一定差别的，应当认定不构成侵权"。④ 上述讲话代表了最高人民法院的意见。从讲话中可以看出，在适用等同原则涉及公知技术抗辩时，应将被控侵权技术与公知技术和专利技术进行对比，看被控侵权技术与哪个技术更接近。如果被控侵权技术与公知技术接近，但与专利技术有一定区别，就不能认定被告

---

① 特许第2委员会第1小委员会："等同五要件有关论点分析及注意点"，载《知财管理》2001年第51卷。

② 中山信弘，小泉直树.新注解特许法：上卷［M］.日本：青林书院，2011：1102.

③ 竹田稔.我国等同原则判决的动向［M］//知识产权研究所.关于专利权利要求调查报告书.

④ 曹建明："正确实施知识产权法律，促进科技进步和经济发展 加快推进社会主义现代化建设——在全国法院知识产权审判工作座谈会暨优秀知识产权裁判文书颁奖会上的讲话"（2002年10月15日）。

侵权。其后，下级法院按照上述规则审理了一些涉及等同原则和公知技术抗辩的案件。

2008年中国《专利法》修改时增加了第62的规定：在专利侵权纠纷中，被控侵权人有证据证明其实施的技术或者设计属于现有技术或者现有设计的，不构成侵犯专利权。上述规定，正式确立了我国专利侵权判断中的现有技术抗辩。根据上述规定，现有技术抗辩可以适用于相同侵权和等同侵权。

最高人民法院在《关于审理侵犯专利权纠纷案件应用法律若干问题的解释》第14条对现有技术抗辩的适用做了更详细的规定：被诉落入专利权保护范围的全部技术特征，与一项现有技术方案中的相应技术特征相同或者无实质性差异的，人民法院应当认定被诉侵权人实施的技术属于《专利法》第62条规定的现有技术。从这一规定可以看出，现有技术抗辩的对比对象是被诉落入专利权保护范围的全部技术特征，而不是被控侵权人实施技术的全部技术特征；被引用的现有技术只能是一项，不能将多项现有技术组合起来与被控侵权技术进行对比；判断的标准是"相同或者无实质性差异"，在实践中可以参照等同的标准掌握。[①] 这一标准，应该比创造性标准低，是介于新颖性和创造性之间的标准。

3. 关于"非公知技术"的比较

中国和日本都将"非公知技术"作为限制以等同原则认定侵权的要件，其目的和结果都是将与公知技术相同或近似的技术排除在专利的保护范围之外。并且在适用时，都是将被控落入专利保护范围的所有技术特征与现有技术进行对比。

但在这一要件的适用上两国存在一定的差别。首先，日本使用了"容易想到"的用语，并且使用了类似于创造性判断的标准；中国司法解释中用了"无实质性差异"的标准。其次，日本对是否可以使用多份现有技术进行对比，并没有明确的结论。但从创造性的判断来说，一般就是多对一的对比。因此，在是否属于"非公知技术"时，也可以将多份现有技术与被控侵权物进行对比。从这两个方面的区别可以看出，中国认定现有技术抗辩的条件比日本严格，难度也更大。反过

---

① 孔祥俊,王永昌,李剑《最高人民法院关于审理侵犯专利权纠纷案件应用法律若干问题的解释》适用的若干问题［J］.电子知识产权,2010（2）.

来说，中国认定构成等同更容易。

（五）特别事由与禁止反悔

1. 日本专利法中的特别事由

日本最高法院在 Ball Spline 案中提出的适用等同原则的第五个要件是特别事由，即"没有诸如在专利申请过程中将被控侵权产品从专利权利要求中有意识地排除之类的特别事由"。

对于这一要件的理由，日本最高法院在判决中指出：如果在专利申请过程中，专利权人有意识地将某一技术排除在专利权利要求的范围之外，则对专利权人来说已经承认该技术不在专利技术的范围之内。或者专利权人从事了从表面来看可以这样理解的行为时，专利权人在其后作出相反的主张时，应根据禁止反悔的理论不予允许。

从日本最高法院的判决及其后下级法院的判决看，不管专利权人为什么目的①，只要专利权人在专利申请过程中对权利要求进行了缩减，有意识地排除了某些技术，则可以适用这一要件，否定等同原则的适用②。

除了在专利申请过程中对专利权利要求进行限缩修改的情况外，还有一种情况是在申请时专利权人有意识限定的情况。也就是，对本领域普通技术人员来说，将专利申请时已知的物质、技术进行置换的情况，在专利申请时或申请过程中修改时，将这种形态包含在专利权利要求中是很容易的，但专利申请人没有这样做。③在专利权人申请时有意识限定的情况下，日本法院已作出根据第五要件排除等同原则适用的判决。④

对于专利权利要求中没有记载，但专利说明书中已经记载的实施例，当被控侵权物与该实施例相当时，能否认定为等同侵权，日本法

---

① 其中包括为避免违反《日本专利法》第29条，为避免违反《日本专利法》第36条，或只是过度缩减了权利要求等。

② 参见日本知识产权协会特许第2委员会第1小委员会："等同五要件有关论点分析及注意点"，载《知财管理》，2001年第51卷。

③ 参见三村量一："最高法院判例解说"，载《法曹时报》第53卷6号第165页、第209页、第201页。

④ 例如，东京地方法院1999年5月31日的"Grab式浚泄船移动方法事件"判决，大阪高等法院1998年9月4日的"窗开关操作用押扣事件"的判决，等。

院并没有作出相应的判决，但日本学者认为，出于专利权利要求的禁止权的公示机能考虑，可以将专利申请之外的方案作为有意识除外的特别事由。①

同一专利权人对类似技术其他专利的申请及修改，能否成为导致第五要件适用以否定其他专利中的等同原则，在日本最高法院 Ball Spline 判决前曾有法院作出过肯定的判决。② 其后，没有判决涉及这个问题。对此，有的学者认为，可以参考同一专利权人对类似专利技术的其他专利的申请过程，不排除适用第五要件的可能。③ 也有人认为，同一人就类似技术申请的专利是另一个专利，两个专利申请之间没有直接的关系，在没有特殊情况时，不能适用第五要件。④

另外，日本法院的判决中还承认专利权人在专利申请过程中的意见书、答辩书中的主张，可以导致第五要件的适用。⑤

在前面提到的自 1998 年到 2002 年 5 月日本法院涉及等同原则的116 件案件中，因为不符合特别事由这一要件而被认定不适用等同原则的有 28 件，这一要件是等同原则适用的第二大障碍。⑥

2. 中国专利法中的禁止反悔原则和捐献规则

《中国专利法》中没有关于用禁止反悔原则的规定。很长时间以来，理论和实践中一直承认禁止反悔是等同原则的限制条件。2009 年最高人民法院制定的《关于审理侵犯专利权纠纷案件应用法律若干问题的解释》规定禁止反悔原则和捐献规则。

根据该司法解释第 6 条的规定，专利权人对其在授权或无效宣告程序中已放弃的内容，不能通过等同原则的适用再纳入专利权的保护范围。专利申请人、专利权人客观上所作的限制性修改或者意见陈述，该修改或者陈述是权利人主动还是应审查员要求所为，与专利授权条

---

① 中山信弘，小泉直树．新注解特许法：上卷［M］．日本：青林书院，2011：1108.

② 大阪地方法院 1992 年 8 月 27 日"鱼卵巢取出装置事件"判决。

③ 吉藤幸朔．特许法概说［M］.13 版．日本：有斐阁，1998：489.

④ 日本专利代理人协会中央知识产权研究所：《均等论》，2002 年 12 月，第 36 页。

⑤ 相关判决如，东京高等法院 2000 年 3 月 23 日"扩大摄像装置照明用导光装置事件"判决，东京地方法院 1998 年 10 月 30 日的"支持真柱建筑工法事件"判决，东京地方法院 1998 年 10 月 30 日"检体血清的 CRP 值检定方法事件"判决。

⑥ 竹田稔："我国等同原则判决的动向"，载知识产权研究所编《关于专利权利要求调查报告书（2）》。

件是否具有法律上的因果关系以及是否被审查员最终采信，均不影响该规则的适用。① 但是，禁止反悔适用于专利权人主动放弃的情形。不应当以从属权利要求所从属的权利要求被无效，而简单地认为该从属权利要求所确定的保护范围即受到限制。若专利复审委员会认定独立权利要求无效、在其从属权利要求的基础上维持专利权有效，且专利权人未曾作上述自我放弃，则在判断是否构成禁止反悔原则中的"放弃"时，应充分注意专利权人未自我放弃的情形，严格把握放弃的认定条件。②

根据该司法解释第 5 条的规定，对于说明书记载而权利要求未记载的技术方案，视为专利权人将其捐献给社会公众，不得在专利侵权诉讼中主张上述已捐献的内容属于等同特征所确定的范围。司法解释中确立捐献规则的理由是：专利申请人有时为了容易获得授权，权利要求采用比较下位的概念，而说明书及附图又对其扩张解释。专利权人在侵权诉讼中主张说明书所扩张的部分属于等同特征，从而不适当地扩大了专利权的保护范围。实际上，这是一种"两头得利"的行为。专利制度的价值不仅要体现对专利权人利益的保护，同时也要维护权利要求的公示作用。因此，捐献规则的确立，有利于维护权利要求书的公示性，平衡专利权人与社会公众的利益关系。③

3. 特别事由和禁止反悔及捐献规则的比较

作为限制等同原则适用的一个要件，日本法中的特别事由和中国法中的禁止反悔原则非常相似。两国都不区分专利权人对权利要求作出限制的原因，都将专利权人的有关修改或陈述作为依据。日本已经将专利权人申请人的特意排除作为"意识除外"的一种情形，中国也准备承认这一点。日本在理论上认可的捐献规则，中国已经有明确的司法解释。

两国这一要件的不同之处在于，日本最高法院在判决中只是将意识除外作为明确列举的"特别事由"，从理论上来说，特别事由还可以包括除意识除外之外在其他理由。中国虽然在司法解释中规定了禁止反悔原则和捐献规则，但并没有将它作为适用等同原则时的一个要件进行命名。

①②③　孔祥俊,王永昌,李剑.《最高人民法院关于审理侵犯专利权纠纷案件应用法律若干问题的解释》适用的若干问题 [J].电子知识产权, 2010（2）.

四、法院在审判过程中对等同原则的适用

等同原则是法院在审判中创立的，并主要适用在审判中。因此，法院如何适用等同原则是值得研究的重要内容。

（一）等同原则的适用是原则还是例外

等同原则的适用是原则还是例外，决定了法院是否主动适用等同原则。如果等同原则的适用是原则，则法院在每个专利侵权案件中都应考虑是否适用等同原则；如果等同原则的适用是例外，则法院只在特殊情况下考虑是否适用等同原则，不必在每个专利侵权案件中都考虑。

在日本最高法院在 Ball Spline 判决中，首先认定被控侵权物与专利发明权利要求书记载的构成要件有不同之处时，被控侵权物不在专利发明的技术范围之内。判决然后指出，如果满足等同原则的五个要件，被控侵权物仍属于专利技术的范围之内。可以看出，最高法院的上述判决将等同原则的适用作为一种例外情况。一般认为，在日本等同原则是作为"例外"适用。[①] 日本的法官也指出，原则上只有在当事人提出明确要求时，法官才考虑适用等同原则。法官可以通过行使释明权促使专利权人提出等同侵权的主张，如果专利权人仍不提出主张，法院不适用等同原则。[②]

中国最高人民法院《关于审理专利纠纷案件适用法律问题的若干规定》第 17 条明确规定，专利权的保护范围包括与专利权利要求的必要技术特征相等同的特征所确定的范围。这就是说，在确定专利保护范围时，不但应根据权利要求的必要技术特征，还要根据相应的等同技术特征。虽然有关法律和司法解释没有明确要求法院在每个案件中都必须考虑等同原则，但法院在审判中一般在认定被控侵权物与专利权利要求的必要技术特征存在不同之处时，分析不同之处是否是等同技术特征，只有在认定被控侵权技术与专利技术既不相同，也不等同

---

① 参见服部健一："日美均等论侵害比较"，载村林隆一，小谷悦司编著：《特许裁判的等同原则》，经济产生调查会 2003 年出版，第 73 页。

② 2004 年 12 月 13 日，东京地方法院法官三村量一在与笔者座谈时讲了上述内容。

之后才认定侵权不成立。最高人民法院在判决中也肯定法院可以主动适用等同原则："在禁止反悔原则是对认定等同侵权的限制。现行法律以及司法解释对人民法院是否可以主动适用等同原则未作规定，为了维持专利权人与被控侵权人以及社会公众之间的利益平衡，亦不应对人民法院主动适用禁止反悔原则予以限制。"①上述内容，虽然是针对人民法院是否可以主动适用禁止反悔原则所做，但已经将"人民法院可以主动适用等同原则"作为论证的前提。而在北京市高级人民法院发布的《专利侵权判定指南》中，则将等同原则的适用作为法院"应当"完成的工作："在专利侵权判定中，在相同侵权不成立的情况下，应当判断是否构成等同侵权。"②

可见，中国和日本法院在等同原则的适用基准上存在明确差别，中国基本是将等同原则作为专利侵权判断的原则，日本基本是将等同原则作为专利侵权判断的例外。

（二）法院适用等同原则要件的顺序

等同原则的要件，中国和日本都不只是一个，因此，产生了适用各要件的顺序的问题。

日本法院适用等同原则要件的顺序一般是：第二、第一、第三再到第四和第五要件，其中第四和第五要件一般只在当事人提出主张时考虑。③

中国法院在适用等同原则时，一般首先考虑手段、功能、效果是否基本相同；然后再考虑本领域普通技术人员是否不经过创造性劳动就能够联想到；再看是不是属于禁止反悔的情况；在被控侵权人提出公知技术抗辩时，再审查公知技术抗辩是否成立。在上述过程中，在进行手段、功能、效果是否基本相同的判断时，三者并没有严格的适用顺序。④

---

① 沈其衡与上海盛懋交通设施工程有限公司专利侵权案,最高人民法院（2009）民申字第239 号。

② 北京市高级人民法院《专利侵权判定指南》第 41 条的规定。http://bjgy.chinacourt.org/article/detail/2013/10/id/1104565.shtml。

③ 2004 年 12 月 13 日，东京地方法院法官三村量一在与笔者座谈时讲了上述内容。

④ 北京市高级人民法院《专利侵权判定指南》第 48 条规定："手段、功能、效果以及是否需要创造性劳动应当依次进行判断。"但在实践中，法院在对三者进行判断时，并不一定按照"手段、功能、效果的顺序，并且很多判决将手段的判断放在功能、效果的判断之后。

从中国和日本法院适用等同原则的情况看，在适用顺序上非常相似，都是先考虑作用效果，再考虑置换的容易性，然后在特殊情况下考虑公知技术和禁止反悔。

（三）能否忽略专利权利要求中的技术特征认定等同

如果被控侵权物中缺少专利权利要求中的某一技术特征，能否适用等同原则认定侵权成立，是中国和日本都存在的问题。

日本强调权利要求中的每一个构成要件的等同。[①]按照这一原则，在适用等同原则时，不能忽略专利权利要求中的任何一个技术特征。但是，同时，日本还有"不完全利用"理论。不完全利用理论是指缺少专利权利要求中的一部分构成要件仍可以认定为侵权。以前，不完全利用理论一般被法院判决全然否定，或者在理论上不完全否定，而实际上认定不构成侵权。这是因为在1994年《日本专利法》修改前，规定专利权利要求中仅记载构成发明所不可缺少的要件，因此，在被控侵权物缺少了专利权利要求中的一个构成要件时，就得出不侵权的结论。但1994年《日本专利法》修改时取消了旧法中的"仅"字。有学者认为，现在仍应按照以前的原则，缺少专利权利要求中部分构成要件的技术不构成侵权。但是，如果这一技术实际上满足了等同的要件，就没有必要专门区别是对专利权利要求中的某一要件进行了替换还是缺少这一构成要件。考虑到等同原则适用的目的，不完全利用理论也应当被认为是等同原则的一种。并不是所有的不完全利用都构成侵权，只是那些满足等同原则构成要件的不完全利用才构成侵权。[②]从日本法院判决的情况看，大阪地方法院1968年5月17日的"积木玩具事件"判决（下民19卷5、6号第303页），被认为是认定不完全利用构成侵权的判决。后来出现了很多否定不完全利用理论的判决。特别是东京地方法院1983年9月28日的"门把手装饰事件"判决（无体裁集15卷1号第49页），明确提出在现行法中不应当采用不完全利用理论。现在日本法院一般不承认不完全利用理论。[③]可见，在日本不完全利用

---

① 設楽隆一："日本与其他主要国家均等论的比较"，载知识产权研究所编《关于专利权利要求调查报告书（2）》。

② 中山信弘．工业所有权法：特许法［M］．日本：弘文堂，2000：393.

③ 2004年12月17日，东京高等法院法官设乐隆一在与笔者座谈时提出了上述意见。

理论在学说上还没有被完全放弃，但在实践上已经被基本放弃，近年没有出现适用这一理论的判决。

我国最高人民法院在《关于审理专利纠纷案件适用法律问题的若干规定》中，将等同规定为专利技术特征之间的等同。最高人民法院认为，专利权保护范围的扩大不宜笼统地以该权利要求的等同物来确定，而须根据权利要求中明确记载的必要技术特征的等同特征进行确定。即等同原则必须落实到权利要求的各项具体技术特征上，而不能适用于发明创造的整体。① 但是同时，中国还曾存在"多余指定"原则。多余指定原则是指法院应审查权利要求中的所有技术特征是不是都属于必要技术特征。"如果法院在参考说明书里所记载的发明目的、技术效果、技术方案以及申请人在专利审查过程中向专利局所做的陈述以后，认定某一项技术特征属于非必要技术特征，那么法院在判定专利侵权是否成立时就会把这项技术特征省略掉。"② 2005 年 8 月，最高人民法院"混凝土薄壁筒体构件"专利侵权案③ 中首次否定了多余指定原则的适用，法院在判决中指出："凡是专利权人写入独立权利要求的技术特征，都是必要技术特征，都不应当被忽略，而均应纳入技术特征对比之列。本院不赞成轻率地借鉴适用所谓的'多余指定原则'。"2009 年司法解释再次否定了多余指定原则，该司法解释第 7 条规定："人民法院判定被诉侵权技术方案是否落入专利权的保护范围，应当审查权利人主张的权利要求所记载的全部技术特征。"最高法院在 2012 年的一个案件判决也进一步指出："我国专利侵权判定采用全面覆盖原则，无需区分必要技术特征与非必要技术特征。"④

中国和日本都认为等同是专利权利要求构成要件（技术特征）之间的等同，即所谓的全部技术特征原则；同时，两国又都曾存在不完全利用是否属于等同和多余指定原则是否适用的问题。日本的不完全利

---

① 最高人民法院民三庭.最高人民法院《关于审理专利纠纷案件适用法律问题的若干规定》条文释义［M］// 曹建明.新专利法司法解释精解，北京：人民法院出版社，2002：92.

② 程永顺，罗李华.专利侵权判定［M］.北京：专利文献出版社，1998：253.

③ 最高人民法院（2005）民三提字第 1 号民事判决。

④ 胡小泉与山东振东泰盛制药有限公司专利侵权纠纷案，最高人民法院（2012）民提字第 10 号。

用理论与中国多余指定原则基本相同。① 全部技术特征原则与不完全利用理论及多余指定原则是矛盾的。两国在解决这一矛盾时都采取了认为省略的技术特征不是专利构成要件的主张。② 日本已经对不完全利用理论基本持不再适用的态度，中国的多余指定原则也已经被明确放弃。

（四）改劣实施和迂回发明

日本与不完全利用论有关的一个概念是改劣实施，有时二者被认为具有相同的含义。例如，日本学者指出，如果被控侵权物与专利权利要求记载的部分技术特征不同，但是如果可以认定这种不同并没有表现出与原告专利发明的技术思想的差异，只是为了避免承担侵犯专利权的责任而进行的改变，可以使用不完全利用或者改劣实施的概念得出被控侵权物属于专利技术范围的结论。③ 当然，二者的侧重点有所不同。不完全利用论主要关注缺少权利要求中的技术特征；而改劣实施主要关注被控侵权物在性能上劣于专利技术，当然很多情况下，这是因为缺少了权利要求中的技术特征导致的。改劣实施的命运与不完全利用论相同，已经在理论上和实践中基本都被放弃。

日本与不完全利用论有关的另一个概念是迂回发明。迂回发明指针对权利要求中的技术特征，增加了一些无用的内容，使之从字面上不落入权利要求的范围。迂回发明论指阻止这种轻易过回以逃避专利侵权责任的理论。④ 日本最高法院的 Ball Spline 案之前，日本曾有法院认定迂回技术构成侵权，并对构成要件进行了探讨。⑤ 与不完全利用论一样，日本最高法院提出适用等同原则的要件后，迂回发明论的使命已经结束了。⑥

---

① 两者主要都是针对缺少一个专利技术构成要件的情况下是否构成侵权的问题，但有的学者认为日本的不完全利用理论包括改劣实施的情况。如果包括改劣实施，在这点上与中国的多余指定原则有一定差异。

② 日本有学者认为，1994 年《日本专利法》修改时，将专利权利要求仅记载构成发明不可缺少的构成要件中的"仅"删除，为适用不完全利用理论提供了可能。（中山信弘：《特许法概说》（修订版），第 398 页。）中国多余指定理论的出发点就是被省略的技术特征虽记载在权利要求书中，但不是构成发明的"必要技术特征"。

③ ［日］中山信弘 . 注解特许法［M］.3 版 . 第 728 页。

④ 中山信弘，小泉直树 . 新注解特许法：上卷［M］.日本：青林书院，2011：1111.

⑤ 大阪高等法院 1998 年 9 月 4 日判决的"煤气感知元件"案件判决。

⑥ 中山信弘，小泉直树 . 新注解特许法：上卷［M］.日本：青林书院，2011：1112.

　　中国也曾存在改劣实施论，认为如果被控侵权人故意改变或减少权利要求中的一个技术特征，使被控侵权物在性能和效果上明显劣于专利技术，仍应当认定为构成侵权。在"机芯奏鸣装置音板的成键方法及其设备"专利侵权案中，最高人民法院提及改劣实施的问题："被控侵权的产品和方法的效果比专利效果稍差的情形，则属于改劣的实施，改劣实施也是等同物替换的表现形式之一。"① 但在上述判决中，最高人民法院并没有指出在"改劣"的情况下，是不是还适用等同的认定标准。之后，其他法院也出现了认定"改劣实施"属于等同的判决。② 但与此同时，学者多持反对意见。③ 最高人民法院在 2009 年判决的"高层供暖回水缓冲排气装置"专利侵权案判决中指出"人民法院在判断被控侵权技术方案是否落入专利权保护范围时，应当将被诉侵权技术方案的技术特征与专利权利要求记载的全部技术特征进行对比。如果被控侵权技术方案缺少权利要求记载的一个或者一个以上的技术特征，或者被控侵权技术方案有一个或者一个以上的技术特征与权利要求记载的相应技术特征不相同也不等同，人民法院应当认定被控侵权技术方案没有落入专利权的保护范围。被控侵权技术方案是否因缺少某专利技术特征而导致技术功能或效果的变劣，不应考虑。"④ 上述判决，确立了法院在认定等同侵权时，不考虑是否改劣的问题，从而否定了改劣实施论。对于迂回发明是否需要单独考虑，中国对此基本没有讨论。应当认为，不管是改劣实施还是迂回发明，在等同侵权认定中已经都不作为特别考虑的因素，而是与其他情况一样，按照等同的标准进行称量。

　　中国和日本一样，都曾经对故意改变专利权利要求的技术方案的行为采取比较严厉的态度，加强对专利权人的保护。但目前都已经不再将被控侵权人的主观意图作为考虑的因素，只从客观上按照等同的标准判断是否构成等同。

---

　　① 最高人民法院（2001）民三提字第 1 号判决。

　　② 例如，北京市高级人民法院 2003 年 4 月判决的（2003）高民终字第 108 号案中，认定被侵权物用普遍注射器代替专利技术中的"血肿粉碎器"，虽然优于专利申请前的已有技术，但其技术效果明显低于专利技术。因此，应当适用等同原则。

　　③ 贺迎国 . 质疑"变劣技术方案侵权"说 [N]. 中国知识产权报，2003-7-8. 闫文军 . 专利权的保护范围 [M]. 北京：法律出版社，2007：511.

　　④ 沈阳直连高层供暖技术有限公司诉张建华，最高人民法院（2009）民提字第 83 民事判决。

（五）等同原则适用过程中技术问题的判定

技术问题判定是专利侵权纠纷审判中的重要内容，而涉及等同原则的专利侵权纠纷，技术问题的判定就更为突出。

日本法院在专利审判过程中，帮助法官解决技术问题的制度主要有调查官制度、专门委员制度和鉴定制度。2004年6月，日本国会通过的《法院法部分修正法律案》将审理知识产权案件法院调查官的权力进一步扩大和明确。专门委员制是日本2003年民事诉讼法修订时新增加的制度，自2004年4月1日起，日本已经任命了150多名知识产权专门委员。从目前日本法院解决技术问题的实践看，调查官制度发挥着重要的作用，专门委员制度刚开始实行，利用还不多，而鉴定越来越少。①

中国法院在专利审判过程中，主要通过三个方法来解决技术问题：一是靠专家证人，由他们就技术事实和技术要点进行说明，但双方专家证人自说自话，无法彻底解决问题；二是司法鉴定，但司法鉴定成本高、耗时长，不可能每个案件都进行鉴定；三是设立技术专家库，不过专家的参与会受到时间、地域等因素的限制。②为准确查明技术事实，提高技术类案件的审判质效，提高司法公信力，最高人民法院于2014年新聘了10名中国科学院和中国工程院院士作为最高人民法院的特邀科学技术咨询专家，进一步增强了技术咨询专家为专利等技术类案件提供智力支持的力度。地方各级人民法院也通过聘请技术专家、建立专家咨询委员会、专家顾问团、推进技术专家陪审制度、健全完善专家辅助人制度等方式，积极探索完善技术事实查明机制。③2014年，中国设立了北京、上海、广州三家知识产权法院，三家知识产权法院都将引入技术调查官制度。2014年12月30日，最高人民法院发布《关

---

① 2004年12月13日，东京地方法院法官饭村敏明在与笔者座谈时谈到，东京地方法院知识产权部门现有7名调查官，均为专业技术人员（其中6人是专利局的审查员，1人是专利代理人）。调查官几乎参与每个知识产权案件的审理，在知识产权案件审理中发挥了重要的作用。专门委员参与审理的案件还不多。鉴定在各地方法院审理专利侵权案件时用得多些，现专利案件集中到东京和大阪地方法院审理后已用得很少，东京地方法院一般一年有一件甚至没有鉴定的案件。

② 以上三种方法及评价，源自最高人民法院民三庭副庭长王闯的讲话，参见《光明日报》2014年11月2日《北京知识产权法院开始受理案件 引入技术调查官》。

③ 2014年中国法院知识产权司法保护状况 [N].人民法院报，2015-4-26.

于知识产权法院技术调查官参与诉讼活动若干问题的暂行规定》，对技术调查官参与案件的范围、工作职责、技术审查意见的作用等作出规定，为技术调查官参与诉讼活动提供了明确指引。

五、当事人在诉讼过程中对等同原则的主张和举证责任

（一）当事人在专利诉讼中要求适用等同原则的主张义务

日本法院将等同原则作为"例外"适用，专利权人认为被控侵权技术与专利技术不相同时，应主动提出适用等同原则的主张。否则，法院可能不进行等同判断。

中国法院将等同原则作为"原则"适用，专利权人即使不提出适用等同原则的主张，法院也可能主动适用。但是，在专利权人不提出主张的情况下，法院适用等同原则的结果很可能是不等同，因为当事人没有提出等同原则适用的事实，会影响法官对等同的判定。并且，在当事人不对有关要件举证和说明的情况下，法院也难以认定构成等同。因此，即使等同原则作为"原则"适用，在相同侵权可能不成立的情况下，专利权人也应积极提出适用等同原则的主张。

（二）当事人在专利诉讼中涉及等同原则适用时的举证责任

日本最高法院在 Ball Spline 案中没有明确等同原则适用各要件的举证责任。对此，学说上有三种意见，第一种意见是，要件一至三由专利权人一方举证，要件四、五作为排除等同原则适用的抗辩理由，由被控侵权人一方负担；第二种意见是，专利发明的技术范围本来原则上根据专利权利要求书中记载的范围来确定的，等同原则是在满足一定条件的情况下作为例外被承认的，因此，全部要件都应由专利权人一方来承担举证责任；第三种意见是，要件一至三由原告一方来举证，要件四、五的主张责任和举证责任分离，在被控侵权人提出不满足要件四、五的主张后，由专利权人一方对满足第四、五要件承担举证责任。[①] 从实务

---

① 三村量一. JURIST 第1134号（1998）[M] // 村林隆一, 小谷悦司. 特许裁判的等同原则，日本：日本经济产业调查会，2003：254.

上看，第一种学说被普遍接受。日本下级法院判决中已经明确提出第一至第三要件的举证责任由专利权人一方负担，第四和第五要件由被控侵权人一方负担。[①] 对于为什么不应由专利权人承担第四要件的举证责任，日本学者认为，在专利审查过程中，专利申请人对于实用性承担证明责任，而对于新颖性和创造性由审查员负担证明责任。在适用等同原则时无须让专利权人对第四要件承担证明责任。[②]

中国最高人民法院在《关于审理专利纠纷案件适用法律问题的若干规定》中，规定了等同原则适用的两个积极要件。[③] 因为专利权人一方是主张侵权者，根据"谁主张，谁举证"的举证责任承担原则，这两个要件的举证责任由专利权人一方负担。有的法院判决中对此进行了明确。[④] 现有技术抗辩，从我国《专利法》第62条的规定看，"被控侵权人有证据证明"的用语，说明举证责任由被控侵权人负担。

对于禁止反悔，中国最高人民法院在判决中明确提出法院可以主动适用，"在认定是否构成等同侵权时，即使被控侵权人没有主张适用禁止反悔原则，人民法院也可以根据业已查明的事实，通过适用禁止反悔原则对等同范围予以必要的限制，以合理地确定专利权的保护范围。"[⑤] 但是，有无禁止反悔的事由应根据有关的证据材料进行判断。即使法院可以主动适用禁止反悔原则，如果没有相关的证据材料，法院也无法作出适用禁止反悔原则的认定。而提交这些证据材料的义务，应由被控侵权人负担。

可见，就等同原则适用的举证责任而言，中国和日本的做法非常相似。适用等同原则的积极要件由专利权人一方承担举证责任，适用等同原则的消极要件由被控侵权人承担举证责任。

---

① 东京地方法院1998年10月7日的"负荷装置系统事件"判决和大阪地方法院2000年5月23日"开窗装置事件"判决。

② 中山信弘，小泉直树.新注解特许法：上卷［M］.日本：青林书院，2011：1109.

③ 本文前面已经介绍，这两个要件基本相当于日本的第一至第三要件。

④ 例如，在北京第二中级人民法院（2003）二中民初字第10589号案中，判决指出，原告指控被告侵犯其专利权，理应举证证明该被控侵权产品的结构与原告专利的技术方案相同或者等同。因原告未能举证，判决驳回诉讼请求。

⑤ 沈其衡与上海盛懋交通设施工程有限公司专利侵权案，最高人民法院（2009）民申字第239号。

（三）被控侵权人独立开发对等同原则适用的影响

当被控侵权人并非模仿原告的专利技术而是独立开发出所使用的技术时，能否作为等同原则适用的抗辩理由，或在这种情况下能否适用不同的等同原则的标准，是一个值得探讨的问题。

在日本，曾有人指出，日本最高法院在等同原则第五个要件规定了意识除外等特别事由，从等同原则适用的本质和目的来看，承认独立开发也属于第五要件中的"特别事由"是可能的[1]。日本有学者认为，等同原则并不是单纯用来扩大专利权的保护范围的，而是用来协调专利权人与被控侵权人的利益的。在专利权人的发明创造公开之前，当被控侵权人独立研发的技术没有落入专利权的字面含义的范围时，如果仍受到专利权的禁止，对于被控侵权人过于苛刻。[2] 但这种观点并没有被普遍接受。从法院的判决来看，在 Ball Spline 案前曾有法院判决否认了独立开发作为抗辩理由的主张。[3] 在 Ball Spline 案中，日本最高法院并没有将独立研发作为认定等同的抗辩事由。在 Ball Spline 案件后还没有涉及独立开发是否适用等同原则的判决。

在中国，关于独立研发是否影响等同原则适用的探讨较少，司法解释中也没有对此作出规定。一般认为，独立开发不影响等同原则的适用。[4] 最高人民法院在 2003 起草专利侵权司法解释时，第一稿草案规定了"被控侵权人系实施在专利申请日以后发明专利申请公开日或者实用新型专利公告授权日以前独立研究开发完成的技术的，人民法院可以适当从严解释专利必要技术特征的等同特征。"上述意见，采取了独立开发虽不导致不适用等同原则，但应从严适用等同原则标准的态度。在该司法解释第二稿草案中，删除了上述规定。当然，后来这个司法解释稿并没有最后完成。

可见，两国现在都未承认独立开发可以影响等同原则的判断。但是，笔者认为，独立开发对等同原则的判断是有实际影响的。因为，第一，

---

① 参见設楽隆一："Ball Spline 事件最高法院判决的均等论与今后的诸问题"，载中山信弘编：《知识产权法与现代社会》，信山社 1999 年版，第 299 页。

② 盐月秀平.技术的范围与等同 [M]// 中山信弘.知识产权法与现代社会，日本：信山社，1999：104-105.

③ 大阪高等法院 1996 年 3 月 29 日的"t-PA 事件"判决。

④ 刘惠明.试论确定专利保护范围的等同原则 [J].外国法译评，1999（4）.

独立开发的事实往往说明被控侵权技术更接近于公知技术或容易从公知技术推知。第二，独立开发的事实会实质上影响法官认定等同的标准。等同原则的适用标准带有很强的主观性，自由裁量的幅度很大。被控侵权技术系独立开发的事实，是否对法官产生从严适用等同原则标准的影响，虽从判决本身看不出来，但却是不容忽视的。

六、结论及几个问题

（一）结论

中国和日本专利法中关于专利保护范围（或专利技术范围）的规定是相似的，这是等同原则适用的法律基础，也是等同原则产生的原因。尽管两国等同原则产生的历史不同，但现在都承认了等同原则。等同原则适用的要件，日本是通过最高法院的判决确立的，中国是通过司法解释确立的。从等同原则的要件看，日本的第二、第三和第五个要件与中国司法解释及司法实践中所适用的标准是基本一致的；第四个要件有一定的区别；第一个要件有明显的区别。在法院适用等同原则时，存在着中国作为原则日本作为例外的区别，但适用各要件的顺序是相似的，并且都存在着被控侵权物缺少一个技术特征是否适用等同等问题。在当事人对等同原则适用要件的举证责任上，两国的做法基本一致。

（二）几个问题

1. 等同原则及其要件在未来是否会有变化

中国和日本都基本没有否定等同原则的声音。但是，从其他国家的情况看，等同原则是否还应继续存在，并不是一个有定论的问题。2004 年 10 月 21 日英国上议院（HOUSE OF LORDS）的判决否定了等同原则，促使我们对等同原则的未来进行思考。[①] 等同原则是在考虑

---

① 在英国上议院 2004 年 10 月 21 日在 Kirin-Amgen Inc and others v. Hoechet Marion Roussel Limited and others 案的判决中，对等同原则进行了评论，并对欧洲专利的保护范围发表意见。认为等同原则是绝望的产物。从美国法院的情况看，当事人对等同原则诉讼付出巨大，但结果并不比简单地分析权利要求更公平和更有可预见性。因此，《欧洲专利公约》第 69 条应理解为专利权的独占范围是，一个理性的本领域技术人员在阅读了权利要求书及上下文后，可以想到的专利权人意图保护的全部范围。

到不损害第三人利益的情况下，通过对专利权利要求书的字面含义进行扩大解释，以充分保护专利发明。等同原则的问题在于如何平衡专利权人与第三人（社会公众）的利益。[①] 现行的等同原则标准对于专利权人利益考虑较多，这对第三人有什么损害，是值得思考的。另外，随着社会专利意识的增强和专利申请水平的提高，专利的密集度会增大，权利要求会更好地反映专利权人意欲保护的范围，这时保护的重点应从对权利人的保护转向对第三人的保护。这样，在未来，使等同原则的标准更多地考虑第三人的利益不是没有可能。

2. 如何合理解决技术问题

中国和日本一样，专利审判中的所有事实问题都是由法官来认定，没有解决事实问题的陪审员制度。在这种情况下，专利侵权诉讼中适用等同原则时，如何合理确定作为主要事实的技术问题变得非常重要。前面已经介绍，中国和日本都实行了一些帮助法官解决技术问题的制度。如何能够使法官迅速有效地判断技术问题，又不是以法官名义传述技术辅助人员的意见，仍是两国都需要继续探索的问题。

3. 如何等同原则判断标准的一致性

等同原则虽然有几个固定的要件，但各个要件在认定时都有一定的弹性，这样，等同原则适用的自由度很大。如何保证不同的法院以及不同的法官在适用等同原则时适用一致的标准，是知识产权审判中的重要课题。日本将专利纠纷案件集中到东京和大阪地方法院作一审，东京高等法院作二审，对于等同原则适用以至专利审判标准的统一具有重要意义。中国具有专利纠纷案件管辖权的法院较多，截至 2014 年年底，全国具有专利案件管辖权的中级人民法院分别为 87 个。[②] 虽然中国在 2014 年设立了三个知识产权法院，但审理专利案件的法院基本没有减少。最高人民法院通过加强审判指导工作、加强司法解释工作、加强司法调研工作、加强案例指导工作等工作，保障知识产权法律适用统一，增强法律适用的稳定性和可预见性。当然，由于等同原则适用中有较大的灵活性，如何保证适用等同原则时的一致性，是我国长期需要解决的问题。在这一点上，日本的有些做法对中国具有借鉴意义。

---

① 中山信弘 . 工业所有权法 [M].2 版 . 日本 : 弘文堂，2000 : 393.
② 2014 年中国法院知识产权司法保护状况 [N]. 人民法院报，2015-4-26.

4. 中国是否应适用更严格的等同原则标准

等同原则是为了实现专利法的目的而产生的，等同原则的适用充分保护了专利权人的利益。日本在技术水平相对落后的时期，采取了使专利保护范围相对狭窄的政策，对等同原则的适用采取了特别严格的条件。中国专利法的目的之一是促进科技的进步与创新，适应社会主义现代化建设的需要。[①] 等同原则适用的宽严关系到专利制度目的的实现。近几年来，中国最高人民法院一直在强调从严把握认定等同的标准。最高人民法院 2009 年发布的《关于当前经济形势下知识产权审判服务大局若干问题的意见》指出："严格等同侵权的适用条件，探索完善等同侵权的适用规则，防止不适当地扩张保护范围。"[②] 最高人民法院 2012 年发布的《关于充分发挥审判职能作用为深化科技体制改革和加快国家创新体系建设提供司法保障的意见》指出："适度从严把握等同侵权的适用条件，避免不适当地扩张专利权保护范围，防止压缩创新空间和损害公共利益，促进集成创新、引进消化吸收再创新能力大幅增强。"[③] 在从严据把握等同侵权适用条件的背景下，如何保证等同原则不至于名存实亡，以及如何保证不同法院在适用标准上的统一性，又成为需要进一步解决的问题。

---

① 《中华人民共和国专利法》第 1 条规定："为了保护发明创造专利权，鼓励发明创造，有利于发明创造的推广应用，促进科学技术进步和创新，适应社会主义现代化建设的需要，特制定本法。"

② 参见：http：//www.court.gov.cn/qwfb/sfwj/yj/201002/t20100224_1916.htm.

③ 参见：http：//www.court.gov.cn/qwfb/sfwj/yj/201212/t20121225_181310.htm.

"特意排除"规则：限制等同原则适用的一种新规则

在专利侵权案件中，有时专利权利要求对某一技术特征做了严格的限定。能否适用等同原则突破这一严格限定，成为能否认定侵权的关键。针对这种情形，美国法院创立了"特意排除"规则，英国、日本等国家也有类似的规则。本文从其他国家的"特意排除"规则出发，探讨这一规则在我国的适用。

一、美国、日本和英国的"特意排除"规则

（一）美国的"特意排除"规则

美国是等同原则的发源地。在适用等同原则的同时，美国法院也在探索对等同原则的限制。禁止反悔原则就是对限制等同原则的最主要方式。除了禁止反悔原则外，等同原则还有其他的限制情形，其中之一就是"特意排除（Specific Exclusion）"规则。[①] 按照这一规则，从专利权利要求的范围中被特意排除的技术方案，专利权人不能再主张属于等同。

在 1994 年的 Dolly Inc. v. Spalding & Evenflo Cos 案[②] 中，美国联邦巡回上诉法院第一次提出了"特意排除"规则。案中专利涉及一

---

① Blake B. Greene, Bicon, Inc. v. Straumann Co. : The Federal Circuit Specifically Excluded Claim Vitiation to Illustrate a New Limiting Principle on the Doctrine of Equivalents, 22 Berkeley Tech. L.J. 155.

② 954 F.2d 734, 23 USPQ2d 1555.

种便携式、可调节儿童椅，争议专利的权利要求保护的技术方案是指一系列的通道，座椅板可以进入其中滑动，从而调节座位高度。专利权利要求中的一个技术特征是"固定的直立框架"。被控侵权物中没有上述框架，而有座板和背板。一审法院认为，座板和背板与权利要求中的"固定的直立框架"属于等同特征。美国联邦巡回上诉法院认为，等同的范围不能将专利权利要求特意排除的结构包括在内。专利权利要求中"固定的直立框架"是独立于座板和背板的结构，而被控侵权物缺少这一结构。一审法院忽视权利要求的特意限制，认定二者等同是错误的。

美国学者 2007 年的研究表明，涉及特意排除规则适用的案件在美国联邦巡回上诉法院共有 14 件，其中 13 件因此认定不侵权。这些案件中用于特意排除的分为两类情形：一类是说明书中特意排除（3 件），另一类是权利要求中特意排除（10 件）。①

例如，在 Bicon, Inc. v. The Straumann Co. 案② 中，美国联邦巡回上诉法院认为，当权利要求包括一个对结构的详细描述时，对这种权利要求适用等同原则要受到限制。该案中的发明针对的是种植牙。其权利要求载明：一种用于在将拱座放在植入病人牙槽的基部的过程中保护内皮丘包的边缘突出物，其中，（1）拱座有一个截头球形的根基部分；（2）框形面部分有一定高度的突出，包括……。被控侵权物有一个喇叭形的表面。专利权人称它与权利要求中的截头球形的根基部分是等同的。对此，法院认为：专利权人在这里面对的问题是，权利要求中的限定（1）和（2）包括一个对拱座形状的详细描述，包括它有一个截头球形的根基部分。权利要求中包括了对结构的详细描述应当限制等同原则的适用。……权利要求的突出限制与等同原则的适用具有密切的关系。这一原则特别适用在本案中，权利要求对拱座的根基部分描述了一个特定的形状，它明确地排除了根本不同的甚至相反的形状。在这种情况下，将权利要求采用明显排除某一标的的方式进行限定，暗示着专利放弃了被排除的标的，限制了专利权人根据等同原则主张

---

① Blake B. Greene, Bicon, Inc. v. Straumann Co. : The Federal Circuit Specifically Excluded Claim Vitiation to Illustrate a New Limiting Principle on the Doctrine of Equivalents, 22 Berkeley Tech. L.J. 155.

② （Fed. Cir. 2006, 05 - 1168）.

侵权。……如果将某一标的物纳入到等同的范围中与权利要求的用语是不一致的，则这一标的物是被"特意排除"在等同的保护范围之外的。如果将被控侵权物中的结构作为权利要求中所述的拱座的等同物，将损害这一"特意排除"原则。被控侵权物的根基部分是截头锥形的，而不是截头球形的，并且其颈部是凹入的而不是凸起的。因此，被控侵权物的形状是与专利权人所描述的凸起的截面球形拱座相反的，因此是被排除在外的。在该案中，法院没有适用分析是否构成等同，而是根据对权利要求用语的分析，就否定了等同原则的适用。

在 Cook Biotech v. ACell. 案 ① 中，美国联邦巡回上诉法院再次适用了特意排除规则。该案专利的名称为"来自膀胱黏膜的细胞组织移植"，专利中所述的细胞黏膜组织"将管腔肌肉层并且至少膀胱黏膜的管腔部分进行分层"，可以用来移植或支持受损的或染病的细胞组织。其权利要求 1 为：一种细胞组织，是由包括管腔肌肉层和至少从热血脊椎动物膀胱黏膜的管腔部分进行分层取得的膀胱黏膜下层组成的。被控侵权物包括了膀胱黏膜的管腔部分，但没有对其进行分层。法院认为，如果说明书对权利要求中的用语给出了确切的含义，就应以发明人的定义为准。从本案说明书看，权利要求中的细胞组织，包括膀胱黏膜下层，也可以包括除此之外的其他成分。但是，它不能包括专利权人明确排除的内容。被控侵权人的产品不是从"膀胱黏膜的管腔部分"分层得到的，因此不构成字面侵权。对于是否构成等同侵权，联邦巡回上诉法院认为，等同的概念不能适用于从专利权利要求中特意排除的结构。本案中专利权利要求明确"膀胱黏膜的管腔部分"分层，特意排除了其他部分。如果权利要求书特意排除了某一成分，就不能在不违反"全部技术特征规则"的情况下，通过等同理论将特意排除的成分纳入专利的保护范围。如果采纳了专利权人的主张，就实质上去除了从"膀胱黏膜的管腔部分"分层这一限制条件。最后，联邦巡回上诉法院认为被控侵权人既不构成字面侵权，又不构成等同侵权。

但是，有些情况下如果权利要求中存在数值限制，在内部证据中没有其他的限制性语言时，仍可以适用等同原则。美国最高法院在 Warner-Jenkinson Co., Inc.v.Hilton Davis Chemical Co. 案 ② 中就对

① 460 F.3d 1365（Fed. Cir. 2006）.

② 117 S.Ct.1040（1997）.

数值界定的技术特征可以适用等同原则持肯定的态度。当数值前使用了限定性的用语时，美国联邦巡回上诉法院的做法并不一致。例如，在 Athletic Alternatives, Inc. v. Prince Mfg., Inc 案 [1] 中，争议专利涉及网球拍，权利要求中一个限定条件是"支距从第一弦到最后一弦的距离从最小到最大序列变化"，法院解释该限定条件为"至少三个支距"，而被告的产品只有两个支距。美国联邦巡回上诉法院认为"两个支距"是从权利要求中特意排除的方案，因此不能构成等同侵权。但是，在 Adams Respiratory Therapeutics, Inc. v. Perrigo Co. 案 [2] 中，法院作出了另外一种认定。双方争议的一个问题是，权利要求中要求释放到患者的甘油醚的量"至少（at least）3500hr*ng/mL"，而被控侵权的四个产品的对应值都小于 3500，最大的一个数值为 3493.38，与 3500 非常接近。一审法院认为，权利要求 1 已经限制了甘油醚，特意排除了 3500 以下的技术方案。二审法院认为，"至少 3500hr*ng/mL"是一种表达"多于或等于 3500hr*ng/mL"的最简单方式。这并不影响等同原则的适用。3493.38hr*ng/mL 与 3500hr*ng/mL 没有实质差别，因此构成等同侵权。

可见，美国联邦巡回上诉法院已经确立了"特意排除"规则。但对于如何适用该规则，要根据案件具体情况确定。

（二）日本的"特意排除"规则

1998 年，日本最高法院在"无限折动用滚珠花键轴承"案中明确了等同原则适用的要件，其中第五个要件一般被称为"特别事由"："没有诸如在专利申请过程中将被控侵权产品从专利权利要求中有意识地排除之类的特别事由。" [3] 特别事由一般指的是禁止反悔。但是，如果专利申请时已经存在的物质和技术可以与专利发明中的技术特征进行置换，这对于专利所属领域普通技术人员来说，在专利申请时将该技术形态包括在专利权利要求的范围中是很容易的，但专利申请人并没有将它包括在专利权利要求的范围之内，这种情况下是否以不满足第五要件为由适用限制等同理论的适用，这是日本适用等同理论时所遇到

---

① 73 F.3d 1573（Fed. Cir. 1996）.

② 2010–1246（Fed. Cir. Aug. 5, 2010）.

③ 闫文军. 专利权的保护范围［M］. 北京：法律出版社，2007：278.

的问题之一。对此，日本学者的意见是，因为专利权人在专利申请时从公知技术中选择了特定的技术构成，将专利权人没有选择的技术认定为意识除外的内容是妥当的。① 也有人认为，在这个问题上，不应当只考虑置换是否容易的问题，还应当从权利要求书撰写的实务方面考虑。如果从实务上考虑，认为期待专利权人将包含变换物质、技术的内容包括在权利要求的范围内是合理的，则可以包含变换物质、技术的内容属于专利权人意识除外的部分。在具体判断时，不考虑申请人个人的能力问题，而是以该领域普通技术人员的能力为基准进行判断。② 从日本法院的有关判决看，大阪地方法院 2000 年 5 月 23 日判决的"固定门窗用折叶"案件、东京地方法院 1998 年 5 月 31 日判决的"挖泥船移动方法"案件、大阪高等法院 1998 年 9 月 4 日判决的"按扣"案件、东京高等法院 1999 年 6 月 24 日判决的"带针头的唱片盒"案件都涉及到这个问题。只有"固定门窗用折叶"案件中法院没有认定申请时的特意排除属于意识除外，其他三个案件中法院都认定申请时的特意排除属于意识除外。可见，日本理论和实务界有如下基本一致的认识：如果对于本领域普通技术人员来说，在专利申请时将包含某变换技术特征的技术包括在专利权利要求中是容易做到的，专利申请人没有这样做，则属于专利申请人的特意排除，按不符合等同理论第五要件处理。

（三）英国的"特意排除"规则

英国没有"等同原则"这一用语，但英国法院的"目的解释方法"强调按照本领域的技术人员对权利要求书的理解来确定专利的保护范围，而这种解释方法可以使专利的保护范围及于权利要求用语的字面含义之外。因此，从某种程度上说，英国也有类似于等同原则的方法。在 Improver Corp. and others v. Remington Consumer Products Ltd. and others 案③ 中，时任英国高等法院法官的 Hoffmann 提出了适用目的解释论的方法，"如果被控侵权物的一个技术特征不在专利权利

---

① 参见日本知识产权协会专利第2委员会第1小委员会："与等同五要件有关的论点的分析与留意点"，载《知财管理》第 51 卷，2001 年第 8 期，第 1239 页。

② "关于最高法院判决中'非公知技术和意识除外'要件的报告"，载日本专利代理人协会中央知识产权研究所研究报告第 11 号《等同理论》（2002 年 12 月 31 日）。

③ （1990）FSR 181.

要求的表面的、字义的、文本的含义范围之内（即被控侵权物为变换物），在确定经过适当解释能否认定该技术特征在权利要求的范围之内时，法院应当向自己提出以下三个问题：（1）变换物是否对发明起作用的方式具有实质性影响？如果有，则变换物在权利要求的范围之外。（2）本领域技术人员在专利公开日是否可以明显地看到变换物对于发明起作用的方式没有实质影响？如果无法看到，则变换物在权利要求的范围之外。（3）从权利要求书的用语看，本领域技术人员是否认为专利权人将与权利要求的表面含义完全一致作为发明的必要要件？如果认为，则变换物在权利要求的范围之外。如果对最后一个问题的回答是否定的，则说明专利权人使用权利要求中的语句，并不是在字面含义上使用，而是具有在比喻含义（可以是提喻性描述也可以是转喻性描述）上使用的意图。"这里的第三个问题是本领域技术人员看专利权人是否将权利要求的范围进行了特意排除。在该案中，权利要求中的一个技术特征是螺旋状弹簧，而被控侵权物的相应技术特征是橡胶棒，法院认为，本领域技术人员会认为专利权人只将其发明限定在权利要求中所说的螺旋状弹簧，而不包括被控侵权物中的橡胶棒。因此，法院认定侵权不成立。

二、我国的有关规定和判决

（一）我国相关司法解释

我国专利理论和实务界一向承认等同原则，以及禁止反悔原则对等同原则的限制。2001年《最高人民法院关于审理专利纠纷案件适用法律问题的若干规定》第一次以司法解释的形式明确承认了等同原则。2009年《最高人民法院关于审理侵犯专利权纠纷案件应用法律若干问题的解释》确立了禁止反悔原则、全部技术特征原则和捐献原则为对等同原则的限制。但是，对于专利权人的特意排除是否限制等同原则的适用，我国有关法律和司法解释并没有明确的规定。

（二）我国相关判决

虽然我国法院和司法解释尚没有明确的规定，但在一些案件中已经涉及"特意排除"的问题。

例如，在"混凝土薄壁筒体构件"实用新型专利侵权纠纷案[①]中，法院就认定对专利权人明确限制的内容不能作出扩大解释。案中专利权利要求中的一个技术特征是"筒底以至少两层以上的玻璃纤维布叠合而成，各层玻璃纤维布之间由一层硫铝酸盐水泥无机胶凝材料或铁铝酸盐水泥无机胶凝材料相粘接。"而被控侵权物筒底材料为水泥和沙石，不含玻璃纤维。专利权人主张筒底不是必要技术特征，即使是必要技术特征，被告的筒底也与之等同。法院判决认为，该权利要求书中有关筒体由至少两层以上玻璃纤维布叠合、叠套组成表述，是相对于公知技术的重要区别特征，而且专利权利要求书中采用的是"至少"这样的严格限定词语，故不能作扩大解释，更不能予以忽略，否则就会损害专利法律制度的稳定性和社会公众利益。[②]

针对相同的权利要求，最高人民法院判决书中也作出了类似的认定："明确使用了'至少二层以上'这种界线非常清楚的限定词，说明书亦明确记载玻璃纤维布筒的套叠层'可以少到仅两层'，故在解释权利要求时，不应突破这一明确的限定条件。"[③]

再如，在莫文彩诉海南荣德实业开发有限公司等专利侵权纠纷一案中[④]，法院再次做了类似的认定。案中权利要求涉及的一个术语是"灭雷锥……数量不少于 4 枚，不超过 40 枚"。被控侵权物的金属球体只有 1 枚竖直向上的锥体，法院认为，权利要求书在叙述方位灭雷针数量时，明确使用"数量不少于 4 枚，不超过 40 枚"的限定词，说明在此限定内的锥体数量是申报专利的最佳方案，少于 4 枚，多于 40 枚，达不到专利所要求达到的效果。对于这一限定，应当认定本领域的普通技术人员通过阅读权利要求书和说明书，无法联想到方位灭雷锥的数量少于 4 枚，多于 40 枚仍然可以实现发明目的，否则就等于权利要求书中对方位灭雷锥的数量没有 4 ～ 40 枚的限制，从而导致专利权利

---

① 青岛坚固建筑材料有限公司诉山东金富房地产开发有限公司、青岛建设集团置业有限公司等，山东省青岛市中级人民法院（2004）青民三初字第 307 号案（一审），山东省高级人民法院（2005）鲁民三终字第 8 号案（二审）。

② 山东省青岛市中级人民法院（2004）青民三初字第 307 号判决书。

③ 中华人民共和国最高人民法院（2005）民三提字第 1 号民事判决。

④ 莫文彩诉海南荣德实业开发有限公司等，海南省高级人民法院（2008）琼民二终字第 31 号。

保护范围不合理扩大。由此看出，被控侵权物与涉讼专利既未构成相同特征，也未构成等同特征，不具备涉讼专利的避雷目的和效果。

同时，有的法院在侵权判断时突破了权利要求中"至少"等用语的限制。例如，在林建耀等诉厦门市雅丽发家具设计装饰有限公司专利侵权案中，① 专利权利要求中的一个技术特征是："床柱（1）的侧面或者棱角上有至少两排榫孔（2）"，而被控侵权物的相应技术特征为"床柱的侧面上有且只有一排榫孔"，法院认为，其侧梁与床柱的连接并非采取如横梁与床柱那样以榫头与榫孔相扣接的方式，而是直接将侧梁与床柱进行焊接。由于焊接与榫接均是连接方式，在被控侵权产品的横梁与床柱采取了与涉案专利一样的榫接方式进行活动连接，已使其实现了涉案专利所要达到的组装和拆卸简单、贮存和运输便捷等技术目的的情况下，被控侵权产品在侧梁与床柱的连接上采取直接焊接的方式，属于在技术上对涉案专利中侧梁与床柱以榫接方式进行连接的简单替换，二者系以基本相同的手段，实现基本相同的功能，达到基本相同的效果，且属该技术领域的普通技术人员无需经过创造性劳动就能够联想的等同特征。

可见，在有的案件中，法院认为权利要求中使用的"至少"，"不少于"等明确限定的术语是有意识地对专利权利要求的范围进行了限制，其限制不应被突破。而在有的案件中，虽然权利要求中使用了"至少"这样的用语，法院仍根据说明书等进行分析，认定属于等同的技术特征。其实这些问题就属于"特意排除"的适用问题，如何确立和适用"特意排除"规则，是我们需要解决的问题。

三、"特意排除"规则的确立和适用

（一）特意排除规则的确立

从前面的介绍可以看出，美国、日本、英国和我国的法院都会根据权利要求书和说明书的用语，来限制将专利保护范围突破权利要求的字面含义。美国已经将这种做法总结为"特意排除"规则，我国还没有将它归纳为一种规则，但法院在判决中已经实际应用。

---

① 福建省高级人民法院（2010）闽民终字第 724 号。

　　通过仔细比较可以看出，各国的做法还存在差别。日本的做法可以称为"推定的特意排除"。这种做法主要是从将变换技术特征写入权利要求是否容易作为出发点，如果本领域技术人员认为将变换技术特征写入权利要求是非常容易的，而专利权人并没有这样做，就推定专利权人有意识地将变换技术特征排除在专利的保护范围之外，从而不能认定该变换技术特征为等同特征。美国联邦巡回上诉法院的做法和我国法院的做法，可以称为"客观的特意排除"。这种做法主要是考虑从客观上看权利要求用语的含义。只要从客观上看权利要求的用语明显将变换技术特征排除在外，该变换技术特征就不能再纳入专利的保护范围。英国法院的做法，可以称为"主观的特意排除"。这种做法主要看本领域技术人员对专利权人意思的理解。如果本领域技术人员认为专利权人具有将变换技术特征排除在外的意思，则该变换技术特征就不属于专利的保护范围。

　　确定专利保护范围时有两个冲突的价值目标：一是要给予专利权人以充分的保护，允许将专利的保护范围扩大到权利要求的字面含义之外；二是要保护权利要求的公示作用，保护他人对权利要求理解的信赖。等同原则主要是从第一个价值目标出发而确立的。适用等同原则要兼顾这两个价值目标，特别是要注意对专利权利要求公示作用的保护。禁止反悔原则就是在平衡上述两个价值目标的基础上，主要从保护权利要求的公示作用出发而确立的。禁止反悔原则主要着眼于专利审批过程中专利申请人的意思表示，保护社会公众对该意思表示的信赖。在专利申请过程中，专利申请人的意思表示也会使社会公众产生信赖。专利申请人在权利要求书中使用的语句，或者在说明书中的描述，可能使社会公众认为专利权人明确限定了专利的保护范围，从而在该范围之外实施有关技术或进行技术开发。如果不对社会公众的这种信赖给予保护，将损害专利的公示作用，有悖于专利法的宗旨。而特意排除规则正是从专利权人的意思出发，如果专利申请人已经将某些技术方案特意排除在其专利保护范围之外，法院在确定专利保护范围时就应考虑专利申请人的意思，不能通过适用等同原则将原来专利申请人排除在外的技术方案纳入专利的保护范围。

　　因此，特意排除规则正是从保护专利的公示作用出发，平衡了专利保护的两个价值目标。相比较而言，主观的特意排除规则更适当。

它不只是看专利权利要求用语的含义，而主要是看本领域技术人员对专利权人所使用用语的意图的理解。它对于保护权利要求的公示作用的宗旨是一致的。按照本领域技术人员的理解确定专利的保护范围，足以保护权利要求的公示作用。另一方面，它与充分保护专利权人的目标也是一致的。对于专利权的保护，只有专利权人想得到保护的部分都得到了保护，才可以说是充分的保护。如果本领域的普通技术人员可以看出专利权人具有将变换物排除在专利保护范围的意思，则说明权利要求向社会公示了其保护的范围不包括变换物。在这种情况下，再适用等同原则将专利保护范围扩大到变换物，则损害了权利要求的公示作用，破坏了法的安定性。因此，主观的特意排除，在保护专利权人和保护专利的公示作用方面实现了平衡。

因此，我们应当确立特意排除规则。特意排除规则的内容应借鉴英国法院的做法，即：当被控侵权物没有落入专利权利要求的字面含义的范围时，先从本领域普通技术人员的眼光判断专利申请人是否具有将被控侵权物排除在专利保护范围之外的意思。如果专利申请人具有将被控侵权物排除在专利保护范围之外的意思，则不能再适用等同原则。

（二）确立"特意排除"规则的意义

确立"特意排除规则"，具有重要的理论和现实意义。其体现在以下几个方面。

（1）特意排除规则实现了专利法价值目标的平衡。知识产权权益配置以保护权利人的利益为基础，同时合理兼顾社会公众利益，从而把两者有机协调起来。知识产权制度只有把利益权衡的平衡点定位在最合理的位置，才能最有效地促进科学技术进步和推动社会经济发展。[①]专利法必须在保护专利权人和保护社会公众之间实现平衡。特意排除规则既体现了对专利权人利益的保护，又保护了公众对专利的合理信赖，实现了专利权人和社会公众利益之间的平衡。

（2）特意排除规则符合当今社会对等同原则进行限制的趋势。在科技进步的速度越来越快、发明创造的密集程度越来越高的今天，适用等同原则将专利的保护范围扩大到专利权利要求的字面含义之外的

---

① 冯晓青.知识产权法前沿问题研究［M］.北京：中国人民公安大学出版社，2004：59.

情形应当受到限制。从美国的情形看，近些年来，禁止反悔原则、全部技术特征规则以及从全部技术特征规则演化而来的"损坏权利要求原则"和特意排除规则，都是在朝着限制等同原则适用的方向发展的。我国法院通过禁止反悔原则、捐献原则和放弃"多余指定原则"等，正在朝限制等同原则适用的方向发展。"特意排除"规则在一定程度上可以限制等同原则适用的范围。

（3）特意排除规则可以解决专利侵权判断中的实际问题。由于我国现在还未明确确立特意排除规则，法院在遇到专利权利要求或者说明书中对专利保护范围有明显限制时，通过解释权利要求或者借助其他原则来限制专利的保护范围。虽然基本上可以达到适用"特意排除规则"相同的结果，但这样增加了法院审理案件的难度，容易出现不同法院适用结果的差异。①这不利于实现法院审判结果对社会公众的指导作用。确立了特意排除规则，这些复杂的问题都可以简单化。这一规则可以使法院在遇到类似情况时有明确的规则作为依据，减少诉讼过程的争议，统一司法标准，并且可以指导当事人进行专利申请和避专利设计。

（三）"特意排除"规则的适用

1."特意排除"规则先于等同判断

同样是对等同原则的限制，特意排除规则与禁止反悔原则的适用方法是不同的。禁止反悔原则一般是在认定了等同成立之后才适用，也就是先要对变换技术特征与专利技术特征在功能、效果、手段方面进行比较，在认定变换技术特征为等同特征的情况下再看有无导致禁止反悔的情形。而特意排除规则是从权利要求所使用的语言出发，考虑本领域技术人员对专利权人意思的理解，从而确定是否有适用等同原则的必要。如果符合特意排除规则的条件，则不能再适用等同原则，也就不必要对变换技术特征与专利技术特征在功能、效果、手段等方面进行对比，可直接作出不构成等同的结论。可见，特意排除规则是

---

① 例如，针对"混凝土薄壁筒体构件"这同一专利，相同的被控侵权物，前述青岛市中级人民法院的判决和山东省高级人民法院的判决认为不能适用等同原则，而辽宁省高级人民法院则认为构成等同侵权（参见（2004）辽民四知终字第 67 号民事判决）。而最高人民法院的（2005）民三提字第 1 号判决则从缺少技术特征的角度来认定不构成侵权。

适用等同原则的前置程序，适用特意排除规则可以减化等同原则适用的复杂性。

2. 适用特意排除规则主要依据权利要求书或说明书中的描述

能够反映出专利申请人已经限制了其要求保护的范围的文件，主要是申请时提交的文件即权利要求书和说明书。其中以权利要求书为主，权利要求书中的明确限制是反映专利权人意思的最主要材料。本领域技术人员认为只有把某一客体包括在权利要求的范围内，会出现与权利要求的用语不协调，才能适用这一规则将其排除在专利的范围之外。除了权利要求书以外，说明书中对权利要求的明确的限制性解释，也可以作为权利人已经明确限制了其专利保护范围的意思表示。在使用说明书作为特意排除依据时，条件应更严格，即只有说明书中明确放弃的情形，才可以认定为特意排除。我国的有关案例涉及权利要求中使用的"至少""不少于"等严格限定数值的用语，但这并不是说只要使用了这样的用语就一定排除了其他内容。当然除了对数值的限定外，其他的限定条件也可以引起"特意排除"规则的适用。例如，如果权利要求中使用了"非金属"这一术语，则一般可以认定专利权人具有排除金属的意思。

3. 防止不适当地扩大"特意排除"规则适用的范围

实际上，权利要求中的每一个用语，都具有排除和限定的作用。如果不适当地扩大适用特意排除规则，就会认为没有包括在权利要求中的内容都是专利申请人所排除的内容，从而都不能认定为等同。这实际只将专利的保护范围限于权利要求的字面范围，显然对于专利权的保护是不利的，也是有悖于专利制度之根本目的。正如美国学者所指出的，"如果将特意排除规则解释为，特定权利要求中的特定选择可以作为对等同原则范围的放弃，使权利要求的范围不包括某一特定物，等同原则的丧钟已经基本上敲响了"。① 因此，我们在适用"特意排除"规则时，要真正排除那些专利申请人"特意"放弃的内容，而不能因"特意排除"规则实质上否定等同原则的适用。

---

① Thomas Fairhall, "Federal Circuit Further Limits Doctrine of Equivalents under 'Specific Exclusion' Principle", http://www.patentlyo.com/patent/2006/04/federal_circuit.html.

四、结论

专利权利要求和说明书所使用的语言对专利保护范围的确立具有重要的意义。当专利权利要求和说明书明显限制了其专利保护的范围时，很多国家的法院都从"特意排除"的角度限制等同原则的适用。但不同国家具体适用的标准又有所不同。其中，英国法院所采用的主观特意排除规则，根据本领域技术人员对专利权人意思的理解，来确定是否将专利的保护范围扩大到权利要求的字面含义之外，它较好地体现了保护专利权人和保护社会利益的平衡。我们应当借鉴英国等国家的做法，确立等同原则适用中的特意排除规则，并将适用特意排除规则作为适用等同原则的前置程序。

无效过程中的修改与禁止反悔原则

——从陕西三安科技发展有限责任公司诉 北京实益拓展科技有限责任公司 确认不侵权诉讼案谈起

2010 年 1 月 1 日起实施的《最高人民法院关于审理侵犯专利权纠纷案件应用法律若干问题的解释》第一次对禁止反悔原则的适用作了明确规定。该解释第 6 条明确规定："专利申请人、专利权人在专利授权或者无效宣告程序中，通过对权利要求、说明书的修改或者意见陈述而放弃的技术方案，权利人在侵犯专利权纠纷案件中又将其纳入专利权保护范围的，人民法院不予支持。"该条强调的是专利申请人、专利权人客观上所作的限制性修改或者意见陈述。至于该修改或者陈述的动因与专利授权条件是否有因果关系以及是否被审查员采信，均不影响该规则的适用。[①] 但是，在专利无效过程中专利权人的修改是否都导致禁止反悔原则的适用，仍是一直值得探讨的问题。本文从陕西三安科技发展有限责任公司诉北京实益拓展科技有限责任公司确认不侵权诉讼案谈起，对这一问题进行分析。

一、一起因无效过程中修改导致禁止反悔的案件

2005 年 2 月 23 日，国家知识产权局授予北京实益拓展科技有限责任公司（以下简称"实益公司"）"自动消防泄压阀"实用新型专利权。本专利授权公告时的前 3 项权利要求书为："1. 自动消防泄压阀，

---

① 孔祥俊，王永昌，李剑.《最高人民法院关于审理侵犯专利权纠纷案件应用法律若干问题的解释》的理解与适用 [J]. 电子知识产权，2010（2）.

包括阀体和设置于该阀体空腔内的叶片，其特征在于所述叶片连接有驱动装置。2.根据权利要求1所述的自动消防泄压阀，其特征在于所述驱动装置为压差控制驱动装置。3.根据权利要求2所述的自动消防泄压阀，其特征在于所述压差控制驱动装置包含电磁牵引器和控制该电磁牵引器动作的测压装置和所述电磁牵引器的牵引连杆与所述叶片相连接。"2007年2月，实益公司以侵犯专利权为由将陕西三安科技发展有限责任公司（以下简称"三安公司"）诉至北京市第一中级人民法院，后实益公司申诉撤诉。

2007年3月19日，三安公司向国家知识产权局专利复审委员会提出无效宣告请求。在无效宣告过程中，实益公司对权利要求进行了修改，修改后的权利要求书1为："1.自动消防泄压阀，包括阀体和设置于该阀体空腔内的叶片，其特征在于：所述叶片连接有驱动装置，所述驱动装置为压差控制驱动装置，所述压差控制驱动装置包含电磁牵引器和控制该电磁牵引器动作的测压装置，所述电磁牵引器的牵引连杆与所述叶片相连接。"专利复审委员会认为，该权利要求书实质为删除了原权利要求1和2，属于删除式修改，符合《专利法实施细则》第68条的规定，故予以接受。2007年12月19日，国家知识产权局专利复审委员会作出第10846号无效宣告请求审查决定书，在专利权人修改的权利要求书的基础上，维持权利要求1-6有效。

2008年5月4日，三安公司以实益公司撤诉，其生产的自动泄压口是否侵权，司法机关未给出结论及实益公司向客户散布三安公司产品侵权等为由诉至西安市中级人民法院，请求确认三安公司生产的自动泄压口不侵犯实益公司的专利权。西安中院审理认为，被控侵权产品与修改后的专利权利要求1相比，其中一个主要区别是，其产品中没有电磁牵引器，使用的是电动机。专利权人认为，电磁牵引器与电动机属于等同的技术特征。一审法院从两个方面认定上述区别技术特征不构成等同特征。首先，法院从等同的要件出发，认定电动机不符合与电磁牵引器构成等同的要件；其次，法院从禁止反悔的角度进一步说明二者不可能被认定为等同。法院认为，修改前的权利要求1中所述的驱动装置属于包括电动机、电磁牵引器等在内的"上位概念"，权利要求2中所述"驱动装置为压差控制驱动装置"属于所述的驱动装置的"下位概念"。专利权人在无效宣告程序中，为确定其专利具备创造性、新颖性，主动地删除了争讼之专利原权利要求 1 和 2，通过修改专利文件的方式，对专利权利要求的保护范围作了限制，并因此获得了专利权。本案诉讼中，专利权人又以电动机和电磁牵引器具有相同的用途，是等同的技术特征为由确定其专利权的保护范围，考虑到专利权人将已被限制的内容重新纳入专利权保护范围，同时被控侵权人提出应适用禁止反悔原则确定专利保护范围，原权利要求 1、2 视为自始就不存在，即"驱动装置"、"压差控制驱动装置"等概念也随之不存在；故争讼之专利的保护范围应界定在原权利要求 3 中的更下位的具体概念——"电磁牵引器"。如若将"电磁牵引器"等同扩大到"电动机"，导致的后果就是违反了禁止反悔原则。即使上述被控侵权产品中的"电动机"技术特征与专利保护的"电磁牵引器"技术特征等同能够成立，根据禁止反悔原则，亦不能以等同为由主张专利侵权成立。^①二审法院认为，"电动机"与"电磁牵引器"不是以基本相同的手段、实现基本相同的功能、达到基本相同的效果，不具有等同替换的特征。因双方当事人均表示按照权利人修改后的专利与被控侵权产品进行比对，故本案不再适用禁止反悔原则。^②

该案虽然最终并不是以禁止反悔原则作出侵权判断，但一审判决对禁止反悔原则作出明确表态：即使技术特征符合等同的条件，也因为在无效过程中删除权利要求而导致禁止反悔，从而不能认定等同。法院作出上述认定的逻辑是：原来权利要求 1 使用的是"驱动装置"，它包括所有类型的驱动装置。权利要求 2 使用的是"压差控制驱动装置"，属于驱动装置中的一种。而专利权人在无效过程中放弃了上述两项权利要求，只保留了权利要求 3，而该权利要求中的相应术语是"电磁牵引器"，电磁牵引器属于一种具体驱动装置。法院认为，专利权人放弃了权利要求 1 和 2，就放弃了除电磁牵引器以外的所有驱动装置，不能再主张其他驱动装置（如本案中的电动机）与电磁牵引器属于等同特征。

该案属于因权利要求修改而导致的禁止反悔。法院在适用禁止反悔原则时，没有考虑修改的动因、与专利授权条件是否有因果关系以及是否被审查员采信。实质上，专利权人对于权利要求的修改，并不

① 西安市中级人民法院（2008）西民四初字第 186 号民事判决。
② 陕西省高级人民法院（2009）陕民三终字 12 号民事判决。

是为了避免无效,而权利要求3的有效与专利权人的修改没有任何关系。如果专利权人不对权利要求进行修改,专利复审委员会有可能认定权利要求1和2无效,这与专利权人放弃权利要求1、2的后果是相同的。但不同的是,如果专利权人没有对权利要求修改,专利权人仍可以主张电动机与电磁牵引器属于等同特征。看起来,这种情况下禁止反悔原则的适用有些不合逻辑。这就出现了这样一个问题:专利无效过程中对权利要求的删除是否都导致禁止反悔?

二、禁止反悔的含义与意义

(一)禁止反悔原则的含义和适用条件

禁止反悔是英美法中的一项衡平法原则,其基本含义是,一方当事人已经作出了某种行为,并且被他人所信赖,该当事人以后就不能再否认该行为以损害他人的利益。专利侵权判断中的禁止反悔原则是专利解释的一个规则,它要求解释专利时应当根据其专利审查档案进行,专利权人为了获得专利而放弃的内容不能通过等同原则重新进入专利的保护范围。[1]

禁止反悔原则始于美国,对权利要求的修改是导致禁止反悔的一项重要理由。通过 Hilton 案[2] 和 Festo 案[3] 的判决,美国最高法院重申了权利要求修改是等同原则的"弹性障碍"规则,同时对禁止反悔在等同原则中的适用范围进行了澄清和细化。其主要的观点有:只要专利权人为了获得专利对权利要求进行了限制性修改,不管是否为了克服现有技术,也不管是否应审查员的要求而进行的,都导致禁止反悔的适用;当专利权人不能解释其修改的原因时,法院推定其修改是为了"专利性",也就是为了获得专利;禁止反悔的适用,只是针对经过修改而放弃的内容,并不导致修改后的技术特征就完全不能再适用等同

---

[1] Sue Ann Mota,"The Doctrine of Equivalents and Prosecution History Estoppel:the Supreme Court Supports Flexibility over Certainty in Patent Cases in Festo v. SMC", 9 Richmond Journal of Law and Technology,1(2002).

[2] Warner-Jenkinson Company,Inc. v. Hilton Davis Chemical Co.,520 U.S. 17(1997).

[3] Festo Corp. V. Shoketsu Kinzoku Kogyokabushiki Co.(00-1543)535 U.S. 722(2002)234 F.3d 55.

原则；当法院无法确定修改的原因时，就推定经过修改前和修改后之间的内容被排除在等同的范围之外，除非专利权人可以证明其修改并没有将特定的等同物排除在外，或者有其他特别的原因。

日本最高法院在"无限折动用滚珠花键轴承"案的判决中将禁止反悔作为认定等同限制条件。关于因权利要求修改而导致的禁止反悔，日本法院的观点是：为了避免专利申请被拒绝或者专利被撤销或者无效，专利权人对专利权利要求的范围进行了减缩性修改的情况下，通常要对专利权利要求的范围进行限定解释，如果权利要求的文字字面含义不包括被控侵权物，就应当认为被控侵权物属于专利申请过程中从专利权利要求的范围中有意识地排除的。专利权人非为回避驳回理由而对权利要求进行的修改的情形，多数判决认为构成禁止反悔，少数判决认为不构成禁止反悔。①

根据我国司法解释的规定，我国法院在适用禁止反悔原则时，并不考虑修改或者陈述的动因与专利授权条件是否有因果关系以及是否被审查员采信。

英美法中传统意义的禁止反悔原则有一个条件，即"被他人所信赖"。禁止反悔原则适用到专利侵权判断中，已经不再考虑"被他人所信赖"。在专利侵权诉讼中，被控侵权人并不用证明自己因信赖专利权人对专利权利要求的修改才去从事某一行为的，而实际上很多被控侵权人并没有看过专利审查档案。因此，专利诉讼中的禁止反悔原则已经突破了禁止反悔原则本来的含义，成为限制专利人主张等同的一种工具。这也就出现了这样一种现象：如果两项专利的权利要求内容相同，说明书相同，面对的现有技术也相同，其中一个专利的权利要求在审查过程中没有经过修改，而另一项专利的权利要求经过了修改，在侵权诉讼中有可能因禁止反悔原则的适用而产生不同的保护范围。

尽管没有将"被他人所信赖"作为专利侵权诉讼中禁止反悔的条件，美国法院仍将"为了获得专利"这一目的作为适用禁止反悔的条件，并且将修改"放弃的技术方案"作为禁止反悔的对象。虽然美国法院采用了将"不是为了获得专利"的举证责任让专利权人来负担，美国法院最终还是坚持了"为了获得专利"这一条件。日本法院对此

---

① 闫文军.专利权的保护范围［M］.北京：法律出版社，2007：479.

没有一致的做法，但也没有接受不区分理由将所有修改都作为禁止反悔的观点。而我国对禁止反悔原则没有设定任何条件，只要某一技术特征经过修改，被修改过的内容就成为等同原则的"绝对障碍"。

（二）禁止反悔原则的意义

禁止反悔原则之所以被很多国家承认，是因为它具有以下几个方面的意义：第一，禁止反悔原则可以防止专利权人"两头得利"。在专利审查过程中，专利权人为了获得专利授权，通过修改限制其专利保护范围，或者强调其专利的保护范围实际上比较小。但在侵权诉讼过程中，专利权人总想取消以前的限制，主张其专利的保护范围比较大。禁止反悔原则可以制约专利权人的这种行为，使其在审查过程中对专利的限制影响其专利的保护范围。第二，禁止反悔通过限制等同原则实现专利权人与公众利益的平衡。等同原则使法院可以在一定程度上突破权利要求文字的束缚，较为灵活地确定专利保护范围。等同原则侧重于专利权人利益的保护。如果等同原则的适用过于随便，等同原则适用的情形过多，又会影响社会公众对于专利保护范围的合理预期，影响社会正常的经济秩序。特别是在专利泛滥的情况下，出于限制专利权的考虑，禁止反悔原则发挥了其应有的作用。第三，禁止反悔原则对于专利制度并没有产生不良影响。从美国的实践来看，美国专利申请人往往一开始提出其保护范围明显超出合理限度的原始权利要求，然后再根据审查员的意见逐步缩小权利要求，直到最后被审查员接受。由于禁止反悔原则的适用，申请人应当尽量避免修改其专利申请，尽可能避免进行意见陈述，从一开始就尽可能地提交保护范围适应、符合专利法各项规定的原始申请文件。通过申请人的"自律"，发挥申请人的"积极性"，既能够有效地提高授权专利的质量，同时也能够明显减轻专利局审查员的工作负担。[①]

因此，禁止反悔原则是出于限制专利权人出尔反尔而产生的，同时应当以平衡专利权人与社会公众利益、不损害专利制度的运行为原则。一旦偏离了其产生的基础，违背了其实施的原则，就需要考虑这一原则适用时是否存在问题。

---

① 尹新天.专利的保护范围［M］.北京：知识产权出版社，2005：481-483.

三、我国专利无效过程中的修改

根据我国《专利审查指南 2010》的规定，在无效过程中，发明或者实用新型专利文件的修改仅限于权利要求书，其原则是：不得改变原权利要求的主题名称；与授权的权利要求相比，不得扩大原专利的保护范围；不得超出原说明书和权利要求书记载的范围；一般不得增加未包含在授权的权利要求书中的技术特征。[①]

在满足上述修改原则的前提下，修改权利要求书的具体方式一般限于权利要求的删除、合并和技术方案的删除。权利要求的删除是指从权利要求书中去掉某项或者某些项权利要求；权利要求的合并是指两项或者两项以上相互无从属关系但在授权公告文本中从属于同一独立权利要求的权利要求的合并，在此情况下，所合并的从属权利要求的技术特征组合在一起形成新的权利要求；技术方案的删除是指从同一权利要求中并列的两种以上技术方案中删除一种或者一种以上技术方案。[②]

专利权人删除权利要求或者权利要求中包括的技术方案没有时间限制，只要在专利复审委员会作出审查决定之前，专利权人都可以作出这种修改。而专利权人以合并的方式修改权利要求书，只有在特定情形下的答复期限内进行。[③]

在专利无效过程中，专利权人修改权利要求的方式是有限的，只有三种方式。三种修改方式的目的并不完全相同。在技术方案删除的情形下，同一权利要求中有两种以上技术方案，其中一项技术方案无效将导致权利要求的无效。专利权人将可能被认定无效的技术方案删除，可以保证该权利要求在保留其他技术方案的基础上被认定有效。因此，专利权人删除技术方案，是为了使该权利要求被认定有效，是为了专利有效性而进行的修改。在权利要求合并的情形下，原来有两个从属于同一独立权利要求的权利要求，但这两项权利要求都有可能被认定无效。例如，权利要求 1 为独立权利要求，权利要求 2 为从属

[①] 《专利审查指南 2010》第四部分第三章第 4.6.1 的规定。

[②] 《专利审查指南 2010》第四部分第三章第 4.6.2 的规定。

[③] 《专利审查指南 2010》第四部分第三章第 4.6.3 的规定。

于权利要求1的从属权利要求，其附加技术特征是 A，权利要求3也是从属于权利要求1的从属权利要求，其附加技术特征是 B。在无效过程中，如果专利权人认为权利要求2和3都可能无效，则可以将权利要求2和3合并，使修改后的权利要求为技术特征1加2和3，即同时具备权利要求1以及 A 和 B。专利权人作出合并修改的目的，就是通过放弃较大范围的权利要求，希望保护范围较小的权利要求被认定有效。如果不进行合并修改，所有权利要求都有可能被认定无效。在权利要求删除的情形下，专利权人主动放弃个别权利要求，这样专利复审委员会就不必对放弃的权利要求进行审查，只审查保留的权利要求的效力。就保留的权利要求而言，专利复审委员会在审查其效力时，并不受其他权利要求是否放弃的影响。这就是说，专利权人删除权利要求，对于获得专利以及维持专利的有效性并没有任何影响。就前面介绍的案件那样，专利权人删除了权利要求1和2，使权利要求3成为独立权利要求。这时，专利复审委员会只就权利要求3（即修改后的权利要求1）是否有效进行审查。如果专利权人不进行修改，专利复审委员会应当依次审查权利要求1、2、3的有效性。专利权人主动放弃权利要求1和2，唯一的后果是减少了专利复审委员会的工作量，使无效决定的作出更迅速。

可见，在专利无效过程中，权利要求的合并和技术方案的删除，都是为了使专利被认定有效；而权利要求的删除，只是为了节省无效审查程序。

四、无效过程中的修改与禁止反悔原则

无效过程中的修改是否都导致禁止反悔原则的适用呢？下面分别进行分析。

就技术方案的删除而言，适用禁止反悔原则一般没有问题。专利权人删除技术方案的目的在于维持专利有效。如果在侵权诉讼中专利权人又主张被被删除的技术方案也属于等同的范围，则专利权人两头得利。在这种情况下，应当适用禁止反悔原则。

就权利要求的合并而言，适用禁止反悔原则会存在困难。专利权人合并权利要求的目的在于维持专利有效，从目的来说符合适用禁止

反悔原则的条件。但适用禁止反悔原则的对象是"放弃的技术方案"，在权利要求合并的情形下，怎么认定"放弃的技术方案"呢？如果说合并前的两个权利要求是两个有交叉的圆，那合并后的权利要求就是两个圆的交叉部分，两个圆的其他部分是不是都是放弃的技术方案而不能适用等同原则呢？就像前面所举的例子，合并前的权利要求分别为从属于权利要求1的权利要求2和3，附加技术特征分别是A和B，合并后的权利要求为具有权利要求1所有技术特征另加A和B的权利要求。能不能说，与修改前的权利要求2相比，修改后的权利要求增加了特征B，特征B以外的技术特征都放弃了，因此不能就特征B适用等同原则；同理，对于技术特征A也不能适用等同原则。举例来说，如果被控侵权物具有权利要求1以及A和B′的技术特征，B′与B在手段、功能、效果方面基本相同，并且是本领域技术人员不经过创造性劳动就能想到的，是否能因为禁止反悔原则不能认定等同呢？笔者认为，如果就A和B这两个技术特征不能再认定存在等同技术特征，则专利的保护范围受到严格限制。专利权人放弃的应只是包括特征A的技术方案或只包括特征B的技术方案，不能认为专利权人已经放弃了包括A和B′的技术方案。因此，在权利要求合并的情形下，不能适用禁止反悔原则阻止对特征A或特征B的等同认定。当然，如果被控侵权物缺少与A或B对应的特征，就可以直接以缺少技术特征认定不侵权，不存在适用等同原则的问题，当然也不存在禁止反悔原则的适用。

就权利要求的删除而言，适用禁止反悔原则会产生问题。这种修改方式与专利有效性无关，只是节省了无效审查程序。按照最高法院的司法解释，对于这种修改方式也应当适用禁止反悔原则。本文所介绍的陕西三安科技发展有限责任公司诉北京实益拓展科技有限责任公司确认不侵权诉讼案，就是这种情形下适用禁止反悔原则的典型案例。如果专利权人不对权利要求进行删除，有可能部分权利要求被宣告无效，但其余被认定有效的权利要求仍然可以适用等同原则。如果专利权人主动对有可能被宣告无效的权利要求进行了删除，保留且被认定有效的权利要求有可能受到禁止反悔原则的限制。对于一个理性的人而言，其自然的选择是在无效程序中不会选择删除权利要求的修改方式。因为这种修改方式对于专利权人来说，好处微乎其微（节省时间），而坏处不可估量（专利保护受到限制）。这种修改方式就会变得形同虚设，而带来的后果是增加了专利复审委员会的工作量，也延长了无效宣告程序的周期。这对于社会公众是不利的，也不利于专利制度的运行。因此，对于权利要求删除的修改而言，不应当适用禁止反悔原则，因为专利权人对于权利要求的放弃并不是为了获得专利。

五、结束语

禁止反悔原则的目的不只是限制专利权的保护范围，而且要规范专利权人在申请专利和专利无效中的行为，平衡专利权人的利益与社会公共利益，促进专利制度良性运行。一旦适用禁止反悔原则偏离了其初衷和目标，就需要对该原则的适用条件是否恰当进行反思。在专利无效过程中，专利权人有三种方式可以修改权利要求。但应当只对一种修改方式适用禁止反悔原则，另外两种方式都不应当适用禁止反悔原则。无条件地将禁止反悔原则适用于审查和无效过程中的所有修改和陈述，并不符合禁止反悔原则的目的。我们应当针对审查和无效过程中的修改行为，具体分析其原因和目的，考虑适用禁止反悔原则所带来的长远影响，具体确定是否适用禁止反悔原则和如何适用禁止反悔原则。

外观设计专利侵权判断标准探讨*

——以创新点对外观设计侵权判断的影响为中心

如何判断外观设计专利侵权是否成立，是外观设计专利保护的关键。虽然我国专利法规定了确定外观设计专利保护范围的规则[①]，我国司法解释规定了外观设计专利侵权判断的原则[②]，但判断标准仍是一个值得探讨的问题。理论界和实务界关于外观设计专利侵权判定的标准主要有混淆标准和创新标准。但两种标准都有其自身的问题。本文试图对于上述两种标准进行梳理分析，在借鉴美国、日本外观设计专利侵权判断标准的基础上，对我国外观设计侵权判断的标准提出自己的意见和建议。

一、最高人民法院关于判断外观设计近似的判决

近年来，最高人民法院审理了多起涉及外观设计侵权判断的案件。在判决中，最高人民法院对于区别设计特征（即创新点）在外观设计侵权判断中的作用进行了说明。下面是其中三件案件。

1. **中山市君豪家具有限公司与中山市南区佳艺工艺家具厂侵害外观设计专利权纠纷申请再审案**[③]

中山市南区佳艺工艺家具厂（以下简称"佳艺家具厂"）是名称为"三抽柜（蛋形）"外观设计专利的独占实施许可被许可人，该专利的

---

* 本文包含中国科学院大学法学硕士胡云秋的研究成果。

① 参见我国《专利法》第 59 条第 2 款。

② 《最高人民法院关于审理侵犯专利权纠纷案件应用法律若干问题的解释》第 8 条至第 11 条的规定。

③ 最高人民法院（2011）民申字第 1406 号民事裁定。

的图片如下：

主视图　俯视图　左视图　后视图　立体图　仰视图

中山市君豪家具有限公司（下称君豪公司）制造、销售了如下
商品：

2010-8-10

2010-8-10

2010-8-10

2010-8-10

2010-8-10

佳艺家具厂以君豪公司侵犯其外观设计专利权为由向法院提起诉讼。一审法院认为，本专利与被诉侵权产品的外观设计虽然在外观形状上相似，但由于在图形及外观形状与图形的结合上存在差异，使二者的整体视觉效果不同，以一般消费者的知识水平和认知能力是可以将二者区别开来，不会因被诉侵权产品而对本专利产生联想造成混淆，因此本专利与被诉侵权产品不相似，因此不构成侵权。

　　二审法院认为，被诉侵权设计与本案专利在柜体的整体形状、柜体各组成部分的形状以及布局方式等方面基本相同，但在装饰图案方面有差异。本案专利系经国家专利行政部门初步审查后合法授权，在君豪公司未举证证明该专利产品的形状为该类产品的惯常设计的情况下，四方形三抽柜和八边形装饰框与"蛋形"圆柱体柜体按照特定的方式结合、布局，是本专利最显著的设计特征，形状对于整体的视觉效果影响更大。而图案的差异仅为局部的、细微的差异，以一般消费者的知识水平和认知能力，难以认为两者在整体视觉效果上存在实质性差异，应当认定被诉侵权设计与本案专利构成近似，落入本案专利的保护范围。

　　最高人民法院认为，被诉侵权产品与涉案外观设计专利产品均为蛋形三抽柜，二者在柜顶、柜体和柜脚部分的外观形状基本相同，主要的不同之处是装饰图案不同，除前者柜顶无装饰，后者柜顶有百合花装饰外，后者周围以一支飘逸、匀称遍布状百合花装饰的部分，前者均以一团簇状牡丹花装饰。涉案外观设计专利产品名称是"三抽柜（蛋形）"，从其产品名称和外观设计照片来看，四方形三抽柜和八边形装饰框与蛋形柜体的组合和布局是涉案专利设计区别于现有设计的设计特征，因此被诉侵权产品和涉案专利产品的外观设计在柜体的整体形状、柜体各组成部分的形状以及布局方式上的基本相同，相比其他设计特征对于外观设计的整体视觉效果更具有影响。被诉侵权设计与涉案专利设计虽然在装饰图案上存在差异，但二者均为花卉图案，图案的题材相同，在柜体的装饰布局上也基本相同，因此被诉侵权设计以牡丹花图案替换涉案专利设计的百合花图案的做法，实质是采用了涉案专利设计的设计方案，这种简单替换所导致的差异对于整体视觉效果的影响是局部的、细微的，以一般消费者的知识水平和认知能力来判断，该差异不足以将被诉侵权设计和涉案专利设计区分开来，故不属于实质性差异，对于判断被诉侵权设计与涉案专利设计在整体视觉效果上构成近似无实质性影响。综上，被诉侵权设计与涉案专利设计相近似，落入了涉案专利权的保护范围。君豪公司制造、销售被诉侵权产品的行为侵犯了涉案专利权，应承担停止侵权、赔偿损失等法律责任。

　　在上述判决中，最高人民法院明确了区别设计特征对于整体视觉效果更具有影响。

2. 株式会社普利司通与浙江杭廷顿公牛橡胶有限公司、北京邦立信轮胎有限公司侵害外观设计专利权纠纷申请再审案 ①

株式会社普利司通拥有一项"机动车轮胎"的外观设计专利，其主视图如下：

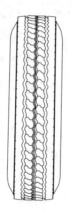

株式会社普利司通指控浙江杭廷顿公牛橡胶有限公司生产的轮胎侵犯了其外观设计专利权。一、二审法院均以专利外观设计与现有设计近似为由，认定不构成外观设计专利侵权。

最高人民法院认为，在被控侵权产品设计与现有设计并非相同的情况下，为了保证对外观设计专利侵权判定作出准确的结论，应以现有设计为坐标，将被控侵权产品设计、现有设计和外观设计专利三者分别进行对比，然后作出综合判断。在这个过程中，既要注意被控侵权产品设计与现有设计的异同以及对整体视觉效果的影响，又要注意外观设计专利与现有设计的区别及其对整体视觉效果的影响力，考虑被控侵权产品的设计是否利用了外观设计专利与现有设计的区别点，在此基础上对被控侵权产品设计与现有设计是否无实质性差异作出判断。在外观设计专利侵权判定中，即使被控侵权人未提出现有设计抗辩，也必须考虑现有设计中的惯常设计或者常用设计手法。即以现有设计中的惯常设计或者常用设计手法为坐标，找出外观设计专利与惯常设计或者常用设计手法的区别点，考虑这些区别点对整体视觉效果的影响，在此基础上再运用整体观察、综合判断的方法对二者的整体视觉

---

① 最高人民法院（2010）民提字第 189 号。

效果进行比较。当被控侵权人提出现有设计抗辩时，如前所述，除被控侵权产品的设计与现有设计相同的情况外，更应以现有设计为坐标，将该现有设计、外观设计专利和被控侵权产品设计三者分别进行对比，并在此基础上进行综合判断。此时，应特别注意被控侵权产品设计是否利用了外观设计专利与现有设计的区别点，因而与外观设计专利产生了无实质性差异的整体视觉效果。对于本案机动车轮胎产品而言，主胎面的设计对于产品的整体视觉效果更具有显著影响，是三者对比的重点所在。本案被控侵权产品设计显然与现有设计并不相同。根据本院查明的被控侵权产品设计、现有设计和本专利三者之间区别点的有关事实，本专利与现有设计 Delta Z38（P）外观设计在主胎面上花纹块的形状、外侧环状接触面外缘的横沟槽的深度、环状沟槽的弯折度以及中央环状沟槽底部的凸起颗粒设计等方面均有较大区别，这些区别使得本专利与现有设计相比产生了显著不同的整体视觉效果。被控侵权产品 BT98 型轮胎在主胎面上花纹块的形状、外侧环状接触面外缘的横沟槽的深度、环状沟槽的弯折度以及中央环状沟槽底部的凸起颗粒设计等方面，均利用了上述区别点，因而上述区别点同样构成被控侵权产品与现有设计的区别点。与被控侵权产品设计同现有设计的近似点相比，这些区别点对二者的整体视觉效果更具有显著影响。从一般消费者的眼光来看，被控侵权产品设计具有与现有设计既不相同也非实质性相似的整体视觉效果。将被控侵权产品 BT98 型轮胎与本专利相对比，两者在主胎面上菱形花纹块的设计、外侧环状接触面外缘的横沟槽的深度、环状沟槽的弯折度以及中央环状沟槽底部的连续点状凸起颗粒设计等方面均相同，其主要区别仅在于环状沟槽和横向细沟槽所形成的两个左右相邻的花纹块的位置稍有不同。相对而言，这一区别显然属于细微差异，一般消费者难以注意到，不足以使二者产生不同的整体视觉效果。被控侵权产品 BT98 型轮胎落入本专利的保护范围。因此，最高人民法院作出撤销一、二审判决，判令浙江杭廷顿公牛橡胶有限公司停止侵权并赔偿损失的判决。

在上述判决中，最高人民法院否定了以专利外观设计与现有设计近似为由认定现有设计抗辩成立，从而认定不侵权的做法。最高人民法院提出，不管被控侵权人是否提出了现有设计抗辩，都要考虑现有设计，发现专利外观设计与现有设计的区别点，看被控侵权产品的设计是否利用了外观设计专利与现有设计的区别点，并综合作出判断。

3. **张大勇与白山市江源区宏成瓦业有限公司侵害外观设计专利权纠纷案**①

张大勇拥有蓄热板外观设计专利，其立体图和仰视图为：

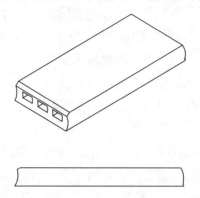

张大勇指控白山市江源区宏成瓦业有限公司（以下简称"宏成瓦业公司"）生产的产品侵犯其外观设计专利。宏成瓦业公司的产品形状为：产品为长方体，两端有 4 个通透的长方形通孔，两边为对应的弧形，一端向外凸，另一端向内凹，产品的正面有 3 个浅沟槽，并刻有"0439-3781113 吉林省白山市江源区宏成瓦业有限公司制造"等字样，背面也有 3 个浅沟槽，没有文字。

最高人民法院审理认为，被诉侵权设计与授权外观设计整体形状均为长方体，且在长方体内设有若干等距排列的长方形通孔，但两者存在三点区别：一是长方体内通孔数量不同；二是被诉侵权设计的长方体外表面有 3 条浅沟槽，授权外观设计的长方体外表面为平面；三是长方体两端接榫处形状结构不同。即涉案专利的产品两端为曲面，而现有设计的产品两端为直面。长方体两端接榫处的设计特征，即为对外观设计的整体视觉效果更具有影响的设计特征。由于本案授权外观设计在长方体两端接榫处为类"S"形曲面，而被诉侵权设计在长方体两端接榫处为纯弧形曲面，故两者于此点上的差别亦对整体视觉效果产生显著影响，被诉侵权设计与授权外观设计在整体视觉效果上具有实质性差异。因此，被诉侵权设计与授权外观设计不构成相同或近似外观设计，宏成瓦业公司制造、销售被诉侵权产品的行为不构成侵权。

---

① 最高人民法院（2012）民提字第 171 号民事判决。

在上述判决中，最高人民法院认定被控侵权产品没有使用专利外观设计的创新点"S"形曲面。但是，并不是只凭这一点就认定被控侵权产品不构成侵权，而是组合其他两点对视觉效果有影响的区别，综合认定被控侵权外观设计与专利外观设计在整体视觉效果上具有实质性差异。最后，认定被控侵权产品不构成侵权。

二、曾经使用的判断标准：不考虑创新点的混淆标准

对于外观设计侵权判断的标准，曾经有一种观点不考虑专利外观设计的创新点。我们称之为不考虑创新点的混淆标准，简称混淆标准。

（一）混淆标准的具体内容

混淆标准是指，如果具有一般注意力的普通消费者在将被控侵权设计与涉案专利外观设计进行对比后，会将后者误认为是前者，即产生混淆，则被控侵权设计与专利设计相同或者相近似，进而可以认定被控侵权设计构成对外观设计专利的侵害，即侵权成立。其核心就是以混淆与否作为判定是否相同近似的标准。

混淆标准是对产品外观整体的混淆，在认定外观设计是否相同或者近似时，应当根据授权外观设计和被诉侵权设计的设计特征，以外观设计的整体视觉效果进行综合判断。在更为细化的判断规则上，有学者认为应先从整体比较，被控侵权产品在整体上与外观设计专利相似的，可以认定为相似；在整体比较上有差异时，才进行重点观察，还要考虑要部在整个产品外观中占的比例及起的作用。①

（二）混淆标准在我国的司法适用情况

在 2009 年最高人民法院司法解释颁布前，法律、法规和司法解释中都没有关于"混淆标准"的规定。但很长时间以来，"混淆标准"一直是我国法院在外观设计专利侵权判断中所采用的标准。如程永顺先生所说，在专利侵权判定中，法官在判定一件侵权产品的外观设计是否侵犯了他人的外观设计专利权时，应当以普通消费者的眼光，看普

---

① 张廷栓.外观设计专利侵权判定中的若干问题探讨［J］.辽宁行政学院学报,2009（10）.

通消费者对二者是否构成了混淆，这种混淆包括实际的混淆，也包括可能会造成混淆，这无疑是正确的尺度。[①] 同时，我国绝大多数学者也将混淆理论奉为毋庸置疑的共识，在研究外观设计专利侵权判定时亦将之作为一个无须论证的前提。[②]

混淆标准以是否造成一般消费者混淆作为判断依据，并不要求判断者特别考虑外观设计专利的创新点，即区别于现有设计的设计点。因此，在很多案件中，法院并不考虑外观设计专利的创新点，只将涉案外观设计专利的图片或照片与被控侵权产品的外观进行对比。例如，在 1999 年《最高人民法院公报》中刊登的富士宝家用电器有限公司诉家乐仕电器有限公司专利侵权中，判决认为，被控侵权产品与专利外观设计相比，"其接水盘、净化器出水开关、瓶盖、瓶体的正面形状、瓶体装饰图上和储水瓶前部'头盔'弧面两侧的对称部位有所不同，但这都属于局部的、次要部位的差异，且给人的视觉差别并不显著。对两个产品的重要部位进行对比和整体观察，二者的外观设计容易使普通消费者在视觉上产生混淆，应该被认定为近似。家乐仕电器有限公司生产和销售的 GD601、GD602 电热开水瓶构成对富士宝家用电器有限公司专利的侵权。"[③] 在最近法院的判决中，仍有类似的表述，例如，"以一般消费者的知识水平和认知能力，对两者的产品外观，包括视觉、美感的判断上会产生混淆，与涉案专利产品外观设计相近似，构成专利侵权。"[④]

（三）对混淆标准的评价

混淆标准在理论和实践方面均受到质疑。有学者认为，混淆标准缺乏理论立足点。我国外观设计采用的是商标式的赋权方式，这种赋权方式得不到正当性理由的支持，无法达成社会契约论或者激励论所要求的效果。[⑤] 也有的学者指出，混淆标准在实践中有可能导致外观设计专利权不能得到有力保护。一方面使用该专利的独创性设计思想，

---

① 程永顺.外观设计授权审查标准及方式的质疑 [J].知识产权，2003（1）.
② 夏雷.外观设计专利权保护范围和侵权判定 [J].人民司法，2004（3）.
③ 参见《中华人民共和国最高人民法院公报》1999 年第 2 期.
④ 参见福建省高级人民法院（2011）闽民终字第 587 号民事判决书.
⑤ 应振芳.外观设计研究 [M].北京：知识产权出版社，2008：179.

另一方面又对其作出一定程度的变化，从而以消费者能看出两者的明显区别为由作为不构成侵权的依据，从而加大法院侵权判断的难度。只要在单纯开头的外观设计专利上添加视觉效果强烈的图案，达到整体视觉上有显著区别，不会构成混淆、误认，就可以判定不侵权。①

我们认为，如果不考虑创新点，单纯以"混淆"作为外观设计专利侵权的判断标准，可能会出现外观设计不能得到适当保护的问题。一个方面是，在被控侵权设计没有使用外观设计的创新点的情况下，被控侵权设计与专利外观设计仍可能整体上相近，仍有可能被认定构成侵权；另一方面是，被控侵权物在利用了外观设计创新点的前提下，又增加了其他设计要素，而其他设计要素对视觉效果影响较大，有可能认定不构成侵权。另外，过分强调外观设计专利所附带的鉴别功能，认为外观设计专利权的立足点在于防止混淆，使得外观设计侵权认定无法摆脱商标法影响，可能影响判决结果的合理性及公正性，不利于鼓励和推动外观设计的创新。

出现上述问题的原因在于，混淆标准则反映的是专利法第三次修改前以"外观设计专利产品"为准确定保护范围的做法。专利法所保护的外观设计是一种新的设计即外观设计专利权的客体就是"新设计"，具体来说是一种对产品外观的新设计。其关键点是"新"和"设计"，这也是外观设计专利获得保护的条件。适用混淆标准，如果不考虑创新点，简单的把两个产品进行比较，以是否会造成消费者混淆作为认定侵权与否的标准，是对外观设计专利保护客体的一种误解。

三、曾经使用的判断标准：过分考虑创新点的创新标准

与前述混淆标准相对立，还有一种标准过分考虑专利外观设计的创新点，我们简称之为创新标准。

（一）创新标准的具体内容

创新标准是指，只要被控侵权产品包含了专利设计中一般消费者在正常状态下能够看到的创新性内容，即为近似外观设计，构成侵权；

①　胡充寒.外观设计专利侵权判定混淆标准的反思与重构［J］.法律适用，2010（6）.

反之，即为既不相同也不近似外观设计，不构成侵权。即判断外观设计专利是否侵权的焦点在于被控侵权产品是否包含了专利设计中一般消费者在正常状态下能够看到的装饰性创新内容。①

创新标准将被控侵权产品与外观设计专利产品直接进行对比，且不赞同整体比较的对比方式，认为"设计点"是对产品外观设计的美感作出贡献的部分，应该按照设计点来判断。故只考虑是否使用了专利设计的创新部分，将公知设计部分排除在对比范围之外。②

（二）创新标准在我国的适用

1997 年 2 月 17 日，最高人民法院知识产权审判庭针对广东省高级人民法院的请示，作出了《关于不属于外观设计专利的保护对象，但又授予外观设计专利的产品是否保护的请示的答复》，指出：在专利申请日前该产品已有的外表形状，……不属于该外观设计专利所保护的内容。本案中，原审被告产品的外表形状因与原审原告专利申请日前该产品的已有外表形状相同，属于可自由利用的已有技术范围，不属于原审原告外观设计专利保护的内容，故原审被告制造的产品不构成侵犯原审原告享有的外观设计专利权。上述批复，将"在专利申请日前该产品已有的外表形状"排除在外观设计专利的保护之外，但没有说明是否只就"新设计"部分进行对比。

实践中，法院适用创新标准一般认为，被控侵权设计缺少外观设计专利中的创新部分，则不构成侵权。例如，河南省高级人民法院在"宋文周因与王永军专利侵权纠纷一案"中指出：只有被控侵权产品的外观设计中包含有设计要点中所声明的部分，且这些部分与专利照片中表示出的相同或者相似，才能认定为侵权；相反，若被控侵权产品的外观设计中未包含有设计要点的一部分，或者这些部分与专利照片中表示出的不相同或者不相似，则不能认定为侵权。③ 山东省高级人民法院在"广东兴发集团有限公司与山东达润建材有限公司等侵犯专利权纠纷上诉案"中认为，确定出区别于专利申请日以前现有设计的创新设计作为外观专利的保护范围。案中外观设计专利的创新设计有四点，而被

---

① 胡充寒.外观设计专利侵权判定混淆标准的反思与重构 [J].法律适用，2010（6）.

② 高晶，朱训平.浅析我国外观设计侵权判定标准 [J].法制与社会，2008（5）.

③ 河南省高级人民法院（2008）豫法民三终字第 8 号判决.

控侵权产品在四点上均与专利不同，因此不构成侵权。①

但是，笔者还没有发现仅仅将创新部分作为对比对象，在创新部分相同的情况下认定侵权成立的判决。并且，在有的案件中，法院驳回了原告只要被控侵权产品使用了设计要点就侵权的主张。例如，深圳市康嘉福实业发展有限公司与四川元通玻璃仪器有限公司侵犯外观设计专利权纠纷上诉案。②

（三）对创新标准的评价

创新标准也存在自身的问题。如果只进行专利产品与被控侵权产品的相应部分的纯粹创新点比较，则会不合理地扩大外观设计专利的保护范围，在整体外观有实质性差异时仍认定构成侵权。另外，创新点一般体现在外观设计的局部，如果只对创新点进行对比，实质上产生了保护局部设计的结果。另外，越新颖的外观设计会被确认有越多的创新点，当专利外观设计中有几个不同的设计特征被认为是创新点时，如果包括所有的创新点才能认定侵权，则会使创新点越多的设计越难以保护；如果包括一个创新点就可以忽略其他创新点，创新点的选择将会是一个难题，并且也不合理，这种情况下将导致创新标准存在难以有效适用的风险。

创新标准关注了外观设计的创新点，但将现有设计部分直接予以排除，过分关注外观设计创新点的作用，而忽视了在先设计对于外观设计的影响，导致了其适用过程中出现一些难以解决的困境。

四、最高人民法院司法解释和判决的标准

2009 年公布的《最高人民法院关于审理侵犯专利权纠纷案件应用法律若干问题的解释》第 11 条规定，"人民法院认定外观设计是否相同或者近似时，应当根据授权外观设计、被诉侵权设计的设计特征，以外观设计的整体视觉效果进行综合判断；……下列情形，通常对外观设计的整体视觉效果更具有影响：……（二）授权外观设计区别于现有设计的设计特征相对于授权外观设计的其他设计特征"。在上述司法解释制定过程中，也曾考虑过写入"导致消费者产生混淆"的表述，但经过讨

---

① 山东省高级人民法院（2008）鲁民三终字第 74 号判决。
② 四川省高级人民法院（2009）川民终字第 483 号判决。

论最终没有写入。① 这说明，司法解释中的标准，不再将混淆作为判断依据，而是以整体视觉效果上有无实质性差异作为判断的准则。同时，司法解释还明确了创新点设计对于整体视觉效果更具有影响。从判断方法上看，司法解释仍采用的多年来一直使用的"整体观察、综合判断"的方法。

最高人民法院在前述三个案件中的判决裁定，对上述司法解释进行了诠释。但是，不管是司法解释还是最高人民法院的判决，对于如何判断外观设计侵权的方法和步骤，都还没有具体的意见。从各地的判决看，在适用时做法也不一致。在涉及现有设计的内容时，有的判决中首先确定设计空间的部位的设计，再从中去掉与现有技术相同的设计，再与被控侵权设计进行对比，最后得出是否侵权的结论。② 有的则在认定被控侵权物使用了涉案专利的设计要点的情况下，再认定侵权成立。例如，"上海千古文具有限公司与上海欧鳄文化用品有限公司侵犯外观设计专利权纠纷上诉案"判决认为：被控侵权产品具有……等涉案专利外观设计的设计要点，且被控侵权产品在笔头部分的外观设计与涉案专利在笔头部分的外观设计极为近似。尽管被控侵权产品与涉案专利外观设计在中圈部分的设计存在差异，但综合考虑两者在各设计特征上的近似性，原审法院认为两者在中圈部分的差异并不影响两者在整体视觉效果上的近似，并无不当。③ 可以看出，这一判断方式与最高人民法院在中山市君豪家具有限公司案中的判断方式基本相同。在被控侵权物没有包括外观设计的创新点时能否认定侵权，或者被控侵权物只包含了外观设计的部分创新点时能否认定侵权，司法解释并没有给出答案。如何评价司法解释中的标准，以及如何适用这种标准，还需要考虑国外的做法再进行分析。

五、美国和日本的外观设计判断标准

（一）美国外观设计专利侵权判定标准

美国最高法院在 1871 年的 Gorham 一案中运用"普通观察者"的

---

① 尹新天. 中国专利法详解［M］. 北京：知识产权出版社，2011：641.
② 例如，北京市高级人民法院（2011）高民终字第 2577 号民事判决。
③ 参见上海市高级人民法院（2011）沪高民三（知）终字第 22 号民事判决书。

标准即以一般购买者的混淆、误认来判定原、被告的外观设计是否相
似。① 自从该案后，美国最高法院所阐述的侵权判断标准被认为是普
通观察者检测法（Ordinary Observer Test），并一直被下级法院所遵
循。此后美国联邦巡回上诉法院在 1984 年的 Litton Systems, Inc. v.
Whirlpool Corp 一案中对普通观察者检测法进行修正进而建立创新点
检测法（Point of Novelty Test）：要认定外观设计专利侵权成立，不
管两个外观设计看起来是如何的相似，被控侵权产品必须擅自使用了
将专利外观设计从在先外观设计中区别开来的该专利外观设计的创新
点。② 换言之，侵权的认定必须在混淆之上还须存在模仿或抄袭创新
点的事实。2008 年美国联邦巡回上诉法院在 Egyptian Goddess, Inc.
v.Swisa, Inc 案（简称 EGI 案）中重申了 Gorham 案所确立的普通观察
者检测法并对其进行修正，确立了熟悉在先设计的普通观察者测试法。③
这一标准，一般被称为修正的普通观察者标准。按照这一标准，仍以普
通观察者作为判断主体。但是这个普通观察者必须对现有设计足够了解，
同时认为区别于现有设计的设计特征对外观设计整体视觉效果更具有影
响，以是否造成混淆作为判断相同或近似的标准。修正的普通观察者标
准减轻了权利人的举证责任，为专利提供了更强大的保护。④

　　但是，此后 CAFC 还没有适用 EGI 案的标准作出判决。地区法院
在适用 EGI 案标准时，采用了不同的方式。一种方式是两步测试法，
纽约南区法院在 Wing Shing Products v. Sunbeam Products 案中适
用了这种方式。⑤ 第一个步骤是只将被控侵权产品与专利外观设计相比，
如果二者有实质性差别，则可以直接作出不侵权的结论。如果二者并
非明显不同，则进行第二步测试，将被控侵权设计、专利设计与现有
设计进行对比。另一种方式是三向比较法，三向比较法是将被控侵权
设计、专利设计与现有设计进行对比。俄亥俄北区法院和亚里桑那地
区法院都曾适用这种方式。⑥

① Gorham Mfg. Co. v. White, 81 U. S. 511（1871）.
② Litton Systems, Inc. v. Whirlpool Corp. 728 F. 2d 1423（Fed. Cir. 1984）.
③ Egyptian Goddess, Inc. v. Swisa, Inc., 543 F. 3d 665, 670（Fed. Cir. 2008）.
④ 闫文军.美国EGI案中的外观设计专利侵权判断标准及对我国的影响 [M].国家知识产
权战略与知识产权保护，北京：知识产权出版社，2011.
⑤ Wing Shing Prods., 665 F. Supp. 2d at 362.
⑥ Rainworks Ltd. v. Mill-Rose Co, 622 F. Supp. 2d at 657；Richardson v. Stanley
Works, Inc., 610 F. Supp.2d, at 1052.

（二）日本外观设计侵权判断的标准

《日本外观设计法》第24条第2款规定：登记外观设计与其他外观设计是否近似的判断，要基于以需求者的视觉所产生的美感为基础进行。日本法院在判断被控侵权设计是否侵权时，将被控侵权设计和登记外观设计的整体进行观察对比，考虑物品的性质、用途、使用状态、是否包括现有设计所没有的创新点等，以物品需求者的眼光确定物品最容易引起注意的部分，在对这些部分对比的基础上，看两个外观是否在整体上存在共通的美感。[①]

日本法院在判断外观设计是否近似时的步骤包括：（1）确定登记外观设计的基本样态和具体样态，分别分为若干点；（2）确定现有设计的内容；（3）确定登记外观设计的要部。在这一步骤，要确定需求者，需求者正面观察外观设计商品最容易引起注意的部位，为要部。然后，结合（2）现有设计的内容，确定（1）中哪些点为要部；（4）将被控侵权物与登记外观设计对比，分别对比要部的相同点和不同点，非要部的相同点和不同点，最后综合判断得出结论。[②]在确定要部时，与现有技术的区别点一般会确定为要部。

六、关于外观设计侵权判断标准的思考

（一）外观设计侵权判断标准的内在要求

外观设计侵权判断标准是外观设计保护制度的核心。适当的判断标准，不仅能指导法院准确合理地判断侵权是否成立，而且可以引导当事人解决或者避免纠纷的产生，从而达到鼓励创新的目的。适当的判断标准的内在要求主要体现在两个方面：保护合理性和判断客观性。

保护合理性是外观设计法律保护制度的客观要求。外观设计保护的是对产品外观所作出的富有美感的新设计。外观设计的保护范围，既不能过大，也不过小。因此，判断标准必须是合理的。合理性体现

---

① 东京地方法院平成21年（ワ）第13219号判决。

② 上述判断步骤，是根据东京地方法院平成20年（ワ）第36851号判决等归纳得出的。

在整体外观的视觉效果是否相同或实质相同是判断的主要依据。外观设计的保护还必须与设计者的创新相联系。创新程度越高，其保护范围应越大。

判断客观性是外观设计保护中的理想状态。在外观设计保护过程中，由于视觉效果的异同很难用客观标准来统一，导致外观设计判断的主观性较强。而主观性太强的标准难以起到作为裁决依据和行为准则的作用。于是，法官和学者都开始致力于判断标准的客观化。美国联邦巡回上诉法院曾将"创新点检测法"作为判断标准的一个要件，我国学者也提出了创新标准，都是判决标准客观化的尝试。但是，这种客观化的标准又影响了保护合理性。于是美国联邦巡回上诉法院在EGI案中否定了创新点检测法，提出了修正的普通观察者标准。在创新点检测法中，法官可以看被控侵权物是否使用了专利设计的创新点，这比只看两个设计是否实质性相似更具有客观性。因此，修正的普通观察者标准又带来了不确定性，特别是地区法院采用的标准也不相同，更加强了这种不确定性。[①]

（二）我国标准与美国、日本的比较

我国最高人民法院司法解释中规定的判断标准，与美国、日本现行的标准相比，是基本相同的。

就判断的准则而言，美国认定侵权的准则是被控侵权产品与专利外观设计"实质相似"，或者说一个熟悉现有设计的普通观察者，是否会将被控侵权产品误认为专利产品；日本认定侵权的准则是需求者认为被控侵权产品与外观设计具有共通的美感；我国认定侵权的准则是二者在整体视觉上无实质性差异。尽管不同的国家所使用的术语不同，但其含义是基本相同的。"实质相似"也就是"无实质性差异"，同时也会具有共通的美感。另外，就判断准则而言，美国会考虑混淆、误认等，日本并不使用混淆等用语，我国司法解释也没有使用"混淆"的术语。虽然没有使用"混淆"这一术语，但并不是说我国不再适用混淆的标准。"无实质性差异"的后果就是混淆。这里的混淆与商标法意义上指示商品来源的混淆是不同的。这里的混淆指的是仅就外观相比，在不

---

① Marta Kowalczyk, Recent Development: Design Patent Infringement: Post-Egyptian Goddess, 2010 U. Ill. J.L. Tech. & Pol'y 239.

考虑产品其他信息的情况下，普通消费者会将被控侵权产品误认为专利产品。

就创新点在外观设计判断中的作用来看，美国否定了将创新点作为侵权判断要件之一的做法，只是将其作为考虑被控侵权物与外观设计是否实质相似的一个因素。日本和我国都是将创新点作为要部，要部对视觉效果的整体影响更大。因此，三个国家都是将创新点作为判断整体外观是否相似时考虑的因素，但并不将其作为单独的判断步骤。

（三）外观设计侵权判断标准的具体适用

如何适用我国司法解释中规定的外观设计侵权判断标准，目前还没有具体的规则。由于我国的标准与美国和日本的标准具有高度的相似性，美国和日本适用的规则对我们具有借鉴意义。

1. 是否必须确定创新点

在我国法院作出的外观设计专利侵权判决中，绝大多数案件并没有涉及创新点。这主要是因为，我国《专利法》在2008年修改前，并不要求专利申请人提交外观设计的简要说明。而在诉讼过程中，当事人也不提供证据来证明其创新点。因此，绝大多数判决只是进行"整体观察、综合判断"，但没有考虑创新点。2008年修改后的专利法要求申请人提交简要说明，简要说明的一项内容就是外观设计的设计要点。设计要点里一般包括设计人自认为创新点。因此，以后在外观设计专利侵权判断中，法院都会遇到设计要点如何处理的问题。司法解释规定创新点对于整体外观视觉具有更大的影响。因此，在侵权判断中，应首先确定创新点。创新点的确定，有时对专利权人有利（被控侵权人使用了创新点时），有时对专利权人不利（被控侵权人没有使用创新点时）。确定创新点时，需要双方说明并举证。专利权人简要说明中的设计要点，可以作为确定创新点的初步证据。

2. 创新点对整体外观的影响

在创新点有两个或两个以上的情况下，会出现被控侵权设计使用了其中部分但不是全部设计点的情形。在这种情形下，不能简单地判定不构成侵权。否则创新点多的设计反而得到的保护更弱，这是不符合保护合理性要求的。在有多个创新点时，每个创新点对整体视觉效果的影响是不相同的。如果被控侵权物缺少对视觉效果有明显影响的创新点，可以不认定侵权。如果缺少的是次要创新点，对整体外观的影响较小，可以认定构成侵权。

3. 判断的步骤

美国自从 2008 年联邦巡回上诉法院提出"修正的普通观察者"标准后，下级法院在具体适用时，有的采用二步测试法，有的采用三向比较法。按照两步测试法，第一步测试中是不考虑现有设计的。只有在被控侵权设计与专利设计实质相似的情况下，才考虑现有技术看是不是侵权。而日本和我国的做法都是采用三向比较法。我们认为，二步测试法虽然看起来更有操作性，但第一个步骤其实是多余的。在存在可以比较的现有技术的情况下，不考虑现在技术作出的对比是没有意义的。因为考虑现有设计作出对比，并不一定只是对被控侵权人有利，有时也是有利于作出实质相同的认定的。

4. 判断的客观化

在考虑现有设计的情况下，将被控侵权设计与专利设计进行对比，如何尽量使判断过程客观化，不但影响结果的正确性，对当事人更有说服力，还涉及判决如何对社会公众提供指引。我国法院很多判决没有说明判断的过程，导致当事人以及社会公众对判决的质疑。我们可以借鉴日本的做法，将专利设计的特点、现有设计的特点、被控侵权设计的特点都进行分解和列明，确定容易引起人们注意的创新点设计部分，然后将被控侵权设计与专利设计的相同点和不同点都进行比较，最后结合要部异同点和非要部异同点，综合作出在视觉效果上是否有实质差异的结论。当然，这需要法院在审理外观设计专利侵权案件中花费更多的时间，也需要当事人有较高的业务水平。

5. 与公知设计抗辩的关系

我国《专利法》第 62 条规定"在专利侵权纠纷中，被控侵权人有证据证明其实施的技术或者设计属于现有技术或者现有设计的，不构成侵犯专利权"。这意味着我国专利法已经明确将现有设计作为专利侵权诉讼中一个法定的单独抗辩理由。有了这个抗辩事由后，还是否需要在侵权判断时考虑现有技术呢？我们认为，现有设计抗辩解决的是被控侵权人是不是使用现有设计的问题。现有设计抗辩的标准是比较严格的，"被诉侵权设计与一个现有设计相同或者无实质性差异的"，才能够认定公知设计抗辩成立。在公知设计抗辩不能成立的情况下，公知技术仍可以帮助确定专利外观设计的创新点，从而在此基础上判断侵权是否成立。因此，公知设计抗辩并不能代替外观设计抗辩中对现有设计的考虑。

七、结束语

国际上不同的国家无论对外观设计采用哪种保护模式，保护的宗旨都是对外观设计的创新活动的保护。保护的合理性和判断的客观性，是外观设计专利保护的内在要求，也是各国法院在保护外观设计时努力实现的目标。经过多年的司法探索，中国最高人民法院吸收了混淆标准和创新标准的合理成分，在司法解释中提出了外观设计的侵权判断标准。这一标准，与美国经过多年探索后采用的标准，以及日本目前采用的标准是一致的。但在实践中如何采用这一标准，还需要进一步细化，使之更具有可操作性。

专利间接侵权的主观要件研究

——从美国 SEB 案谈起

2011 年 5 月 31 日，美国最高法院就 SEB 案作出判决，[①] 维持了美国联邦巡回上诉法院关于专利引诱侵权的认定，但对间接侵权的主观要件和判断标准提出了新的意见。本案不仅对于美国间接侵权的主观标准有重要的意义，而且对于我国分析专利侵权的主观要件标准具有重要参考价值。

一、SEB 案案情及判决结果

（一）基本案情

SEB 公司在美国拥有一项深层炸锅的专利，名为"电加热厨具"。1997 年，SEB 的竞争者美国 Sunbeam Products（以下简称"S 公司"）要求 Pentalpha 向其提供符合特定要求的深层炸锅。Pentalpha 是一家香港公司，是美国 Global-Tech Appliances 公司的全资子公司（以下将 Pentalpha 和 Global-Tech Appliances 公司统称为"P 公司"）。

P 公司在香港购买了一个 SEB 的锅，除了装饰部分以外，完全照搬了 SEB 的专利炸锅产品。由于是用于海外销售的产品，SEB 的炸锅上没有美国专利标志。P 公司照搬了该产品以后，要求律师出具该产品不侵犯美国专利的报告，但没有告诉律师该产品是照搬了 SEB 的产品。律师检索了相关美国专利，但没有找到 SEB 的专利，并于 1997 年 8 月出具报告称 P 公司的产品不侵犯他人的专利。同月，P 公司将

[①]　Global-Tech Appliances, Inc., Et Al. *v.* SEB S. A, 131 S. Ct. 2060.

该产品销售给 S 公司，S 公司在美国销售。1998 年 3 月，SEB 对 S 公司起诉，称 S 公司销售的产品侵犯了其专利权。1998 年 4 月，S 公司通知了 P 公司。但 P 公司仍对 Fingerhut Corp. 和 Montgomery 销售这种产品，而后者又在美国转售。

SEB 与 S 公司达成和解协议后，起诉了 P 公司和 Fingerhut Corp. 以及 Montgomery。SEB 对 P 公司的起诉理由之一是 P 公司积极引诱 Sunbeam、Fingerhut 、Montgomery 销售其产品的行为违反了《美国专利法》第 271 条（b）的规定，构成引诱侵权。

美国地区法院认为没有证据证明 P 公司在 1998 年 4 月 9 日前知道专利的存在。但是，法院认为，P 公司在委托律师进行不侵权检索时，故意隐瞒其照搬了 SEB 产品的事实，可以合理地推断，P 公司具有特别的目的，使律师做一个失败的检索。法院据此作出 P 公司构成引诱侵权的结论。

（二）美国联邦巡回上诉法院的判决

2010 年 2 月，美国联邦巡回上诉法院就该案作出了判决。①美国联邦巡回上诉法院维持了美国地区法院的判决。在引诱侵权的主观要件方面，联邦巡回上诉法院提出了"故意漠视"（deliberate indifference）标准。

该院认为，对于引诱侵权而言，其主观要件是引诱者必须具有特定意图。按照这一规则，原告必须证明被控侵权人知道或应当知道其行为将引诱侵权，并且包括知道专利存在这一要件。但是，对于知道专利存在这一要件而言，其含义是不清楚的。

美国联邦巡回上诉法院认为，对已知风险的故意漠视与实际知道并没有区别，就是另一种形式的实际知道。即使专利权人没有直接证据证明被控侵权人实际知道涉案专利，也可以认定构成引诱侵权。本案中有充分的证据支持得出结论，P 公司故意不顾 SEB 有一个受保护的专利这一已知风险。P 公司购买并照搬 SEB 深层炸锅，委托律师进行不侵权分析时故意不告知照搬于 SEB 产品这一事实。而 P 公司的董事长熟知美国专利制度，也了解 SEB 的专利情况。他本身是 29 件美

---

① SEB S. A. v. Montgomery Ward & Co., 594 F. 3d 1360 (2010).

国专利的发明人，而 P 公司与 SEB 在早期有业务往来，涉及 P 公司的专利产品。这些证据足以证明故意漠视。

与此同时，P 公司没有提供反驳证据，如果被控侵权人有证据证明他实际相信覆盖被控侵权产品的专利实际不存在，也可以推翻故意漠视的认定。但 P 公司并没有主张公司或其员工实际相信 SEB 的专利并不存在。

（三）美国最高法院的判决

P 公司继续向美国最高法院上诉。P 公司上诉的主要理由是，就引诱行为侵犯专利的认知风险而言，引诱侵权要求比"故意漠视"更高，必须实际知道专利的存在。因此，美国联邦巡回上诉法院的判决确立的"故意漠视"标准，不能用于认定引诱侵权。

美国最高法院认为，本案中的主要问题是，《美国专利法》第 271 条（b）① 规定的"积极引诱侵犯专利权"是否必须知道相关行为构成专利侵权。美国最高法院在两个问题上发表了自己的意见。

1. 引诱侵权需要知道专利的存在

美国最高法院首先从文义上对《美国专利法》第 271 条（b）的规定进行了分析。虽然《美国专利法》第 271 条（b）并没有提及意图，但可以推知至少需要有一些意图。"积极地"一词，意味着引诱必须涉及一些确定的步骤达到既定的目标。当一个人积极地引诱另一个人采取某一行动时，引诱者明显知道自己期望的行动。《美国专利法》第 271 条（b）的规定就是有歧义的。提及一方引诱侵权，可以解读为只是要求引诱者引诱他人从事某种行为，而该行为碰巧是侵权行为。或者，另一方面，可以解读为引诱者引诱他人从事某种行为，而引诱者知道这种行为是侵权行为。两种解读都是可能的。因此，从文义上进行分析并不能得出肯定的结论。

法院然后从判例法上对《美国专利法》第 271 条（b）的规定进行了分析。由于《美国专利法》第 271 条（b）的规定是 1952 年专利法修订时增加的，并且是在总结在先判例的基础上成文化的，因此，美国最高法院考察了 1952 年前的判例。1952 年之前的判例中，引诱侵

---

① 《美国专利法》第 271 条（b）的规定：积极引诱侵犯专利权者将作为侵权者承担责任。

权和销售零部件都是称为"帮助侵权"。1952年前的判例法中，关于帮助侵权的"意图"要件的认识是矛盾的。在一个广泛引用的判例中，法官 Taft 指出，如果某人制造、销售了受专利保护的组合物中的部件，如果具有将它使用在组合物中的意图，并且为了这一目的而制造销售的，他就构成帮助侵权。[①]但是，也有的案件中的观点是相反的。在 Motion Picture 案[②]中，法院认定，如果被告知道专利存在并且知道直接侵权人非法制造了专利部件，意图和目的是直接侵权人会使用侵权部件，则构成了帮助侵权。

从法条本身以及立法前的判例分析都不能得出确定的结论，美国最高法院认为立法后的 Aro II案[③]解决了这个问题。该案涉及的是《美国专利法》第271条（c）的规定。[④]与第271条（b）的规定相同，第271条（c）的规定同样也是有歧义的。"知道……是为了用于侵犯专利权而特别制造或特别改装的"可以理解为知道为了在产品中使用而专门制造或改装的，而该产品碰巧是侵权产品；也可以理解为，除了上述条件外，还必须知道专利的存在。法官意见严重分歧，多数法官同意第二种理解，即认为需要知道专利的存在。而四个少数派法官同意第一种理解，认为只需要知道专门制造一个碰巧侵权的产品就足够了。

虽然该案中的两种观点都有很多支持的理由，但学者认为，"Aro II案中的观点已经被固定为专利帮助侵权的第271条（c）"。[⑤]SEB 案并没有要求法院推翻 Aro II案中确立的规则，而在经历了近半个世纪后，美国国会也没有认为应当改变《美国专利法》第271条（c）中规定的意图要件。因此，按照遵循先例的原则，美国最高法院认为第271条（c）要求知道被侵犯的专利的存在。

基于同样的前提，《美国专利法》第271条（b）关于引诱侵权的

---

① Thomson-Houston Elec. Co. v. Ohio Brass Co., 80 F. 712, 721（CA6 1897）.

② Motion Picture Patents Co. v. Universal Film Mfg. Co., 243 U. S. 502（1917）.

③ Aro Mfg. Co. v. Convertible Top Replacement Co., 377 U. S. 476, 484（1964）.

④ 《美国专利法》第271条（c）的规定：在美国许诺销售或销售，或在美国进口专利机器、产品、组合或合成物之成分者，或用于实施专利方法器械者，而且该成分、材料或器械是有关发明的实质性部分，同时还知道该成分、材料或机器是为了用于侵犯专利权而特别制造或特别改装的，并且不是主要可用于非侵权目的的大宗物品或商品，将作为帮助侵权者承担责任。

⑤ 5 R. Moy, Walker on Patents § 15 :20, p. 15 - 131（4th ed. 2009）. John R. Sand & Gravel Co. v. United States, 552 U. S. 130, 139（2008）.

规定也需要同样知道专利的存在。这两款在 1952 年前有同样的起源，而这两款的用语也是相同的。

2. 知道的标准应为"有意视而不见"（willful blindness）

关于知道的标准，美国最高法院认为"故意漠视"一个专利存在的已知风险并不是《美国专利法》第 271 条（b）的适当标准，适当的标准应是"有意视而不见的原则（doctrine of willful blindness）"。但即使按这一标准，本案中的证据足以支持认定 P 公司已经知道。因此，美国最高法院仍维持了联邦巡回上诉法院的判决。

美国最高法院认为，"视而不见的原则"是刑法中已经确立的原则。刑法中的许多条款要求被告的行为是明知的或故意的，法院使用"有意视而不见"的原则来防止被告人在清楚的证据面前故意假装以逃避责任。这一原则的传统上的合理性在于，被告人所从事的行为，与那些真正知道的人一样具有可谴责性。另一种说法是，在关键事实的直接证据面前隐藏自己知道的人，实质上已经知道了这些事实。从"有意视而不见"规则的长远历史和被普遍接受而言，美国最高法院认为没有理由说它不能适用于专利引诱侵权的民事诉讼中。

很多美国联邦巡回上诉法院都在判决中阐释过"有意视而不见"，虽表述的方式有时稍微不同，但两个基本条件是一样的：第一，被告必须主观上相信某一事实存在有高度的可能性；第二，被告必须采取了故意的行为避免知道这一事实。美国最高法院认为，这些条件给视而不见原则一个超过鲁莽和过失之外的适当的限制范围。按照这种模式，一个有意的视而不见的被告，采取故意行为避免确认高度可能性的过错行为，从而可以说实际上知道了关键事实。

尽管否定了二审法院对于"知道"的认定标准，美国最高法院仍作出了维持二审判决的结论。美国最高法院认为，按照正确的标准，仍可以作出有利于 SEB 的判决。陪审团可以轻易地发现在 1988 年 4 月前，P 公司对于销售有意鼓励 S 公司的行为构成侵权是视而不见。当 P 公司照搬 SEB 的炸锅时，该炸锅在美国市场是一项发明，并且在市场上的销量迅速上升。而这一切，P 公司是知道的。因为 P 公司的 CEO 证言称，为了开发 S 公司的产品，作了市场调查。P 公司相信，SEB 的锅代表了技术进步，那可能在美国是有价值的，因此照搬了除了装饰特征之外的全部内容。证据显示，P 公司决定照搬的是一个海外型号的锅。P公司知道其产品是用来供应美国市场的，而海外市场的产品并不印有专利标记。更有说明力的是，P公司CEO决定不告诉律师其产品是照搬SEB的产品。因此，概括而言，证据足以让陪审团认定P公司主观上相信SEB公司的锅是专利产品具有高度可能性，而P公司采取故意的步骤避免知道这一事实，因此，可以说对于侵权的性质故意视而不见。

二、SEB案对美国专利间接侵权主观要件的影响

（一）美国专利法中的间接侵权

按照普遍法中的侵权责任规则，不仅应惩罚直接行为人，而且应惩罚帮助者。这一侵权责任规则运用到美国专利法中就产生了帮助侵权责任。1871年的Wallace v. Holmes案[①]中，法院认定未经专利权人同意制造或销售用于专利装置或者专利方法的非专利产品构成专利侵权行为。后来，美国法院审理了多起涉及间接侵权的案件。在1894年的Morgan Envelope v.Albany Paper Co.案[②]中，明确了专利间接侵权原则只可适用于与专利实质技术密切相关的产品，而不能用于和实质技术特征关系不大的普通物品。1952年《美国专利法》修订时，增加了第271条（b）和（c），分别规定了引诱侵权和帮助侵权。

（二）间接侵权的主观要件

间接侵权的主观要件是认定引诱侵权的重要问题。根据《美国专利法》第271条（b）的规定，引诱侵权的要件是"积极引诱"，这就是说，行为人在主观上处于故意的状态，对于所引诱的行为是明知的。正如美国最高法院在SEB案中分析的，行为人对于"所引诱的行为"明知还是"所引诱的行为的侵权性质"明知，是两种不同的观点。从专利法的用语看，两种理解都是正确的。而从1952年《美国专利法》规定引诱侵权之前的判例看，也存在两种不同的观点。

---

① 29 F. Cas. 74（C.C.D. Conn. 1871）.
② Morgan Envelope v. Albany Paper Co., 152 U.S 425（1894）.

实质上，在引诱侵权的主观要件方面，美国法院一直到最近还存在两种观点的分歧。Hewlett-Packard v. Bausch & Lomb 案[1]中，被告拥有一个生产侵权产品的部门。后来被告将该部门转让给第三人。原告 HP 公司起诉被告引诱购买者继续侵权。法院认为，只有 HP 公司证明被告具有导致侵权行为的实际意图，被告才承担引诱侵权责任。法院并没有要求被告知道专利，更不用说引诱侵犯专利，只要其鼓励的行为最终构成侵权就可以了。但是，法院认为即使这个标准，被告的行为也不符合。因为被告在出售其部门时，没有关心它是否生产侵权产品。而在几个月后的 Manville Sales Corporation v. Paramount Systems, Inc 案[2]中，法院适用了不同的标准。法院在判决中指出，原告"不仅要证明被告知道其引诱行为本身，还必须证实被告具有鼓励他人侵权的明确故意。原告有责任证明，被控侵权人的行为诱发了侵权行为而且明知或应当知道他的行为将诱发实际侵权"。在本案中，尽管原告已证明被告"具有鼓励它的顾客以侵犯第 648 号专利的方法使用其产品的明确故意"，但原告"没有证明被告明知它的产品在被顾客按指示使用时会侵犯第 648 号专利"。相反地，被告提供了证据证明它不具有主观故意，即它是在律师的意见——其产品不会引诱侵权——基础上"基于善意信念操作的"。

之后，这种分歧一直困扰着美国法院。美国联邦巡回上诉法院和地区法院都有遵循不同判例的判决，但绝大多数倾向于 Manville 的标准。[3]联邦巡回上诉法院曾经想调和这种标准，但没有成功。在一个案件中，法院提出一个中间立场，认为知道侵权争议是相关的，但标准是过失，即引诱者是否知道或应当知道其行为将引诱实际侵权。[4]在另一个案件中，法院想折中 HP 案件和 Manville 案件的标准，要求具有鼓励某种行为的实际意图，而不只是知道该行为。[5]

距 SEB 案较近的案件是 DSU Medical Corp. v. JMS Co. 案[6]。案中，

---

① 909 F.2d 1464, 1469（Fed. Cir 1990）.

② 14 U.S.P.Q.2D（BNA）1299（1990）.

③ Mark A. Lemley,"Inducing Patent Infringement",39 U.C. Davis L. Rev. 225（2005）.

④ Anton/Bauer, Inc. v. PAG, Ltd., 329 F.3d 1343, 1348（Fed. Cir. 2003）.

⑤ Warner-Lambert Co. v. Apotex Corp., 316 F.3d 1348, 1363（Fed. Cir. 2003）.

⑥ DSU Medical Corp. v. JMS Co. Ld., 471 F.3d 1293（Fed. Cir. 2006）.

美国地区法院给陪审团的法律指导是：构成引诱侵权，需要首先有直接侵权行为，并有证据证明被告知道会引发侵权并意图鼓励这种侵权行为。被告必须意图引起构成直接侵权的行为而且必须知道或应当知道它的行为会引起直接侵权行为。上诉中，原告主张美国地区法院对陪审团的法律指导有误。美国联邦巡回上诉法院认为，引诱侵权的主观要件要求不仅仅是意图引起造成直接侵权的行为，还要求引诱者有引起直接侵权的明确故意。

（三）美国最高法院在 SEB 案中确立的间接侵权主观要件标准

美国最高法院就 SEB 案作出的判决，在以下几个方面有重要意义。

第一，美国最高法院明确了认定引诱侵权需要引诱者知道其引诱的行为构成侵权。如前所述，对于是否需要知道引诱的行为是否构成侵权，或者说是否知道专利的存在，很长时间以来都有争议和不同的做法。美国最高法院的判决，明确了"知道专利存在"是引诱侵权的构成要件。

第二，美国最高法院明确了"有意视而不见"可以认定为"知道"。在确立了"知道专利存在"是引诱侵权的要件后，就存在以什么标准认定"知道"的问题。美国最高法院否定了美国联邦巡回上诉法院"故意漠视"的标准，提出了更严格的标准"有意视而不见"标准。证明"有意视而不见"远比"故意漠视"更困难。和之前的证明心理状态的标准不同，"有意视而不见"要求证据为：（1）就某一产品或方法受专利保护而言，被控引诱者主观上相信有较高的可能性，而不是仅仅是有风险。（2）被控引诱者采取了故意的行为回避得知这一事实。这一案件澄清了专利引诱侵权的判断标准，对于那些从事制造、使用、销售和进口产品的人来说是一个好消息。如果按照"故意漠视"的标准，将会使引诱侵权责任无限制并无法预测。就现存的 200 多万件美国专利而言，任何从事制造、使用、销售和进口产品的人，都可以说意识到其客户在使用产品时侵犯他人的专利权。美国最高法院的标准是一种比较高的标准，限制承担引诱侵权责任人的范围，只包括那些面对其引诱的行为具有侵权的高度可能性，并且故意采取行动避免知道这些行为实际构成侵权的人。美国学者认为，美国最高法院的判决，通过通常难以证明的"有意视而不见"标准，对于合法创新者加以引诱侵权责任确立了难以克服的障碍。①

第三，美国最高法院明确了《美国专利法》第271条（b）和（c）的主观要件是相同的。在SEB案判决中，美国最高法院认为，引诱侵权并不认为是帮助侵权外的独立理论，引诱侵权是帮助侵权的形式。在1952年《美国专利法》第271条制定时，引诱侵权和帮助侵权独立两个条款，分别为（b）和（c）两项。两个条款的用语虽有不同，但两个条款规定的侵权行为的主观要件是相同的。美国最高法院在SEB案中对引诱侵权的主观要件标准表明了态度，同时提出第271条（b）和（c）的标准是相同的。这说明，美国最高法院在SEB案中提出的引诱侵权的主观要件，同样适用于帮助侵权。

三、我国专利法中的间接侵权及主观要件

（一）我国专利保护中的间接侵权

我国专利法中并没有类似于《美国专利法》第271条（b）、（c）的规定。但很长时间以来，我国学者就对《美国专利法》第271条（b）、（c）的规定以及其他国家的类似规定进行了介绍和评论，并称之为间接侵权。在专利法第二次修改和第三次修改的过程中，都曾讨论在《专利法》中加入关于间接侵权的规定。在《专利法》第二次修改时，考虑到TRIPS协议中没有关于专利间接侵权的规定，我国《专利法》不宜提供超出TRIPS协议标准的保护力度，关于间接侵权的建议被删除。在《专利法》第三次修改时，由于"专利法中规定专利间接侵权的时机尚不成熟"等原因，专利间接侵权制度仍未被纳入到我国的专利法律中。

尽管专利法中没有明确的规定，我国其他法律规定为追究间接侵权责任提供了依据。我国《民法通则》第130条规定：两人以上共同

---

① Gibson Dunn, Supreme Court Raises the Bar For Claims of Active Inducement of Patent Infringement In Global-Tech Appliances, Inc. v. SEB S.A, http://www.gibsondunn.com/publications/pages/SupremeCourtRaisestheBar-ForClaimsOfActiveInducementOfPatentInfringementInGlobal-TechAppliances.aspx.

侵权造成他人损害的，应当承担连带责任。最高人民法院《关于贯彻
执行〈民法通则〉若干问题的意见（试行）》第 148 条规定：教唆、帮
助他人实施侵权行为的人，为共同侵权人，应当承担连带民事责任。
我国《侵权责任法》第 9 条第 1 款也做了类似的规定：教唆、帮助他人
实施侵权行为的，应当与行为人承担连带责任。依据上述关于共同侵
权的规定，我国法院审理了大量涉及间接侵权责任的案件。笔者统计
了从公开途径可以找到的涉及专利间接侵权的案件，截至 2012 年年底
的案件共找到 36 件，其中有 24 个案件认定构成间接侵权、共同侵权
或帮助侵权，有 12 个案件认定没有构成侵权。在认定构成侵权的 24
个案件中，18 个认定构成"间接侵权"；在认定没有构成侵权的 12 个
案件中，只有一件直接否定了间接侵权的主张，其他都是因为证据或
其他原因认定没有构成侵权。可见，虽然我国法律和司法解释中并没
有间接侵权的规定，但在我国的司法实践中，已经承认并接受了间接
侵权的理论。

（二）我国间接侵权中的主观要件标准

由于专利法中缺乏对专利间接侵权问题的明确规定，而法院又都
承认了间接侵权的理论，适用合理且统一的间接侵权构成要件就尤为
重要，否则就会出现判决结果不一致甚至是互相矛盾的现象，影响司
法的统一性和权威性，也会让社会公众无所适从。

对于专利间接侵权的主观要件，我国学者和司法实务的观点比较
统一，认为需要以故意为要件。[1]北京市高级人民法院于 2001 年通过
的《专利侵权判定若干问题的意见（试行）》第 76 条也规定"间接侵
权人在主观上应当有诱导、怂恿、教唆他人直接侵犯他人专利权的故
意"。[2]这一规定，与我国法院在大多数案件中的观点是一致的。但是，
对于"故意"的认定，一般只是认定明知其行为导致他人某种行为，
而这种行为是一种侵权行为，就认定具有故意。在前述笔者统计的 36
个涉及间接侵权的案件中，只有一个案件以"不知道"作为认定没有

---

[1] 尹新天.专利权的保护[M].2 版.北京:知识产权出版社，2005:532.
[2] 2013年北京市高级人民法院公布了《专利侵权判定指南》，取代了上述规定。在《专利
侵权判定指南》中，不再使用专利间接侵权的概念，而是使用了专利共同侵权，其中包括引诱、
帮助侵权。但对于引诱、帮助侵权的主观要件，并没有作出特别的规定。

构成侵权的理由。[①] 有一个案件是在知道专利存在的情况下认定构成侵权的。[②] 这两个案件仍不能得出"知道专利存在"是认定故意的构成要件。其余所有案件中法院都没有就被告是否知道原告专利的事实进行审理。并且在很多案件中，法院是按照"应当知道"专利存在认定故意的。例如，"涉案外观设计专利经国家知识产权局公告以后，相关路灯制造企业均有义务规避制造与涉案外观设计专利相同或相近似的路灯。……丹阳明珑厂制造侵权路灯成套散件并向金光芒公司销售的行为，系帮助金光芒公司实施侵权行为。应当与金光芒公司共同承担侵权法律责任"。[③] "对该选针器是否为专利产品，没有履行本行业一般注意义务，故应认定晶丰公司主观上具有帮助他人实施侵权行为的故意"。[④] "被控侵权产品主龙骨是专门用于实施'自接式轻钢龙骨'发明专利的关键部件，必须与副龙骨、吊杆配合使用才能构成完整的产品，才能实现产品的功能，何建辉作为生产同类产品的个体工商户业主，对此是知道或应当知道的"。[⑤] 可见，我国法院在认定间接侵权的"故意"时，对于专利的认知采取了推定的做法。也就是说，法院推定行为人知道涉案专利，而行为人有意引诱或帮助的行为构成了专利侵权，则认定行为人具有间接侵权的故意。

（三）专利间接侵权中的主观要件探讨

表面上看来，我国法院适用的专利间接侵权的主观要件是"故意"，和美国专利法中规定的间接侵权的标准是相同的。但是，仔细分析起来，我国法院适用的标准与美国的标准还存在差异。美国法院长期以来对于"是否知道专利存在"是构成间接侵权的要件存在争议，美国最高法院最终确定了"知道专利存在"是构成间接侵权的要件。而我国法院在这一点上并没有出现不同的观点，而是都推定行为人"知道专利

---

① 佛山市中级人民法院（1999）佛中法知初字第27号判决，法院认为"由于凯德公司和新得公司主观上不知道富裕厂委托加工的车身部件使用在被控产品上"而不构成侵权。仍然不属于因不知道专利存在而不认定侵权的情形。

② 西安市中级人民法院（2006）西民四初字第019号判决，专利权人向被控间接侵权人发出过警告信，从而可以得知被控侵权人知道专利存在。

③ 南京市中级人民法院（2007）宁民三初字第307号民事判决。

④ 天津市高级人民法院（2008）津高民三终字第003号判决。

⑤ 广西壮族自治区南宁市中级人民法院（2006）南市民三初字第10号民事判决。

存在"。这样，我国法院的标准就与美国法院的标准存在明显的不同。而我国法院采用的标准正是美国最高法院放弃的"不需要知道专利存在"的标准。

上述标准的差异，实质上反映了法律对行为人注意义务标准上的不同。一般认为，在认定直接侵权时，不需要考虑行为人是否知道专利存在，而是推定其应当知道专利存在。我国法院对于间接侵权的主观要件，也是采用这样的标准。而美国最高法院在SEB案中确立的标准，并不推定行为人知道专利存在，而是需要专利权人通过证据来证明被控间接侵权人知道专利存在。显然，美国最高法院认为行为人的注意义务较低，而我国法院认为行为人的注意义务较高。在间接侵权的主观要件上，我国对专利的保护比美国更强。另外，对直接侵权行为与间接侵权行为的注意义务采取相同的标准，就会导致产品缺少专利权利要求中的个别技术特征仍可能认定为间接侵权，这实质上与"中心限定"保护或适用多余指定原则有相同的效果。面临专利泛滥的趋势，从我国技术相对落后的角度考虑，我国在专利间接侵权的问题上，不应采用比美国更高的保护水平。因此，我们应借鉴美国SEB案的判决，不采用推定被控间接侵权人知道专利的标准，而是采取专利权人证明被控间接侵权人知道专利存在的标准。

（四）"知道"的认定标准

采用证明被控间接侵权人知道专利存在的标准后，需要解决的是采用什么标准来证明"知道"的问题。"知道"是一种主观状态，而要证明这种状态，直接证据（指行为人对自己行为当时心理状态的描述）往往很难获得。在纠纷发生时，行为人为逃避责任完全可以声称自己在行为时并不知道。如果不能用间接证据来证明，就很难追究行为人的责任。因此，"故意"通常是由间接证据来证明的。什么样的间接证据才能证明"知道"，涉及知道的证明标准。在SEB案中，美国最高法院推翻了联邦巡回上诉法院"故意漠视"的较低标准，采用了"有意视而不见"的较高的标准，使认定"知道"更加困难。同时，也使很多生产者消除了被控"间接侵权"的顾虑。我国法院在将"知道专利存在"作为间接侵权的主观要件后，也应借鉴美国最高法院的标准。

四、结论

在专利法引入专利间接侵权制度以保护专利权人利益的同时，不能忽视公众利益。这需要我们对其间接侵权的认定条件加以严格的限制。而施以限制的方式除了行为方式及对象上的限制外，就是对行为人主观状态的限制。追究专利间接侵权者的责任，旨在给予专利权人更充分的保护。但在给专利权人更充分保护的同时，不能过分加重行为人的注意义务。间接侵权所涉及的专利的范围比直接侵权行为要多。如果不将"知道专利存在"作为认定间接侵权的要件，行为人需要时时注意自己的行为是否引诱或帮助了他人的另一行为，并且需要查询、研究受引诱和帮助的行为是否构成专利侵权。在专利申请和拥有量越来越多的今天，行为人的注意义务越来越重。美国最高法院在 SEB 案的判决中，将"知道专利存在"作为间接侵权的主观要件，并且将认定"知道"的标准提高。这是与专利泛滥、需要加强社会公众利益保护的现状分不开的。相比而言，我国在专利间接侵权上的保护标准比美国更高。我们应借鉴美国的有关做法，合理确定我国专利间接侵权的主观要件标准。

专利间接侵权研究

近些年来，我国学者对专利间接侵权进行了广泛的研究，我国法院也审理了一些涉及间接侵权的案件。但由于我国专利法和司法解释中并没有专利间接侵权的规定，实践中如何处理间接侵权的案件还存在模糊的认识。本文基于对我国法院涉及专利间接侵权判决的分析，探讨我国法院涉及间接侵权案件的适用标准，并对完善我国有关制度、统一实践中的做法，提出自己的建议。

一、专利间接侵权的典型判决

北京英特莱特种纺织有限公司（以下简称"英特莱公司"）是"全耐火纤维复合防火隔热卷帘"实用新型专利的专利权人。其专利权利要求2的技术特征包括耐火纤维布、耐火纤维毯、耐高温不锈钢丝、铝箔、连接螺钉和薄钢带等。北京新辰陶瓷纤维制品公司（以下简称"新辰公司"）生产的"无机布基特级防火卷帘"包括耐火纤维布、耐火纤维毯、不锈钢丝及贴铝箔的耐火纤维布，并且与英特莱公司的专利权利要求中的相应技术特征完全一致。该《产品说明书》中的安装效果图和新辰公司提交的《特级防火卷帘纵向局部剖面图》显示，上述产品须加装薄钢带和连接螺钉配套安装使用。

英特莱公司向北京市第一中级人民法院提起诉讼，要求判令新辰公司停止侵权，赔偿损失。一审法院支持了英特莱公司的诉讼请求。对于新辰公司是否构成专利侵权，二审法院认为，英特莱公司公证取得的新辰公司产品的结构与其专利权利要求2所述技术方案相比仅缺少连接螺钉和薄钢带这一技术特征。而未加装连接螺钉和薄钢带的新辰公司产品是专用于制造涉案专利产品的半成品。新辰公司的《产品说明书》中的安装效果图及其提交的《特级防火卷帘纵向局部剖面图》显示，上述产品须加装薄钢带和连接螺钉配套安装使用。新辰公司制造了专用于专利产品的半成品，生产这些半成品的目的是销售给他人用于实施专利技术，且新辰公司已经将上述产品销售给其他企业，系帮助他人实施专利侵权行为。在英特莱公司刊登了律师声明后，新辰公司仍生产和销售专用于制作专利产品的半成品，并告知客户其须加装薄钢带和连接螺钉使用，应认定其行为具有主观故意，构成间接侵犯专利权。①

在本案中，新辰公司的产品缺少英特莱公司专利的全部技术特征，按照专利侵权的判断方法，新辰公司并不构成侵权。但是，新辰公司的产品属于半成品，只要加上螺钉和薄钢带这些配件，就能成为与英特莱公司专利相同的产品。英特莱公司并没有起诉购买了新辰公司的产品并加上螺钉和薄钢带的用户，而是只起诉了新辰公司。法院并没有依据《民法通则》第130条的规定追究新辰公司的侵权责任，而是直接认定新辰公司构成间接侵犯专利权。

二、专利间接侵权及我国有关专利间接侵权的判决

（一）专利侵权和专利间接侵权

我国《专利法》第11条规定了构成专利侵权的行为类型。在依据这一规定认定侵权时，要将这些侵权行为涉及的"产品"或"方法"与专利权利要求保护的产品或者方法进行对比。被控侵权产品或方法缺少权利要求记载的一个以上的技术特征，或者有一个以上技术特征不相同也不等同的，则认定其没有落入专利权的保护范围。② 因此，专利法规定的侵权行为，都是涉及的产品或方法落入专利保护范围的行为。这类侵权行为，一般称为直接侵权行为。对于产品或方法没有落入专利保护范围所涉及的行为，专利法并没有特别的规定。

但是，有些国家和地区的专利法中，除了有关于直接侵权行为的规定外，还有产品或方法虽没有落入专利保护范围，但仍构成侵权的规定。例如，《美国专利法》1952年修改时增加了第271条（b）和

---

① 北京市高级人民法院（2003）高民终字第503号民事判决。
② 参见《最高人民法院关于审理侵犯专利权纠纷案件应用法律若干问题的解释》第7条的规定。

（c），分别规定了引诱侵权和帮助侵权均为侵犯专利权的行为。①《日本专利法》第101条也将帮助侵权视为专利侵权行为。②1977年《英国专利法》第60条也规定了帮助侵权行为为侵权行为。③《德国专利法》第10条也有类似的规定。④上述行为有共同的特点，就是行为人的行为所涉及的产品或方法都没有落入专利的保护范围，但该行为却促成或诱导了他人从事专利侵权行为。对于上述行为，美国称为 indirect infringement，我国译为间接侵权。

在我国专利法第二次修改和第三次修改的过程中，都曾讨论增加关于间接侵权的规定。在《专利法》第二次修改时，考虑到 TRIPS 协议中没有关于专利间接侵权的规定，我国《专利法》不宜提供超出 TRIPS 协议标准的保护力度，关于间接侵权的建议被删除。在《专利法》第三次修改时，由于"专利法中规定专利间接侵权的时机尚不成熟"等原因，专利间接侵权制度仍未被纳入到我国的专利法律制度中。在2009年最高人民法院制定专利侵权的司法解释时，征求意见稿中也提出了关于间接侵权的意见。⑤但在正式司法解释中，仍然取消了关于

---

① 《美国专利法》第271条（b）的规定：积极引诱侵犯专利权者将作为侵权者承担责任。（c）规定：在美国许诺销售或销售，或在美国进口专利机器、产品、组合或合成物之成分者，或用于实施专利方法器械者，而且该成分、材料或器械是有关发明的实质性部分，同时还知道该成分、材料或机器是为了用于侵犯专利权而特别制造或特别改装的，并且不是主要可用于非侵权目的的大宗物品或商品，将作为帮助侵权者承担责任。

② 《日本专利法》第101条规定：下列行为被视为侵害专利权或独占许可权：（1）专利为产品的发明时，以经营活动为目的，仅能用于该产品的生产之产品的生产、转让等，进行许诺转让的行为；……（4）专利为方法发明时，以经营活动为目的，仅能用于该方法的使用之产品的生产、转让等，进口、许诺转让等行为。

③ 1977年《英国专利法》第60条规定：专利有效期间，专利权人以外的人未经专利权人同意，在联合王国对非被许可人或无权实施该发明的人提供或表示愿意提供任何有关发明关键组成部分的手段，使得发明得以实现，而他明知或在当时正常人理应知道，这些手段适合于并旨在用来使该项发明在联合王国实现，这样的行为也就侵害了该发明的专利。

④ 《德国专利法》第10条规定：专利权的效力还在于，禁止任何第三人未经专利权人许可，在本法有效的地域范围内，向无权使用专利发明的人提供或许诺提供涉及专利发明基本要素的手段，致使后者在本法有效地域范围内销售或供应某发明，如果该第三人知道或显然应当知道所述手段适用于或专门适用于实施发明专利。

⑤ 最高人民法院2009年公布的《关于审理侵犯专利权纠纷案件应用法律若干问题的解释》（征求意见稿）第16条规定：行为人知道有关产品系只能用于实施特定发明或者实用新型专利的原材料、中间产品、零部件、设备等，仍然将其提供给第三人以实施侵犯专利权的行为，权利人主张该行为人和第三人承担连带民事责任的，人民法院应当支持；该第三人的实施不是为生产经营目的，权利人主张该行为人承担民事责任的，人民法院应当支持。

间接侵权的规定。

虽然专利法中没有关于间接侵权的规定，但我国其他法律法规为各地法院审理此类案件提供了依据。例如，《民法通则》第130条规定：两人以上共同侵权造成他人损害的，应当承担连带责任。最高人民法院《关于贯彻执行〈民法通则〉若干问题的意见（试行）》第148条规定：教唆、帮助他人实施侵权行为的人，为共同侵权人，应当承担连带民事责任。《侵权责任法》第9条第1款也作了类似的规定：教唆、帮助他人实施侵权行为的，应当与行为人承担连带责任。上述规定，使法院可以按照共同侵权追究教唆、帮助侵权人的责任。事实上，我国法院依据这些规定审理了多起案件。但由于上述规定的原则性和模糊性，法院在追究共同侵权责任时所掌握的标准存在一定的差距。

（二）我国法院涉及间接侵权的判决概况

笔者通过网络和出版物等多种途径，对我国法院审理的涉及间接侵权的判决进行了整理。① 共收集36个案件的文书，包括18个生效的一审判决和18个二审判决（调解书）。这36个案件，审理的时间最早为1993年，最晚为2012年。涉及北京、湖南、广东、广西、上海、陕西、四川、江苏、福建、天津、河南、山东、重庆、山西、浙江、吉林、黑龙江17个省市自治区的法院。在36个案件中，有24个案件认定构成间接侵权、共同侵权或帮助侵权，有12个案件认定没有构成侵权。

三、间接侵权法律依据

（一）我国法院判决对"间接侵权"的认可

在24个认定侵权的案件中，18个案件认定构成"间接侵权"，其中8个案件只认定构成间接侵权，没有提及共同侵权，另外10个案件既认定为间接侵权，同时也认定为是共同侵权。18个案件以外，有5个案件认定为共同侵权或"帮助侵权"，没有使用"间接侵权"的用

---

① 截至时间为2012年年底。在有的判决中，法院并没有使用"间接侵权"这一用语，但审理的行为属于本文中所说的间接侵权，也作为间接侵权的判决收录在内。

语。① 而另外一个案件当事人双方对是否构成间接侵权有争议，而法院既没有使用间接侵权，也没有使用共同侵权，而是认为被控侵权产品虽缺少权利要求中的配套动力，但没有配套动力就无法工作，因此认定构成侵权。②

在认定没有构成侵权的 12 个案件中，只有一件直接否定了间接侵权的主张，"李国栓称李铁成部分侵权、间接侵权，并请求李铁成承担侵权责任的主张不符合专利侵权认定的原则，故李国栓的该项主张不能成立"。③ 在一个案件中，当事人提出了间接侵权的主张，但法院只以缺少必要技术特征认定不侵权，而对间接侵权没有评论。④ 其余案件中，一个案件是因为生产零部件的被告不知道被控侵权产品使用在侵犯专利权的产品上，没有共同故意，因此不构成侵权⑤；一件是因为专利被宣告无效；二件是证据不足；三件是因为直接侵权不成立，所以间接侵权也不成立⑥；二件因为产品具有非侵权实质用途；一件是因为没有侵权故意和帮助侵权行为⑦。

---

① 兰州铁路局科学技术研究所、北京市海淀区海龙水处理设备厂诉北京跃特环保设备厂侵犯发明专利权纠纷案，北京市第一中级人民法院（1998）一中知初字第 47 号；李沫然诉广州市威鼎电子有限公司等侵犯外观设计专利权纠纷案，广州市中级人民法院（2009）穗中法民三初字第 173 号；江苏金光芒灯饰工程有限公司与宁波燎原工业股份有限公司及扬州市英莱特灯饰制造有限公司、丹阳市明珑灯饰厂侵犯专利权纠纷一案，江苏省高级人民法院（2010）苏知民终字第 0070 号；浙江省东阳市冠科建筑智能工程有限公司与深圳市捷顺科技实业股份有限公司侵犯外观设计专利权纠纷案，江苏省高级人民法院（2010）苏知民终字第 0125 号；张委三与约克广州空调冷冻设备有限公司等专利权纠纷案，北京市高级人民法院（2007）高民终字第 1259 号。

② 东丰县电机厂诉公主岭市国家农业科技园区科研设备厂专利权纠纷案，长春市中级人民法院（2005）长民三初字第 70 号。

③ 李国栓、郑州市曙光尼龙配件厂因专利侵权纠纷上诉案，河南省高级人民法院（2000）豫经一终字第 375 号。

④ 广州金鹏实业有限公司与何建辉侵害商业信誉纠纷及确认不侵权纠纷上诉案，广东省高级人民法院（2005）粤高法民三终字第 387 号。

⑤ 佛山市利宝来玩具厂诉顺德市勒流富裕塑料玩具厂、顺德市凯德塑料模具厂、顺德市新得模具厂塑料有限公司外观设计专利侵权纠纷案，佛山市中级人民法院（1999）佛中法知初字第 27 号。

⑥ 凯能高科技工程（上海）有限公司与阜宁澳洋科技有限责任公司等专利侵权案，（2010）盐知民初字第 91 号；宋智海诉山东省信鸽协会实用新型专利侵权纠纷案，济南市中级人民法院（2003）济民三初字第 41 号；刘雪华与济南开发区鑫环能锅炉研究所等实用新型专利侵权纠纷上诉案，山东省高级人民法院（2001）鲁民三终字第 2 号。

⑦ 于庆文与中国移动通信集团黑龙江有限公司等专利权纠纷案，黑龙江省高级人民法院（2008）黑知终字第 16 号。

从对上述判决的分析可以看出：第一，间接侵权的理论在我国法院得到广泛的认可。除了认定构成间接侵权的 18 件案件外，还有 8 件案件明确提出了"间接侵权"的问题，但因其他原因没有认定侵权。因此，在 36 个案件中，有 26 个使用了"间接侵权"的用语。第二，个别法院只承认共同侵权，而不提间接侵权的理论。在认定侵权的判决中，有 5 件判决只承认共同侵权，没有使用间接侵权的用语。第三，个别法院否定间接侵权的理论。在认定没有侵权的判决中，一件判决认为间接侵权的主张不符合专利侵权认定的原则。

（二）间接侵权的法律依据

在认定构成间接侵权的 18 个案件中，引用了《民法通则》第 130 条规定或最高人民法院《关于贯彻执行〈民法通则〉若干问题的意见（试行）》第 148 条规定的判决有 9 个，没有引用《侵权责任法》的判决。其余的 9 个判决，没有引用相关法律条文，就直接作出了间接侵权的认定。

可见，虽然我国法律和司法解释中并没有间接侵权的规定，但大部分法院都已经接受并适用了间接侵权的概念。有的法院是将共同侵权的规定作为认定间接侵权的法律依据，但也有很多法院直接适用了间接侵权的理论认定间接侵权。我们认为，虽然在研究中可以使用间接侵权的用语，但在法律和司法解释没有规定的情况下，法院在判决中直接认定构成间接侵权法律依据不足。如果追究间接侵权人的责任，只能依据《民法通则》中共同侵权的理论和用语。北京市高级人民法院 2001 年发布的《专利侵权判定若干问题的意见（试行）》中曾使用间接侵权的概念，而在 2013 年发布的《专利侵权判定指南》中则使用了共同侵权的概念。这也反映了北京市高级人民法院在间接侵权问题上用语和适用法律的变化。

四、间接侵权与直接侵权的关系

（一）间接侵权是否以直接侵权为前提

在理论上，对于间接侵权是否依赖于直接侵权有不同的意见。在专利侵权的判断上，产生了间接侵权是否以直接侵权为前提的争议，即在不存在直接侵权的情况下能否认定间接侵权行为。对此，存在两种相反的观点，一种观点认为，不应当把直接侵权的存在作为判断构成间接侵权的要件之一；另一种观点认为，认定间接侵权必须以直接侵权行为存在为先决条件。[①] 笔者认为，对于这个问题，可以从两个层次进行分析。首先第一个层次，间接侵权是否以最终产品落入专利保护范围为前提。被控间接侵权人并不生产最终产品，而是对他人生产最终产品提供帮助或引诱。对于最终产品必须落入专利保护范围，才能认定间接侵权，几乎没有争议。从我们收集的 36 个案件来看，在认定侵权的判决中，都是以最终产品落入专利保护范围为前提的。虽然在很多案件中，专利权人并没有起诉直接侵权人，但法院认定由于被告的产品只能用于实施专利的行为，因此，最终产品落入专利保护范围仍是认定间接侵权的前提。

但是，在认定间接侵权成立的判决中，对于实际上是否已经有他人制造了落入专利保护范围的最终产品，在 14 个案件中并没有涉及。在认定没有侵权的判决中，有的判决以是最终产品不会落入专利保护范围而判决不构成侵权的。[②] 有一个案件是以没有证明第三人已经实施了专利，而认定不构成间接侵权的。[③] 可见，在这一层次上，我国法院的观点是，最终产品会落入专利的保护范围，是认定间接侵权的前提，但是多数案件并不要求实际上已经有直接侵权发生。

其次是第二个层次，最终产品的生产销售者是否构成侵权，才能认定间接侵权。对此，从司法实践看，有以下几种不同的观点。第一种观点是，即使最终产品的生产销售者在国外或者个人非生产经营行为或者根据专利法的规定属于不侵犯专利的行为，提供教唆、帮助

---

① 程永顺，李嵘. 关于间接侵犯专利权的问题［M］// 国家知识产权局条法司. 专利法及专利法实施细则第三次修改专题研究报告，北京：知识产权出版社，2006：1647-1684.

② 刘雪华与济南开发区鑫环能锅炉研究所等实用新型专利侵权纠纷上诉案，山东省高级人民法院（2001）鲁民三终字第 2 号；凯能高科技工程（上海）有限公司与阜宁澳洋科技有限责任公司等专利侵权案，（2010）盐知民初字第 91 号。

③ 胡荣良诉四川省绵阳市华意达化工有限公司专利侵权纠纷案，四川省成都市中级人民法院（2004）成民初字第 942 号。

的人仍构成间接侵权。①第二种观点是，被控间接侵权行为人的相关行为必须在与他人的行为构成共同侵权的情况下，才可能构成间接侵权。②

（二）是否必须将直接侵权人作为共同被告

在专利权人起诉间接侵权的案件中，有时只起诉间接侵权人，有时将直接侵权人作为共同被告。在认定间接侵权的 18 个案件中，有 13 个案件只起诉间接侵权人，法院认定间接侵权成立。这些案件反映的法院的观点是，间接侵权诉讼不是必要共同诉讼，在不起诉直接侵权人的情况下，仍可以只对间接侵权人提起诉讼，并认定构成间接侵权。③有 5 个案件同时起诉了直接侵权人和间接侵权人，法院认定共同承担侵权责任。而在认定没有侵权的案件中，有 3 个案件法院认为没有直接侵权所以就不构成间接侵权。这些案件反映的法院的观点是，如果不起诉直接侵权人，就无法认定间接侵权。④

可以看出，在是否将直接侵权人列为共同被告的问题上，法院存在两种做法。大多数法院的做法是专利权人可以只起诉间接侵权人，而少数法院的做法是在不起诉直接侵权人时，认定不构成间接侵权。

（三）对直接侵权与间接侵权关系的分析

1. 最终产品落入专利保护范围是追究间接侵权责任的前提

被控间接侵权人的产品虽然无法与专利权利要求进行直接对比，但在被控侵权产品的基础上加工而成的最终产品应可以与专利相对比，

---

① 北京市高级人民法院2001年发布的《关于专利侵权判定若干问题的意见（试行）》就持这种观点，而北京市高级人民法院 2013 年 9 月发布的《专利侵权判定指南》已经不持这种观点。另外，判决中持这种观点的有：太原重型机器厂诉太原电子系统工程公司、阳泉煤矿电子设备二厂专利侵权纠纷案，山西省高级人民法院（1993）晋经终字第 152 号；佛山市南海区罗村联和联兴轻钢龙骨厂等与广州金鹏实业有限公司侵犯发明专利权纠纷上诉案，广西高级人民法院（2005）桂民三终字第 5 号。

② 持这种观点的判决如刘雪华与济南开发区鑫环能锅炉研究所等实用新型专利侵权纠纷上诉案，山东省高级人民法院（2001）鲁民三终字第 2 号。

③ 昆山晶丰电子有限公司与WAC数据服务有限公司（WAC DATASERVICE）侵犯专利权纠纷上诉案，天津市高级人民法院（2008）津高民三终字第 003 号，法院在判决中明确提出了这种观点。在其他案件中，法院没有明确提出这种观点，但实质上也是承认这种观点的。

④ 虽然在这三个案件中法院并没有明确提出这种观点，但法院以没有直接侵权为由否定间接侵权的主张，实质上要求专利权人将直接侵权人列为共同被告。

并且应落入专利的保护范围。在这一点上，我国法院的判决都有一致的认识。

2. 在最终产品的生产经营者构成侵权时，才能追究间接侵权人责任

在这一点上，判决中体现的争议点在于，当最终产品的生产经营者在国外或者属于私人非经营行为时，间接侵权能否成立。美国、日本等都可以直接追究间接侵权人的责任，不管最终产品的经营者是否可以免除侵权责任。因此，我国法院在一些判决中也支持间接侵权独立存在的结论。我们认为，应当把直接侵权成立作为认定间接侵权的条件。首先，并不是所有国家都认为间接侵权独立于直接侵权。《欧洲专利公约》关于间接侵权的规定，就是禁止"向欧共体领域内无权实施专利的人"提供有关产品以实施专利，说明只有针对"无权实施专利的人"也就是可能构成侵权的人提供产品，才构成间接侵权。因此，并不是说只有规定间接侵权独立存在才能充分保护专利权。在 TRIPS 协议没有对专利间接侵权作出规定的情况下，我国应采取适当的保护标准，而不能简单地学习高保护标准。其次，在我国法院没有明确规定的情况下，在无直接侵权的情况下追究间接侵权人责任缺乏法律依据。在我国法律对间接侵权没有明确规定的情况下，我们追究间接侵权责任的法律依据是民法通则中的共同侵权规定。按照最高人民法院《关于适用〈民法通则〉若干问题的意见》第 148 条的规定，教唆、帮助他人实施侵权行为的人，为共同侵权人，应当承担连带民事责任。因此，一般情况下，被教唆、帮助的人承担侵权责任时，教唆帮助的人也承担责任。只有教唆、帮助无民事行为能力人实施侵权行为的人，教唆帮助人才是侵权人，应当承担民事责任。因此，在现行法律规定的框架内，认定直接侵权人可以免责时仍可以追究间接侵权人的责任，是没有法律依据的。如果可以直接追究间接侵权人的责任，在被控直接侵权人因非生产经营目的生产时，间接侵权人的责任反而会重。因为被控直接侵权人如果出于生产经营目的，则由直接侵权人和间接侵权人共同承担责任，显然教唆帮助人的责任变轻了。直接行为人为生产经营目的时，间接侵权人的责任反而会轻，明显是不合理的。

当然对于方法专利而言，如果两个主体分别实施了方法专利中的若干步骤，则没有直接侵权行为发生。这种情况下，可以参照美国联邦巡回上诉法院的观点，不需要证据证明存在单一主体直接侵犯专利权也可以认定共同侵权成立。①

3. 直接侵权人不是必要共同诉讼的被告，但只有在可以查实直接侵权成立的前提下才能判令间接侵权人承担责任

国内学者一般认为，共同侵权行为属于共同诉讼，但专利间接侵权诉讼中，权利人可以只起诉间接侵权人。其理由是美国、日本和韩国等都将专利间接侵权作为一种独立的侵权行为。② 实践中，多数法院也是认可了只起诉间接侵权人。我们认为，在我国法律没有将间接侵权规定为一种独立的侵权行为的情况下，能否只追究间接侵权人的责任，需要看是否符合现行的法律规定。对此，可以从两个方面考虑。

首先，直接侵权和间接侵权不是必要共同诉讼。共同诉讼是民事诉讼制度中的规定，我国《民事诉讼法》第119条规定"必须共同进行诉讼的当事人没有参加诉讼的，人民法院应当通知其参加诉讼"。《最高人民法院关于审理人身损害赔偿案件适用法律若干问题的解释》第5条规定"赔偿权利人起诉部分共同侵权人的，人民法院应当追加其他共同侵权人作为共同被告"。因此，很多学者认为，共同侵权属于必要共同诉讼。我们认为，民事诉讼中的关于必要共同诉讼的规定，主要是针对某些情况下，如果一方当事人不参加诉讼，法院就无法确定法律关系，或无法确定责任的承担，因此有必要通知其他人参加到诉讼中来。而在承担连带责任的共同侵权的诉讼中，法院是可以确定法律关系和责任的。根据我国《民法通则》和《侵权责任法》等法律的规定，共同侵权人应承担连带责任。同时，根据《侵权责任法》第13条的规定，"法律规定承担连带责任的，被侵权人有权请求部分或者全部连带责任人承担责任"。法律规定被侵权人可以选择起诉，有利于对被侵权人的保护。在专利间接侵权中，直接侵权人和间接侵权人构成共同侵权，应承担连带责任。专利权人可以选择对直接侵权人和间接侵权人提起诉讼，也可以选择其一提起诉讼。

其次，直接侵权存在是认定间接侵权的前提。由于间接侵权是以

---

① 美国联邦巡回上诉法院在2012年Akamai Technologies, Inc. v. Limelight Networks, Inc. 案中的意见。

② 张玉敏, 等. 专利间接侵权问题 [M] // 国家知识产权局条法司《专利法》及《专利法实施细则》第三次修改专题研究报告, 北京: 知识产权出版社, 2006: 1595-1646.

直接侵权的成立为条件的，如果专利权人只起诉间接侵权人，应提供充分的证据证明直接侵权已经发生，法院才能够认定间接侵权，追究间接侵权人的责任。如果法院无法查清是否已经发生了直接侵权，应驳回专利权人的诉讼请求。

4. 直接侵权人和共同侵权人只对同一损害事实承担损害赔偿责任

我国有学者认为，专利间接侵权人仅对自己的行为承担责任，并不与直接侵权人一起承担连带责任。① 从我国法院的判决看，在我们统计的 6 个原告同时起诉直接侵权人和间接侵权人的案件中，法院都判令直接侵权人和间接侵权人共同赔偿原告的经济损失。在原告只起诉间接侵权人的案件中，法院只对间接侵权人的责任作出认定和判决。当然，我们也未发现专利权人再向直接侵权人追究责任的情况。关于直接侵权人与间接侵权人的责任问题，在理论上需要明确，在实践中需要统一。

我们认为，在我国法院没有将间接侵权规定为一种独立的侵权行为的情况下，专利侵权损害仅指直接侵权所造成的损害，也就是落入专利保护范围的产品的制造、使用、销售等行为损害了专利权人的利益。不管是不是有间接侵权存在，专利权人所受到的损害都是由直接侵权造成的。对于直接侵权所造成的损害，根据我国民法通则和侵权责任法的有关规定，应由直接侵权人和间接侵权人承担连带赔偿责任。专利权人可以将直接侵权人和间接侵权人一并提起诉讼，法院在认定侵权后，可以判令直接侵权人和间接侵权人共同承担赔偿责任。如果专利权人起诉了直接侵权人或间接侵权人之一，而被告已经赔偿了专利权人的损失，就不能再就未起诉者另行提起诉讼。例如，如果专利权人起诉了直接侵权人，而直接侵权人已经按生产销售的产品数量赔偿了专利权人损失。如果专利权人又发现直接侵权人使用了他人提供专用零部件，也不能再对提供专用零部件的人提起间接侵权的指控。但是，如果专利权人起诉了间接侵权人或直接侵权人之一，法院也作出了认定侵权并判令赔偿的判决，但最后因为被告赔偿能力问题无法执行。根据连带责任的理论，专利权人可以再就未起诉方另行提起诉讼。

---

① 尹新天. 专利权的保护［M］.2 版. 北京：知识产权出版社，2005：532.

五、间接侵权的类型及客观要件

（一）间接侵权的类型

从其他国家的规定来看，间接侵权有不同的类型。美国专利法分别规定了引诱侵权和帮助侵权。而日本、韩国等国家专利法规定的间接侵权只包括帮助侵权，不包括引诱侵权。

从我们收集的判决来看，在认定侵权成立的 24 个判决中，有 6 个案件提到了"引诱""教唆"，同时也提到了"帮助"，但只有一个案件中明确提到构成"引诱、帮助侵权"，其余提到的"引诱""教唆"和"帮助"，只是用于事实或法律关系的描述中。有 17 个案件提到了"帮助……实施侵权行为"，但没有提及教唆、引诱，在认定事实或法律分析中，没有使用构成"帮助侵权"这样的用语。在一个案件中，法院没有使用"引诱""帮助"等字样。

可见，我国法院受美国专利法的影响，在涉及间接侵权案件中，有意无意地使用"引诱""帮助"等用语，但基本上都不把"引诱侵权"或"帮助侵权"作为侵权的一种类型，绝大多数的案件都没有使用"引诱侵权"或"帮助侵权"。

（二）专利间接侵权的客观要件

关于专利间接侵权的客观要件，美国专利法规定的帮助侵权的行为要件是：制造、销售或进口专利机器、产品、组合或合成物之成分、用于实施专利方法器械，并且该成分、材料或器械是有关发明的实质性部分，是为了用于侵犯专利权而特别制造或特别改装的，并且不是主要可用于非侵权目的的大宗物品或商品。而日本专利法则限定为提供"仅能用于该产品的生产之产品，或仅能用于实施该方法的产品"。英国专利法限定为提供"有关发明关键组成部分的手段，……这些手段适合于并旨在用来使该项发明在联合王国实现"。德国专利法限定为提供或"涉及专利发明基本要素的手段"，而这些手段适用于或专门适用于实施发明专利。从上述国家的规定来看，间接侵权行为的客观要件稍有差别，日本要求最为严格，所提供的零部件等只能用于实施专利时，才能认定间接侵权；英国和德国最为宽松，所提供的零部件只要"适合于"实施专利，就可以认定间接侵权；而美国较为适中，提供用于实施专利并且不是"可用于非侵权目的的大宗物品或商品"，可以认定帮助侵权。

北京市高级人民法院 2013 年发布的《专利侵权判定指南》也将这种行为的对象限定为："专门用于实施他人产品专利的材料、专用设备或者零部件"和"专门用于实施他人方法专利的材料、器件或者专用设备"。可见，北京市高级人民法院意见中的标准与日本的标准相同，只要该产品还有其他非侵权用途，就不能认定为间接侵权。

在我们收集的认定侵权的 24 件判决中，有 23 件所涉及的对象包括半成品、零部件或设备等，这些对象都是只能用于实施专利，也就是只具有实施专利这一种用途。有一件所涉及的对象不是只能用于实施专利而使用，但提供者的说明引诱他人实施专利，因此属于引诱或教唆侵权的行为。我们认为，上述标准平衡了专利权人和社会公众的利益，也符合我国的实际，应作为今后法院继续执行的标准。

六、间接侵权的主观要件

对于专利间接侵权的主观要件，我国学者和司法实务的观点比较统一，认为需要以故意为要件。但是，对于故意指的是知道自己的行为促成他人实施另一种行为，还是同时还知道他人的行为就是侵权的，我国理论和实务界都没有进行区分。如按前一标准，行为人无须知道专利的情况，就可以构成间接侵权；如按后一标准，行为人还应知道专利存在。

对于"知道专利存在"是不是作为认定间接侵权的要件，多数判决并没有涉及。在前述笔者统计的 36 个涉及间接侵权的案件中，只有一个案件以"不知道"作为没有认定侵权的理由。① 有一个案件是在知道专利存在的情况下认定侵权的。② 这两个案件仍不能得出"知道专利

_____

① 佛山市中级人民法院（1999）佛中法知初字第27号判决，法院认为"由于凯德公司和新得公司主观上不知道富裕厂委托加工的车身部件使用在被控产品上"而不构成侵权。仍然不属于因不知道专利存在而不认定侵权的情形。

② 西安市中级人民法院（2006）西民四初字第019号判决，专利权人向被控间接侵权人发出过警告信，从而可以得知被控侵权人知道专利存在。

存在"是认定故意的构成要件。其余所有案件中法院都没有就被告是否知道原告专利的事实进行审理。并且在很多案件中，法院是按照"应当知道"专利存在认定故意的。例如，"涉案外观设计专利经国家知识产权局公告以后，相关路灯制造企业均有义务规避制造与涉案外观设计专利相同或相近似的路灯。……丹阳明珑厂制造侵权路灯成套散件并向金光芒公司销售的行为，系帮助金光芒公司实施侵权行为，应当与金光芒公司共同承担侵权法律责任"。① "对该选针器是否为专利产品，没有履行本行业一般注意义务，故应认定晶丰公司主观上具有帮助他人实施侵权行为的故意"。② "被控侵权产品主龙骨是专门用于实施'自接式轻钢龙骨'发明专利的关键部件，必须与副龙骨、吊杆配合使用才能构成完整的产品，才能实现产品的功能，何建辉作为生产同类产品的个体工商户业主，对此是知道或应当知道的"。③ 可见，我国法院在认定间接侵权的"故意"时，对于专利的认知采取了推定的做法。也就是说，法院推定行为人知道涉案专利，而行为人有意引诱或帮助的行为构成了专利侵权，则认定行为人具有间接侵权的故意。

北京市高级人民法院 2013 年发布的《专利侵权判定指南》第 105—110 条规定的"共同侵权行为"，也都未涉及主观要件。

对于专利间接侵权的主观要件，美国最高法院 2011 年 5 月 31 日的 SEB 案判决中认定，被控间接侵权人，知道专利存在并且引诱或帮助他人从事侵犯专利的行为时，才构成间接侵权。④ 如果只是引诱或帮助了他人的某种行为，该行为恰巧是侵权行为，但引诱和帮助者并不知道是侵犯专利权的行为，则不构成间接侵权。美国最高法院的判决，统一了多年来美国法院在专利间接侵权主观要件上的不同做法，明确了"知道专利存在"是认定侵权的要件之一。

我国法院的标准与美国最高法院最新确定的标准存在明显的不同。美国的标准是"知道专利存在"，我国采用的是推定行为人"知道专利存在"。这样，我国法院采用的标准正是美国最高法院放弃的"不需要知道专利存在"的标准。

① 南京市中级人民法院（2007）宁民三初字第 307 号民事判决。
② 天津市高级人民法院（2008）津高民三终字第 003 号判决。
③ 广西壮族自治区南宁市中级人民法院（2006）南市民三初字第 10 号民事判决。
④ GLOBAL-TECH APPLIANCES, INC., ET AL. *v.* SEB S. A, 131 S. Ct. 2060.

上述标准的差异，实质上反映了法律对行为人注意义务标准上的不同。一般认为，在认定直接侵权时，不需要考虑行为人是否知道专利存在，而是推定其应当知道专利存在。我国法院对于间接侵权的主观要件，也是采用这样的标准。而美国最高法院在 SEB 案中确立的标准，并不推定行为人知道专利存在，而是需要专利权人通过证据来证明被控间接侵权人知道专利存在。显然，美国最高法院认为行为人的注意义务较低，而我国法院认为行为人的注意义务较高。在间接侵权的主观要件上，我国对专利的保护比美国更强。另外，对直接侵权行为与间接侵权行为的注意义务采取相同的标准，就会导致产品缺少专利权利要求中的个别技术特征仍可能认定为间接侵权，这实质上与"中心限定"保护或适用多余指定原则有相同的效果。面临专利泛滥的趋势，从我国技术相对落后的角度考虑，我国在专利间接侵权的问题上，不应采用比美国更高的保护水平。因此，我们应借鉴美国 SEB 案的判决，不采用推定被控间接侵权人知道专利的标准，而是采取专利权人证明被控间接侵权人知道专利存在的标准。

七、结束语

在我国专利法对间接侵权没有明确规定的情况下，我国法院已经普遍接受了间接侵权的理论，并适用该理论审理了涉及间接侵权的案件。但是，由于间接侵权的理论并不统一，我国法院在审理专利间接侵权案件时掌握的标准还存在一定的差异，并且与其他国家的标准也不完全一致。在处理间接侵权的问题上，我们既要借鉴其他国家的做法，又要考虑我国的实际情况，在保护权利人合法利益的同时，不能过分加大被控间接侵权人的义务。由于间接侵权的问题已经可以由法院解决，我国没有必要在专利法中再增加间接侵权的规定。但为了使法院掌握的标准一致，我们应当通过司法解释的方式明确审理的标准。

"旧瓶装新酒"的专利法探讨

——作为包装物的外观设计专利产品是否适用权利用尽原则

外观设计专利保护对产品的形状、图案或者其结合以及色彩与形状、图案的结合的新设计。有些外观设计本身既是一种产品，又主要作为其他产品的包装使用。在我国采用的《洛迦诺外观设计分类》中，第九类为"商品运输或装卸用的包装和容器"，其中"09-01"为"瓶、长颈瓶、罐、酸坛、细颈坛和带有电动分配装置的容器"。作者2014年8月在国家知识产权局网站检索得知，"09-01"类外观设计申请有57 959件。其中名称为"酒瓶"的外观设计申请有20 887件。

酒瓶之类的作为包装物的外观设计产品，在装上酒后销售给消费者。消费者将酒消费后，有些酒瓶还可以重复使用。于是酒瓶回收再利用成为一种常用的做法。当酒瓶是外观设计专利产品时，"旧瓶装新酒"后再销售，是否会侵犯外观设计专利权人的专利权，成为一个有争议的问题。我国法院也曾作出过不同的判决。本文从专利权用尽的角度对这一问题进行分析。

一、我国法院的不同判决

（一）案件一

鞠爱军是专利号为ZL96323288.6，名称为酒瓶的外观设计的专利权人。俯视图图1、主视图图2分别如下：

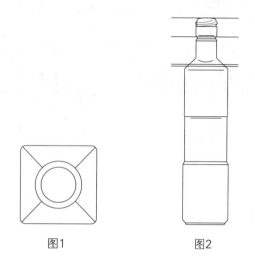

图1　　　　　　　　　图2

鞠爱军将其专利许可给山东银河酒业（集团）总厂（以下简称"银河酒厂"），该酒厂生产了专利酒瓶用于销售白酒。山东武城古贝春集团公司（以下简称"古贝春公司"）回收了银河酒厂已经出售的专利酒瓶，装入其生产的白酒，贴上"古贝春头曲酒"瓶帖，交予经销商销售。鞠爱军以古贝春公司侵犯其外观设计专利权为由向法院提起诉讼。

一审法院认为，被告古贝春公司与诸城康业副食经销处所存在的内部经销关系并不能产生对抗普通消费者的对外效力，亦不能成为自己非侵权主体的抗辩理由。虽然提供旧酒瓶行为系诸城方实施，但改变不了被告实际利用了与专利设计相同或近似的酒瓶用于制造古贝春头曲并提供剩余包装物，将古贝春头曲以古贝春公司的名义作为一个完整的商品投入市场流通的事实，而非以诸城方作为生产制造商取得消费者认知，其营利意图明显。因此，被告主张其制造、销售古贝春头曲行为并未侵犯原告专利权的理由不能成立。被告坚持其使用原告已售出的专利产品（酒瓶），依法不构成专利侵权，即售出后的"专利产品"——酒瓶、酒和包装物，它的所有权已发生了改变，不再属于原告而属于购买方。考察《专利法》第62条第1款立法本意，"专利权人制造或者经专利权人许可制造的专利产品售出后，使用或者销售该产品的，不构成侵权"，是指在这些产品合法地投入市场后，任何人买到了这种产品，无论是自己使用还是再次销售，都无须征得专利权人的同意，即所谓的专利权人的权利用尽原则。就本案外观设计专利来说，专利产品名称为酒瓶，其工业上应用价值在于作为酒的包装物与酒作为一个整体投入市场，因此，专利权穷竭即专利权人权利用尽应指使用这种设计的酒瓶的酒产品合法投入市场并售出后，购买者自己使用或再次销售该酒产品的行为。这里的使用仅指就产品功能本身的发挥而言。对于回收与此种设计相同或近似的酒瓶并作为自己同类酒产品的包装物以生产经营为目的的生产销售行为已突破了专利产品合法购入者使用的内涵，而成为一种变相的生产制造外观设计专利产品的行为，因此，被告主张专利权人权利用尽的抗辩理由不能成立。而且外观设计专利权保护的对象是一种智力成果，是体现特定产品设计的无形资产。体现该设计的酒瓶的物权即所有权转移并不意味着外观设计专利权的转移或丧失。被告以生产经营为目的，使用与专利产品设计相同或近似的旧酒瓶制造、销售自己的同类产品"古贝春头曲"，不符合《专利法》第 62 条第 2 款规定的构成要件。[①] 因此，法院判决：古贝春公司停止侵权，赔偿银河酒厂损失 8 万元。[②]

二审法院认为，鞠爱军许可银河酒厂独占实施其专利，银河酒厂使用该外观设计专利生产酒瓶、销售白酒，白酒售出后，鞠爱军和银河酒厂已经获得了收益，体现在酒瓶上的专利权已经用尽，根据专利权用尽原则，购买者的使用或者再销售行为就不构成对其专利权的侵犯。古贝春公司生产、销售古贝春头曲，使用回收的旧酒瓶，因旧酒瓶上的专利权已经用尽，故无论这些旧酒瓶是否与被上诉人的外观设计专利酒瓶相同或近似，都不构成对被上诉人外观设计专利权的侵犯。[③]

（二）案件二

2005 年 4 月 4 日河南维雪啤酒有限公司向国家知识产权局申请"啤酒瓶"的外观设计专利，2005 年 11 月 30 日该项专利被授予专利权，专利权人河南维雪啤酒有限公司，专利号 ZL2005300082766。2007 年 1 月 10 日经国家知识产权局授权公告，专利权人变更为河南维雪啤酒集团有限公司（以下简称"维雪集团"）。其后视图图 3、俯视图图 4 和主视图图 5 分别如下：

---

① 当时适用的 1992 年修订的《专利法》第 62 条第 2 款规定，使用或者销售不知道是未经专利权人许可而制造并售出的专利产品的，不视为侵犯专利权。

② 山东省济南市中级人民法院（1999）济知初字第 57 号民事判决。

③ 山东省高级人民法院（2000）鲁经终字第 339 号民事判决。

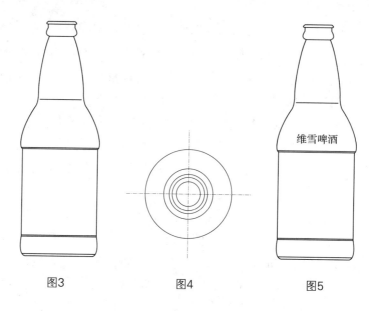

图3　　　　　　　　图4　　　　　　　　图5

　　2005年8月8日维雪集团"维雪及图"商标被河南省工商行政管理局、河南省商标协会认定为河南省著名商标。2007年11月，维雪集团生产的维雪牌啤酒被河南省名牌战略推进委员会认定为河南省名牌产品。2008年12月18日"维雪及图"商标被河南省工商行政管理局认定为河南省著名商标。2009年，维雪集团在市场上先后购买了王屋山黑加伦饮料有限公司（以下简称"黑加伦公司"）生产的王屋山冰爆爽碳酸饮料50瓶，该饮料使用的外包装瓶为黑加伦公司从市场回收的维雪集团投放市场的作为啤酒包装物啤酒被消费后的旧瓶子。

　　2009年2月23日，维雪集团致函黑加伦公司称，维雪啤酒是维雪集团自2005年以来打造的一款河南省中高端啤酒市场的强势品牌，其富于美感的啤酒瓶设计是消费者识别和购买维雪啤酒的关键因素之一，但黑加伦公司自2007年以来以维雪啤酒专用瓶灌装、销售王屋山牌饮料，损害了维雪集团的声誉和形象，扰乱了维雪啤酒专用瓶的正常周转及维雪啤酒的正常生产和销售，给维雪集团造成巨大的经济损失。鉴于上述情况，维雪集团特申明如下意见：（1）请立即停止侵权行为；（2）请妥善处理现有库存的维雪啤酒专用瓶；（3）请接函之日起三日内与维雪集团联系，协商相关侵权损失赔偿事宜。黑加伦公司称收到了该函，但2007年黑加伦公司并未使用维雪啤酒瓶。维雪集团于2009年3月12日向河南省郑州市中级人民法院（以下简称"原审法院")提起诉讼,请求判令:"1.黑加伦公司停止回收使用维雪集团外观设计专利产品;2.黑加伦公司赔偿维雪集团经济损失40万元。"

原审法院认为:黑加伦公司将其回收的维雪集团享有外观设计专利权的啤酒瓶用于灌装其生产的黑加伦饮料在市场上销售,判断黑加伦公司的该行为是否构成侵权,应从两个方面来分析,一是本案中黑加伦公司回收利用行为的性质,二是黑加伦公司回收利用行为是否符合《专利法》第63条第1款第(1)项的规定,即是否适用专利权用尽原则。本案中维雪集团享有"啤酒瓶"的外观设计专利权,其将啤酒瓶灌装啤酒后,啤酒瓶与啤酒作为一个整体出售,啤酒瓶的功能在于作为啤酒的包装物,消费者饮用啤酒之后,啤酒瓶在流通领域的任务已经完成,黑加伦公司回收啤酒瓶,并灌装其生产的黑加伦饮料作为其产品出售,啤酒瓶与其生产的饮料作为一个整体又成为新的产品,黑加伦公司行为的实质是通过对啤酒瓶的回收利用产生新的产品,因此是一种变相的生产制造外观设计专利产品的行为。关于黑加伦公司的行为是否适用专利权用尽原则,专利权用尽是指专利产品首次合法投放市场后,任何人进行再销售或者使用,无需再经过专利权人同意,且不视为侵犯专利权的行为。因此专利权用尽原则的适用仅限于专利产品流通领域,适用对象限于合法投放市场的专利产品。本案中,啤酒瓶与啤酒作为一个整体进行出售,啤酒被消费后,黑加伦公司回收利用啤酒瓶的行为实质是一种变相的生产制造行为,因此不适用专利权用尽原则,其行为侵犯了维雪啤酒的外观设计专利权,应承担停止侵权并赔偿损失的责任。原审法院判决:1.黑加伦公司立即停止对维雪集团专利号为ZL2005300082766"啤酒瓶"外观设计专利权的侵权。2.黑加伦公司于该判决生效之日起10日内赔偿维雪集团经济损失8万元。①

一审判决后,黑加伦公司向河南省高级人民法院提起上诉。河南省高级人民法院认为:关于维雪集团涉案外观设计专利产品的保护范围问题,《专利法》第31条第2款规定:"一件外观设计专利申请应当限于一种产品所使用的一项外观设计",《专利法实施细则》第36条规定:"同一类别是指产品属于分类表中同一小类",故外观设计专利在相同

---

① 郑州市中级人民法院(2009)郑民三初字第418号民事判决。

种类产品范围内都应受到保护。本案维雪集团外观设计专利虽然申请的产品名称是啤酒瓶，但是其分类号为09-01，《国际外观设计分类表》09-01小类为"瓶、长颈瓶、鼓形瓶、盛装腐蚀性液体的大玻璃瓶、细颈坛和带有动力分配装置的容器"。因而维雪集团有权禁止他人使用与其涉案啤酒瓶外观相同的容器，而不论他人用该容器灌装何种液体。

关于黑加伦公司回收维雪集团的外观设计专利啤酒瓶灌装饮料是否适用权利用尽原则的问题，根据《专利法》第63条第1款规定，专利权人制造、进口或者经专利权人许可而制造、进口的专利产品或者依照专利方法直接获得的产品售出后，使用、许诺销售或者销售该产品的，不视为侵犯专利权。故专利权用尽原则的适用仅限于专利产品流通领域，适用对象限于合法投放市场的专利产品。本案中，权利人维雪集团用其啤酒瓶灌装啤酒销售后，因其专利权权利用尽，故无论其经销商的销售行为，还是消费者的使用行为，皆不必征得维雪集团的许可，以保证商品的正常流通，且这些行为亦应是维雪集团产品正常的销售、流通、消费环节。而黑加伦公司将维雪集团的啤酒瓶回收后，虽然啤酒瓶的物权即所有权发生转移，但并不意味着外观设计专利权的转移或丧失。黑加伦公司灌装其饮料的行为是将涉案啤酒瓶作为同类产品——容器使用，又恢复了瓶子的外观设计专利的用途，黑加伦公司重新利用这些专利瓶子的美感，形成自己商品外观特征的优势，属生产制造而非流通行为，该行为违背了权利人维雪集团的主观意愿，侵犯了维雪集团专利权。故黑加伦公司回收维雪集团啤酒瓶灌装饮料的行为属于生产制造专利产品的行为，构成侵权。因此，二审判决维持原判。[①]

（三）案件三

2002年8月23日，四川省绵阳市丰谷酒业有限责任公司（以下简称"丰谷公司"）申请了名称为"酒瓶（二）"的外观设计专利。2003年4月23日，国家知识产权局授予该外观设计专利权，专利号为ZL02356137.8。

该外观设计的俯视图图6、后视图图7和主视图图8分别如下：

[①] 河南省高级人民法院（2010）豫法民三终字第85号民事判决。

图6　　　　　　图7　　　　　　图8

丰谷公司的"丰谷及图"注册商标于 2007 年 5 月 24 日，通过绵阳市中级人民法院（以下简称"该院"）（2007）绵民初字第 3 号民事判决确认为驰名商标。

2006 年 7 月以来，鲁湖酒厂利用回收丰谷公司的旧酒瓶，灌装自己生产的白酒，在绵阳、德阳、广元等地销售。2008 年丰谷公司以鲁湖酒厂侵犯其外观设计专利权为由向该院提起诉讼，经该院主持调解，丰谷公司、鲁湖酒厂双方于 2008 年 6 月 19 日达成调解协议，其内容为："1. 鲁湖酒厂收购丰谷公司旧酒瓶用于灌装自己生产的白酒，已侵犯了丰谷公司的外观设计专利权；2. 鲁湖酒厂保证以后不再实施任何侵犯丰谷公司知识产权的行为；3. 鲁湖酒厂于协议签订后的三日内向丰谷公司支付侵权赔偿款 20 000 元、丰谷公司为制止侵权支付的律师费 5000 元，共计 25 000 元；4. 如鲁湖酒厂未能按时付款，则按照丰谷公司起诉金额进行赔偿。"该院作出（2008）绵民初字第 38 号《民事调解书》，确认了上述调解协议。该调解书生效后，鲁湖酒厂向丰谷公司支付了赔偿款。此后，鲁湖酒厂仍在收购丰谷公司的旧酒瓶灌装自己生产的"精丰头曲"白酒进行销售，故丰谷公司诉至法院请求判令："1. 鲁湖酒厂停止使用并销毁全部侵犯丰谷公司专利权的酒瓶；2. 赔偿丰谷公司经济损失 10 万元；3. 赔偿丰谷公司因调查、制止侵权行为的支出；4. 鲁湖酒厂承担本案诉讼费。"

一审中，鲁湖酒厂辩称使用的是丰谷公司销售后回收的废旧瓶子属于专利法规定的权利用尽的情形符合《专利法》第 69 条之规定，一审法院对该辩解理由不予采信。一审判决："1. 鲁湖酒厂停止使用并销毁丰谷公司拥有外观设计专利权的酒瓶；2. 鲁湖酒厂赔偿丰谷公司经济损失及为制止侵权而产生的费用共计 46 000 元。"①

鲁湖酒厂以原判决认定事实错误为由，向四川省高级人民法院提起上诉，请求撤销原判决，依法驳回丰谷公司的诉讼请求。其理由为："1. 丰谷公司虽然拥有涉案酒瓶的外观设计专利权，但是其使用该外观设计专利的酒瓶生产、销售白酒并出售后，已经获得收益，其专利权已经用尽，鲁湖酒厂回收该旧酒瓶灌装自己的白酒销售，其行为不构成侵权，故原判决未依照《专利法》第 63 条第 1 款第（1）项的规定确定鲁湖酒厂不承担侵权责任错误；2. 鲁湖酒厂系个人出资成立的小厂，其回收利用各式旧酒瓶，是为了节约成本和废物利用，2008 年丰谷公司起诉其侵权时，为息事宁人，曾主动自认侵权并赔偿丰谷公司经济损失，该自认不能作为确定赔偿数额的'再次侵权，情节严重'依据，故原判决确定的赔偿数额过高。"

二审法院四川省高级人民法院审理认为，《专利法》第 63 条第 1 款第（1）项规定"专利权人制造、进口或者经专利权人许可而制造、进口的专利产品或者依照专利方法直接获得的产品售出后，使用、许诺销售或者销售该产品的，不视为侵犯专利权"。中所指的"该产品"应当仅限于专利权人制造或者经专利权人许可而制造并售出的完整产品。本案中，就丰谷公司外观设计专利来说，专利产品名称为酒瓶，其应用价值在于作为酒的包装物即酒瓶与酒作为一个整体投入市场，当这种酒产品合法投入市场并售出后，购买者自己使用或再次使用、许诺销售或者销售该产品的，不视为侵犯专利权，但鲁湖酒厂回收了丰谷公司外观设计专利产品的酒瓶，用于灌装自己生产的白酒进行销售，这种行为已突破了专利产品合法购入者使用的内涵，成了一种变相生产制造外观设计专利产品的行为。故鲁湖酒厂的此种行为不符合该法律规定免责的情形，其辩称不侵权的理由不能成立。法院最后判决维持原判。②

在上述判决中，四川省高级人民法院还引用了其（2007）川行终字第 557 号《行政判决书》。在该判决中，法院认定：鲁湖酒厂以营利

---

① 四川省绵阳市中级人民法院（2009）绵民初字第 26 号民事判决。
② 四川省高级人民法院（2010）川民终字第 20 号民事判决。

为目的销售的"丰杯头曲"酒,其包装物——酒瓶采用回收丰谷公司享有外观设计专利权的酒瓶,并非专利权人制造或者经专利权人许可而制造并售出的完整产品。进入市场的"丰杯头曲"酒与专利权人销售的该外观设计专利酒瓶作包装的酒相混淆,给消费者以"丰杯头曲"与专利权人有关联的误导,且影响专利权人相关产品市场占有率,损害了专利权人的合法利益,应视为侵犯专利权人的专利权。

(四)案件四

佛山市顺德区大良顺之星饮料厂总经理张日明于2009年11月17日向国家知识产权局申请了名称为"净水桶"的外观设计专利权。专利号为ZL 200930340065.0。该外观设计的主视图图9、俯视图图10和俯视图图11为:

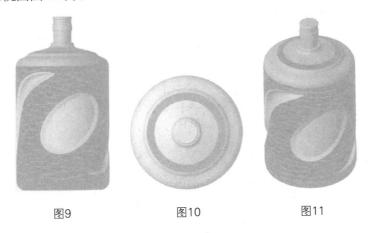

图9   图10   图11

张日明在广东省佛山市高明区易伟力粮油杂货部购买了饮用水三桶,并取得了送货单。原告张日明以侵犯其外观设计专利权为由向法院起诉,请求法院判令:"1. 易伟力立即停止销售侵犯张日明外观设计专利权的产品;2. 易伟力赔偿张日明经济损失维权费合计10万元。"

被告易伟力辩称:易伟力并无自行生产、清洗、消毒、包装被控侵权产品的能力。涉案专利桶是易伟力与张日明任职的佛山市顺德区大良顺之星饮料厂以前开展业务合作时,易伟力合法取得的。易伟力将属于自己的桶到符合资质的水厂灌水销售,出售的只是水而不是桶,不存在侵权行为,请求法院驳回原告的诉讼请求。

一审法院认为:本案争议的焦点为易伟力是否存在被控侵权行为。

本案张日明指控易伟力有销售侵害其专利权的水桶的行为，根据原审法院查明的事实，涉案的水桶来源张日明所任职的佛山市顺德区大良顺之星饮料厂。而在本案的公证交易过程中，从送货单上"按矿泉水桶 3 个 ×30 元 =90 元"的内容，可以看出易伟力向张日明出售的只是水，而非水桶，张日明支付的 90 元只是水桶的押金，涉案的水桶在里面的水饮用完后是可以退回给易伟力的。这种行为也完全符合人们平常购买桶装饮用水的交易习惯。易伟力在交易中只是使用了有合法来源的水桶，并没有销售涉案水桶的行为。易伟力使用专利产品的行为并不构成侵权。故原审法院对张日明的诉讼请求不予支持。①

二审法院认为，侵害外观设计专利权的行为只限于"制造、许诺销售、销售、进口"行为，而不包括使用行为。本案中，张日明并无证据证明易伟力自行生产制造和销售涉案专利桶。易伟力将涉案专利桶进行重新冲洗、消毒、灌水和重新打包的行为，并未对该桶的外观设计产生任何实质改变，属于使用行为而并非制造行为。根据送货单中"按矿泉水桶 3 个 ×30 元 =90 元"的记载内容，可以证明易伟力在销售桶装水的过程中收取了矿泉水桶的押金。根据桶装水行业的交易习惯和一般日常经验，消费者在饮用水使用完后须退回作为包装物的桶，从而换回押金。可见涉案专利桶只是作为包装物使用，而并非单独出售或者连带水一起出售。因此，在易伟力被控行为不存在"制造、许诺销售、销售、进口"的情况下，张日明主张外观设计专利权保护不能成立，二审法院不予支持。二审法院判决：驳回上诉，维持原判。②

二、对法院不同判决的分析

在上述四个案件中，虽然案件四涉及的外观设计专利不是酒瓶而是水桶，但其性质与酒瓶非常相似：外观设计产品都是盛装液体的容器，消费者主要是购买其中的液体，液体消费后包装物容器仍可以二次使用。因此，作者将这四个案件放在一起讨论。

---

① 广东省佛山市中级人民法院（2011）佛中法知民初字第 416 号民事判决。
② 广东省高级人民法院（2012）粤高法民三终字第 180 号民事判决。

（一）法院的不同观点

在这四个案件中，法院有三种判法：第一种是认为作为包装物的外观设计，不适用专利法中的权利用尽原则。回收他人使用过的包装物（酒瓶、水桶等），属于变相制造外观设计专利产品，仍属于侵权行为。在这四个案件中，案件一中的一审判决、案件二的一二审判决、案件三的一二审判决都是这种观点，都作出了侵权成立的认定。第二种是认定包装物的外观设计仍适用专利法中的权利用尽原则，回收专利权人制造并作为包装物与所包装的商品一起销售的外观设计专利产品，不属于侵权行为。案件一中的二审判决持这种观点。第三种是由于消费者可以将专利桶退回销售者，销售者只是使用专利桶，而"使用外观设计专利产品"并不属于侵权行为。案件四的一二审判决持这种观点。

（二）包装物回收是否影响定性

在上述三种观点中，第一种和第二种是两种对立的观点，而第三种观点是一种全新的观点。第一种和第二种观点都不认为使用他人专利产品作为包装物为使用行为，而第三种观点则认为由于存在包装物回收，使用他人专利产品作为包装物为使用行为而不是制造或销售行为。由于"使用"未经他人许可而制造的外观设计产品不属于侵权行为，只要认定属于"使用"就可以认定不侵权；而如果认定不属于使用，则要看是不是因为权利用尽等原因而属于侵权例外。

在案件四中，有一个特定的事实是销售者出具了押金收据，消费者交回使用后的水桶并凭押金收据就可以取回当时的押金。这一事实是不是影响到销售者的行为定性呢，我们可以从三个方面进行分析：

（1）即使有押金，消费者也可以选择放弃押金保留包装物。在案件四中，消费者在购买桶装水时，就每个桶支付了30元的押金。一般情况下，消费者在将水桶交回时，就可以再把押金收回。但凭押金单和水桶收回押金是消费者的权利，而不是义务。消费者完全可以选择不退回水桶，也放弃押金。由于消费者可以放弃押金而保留包装物，就会出现有的包装物回收而有的包装物没有回收的情形。在这种情况下，以存在"押金"为由，认定其行为属于对专利产品的使用行为，没有考虑消费者可以不退回包装物的情形。

（2）即使没有押金，很多酒类企业也回收自己已经出售的酒瓶。酒类和饮料企业在销售瓶装酒和饮料时，都不会就瓶收取押金并在消费者将瓶退回时退回押金。但是，很多企业特别是啤酒企业，都回收自己的酒瓶。通常情况下，啤酒类销售者如小卖部等在出售酒瓶的同时，也回收使用过的啤酒瓶，消费者退回瓶时也从销售者那里得到了退瓶费。销售者将退回的酒瓶收集起来，返还给生产商。而就消费者而言，这种情况与消费者凭押金条退回包装物（如水桶）在法律性质上并没有区别。

（3）作为包装物周转使用的外观设计专利产品，有的来源于专利权人，但也有可能来自非法制造者。在案例四中，被告所使用的水桶来源于专利权人。法院认定被告的使用行为因属于使用专利产品而不构成侵权，使人感觉判决结果很公正。但是，如果被告所使用的水桶不是来源于专利权人，而是他人未经专利权人许可擅自制造并销售了该产品，供被告使用，按照案件四的逻辑，法院仍应判被告不构成侵权。由于被告的行为不属于专利法所禁止的行为，被告也没有必要提供产品的来源。这样，专利权人不能追究被告的责任，也不能从被告这里得到侵权产品生产者的信息。如果侵权产品的生产者难以查找，专利权人只能任凭像案件四中的被告这样循环使用未经专利权人许可而制造的水桶。这样的结果，恐怕又会让人感觉对专利权人不公平。

考虑到上述三种事实，以包装物是否回收来认定使用他人外观设计产品作为包装物销售的行为的性质，是不适当的。销售者将包装物包装了自己的商品后，包装物与商品一体销售给了消费者。在销售者所收取的价格中，既包括所包装的内容物的价格，也包括包装物的价格。销售者回收包装物，不管是否采用预收押金的形式，都只是作出了回购包装物的要约。如果消费者将包装物交还给销售者，退回押金或得到价款，应视为销售者与消费者就包装物回购达成了协议并履行。是否将包装物回购，并不会影响其之前将包装物与商品一起销售的事实。

从外观设计专利保护的角度讲，专利法规定未经专利权人许可，以生产经营为目的"制造、许诺销售、销售、进口其外观设计专利产品"为侵权行为。之所以将"许诺销售和销售"行为也列为侵权行为，主要是为专利权人提供较充分的保护。在专利权人难以发现侵权产品制造者时，通过制止销售来保护自己的权利，同时也可以便于找到生产者。最高人民法院的司法解释规定："将侵犯外观设计专利权的产品作为零部件，制造另一产品并销售的，人民法院应当认定属于专利法第十一条规定的销售行为。"① 将外观设计产品作为包装物，可以视为将外观设计产品作为零部件。销售者回收包装物，并不影响其"销售行为"的定性。否则，就像前面分析的那样，由于销售者回收包装物就可以免于受专利权人追究，将严重影响专利权人的权利。

（三）外观设计上有商业标识是否影响定性

有的外观设计上具有商业标识。在前述四个案件中，案件一和案件四的外观设计上没有商业标识。而案件二和案件三的外观设计上都具有商业标识。案件二的外观设计上有"维雪啤酒"的字样，而"维雪"是专利权人的商标。案件三的外观设计上有"丰谷及图"，而"丰谷及图"是专利权人的商标。在案件三判决所引用的四川省高级人民法院（2007）川行终字第557号行政判决，以让消费者认为被控侵权人产品与专利权人产品产生混淆为由，认定侵犯专利权人的专利权。显然这一判决理由，使用了商标侵权判断的逻辑。

案件二和案件三的判决，并没有用判断商标侵权的方法来认定构成专利侵权。法院均认定被告"变相生产制造外观设计专利产品"，从而构成专利侵权。但是，在法院认定的事实中，都将专利权人商标作为事实的一部分。案件二中，法院在认定事实部分，描述了"维雪及图"被认定为河南省著名商标的事实；案件三中，法院在认定事实部分，描述了"丰谷及图"被认定为驰名商标的事实。这些事实，在其后的法院认定部分，都没有涉及，看起来是多余的。这实质上反映了法院仍按照商标保护的逻辑认定专利侵权。法院认识到专利外观设计上有商标标识，而专利权人的商标具有一定的知名度。被告使用带有专利权人商标标识的酒瓶，会损害其作为商标权人的利益。但是，专利权人并没有提起商标侵权诉讼，只是主张外观设计专利侵权。以有混淆可能认定专利侵权，显然不合逻辑。于是，法官内心考虑到专利权人商标的知名度，考虑到对商标的损害，但又无法提及商标侵权，无法提及消费者混淆误认，于是就千方百计想理由认定专利侵权制止被告的

---

① 《最高人民法院关于审理侵犯专利权纠纷案件应用法律若干问题的解释》第12条第2款。

行为。

外观设计中有时会有商业标识，主要包括文字和图形。对于外观设计中的文字，在专利审查过程中，"产品外表出现的包括产品名称在内的文字和数字应当作为图案予以考虑，而不应当考虑字音、字义"①。同样，在外观设计专利侵权判断中，也不会考虑受保护的外观设计的文字的字音、字义。这样，即使外观设计中包含有商业标识，或者商标，该商标的知名度与外观设计的保护也没有任何关系。专利并没有指示商品来源的作用，专利得到法律保护并不是为了制止市场的混淆，而是为了保护专利权人因创新而对市场的独占。

因此，如果外观设计的专利权人提起专利侵权诉讼，即使其外观设计中包含有其商标，法院也仅将商标作为外观设计的图案看待。至于其商标是否知名，是否有可能引起消费者混淆误认，都不予考虑。在将外观设计作为包装物使用的案件中，外观设计中含有商业标识，不影响对行为的定性。

三、旧瓶装新酒与专利权用尽原则

（一）专利权用尽原则

我国《专利法》第69条第（1）项规定，"专利产品或者依照专利方法直接获得的产品，由专利权人或者经其许可的单位、个人售出后，使用、许诺销售、销售、进口该产品的"，不视为侵犯专利权。这是我国《专利法》对专利权用尽原则的明确规定。专利权用尽原则的基本含义是：公众中任何人在购买了合法售出的专利产品，也就是由专利权人自己或者其被许可人售出的专利产品或者依照专利方法直接获得的产品之后，应当享有自由处置其购买的产品的权利。此后，无论该购买者以何种方式使用、许诺销售、销售该产品，均不构成侵犯该项专利权的行为。专利权用尽原则的目的在于防止对专利权的保护超过合理的限度，对正常的社会秩序产生不良影响。②

尽管对专利权用尽原则的适用范围各国还有不同的异议，但国内

① 《专利审查指南2010》第四部分第五章第5.2.6.2的规定。
② 尹新天.中国专利法详解［M］.北京：知识产权出版社，2011：790.

专利权用尽的原则是基本没有争议的。专利权用尽最初针对的是专利产品的转售和使用行为，也就是将专利权人的产品或其许可的产品原封不动地销售和使用的行为。而在现实生活中，还会出现将专利产品作为零部件制造另一产品并销售的行为。这种行为，也视为销售行为。[①]对于这种销售行为，虽然不是典型的销售行为，也应当适用专利权用尽原则。

（二）专利权用尽原则对于"旧瓶装新酒"的适用

专利权用尽能否适用于"旧瓶装新酒"，是案件一、案件二、案件三中的关键问题，也是导致不同结论的原因所在。

案件一的一审，案件二和案件三的一二审都认为专利权用尽原则不适用于"旧瓶装新酒"。其依据基本是相同的：酒瓶是一种特殊的外观设计产品，其应用价值在于作为酒的包装物与酒作为一个整体投入市场。当这种酒产品合法投入市场并售出后，购买者自己使用或再次使用、许诺销售或者销售该产品的，都属于权利用尽。但回收外观设计专利产品的酒瓶，用于灌装自己生产的酒进行销售，就不再是对酒产品的销售和使用，成了一种变相生产制造外观设计专利产品的行为。

上述观点，将"酒瓶及酒"的整体作为"专利产品"，认为专利权用尽只适用于"酒瓶及酒"的整体而不适用于酒瓶。很明显，这种观点与我国《专利法》第69条第（1）项的规定不符。我国《专利法》第69条第（1）项规定的专利权用尽，针对的是"专利产品"。而外观设计专利产品，指的就是体现了外观设计专利图片或者照片中外观设计的产品。案件一、案件二、案件三中的专利产品，就是酒瓶。虽然酒瓶往往是作为酒的包装物与酒一起在市场上流通。但不可否认，酒瓶本身也是一种产品，也可以在市场上流通。一个酒瓶的生产者可以将酒瓶销售给酒瓶销售商，销售商再出售给酒厂。很明显，这时酒瓶在市场上流通，可以适用专利权用尽原则。酒瓶经过装酒并销售之后，回收酒瓶再在市场上流通，也应当适用专利权用尽原则。

认为专利权用尽不适用于"旧瓶装新酒"，实质上只是将酒瓶看作酒的包装，而忽略了酒瓶本身就是一件产品。根据我国专利法的规定，

[①]《最高人民法院关于审理侵犯专利权纠纷案件应用法律若干问题的解释》第12条的规定。

外观设计保护的是对产品的设计。酒瓶的外观设计保护的是酒瓶本身的设计，而不是酒的外观设计。酒瓶与其他产品的不同在于使用方式上的不同，这种使用方式的不同并不改变其单独是一个产品的特征。将酒瓶用于灌装酒并对外销售，与将外观设计产品作为零部件生产另一产品并销售，并没有原则的区别。

另外，将"旧瓶装新酒"认定为"变相制造专利产品"，是没有理论依据的。制造专利产品是从无到有地产生一个专利产品。"旧瓶装新酒"时旧酒瓶是早就存在的，怎么能认定为变相制造专利产品呢？即使专利权人生产该包装物的意图就是一次性使用，法院也不能根据专利权人的"一厢情愿"而认定再次使用就是违法。因为专利是否侵权，与专利权人的主观意图无关。

通过以上分析可以看出，专利权用尽原则应适用于"旧瓶装新酒"。因此，笔者认为案件一的二审判决是正确的。①

四、进一步的思考

（一）是否有必要在司法解释中规定"旧瓶装新酒"的问题

最高人民法院 2003 年公布的《关于审理专利侵权纠纷案件若干问题的规定（会议讨论稿 2003.10.27—29）》的第 27 条规定：下列行为属于制造专利产品的行为：……（三）为生产经营目的回收他人使用过的包装物外观设计专利产品用于包装自己的产品。这一司法解释草案后来因为专利法的修改没有继续进行。

2009 年 7 月，最高人民法院发布了《关于审理侵犯专利权纠纷案件应用法律若干问题的解释（征求意见稿）》，向社会公开征求对该司法解释草案的意见。在该征求意见稿的第 13 条第 2 款规定：回收特定包装物外观设计专利产品用于包装相同或者相近类别产品的，人民法院应当视为《专利法》第 11 条、第 69 条规定的"制造"。② 可见，上述意见，就是案件二、案件三中法院的意见。所幸 2009 年年底制定的正式司法解释，已没有上述规定。

---

① 事实上，案件一的二审判决就是笔者在山东省高级人民法院做法官时所作的判决。
② http://www.law-lib.com/fzdt/newshtml/20/20090727101008.htm.

　　虽然上述意见没有被正式纳入司法解释，但最高人民法院也没有否定这种意见。因此，"旧瓶装新酒"是否属于制造外观设计专利产品，仍是一个悬而未决的问题。况且，最高人民法院在 2009 年征求意见稿中的规定，往往被认为是相对成熟的意见。案件二、案件三都是在上述意见发布以后判决的，法院在判决时已经采纳了该意见。案件四其实也受这种意见的影响，只是法院巧妙地避开了这种意见的适用。

　　经过上述分析，笔者认为这种意见是不符合专利法的本意的。另外，这种意见也存在逻辑上的错误，"用于包装相同或者相近类别产品"指的是什么产品呢？所争议的外观设计属于外观设计分类表中"商品运输或装卸用的包装和容器"，显然"相同或者相近类别产品"指的不是包装和容器，而是包装和容器所盛装的产品，例如酒和水等。按照这种意见，将他人的外观设计酒瓶回收后盛装酒出售就构成专利侵权，而盛装酱油出售就不构成专利侵权。把使用外观设计产品所盛装的商品纳入到外观设计专利侵权的判断之中，也是与一般的外观设计专利侵权判断的规则相违背的。在外观设计侵权判断中，一般只判断被控侵权产品是否为"与外观设计专利产品相同或者相近种类产品"[①]，而不用看外观设计产品所使用的对象。

　　因此，笔者认为，"旧瓶装新酒"构成外观设计专利侵权的意见，在司法实践中应当摒弃，更不能规定在司法解释之中。当然，司法解释也没有必要规定"旧瓶装新酒"不构成外观设计专利侵权。因为我国《专利法》第 69 条规定的专利权用尽原则已经解决了这一问题。

（二）从低碳发展的角度看"旧瓶装新酒"

　　在案件三中，被告提出"其回收利用各式旧酒瓶，是为了节约成本和废物利用"。这是一种朴素的答辩理由，在法律上找不到依据，当然法院在判决中对此也没有进行反驳。法院判决中是否有考虑这一观点的余地呢，笔者认为法院在依据法律规定作出判断时，是应当考虑判决的社会效果的。

---

　　① 《最高人民法院关于审理侵犯专利权纠纷案件应用法律若干问题的解释》第 8 条规定：在与外观设计专利产品相同或者相近类产品上，采用与授权外观设计相同或者近似的外观设计的，人民法院应当认定被诉侵权设计落入《专利法》第 59 条第 2 款规定的外观设计专利权的保护范围。

无庸置疑，允许自由利用旧瓶，比不允许利用旧瓶更能节约资源，保护环境。对于外观设计专利的酒瓶而言，如果不允许其他人再利用，只能由专利权人再利用。如果专利权人不回收使用，或者回收使用的渠道不畅通，将导致大量的可使用的酒瓶成为垃圾，或者成为再加工的原料。这将造成资源浪费，环境污染，具有不利的社会效果。如果允许他人自由回收和使用外观设计酒瓶，只要符合安全和卫生的标准，只会产生有益的社会效果。这种有益的社会效果也不是以牺牲专利权人的利益而实现的。允许外观设计专利酒瓶回收利用，就会使旧酒瓶的价值提高。消费者在购买使用该外观设计的酒瓶的酒时，因为考虑到旧酒瓶回收的价格，愿意支付比旧酒瓶不可回收的酒更高的价格。这样，专利的价值就会提高，专利权人从首次销售中获得的利益就会增加。专利权人的利益已经从首次销售中实现。即使允许他人回收利用旧瓶，也不会损害专利权的利益。

可见，允许自由回收利用外观设计包装物，符合低碳发展的要求，且不会损害专利权人的利益。而我国知识产权审判要"实现办案法律效果与社会效果的有机统一"。[①] 从这一点考虑，也倾向于得出允许回收利用外观设计包装物的结论。

（三）从防止混淆误认的角度看"旧瓶装新酒"的问题

包装物外观设计专利产品因与众不同，可能成为消费者识别该包装物所包装的产品的因素。如果允许他人回收使用该包装物，可能引起消费者的混淆。有时包装物外观设计中含有商标等商业标识，他人回收再利用该包装物，用于包装与原来的商品相同或类似的商品，更容易引起消费者混淆误认。为了防止上述情形下可能产生的混淆误认，我国《反不正当竞争法》和《商标法》已经提供了救济手段。我国《反不正当竞争法》规定的不正当竞争行为之一是"擅自使用知名商品特有的名称、包装、装潢，或者使用与知名商品近似的名称、包装、装潢，造成和他人的知名商品相混淆，使购买者误认为是该知名商品"。[②] 我国《商标法》规定的侵犯商标权的行为包括："未经商标注册人的许可，

---

① 最高人民法院《关于贯彻实施国家知识产权战略若干问题的意见》及最高人民法院《关于当前经济形势下知识产权审判服务大局若干问题的意见》均提出了上述要求。

② 《反不正当竞争法》第5条第（2）项的规定。

在同一种商品上使用与其注册商标相同的商标的"和"未经商标注册人的许可，在同一种商品上使用与其注册商标近似的商标，或者在类似商品上使用与其注册商标相同或者近似的商标，容易导致混淆的"。①为了防止回收使用他人外观设计包装物可能产生的混淆误认，权利人可以依据《反不正当竞争法》和《商标法》的有关规定，提起反不正当竞争诉讼或商标侵权诉讼。不必为了防止混淆误认而将包装物外观设计作为权利用尽的例外，而该包装物使用人的利益的保护不是专利法所考虑的内容。将包装物外观设计作为权利用尽的例外，既无理论依据，也无现实需要。

---

① 《商标法》第五十七条第（一）项和第（二）项的规定。

专利侵权产品使用者之
停止侵权责任辨析

我国《专利法》第 11 条明确规定：未经专利权人许可，不得为生产经营目的"使用"专利产品，以及使用依照专利方法直接获得的产品。我国《专利法》第 69 条第 1 款将"由专利权人或者经其许可的单位、个人售出后"使用专利产品的行为排除在侵权之外。根据上述两条的规定，如果某人以生产经营为目的，使用了未经专利权人或者经其许可的单位制造并出售的产品，则会构成侵权。使用未经专利权人许可制造的专利产品，应当承担什么责任，特别是是否应当承担停止侵权的责任，成为一个专利侵权诉讼中的重要问题。

一、武汉晶源案：不停止使用的典型案例

武汉晶源环境工程有限公司（以下简称"晶源公司"）是"曝气法海水烟气脱硫方法及一种曝气装置"发明专利的专利权人。1997 年 4 月，华阳电业有限公司（以下简称"华阳公司"）与日本富士化水工业株式会社（以下简称"富士化水"）签订了用于 CP-1 项目"烟气脱硫系统"的《合同》，约定由富士化水向华阳公司提供"烟气脱硫系统"技术和设备。中国化学工程第三建设公司根据华阳公司提供的富士化水转让的技术制造和安装了华阳公司的排烟脱硫设备。

晶源公司以专利侵权为由，对富士化水和华阳公司提起诉讼，请求法院判令："1. 富士化水、华阳公司停止侵权行为；2. 富士化水、华阳公司赔偿晶源公司专利侵权损失费人民币 7600 万元等。"福建省高级人民法院经审理认定华阳公司使用的设备和方法侵犯了晶源公司的

专利权。同时，法院认定本案按被告富士化水的获利确定赔偿数额。富士化水提供给华阳公司漳州后石电厂海水烟气脱硫系统价格合计为人民币 5061.24 万元，富士化水除提供少量零部件外，其主要是转让技术，在计算赔偿额时本应扣除该少量零部件的价值，剩余部分为富士化水的获利，但由于富士化水拒不提供其供给华阳公司相关零部件的价格清单，为此，将全部合同价款视为富士化水因侵权所获的利润。对于华阳公司的责任，法院认为，使用或者销售不知道是未经专利权人许可而制造并售出的专利产品的，不视为侵犯专利权，但不能因此就可推导出相关当事人可以永久无偿使用他人专利的结果。在当事人得知其使用的技术方法及装置涉及他人专利时，就应负有停止使用的义务。由于火力发电厂配备烟气脱硫设施，符合环境保护的基本国策和国家产业政策，且电厂供电情况将直接影响地方的经济和民生。为平衡权利人利益及社会公众利益，晶源公司要求华阳公司停止侵权的诉讼请求，不予支持，但华阳公司也应向晶源公司支付相应的使用费，直至本案专利权期限终止。原审法院根据本案专利的类别等情况，酌定使用费为每台机组每年人民币 24 万元。据此，一审法院判决："1. 富士化水于判决生效之日起立即停止侵犯晶源公司本案专利权的行为；2. 富士化水于判决生效之日起 15 日内赔偿晶源公司经济损失人民币 5061.24 万元；3. 华阳公司于判决生效之日起 15 日内，按实际使用年限向晶源公司支付专利使用费（每台机组每年人民币 24 万元）至本案专利权期限届满为止，1 号机组自 2000 年 2 月起开始支付，2 号机组自 2000 年 9 月起开始支付。"①

　　二审法院最高人民法院经审理认定富士化水、华阳公司共同实施了侵犯晶源公司专利权的行为，依法应承担连带责任。鉴于本案烟气脱硫系统已被安装在华阳公司的发电厂并已实际投入运行，若责令其停止行为，则会直接对当地的社会公众利益产生重大影响，故原审判决在充分考虑权利人利益与社会公众利益的前提下，未支持晶源公司关于责令停止行为的诉讼请求，而是判令华阳公司按实际使用年限向晶源公司支付使用费每台机组每年人民币 24 万元至本案专利权期限届满为止，并无不妥。因此，最高人民法院判决维持华阳公司不停止侵

---

① 福建省高级人民法院（2001）闽知初字第 4 号民事判决。

权但向晶源公司支付使用费的判决，同时改判富士化水和华阳公司共同赔偿晶源公司经济损失人民币 5061.24 万元。[①]

这是最高人民法院作出的第一起判令可以不停止侵权，但需要支付使用费的案件。该案中，法院作出不停止侵权判决的理由主要是公共利益。对于此案，多数人的关注点在于，即使认定侵权，法院也可以判令不停止侵权。然而，我们也应当注意到，本案中"不停止"的对象针对的是使用未经专利权人许可而制造的产品。当然，在使用该产品时，也会同时使用涉案专利方法。法院在判令不停止侵权的同时，还判令支付使用费，同时，法院还判令按照提供技术和部件的全部价值赔偿专利权人。根据此判决，即使富士化水和华阳公司支付了赔偿金，也应当每年支付使用费直至专利有效期届满。

假设华阳公司的技术和设备不是富士化水提供的而是晶源公司提供的，晶源公司将得到合同价款 5061.24 万元。在得到上述款项之后，华阳公司就可以自由地使用涉案装置和方法，不用再向晶源公司支付使用费。因此，本案提出了这样的问题，作为未经专利权人许可而制造的产品的使用者，应当承担什么法律责任？在制造者已经承担了相应责任的情况下，如果再让使用者承担责任，会不会形成双重责任？如果一个产品专利和方法专利为关联专利或者是同一个专利中的并列权利要求，使用该产品必然使用专利方法，专利产品的使用者对于使用专利方法应承担什么责任？

二、我国法院判决中专利侵权产品使用者的法律责任

（一）对我国法院判决的总结

在专利侵权诉讼中，专利权人往往将被控侵权产品的制造者作为被告。有些情况下，也会将被控侵权产品的使用者作为被告。在将使用者作为被告时，如果法院认定被控侵权产品落入专利保护范围，法院就要对使用者的责任作出认定和判决。

我国《专利法》第 70 条规定："为生产经营目的使用、许诺销售

[①] 最高人民法院（2008）民三终字第 8 号判决。

或者销售不知道是未经专利权人许可而制造并售出的专利侵权产品，能证明该产品合法来源的，不承担赔偿责任。"因此，如果专利权人不能证明使用者知道所使用的产品是未经专利权人许可而制造并售出的，而使用者又提供了合法来源，则使用者不必承担赔偿责任。但是，一般情况下，专利权人会针对使用者提出"停止侵权"的诉讼请求，也就是请求法院判令使用人停止使用被控侵权产品。针对这一诉讼请求，法院有不同的做法。

第一种做法是判令使用人"停止侵权"。这是最普遍的一种做法，从近几年各高级法院判决的案件中可以发现很多类似的判决。例如，泉州三金模具有限公司（以下简称"三金公司"）等与王海峰等侵害实用新型专利权纠纷案中，三金公司是"琉璃瓦的压制成型模具"实用新型专利的专利权人，在泉州市中级人民法院对王海峰和佳辉（福建）陶瓷有限公司（以下简称"佳辉公司"）提起专利侵权诉讼。法院在王海峰处未发现侵权产品，在佳辉公司发现了一套购自王海峰的侵权产品。法院认为，三金公司要求王海峰停止侵权、赔偿损失及要求佳辉公司停止侵权等请求符合法律规定，予以支持。因此，法院判决："1. 王海峰应立即停止对三金公司涉案专利权的侵害；2. 佳辉公司应立即停止对三金公司涉案专利权的侵害；停止使用侵权产品；3. 王海峰应于判决生效之日起七日内赔偿三金公司经济损失人民币5万元。"① 再如，上海奥顿轻工机械有限公司与周文侵害实用新型专利权纠纷案中，周文是"透明塑料瓶高精计数装置"实用新型专利的专利权人，上海奥顿轻工机械有限公司生产了落入专利保护的产品，并销售给深圳翔峰容器有限公司一套，单价为1.5万元。法院认为，深圳翔峰容器有限公司使用的侵权产品具有合法来源，不承担赔偿责任，但应当停止使用侵权产品。法院最终判决："1. 上海奥顿轻工机械有限公司立即停止制造、销售侵犯周文专利权的侵权产品行为。2. 深圳翔峰容器有限公司停止使用侵犯周文专利权的侵权产品。3. 上海奥顿轻工机械有限公司应于判决生效之日起十日内赔偿周文经济损失人民币11万元。"② 除了上述专利权

---

① 泉州市中级人民法院（2012）泉民初字第135号民事判决，福建省高级人民法院（2012）闽民终字第890号民事判决。

② 深圳市中级人民法院（2010）深中法民三初字第127号民事判决，广东省高级人民法院（2011）粤高法民三终字第354号民事判决。

人一并起诉制造者和使用者的情况下，还有的专利权人先起诉侵权产品制造者，再起诉侵权产品使用者，法院同样也作出了责令停止使用的判决。山东水泊焊割设备制造有限公司（以下简称"水泊公司"）为"液压式异形封头旋边机"实用新型专利的专利权人，该公司针对未经许可而制造其专利产品的企业扬州宇兴机械设备有限公司提起专利侵权诉讼，法院认定侵权成立，并酌定赔偿专利权人 30 万元。① 后来，专利权人又针对购买和使用扬州宇兴机械设备有限公司所制造和销售的侵权产品的企业沾化瑞通专用汽车制造有限公司（以下简称"瑞通公司"）提起专利侵权诉讼。法院认为，瑞通公司作为被控侵权产品的使用方，证明了被控侵权产品的合法来源，而且水泊公司亦没有提供相关证据证明瑞通公司在使用过程中知道或应当知道被控侵权产品侵权的事实，依法应承担停止侵权的民事责任，而不应当承担赔偿责任。最后，法院判令瑞通公司停止侵权，并与销售商共同赔偿专利权人因制止侵权而支出的合理费用 1.5 万元。②

第二种做法是，原则是判令使用者停止侵权，但留出一定的时间让双方自行协商继续使用的使用费。在王及伟（原告）诉中国民用航空西南地区空中交通管理局云南分局（被告）侵犯实用新型专利权纠纷案中，王及伟是"全玻璃窗墙"实用新型专利的专利权人。案外人昆明有色金属设计研究院为被告综合业务楼进行工程设计。2007 年 3 月 16 日至同年 12 月 1 日，案外人中国航空港建设总公司为被告综合业务楼外墙安装了玻璃百叶窗。原告认为上述玻璃百叶窗侵犯了其专利权，遂诉至昆明市中级人民法院。昆明市中级人民法院认定，被控侵权产品已落入原告实用新型专利的保护范围。关于被告对被控侵权产品的使用是否构成侵权的问题，法院认为，根据《中华人民共和国专利法》第 11 条第 1 款规定，判断是否构成侵犯专利权的首要条件之一是行为人是否具备"生产经营目的"。本案中，被告虽作为事业法人主体，但其使用专利产品并非个人或家庭使用，作为单位未经许可在其办公场所使用他人的专利产品，应当认为是专利法所指的"为生产经营目的"使用，除非作为被控侵权产品的使用者，依专利法规定能够证明其是专为科学研究和实验而使用专利的情况下才不被视为侵犯

① 济南市中级人民法院（2011）济民三初字第 138 号判决。
② 山东省高级人民法院（2013）鲁民三终字第 257 号判决。

专利，而本案被告显然不符合上述免责条件。至于被告辩称其属善意使用被控侵权产品，不构成侵权的答辩理由也不能成立。在被控侵权产品已完全落入原告专利保护范围的前提下，被告使用侵权产品的行为已构成对原告实用新型专利的侵犯。关于被告应如何承担法律责任的问题，法院认为，在侵权成立的前提下，被告依法应承担相应的法律责任。对于原告王及伟要求被告停止使用并责令拆除侵权产品的诉请，属于制止侵权行为的合理要求，本应得到支持，但考虑到被告综合业务楼建筑物外墙的安全以及拆除侵权产品所带来的资源浪费，简单直接判令停止使用侵权产品并不符合维护权利人利益和避免社会资源浪费的目的，同时又会对被告的正常工作秩序造成影响。因此，如被告愿意继续使用侵权产品，则其可在现有范围内继续使用，但应向原告王及伟支付适当的使用费，以便对原告的权益予以补救或填平。至于使用费的具体金额，由原、被告双方商定。如果被告无意继续使用或双方不能协商一致，则被告应停止使用，对侵权玻璃百叶窗进行拆除。对原告王及伟要求被告赔偿经济损失的诉请，由于被告作为侵权产品的使用者，已提供证据证明其产品的合法来源，故依法不承担赔偿责任，可由原告王及伟向生产者另行主张。法院判决：如果被告中国民用航空西南地区空中交通管理局云南分局愿意继续使用侵犯原告实用新型专利权的玻璃百叶窗，应当于本判决生效后 30 日内与原告王及伟协商确定专利使用费；若不愿意继续使用或者协商不成，被告中国民用航空西南地区空中交通管理局云南分局应立即停止使用侵权玻璃百叶窗，并于上述协商期限届满之日起 60 日内对侵权玻璃百叶窗进行拆除。[①] 昆明市中级人民法院还作出过其他类似判决。例如，在彭经纬诉昆明沁园春餐饮有限公司侵犯实用新型专利权纠纷案中，法院认定昆明沁园春餐饮有限公司购买并使用的火锅落入原告"一种蒸气石火锅"实用新型专利的保护范围。但同时，法院认为，原告要求被告停止侵权行为的主张，属于制止侵权行为的合理要求，本应得到支持，但简单直接判令被告停止使用侵权产品，既会造成社会资源的浪费，又会对被告的正常经营造成影响。为此，本院认为，被告可以协商获得原告的专利实施许可。若被告不愿意继续使用或双方不能协商

---

① 昆明市中级人民法院（2009）昆知民初字第 218 号民事判决。

达成一致，则被告应停止使用，拆除侵权产品。此外，由于被告不能举证证明其石锅具有合法来源，故依法应承担赔偿责任。对于赔偿数额，本院根据被告的经营规模、时间以及原告的维权费用等因素予以确定。判决："1.若被告昆明沁园春餐饮有限公司愿意继续使用侵犯原告彭经纬 ZL200420104602.3 号实用新型专利的蒸气石火锅，则应当于本判决生效后 30 日内与原告彭经纬进行协商，达成专利实施许可协议；2.若被告昆明沁园春餐饮有限公司不愿意继续使用或双方协商不成，被告昆明沁园春餐饮有限公司应立即停止经营性使用侵权蒸气石火锅，并于上述协商期限届满之日起 60 日内对侵权蒸气石火锅进行拆除，并赔偿原告彭经纬经济损失及合理费用人民币 8000 元。"[①] 在昆明市万变窗墙有限责任公司诉昆明车立方汽车销售有限公司侵犯实用新型专利权纠纷案中，法院认定昆明车立方汽车销售有限公司侵犯了昆明市万变窗墙有限责任公司的"全玻璃窗墙"实用新型专利。法院认为，对于原告昆明市万变窗墙有限责任公司要求被告停止使用并责令拆除侵权产品的诉请，属于制止侵权行为的合理要求，本应得到支持，但考虑到被告建筑物外墙的安全以及拆除侵权产品所带来的资源浪费，简单直接判令其立即停止使用侵权产品将会造成社会资源浪费，同时又会对被告的正常经营造成影响。为此，本院认为，被告可以协商获得原告的实施许可。如果被告无意继续使用或双方不能协商达成一致，则被告应停止使用，对侵权玻璃窗墙进行拆除，并赔偿原告的经济损失。对于赔偿数额，本院综合考虑被告侵权行为的性质及侵权产品的数量等因素，判令被告昆明车立方汽车销售有限公司赔偿原告昆明市万变窗墙有限责任公司经济损失及合理费用共计人民币 2400 元。判决："1.如果被告昆明车立方汽车销售有限公司愿意继续使用侵犯原告昆明市万变窗墙有限责任公司实用新型专利权的玻璃窗墙，则应当于本判决生效后 30 日内与原告昆明市万变窗墙有限责任公司进行协商，达成专利实施许可协议；2.如果被告昆明车立方汽车销售有限公司不愿意继续使用或者双方协商不成，其应立即停止经营性使用侵权玻璃窗墙，并于上述协商期限届满之日起 60 日内对侵权玻璃窗墙进行拆除，同时赔偿原告昆明市万变窗墙有限责任公司经济损失及合理费用人民币 2400 元。"[②]

---

① 昆明市中级人民法院（2010）昆知民初字第 70 号民事判决。
② 昆明市中级人民法院（2010）昆知民初字第 149 号民事判决。

第三种做法是，法院驳回针对使用人停止侵权的诉讼请求，但责令使用人向专利权人支付使用费，或者在确定赔偿数额时考虑继续使用的费用。前述武汉晶源的案件，就是这种做法的典型代表。其实，在武汉晶源案之前，我国地方法院已经作出过类似判决。例如，珠海市晶艺玻璃工程有限公司（以下简称"晶艺公司"）诉深圳市机场股份有限公司（以下简称"深圳机场"）、北方国际合作股份有限公司（以下简称"北方公司"）玻璃幕墙连接装置侵犯专利权纠纷案中，原告请求法院判令：两被告停止侵权行为，赔偿原告经济损失并向原告支付专利技术使用费共计 50 万元。深圳市中级人民法院经审理后，认定两个被告均构成专利侵权。深圳机场是经营性质的企业，候机楼为经营场所，因此其使用原告专利技术的性质为商业使用，依据法律规定，其应当停止使用。被告北方公司以经营为目的使用侵权产品，亦构成侵权。法律规定应当停止使用，但考虑深圳机场的特殊性，停止使用不符合实际，因此本院责令被告深圳机场向原告支付合理的使用费。因此，法院判决被告北方公司立即停止侵权，赔偿原告晶艺公司经济损失 25 万元，被告深圳机场支付原告专利使用费 15 万元，驳回原告其他诉讼请求。二审审理期间，经法院主持调解，各方当事人自愿达成协议：北方公司同意一次性支付晶艺公司经济补偿费用 25 万元。根据深圳机场和北方公司的工程合同约定，深圳机场不再另行承担任何责任。[1] 在同一专利权人在广州市中级人民法院就广州白云国际机场股份有限公司等提起的专利权侵权纠纷案中，广州市中级人民法院也作出了类似的判决：深圳市三鑫特种玻璃技术股份有限公司支付原告晶艺公司赔偿金 30 万元；广州白云国际机场股份有限公司支付原告晶艺公司专利使用费 15 万元。[2]

武汉晶源案之后，我国法院作出的不支持针对使用者停止侵权诉讼请求的判决更为常见。例如，在谢奇诉专利侵权纠纷案中，谢奇是"彩色艺术围栏"的实用新型的专利权人。长沙佳兴房地产集团有限公司委托他人建设的房地产项目中，使用了谢奇的专利。谢奇向长沙市中级人民法院起诉，要求长沙佳兴房地产集团有限公司停止制造使用原告专利权的艺术围栏，并判令被告拆除已安装使用的侵犯原告专利

---

① 深圳市中级人民法院（2004）深中法民三初字第 587 号判决，广东省高级人民法院民事调解书（2005）粤高法民三终字第 129 号判决。

② 广州市中级人民法院（2004）穗中法民三知初字第 581 号民事判决。

权的艺术围栏，并赔偿原告损失 70 万元。法院审理认为，被告未经原告允许，在"格林星城"楼盘建造的围栏已全面落入原告专利的保护范围。被告实施了侵权行为，应依法承担相应的民事责任。就本案被告在"格林星城"楼盘中已经完成并投入使用的艺术围栏，鉴于围墙本身的特殊性，如判决被告立即停止使用和销毁此部分侵权产品，既可能造成社会资源的浪费，也有可能造成安全隐患，法院对原告要求被告停止使用并销毁已建造完毕的侵权产品的诉讼请求不予支持。对于具体赔偿数额的确定，由于原告因侵权受到的损失和被告所获利益均无法查清，原告请求本院在法定数额内予以确定赔偿数额，法院考虑被告仅在"格林星城"楼盘中实施了原告专利这一侵权情节，根据法律的规定，酌定本案赔偿数额为 30 万元。[1] 再如，在绍兴东方能源工程技术有限公司（以下简称"东方公司"）与浙江华德利纺织印染有限公司（以下简称"华德利公司"）等侵犯实用新型专利权纠纷案中，张小根为"定型机与净化装置直联式安装结构"实用新型专利的专利权人，东方公司为独占实施许可的被许可人。华德利公司与苏州艾特斯环保材料有限公司（以下简称"艾特斯公司"）签订设备采购安装调试合同，约定艾特斯公司向华德利公司提供和安装调试定型机油烟废气净化设备。合同实际履行中，艾特斯公司交付改装了两台定型机油烟废气净化设备，总价款 143 000 元。改装后的定型机及其油烟废气净化设备构成了被控侵权产品。东方公司认为华德利公司、艾特斯公司侵犯其实用新型专利权，遂于 2009 年 2 月 16 日向杭州市中级人民法院起诉，请求判令华德利公司与艾特斯公司：1. 立即停止制造、使用侵犯涉案专利权的行为；2. 共同赔偿东方公司经济损失 350 000 元及因本案诉讼支出的合理费用 10 000 元；3. 承担本案的诉讼费。法院认为，艾特斯公司制造并交付华德利公司使用的产品落入涉案专利的保护范围。关于东方公司要求华德利公司停止使用侵犯涉案专利的产品的诉讼请求，法院认为停止使用改装后的定型机和油烟废气净化设备，难免造成社会资源的无谓浪费，也不符合本案的实际情况，对该部分诉讼请求，通过适当赔偿的方法予以支持。最后法院判决："1. 华德利公司、艾特斯公司立即停止制造落入'定型机与净化装置直联式安装

---

[1]　长沙市中级人民法院（2010）长中民五初字第 0333 号判决。

结构'实用新型专利保护范围产品的行为；2.华德利公司、艾特斯公司赔偿东方公司经济损失（包括为制止侵权所支出的合理费用）50 000元。"① 此案在二审过程中，浙江省高级人民法院认定被控侵权产品不构成专利侵权，判决撤销一审判决。②

第四种做法是，法院驳回针对使用人停止侵权的诉讼请求，但并未责令使用人向专利权人支付使用费。例如，北京英特莱摩根热陶瓷纺织有限公司（以下简称"英特莱摩根公司"）与北京光华安富业门窗有限公司（以下简称"光华安富业公司"）侵犯发明专利权纠纷案中，英特莱摩根公司是"防火隔热卷帘用耐火纤维复合卷帘及其应用"发明专利的专利权人。光华安富业公司向华坤商业投资管理有限公司（以下简称"华坤公司"）提供了"搜宝商务中心1#建筑工程"防火卷帘门设备并负责安装，华坤公司向光华安富业公司支付相应报酬。英特莱摩根公司向北京市第二中级人民法院提起诉讼，要求光华安富业公司和华坤公司停止侵权，赔偿损失。北京市第二中级人民法院认定，被控侵权产品落入涉案专利保护范围。光华安富业公司未经许可制造、销售侵犯涉案发明专利权的防火卷帘产品并在搜宝商务中心1#工程中安装使用，构成对涉案专利的侵犯，应承担停止侵权、赔偿损失的法律责任。华坤公司在其搜宝商务中心1#工程中使用涉案侵权防火卷帘产品，具有合法来源，仅应承担停止侵权的法律责任。判决："1.光华安富业公司于本判决生效之日起，停止生产、销售侵犯英特莱摩根公司'防火隔热卷帘用耐火纤维复合卷帘及其应用'发明专利权的涉案防火卷帘产品；2.光华安富业公司于本判决生效之日起10日内赔偿英特莱摩根公司经济损失140万元及因本案诉讼支出的合理费用2万元；3.华坤公司于本判决生效之日起，停止使用侵犯英特莱摩根公司'防火隔热卷帘用耐火纤维复合卷帘及其应用'发明专利权的涉案防火卷帘产品；4.驳回英特莱摩根公司的其他诉讼请求。"③ 北京市高级人民法院二审认为，光华安富业公司在二审诉讼中新提交的证据材料可以证明，被控侵权产品卷帘帘面确系东台玉纶公司生产，故被控侵权产品给英特莱摩根

① 杭州市中级人民法院（2009）浙杭知初字第59号民事判决。
② 浙江省高级人民法院（2009）浙知终字第180号民事判决。
③ 北京市第二中级人民法院（2010）二中民初字第17491号民事判决。

公司造成的损失不宜全部由光华安富业公司承担，原审法院确定由光华安富业公司承担的赔偿数额过高。考虑英特莱摩根公司实施涉案专利的相关获利情况及光华安富业公司侵权的方式、范围、主观过错程度、侵权行为持续的时间，特别是被控侵权产品系由案外人实际生产等因素，本院酌情确定光华安富业公司因被控侵权行为应承担的赔偿数额为50万元。同时，法院认为，鉴于被控侵权产品已经实际安装使用，如果拆卸将破坏巨大且成本过高，亦不利于维护已经形成的社会经济秩序，故本案不宜判决华坤公司停止使用被控侵权产品。北京市高级人民法院二审判决："1. 维持北京市第二中级人民法院（2010）二中民初字第17491号民事判决第一项，即光华安富业公司于判决生效之日起，停止生产、销售侵犯英特莱摩根公司'防火隔热卷帘用耐火纤维复合卷帘及其应用'发明专利权的涉案防火卷帘产品；2. 撤销一审判决第二项、第三项、第四项，即光华安富业公司于判决生效之日起十日内赔偿英特莱摩根公司经济损失140万元及因本案诉讼支出的合理费用二万元；华坤公司于判决生效之日起，停止使用侵犯英特莱摩根公司'防火隔热卷帘用耐火纤维复合卷帘及其应用'发明专利权的涉案防火卷帘产品；驳回英特莱摩根公司的其他诉讼请求；3. 光华安富业公司于本判决生效之日起十日内赔偿英特莱摩根公司经济损失50万元及因本案诉讼支出的合理费用二万元；4. 驳回英特莱摩根公司的其他诉讼请求。"[①] 在这一案件中，一审法院判令华坤公司停止使用侵权产品。二审法院改判撤销了这一判条。同时，二审法院在考虑赔偿数额时，也没有考虑侵权产品在继续使用这一因素。

第五种做法是，法院认定使用者不具有生产经营目的，驳回专利权人针对使用者的诉讼请求。例如，在阿图尔－菲舍尔工厂有限两合公司（以下简称"阿图尔厂"）诉沈阳凯兴装饰工程有限公司（以下简称"凯兴公司"）、山西省博物馆等专利侵权纠纷案中，阿图尔厂是"紧固件"发明专利的专利权人。上海市第二中级人民法院认为，被告凯兴公司在幕墙工程的施工过程中，将侵权产品用于幕墙的固定，并最终将含有侵权背栓的幕墙工程交付山西省博物馆的行为，属于为生产

---

① 北京市高级人民法院（2011）高民终字第869号民事判决。

经营目的销售、使用侵权背栓的行为，侵犯了原告享有的涉案发明专利权。鉴于被告凯兴公司在庭审中确认尚有部分库存的侵权背栓，因此，被告凯兴公司应当停止对原告涉案发明专利权的侵害，不得再行销售、使用库存侵权背栓。被告凯兴公司未能证明销售、使用于幕墙工程的侵权背栓具有合法来源，被告凯兴公司应当就其上述销售、使用侵权背栓的行为，承担赔偿原告经济损失的民事责任。被告山西省博物馆使用含有上述侵权背栓的建筑物，并非为生产经营目的使用侵权背栓，故本院对于原告称被告山西省博物馆侵犯原告涉案发明专利权的诉讼请求，不予支持。法院判决：凯兴公司停止侵权，赔偿原告经济损失人民币 8 万元，驳回原告的其他诉讼请求。[①] 在阿图尔厂等与上海鸿立装饰设计工程有限公司（以下简称"鸿立公司"）、上海虹桥经济技术开发区联合发展有限公司（以下简称"虹桥公司"）等专利侵权纠纷中，上海市第二中级人民法院也做了类似的判决。法院认为，被告鸿立公司在施工过程中将侵权产品用于墙面石板上，并最终将含有侵权产品大厦交付虹桥公司的行为，属于为生产经营目的销售、使用侵权产品的行为，侵犯了原告的专利权。但由于该批侵权产品已全部用于新虹桥大厦的墙体内并交付，故原告要求该被告停止侵权行为及销毁库存产品已无可能，因此，对于原告的该项诉讼请求法院难以支持。同时，鉴于被告鸿立公司已证明其产品的合法来源，且无证据证明被告鸿立公司系明知侵权产品而销售使用，故原告要求该被告共同承担赔偿责任的诉讼请求，法院不予支持。鉴于被告虹桥公司使用含有侵权产品的建筑物，并非为生产经营目的使用侵权产品，故法院对原告要求该被告停止侵权、销毁全部库存侵权产品并赔偿损失、赔礼道歉的诉讼请求亦不予支持。[②] 阿图尔厂提起上诉，上诉的理由之一是"由于大修改造后的新虹桥大厦的用途是进行商用出租，故被上诉人虹桥公司对涉案侵权产品的使用也属于生产经营的目的使用侵权产品，应连带赔偿上诉人的经济损失。"对此，上海市高级人民法院仅指出，"上诉人提出的鸿立公司与虹桥公司并不是为生产经营目的的使用或者销售不知道是未经专利权人许可而制造并售出的专利产品，鸿立公司也不能进一步证明侵权产品的合法来源，因此两公司应当承担连带的侵权赔偿

---

① 上海市第二中级人民法院（2006）沪二中民五（知）初字第 186 号民事判决。
② 上海市第二中级人民法院（2006）沪二中民五（知）初字第 12 号民事判决。

责任的上诉理由，本院亦不予支持。"最后，上海市高级人民法院判决驳回上诉，维持原判。[①]

（二）对我国法院判决的分析

针对专利权人要求侵权产品使用者停止使用的诉讼请求，法院的上述五种做法，又可以分为支持禁令请求和不支持禁令请求两类。

第一种做法和第二种做法属于支持禁令请求的。第一种做法一般并不考虑禁令给侵权产品使用者所带来的影响，或者侵权产品使用者也没有提出禁令给其带来的影响。按照一般的惯例，只要专利仍处于有效期内，而侵权行为又处于持续状态，法院就会支持禁令的请求。第二种做法则考虑到禁令给侵权产品使用人带来的影响，认识到禁令会给侵权产品使用人带来较大的损失，而专利权人也没有得到相应的收益。从损失和收益的角度考虑，是一种社会资源的浪费。但同时法院认为不应驳回禁令请求并由法院来确定许可使用费。因此，法院确定了先由当事人进行协商，协商不成时停止使用的判决。从结果上来说，这种判决与第一种支持禁令请求的做法差别并不大。即使在第一种做法的判决作出后，如果侵权产品的使用人愿意通过支付费用来继续使用侵权产品，仍可以在执行阶段与专利权人进行协商。如果使用人与专利权人达成执行和解协议，使用人向专利权人支付一定的固定的补偿金，专利权人不再要求使用人停止使用侵权产品，法院仍会认可该执行和解协议。其后果与第二种做法的判决是基本相同的。从另一方面说，第二种做法的判决，也没有实质上缓解侵权产品使用人所面临的困境。在判决确定的 30 天的协商确定专利实施许可合同期间，双方谈判的基础不是在空白的基础上，根据专利所带来的价值进行谈判。双方谈判时都会考虑到使用人停止使用所带来的损失。专利权人会据此"讹诈"侵权产品使用人，使专利实施许可费用只是稍低于使用人停止使用所带来的损失。而侵权产品的使用人，面临停止使用所带来的损失，会不自愿地接受专利权人提出的比正常专利许可费用高，但比停止使用的损失低的许可条件。这种结果，与第一种做法判决后双方进行执行和解也无实质差别。

---

① 上海市高级人民法院（2007）沪高民三（知）终字第12号判决。

第三、第四、第五三种做法，都是明确判决驳回专利权人针对侵权产品使用人的禁令请求，因此都属于否定禁令的判决。当然，在具体做法上三种做法有区别。第三种做法将法院确定的许可使用费代替禁令，实际上法院作出了类似强制许可的决定，并同时确定了许可使用费。这种做法存在的突出问题在于，许可使用费确定的标准是什么？许可使用费与侵权产品制造者所承担的赔偿责任的关系是什么？如果侵权产品制造者承担的赔偿责任与使用人继续使用所支付的使用费是分别计算的，这时就很难解释在已经支付了侵权赔偿的情况下，为什么继续使用还要支付使用费。

第四种做法本身存在矛盾和不合理之处。第四种做法的前提是承认侵权产品使用人应当停止使用，但因停止使用成本过高，因此判决使用人可以继续使用，同时使用人不必向专利权人支付补偿。按照这种思路，如果停止使用成本不高，法院就会判令停止使用。停止使用的成本低的使用者要停止使用，自己承担成本；停止使用成本高的使用者不必停止使用，也不用承担其他义务。这是明显不合理的。

第五种做法以"非生产经营目"免除了侵权产品使用者的责任。这种做法看似与禁令关系不大，实质上可以看出法院对侵权产品使用者所面临禁令的困惑。一方面，法院认为根据法院的规定，侵权产品的使用者应当停止使用；另一方面，在侵权产品制造者已经作出赔偿的情况下，再让主观上本来没有过错且已经付出对价的使用者停止使用，且停止使用损失巨大，作出停止侵权的判决又不公平和合理。在这种情况下，法院就从是否具有生产经营目的上寻找解决办法，最后以"非生产经营目的"免除了侵权产品使用者的责任。在阿图尔厂等与鸿立公司、虹桥公司等专利侵权纠纷中的情况，法院认定虹桥公司在其建筑物中使用专利产品不具有生产经营目的。类似的情况，在王及伟诉中国民用航空西南地区空中交通管理局云南分局侵犯实用新型专利权纠纷案中的认定完全不同。在该案中，法院认为中国民用航空西南地区空中交通管理局云南分局在其综合业务楼中使用侵权产品，属于为"生产经营目的"。两案相比可以看出，认定事业单位在办公楼中使用专利产品具有生产经营目的，而企业在用于出租的建筑物中使用专利产品不具有生产经营目的，是比较牵强的。针对此项认定的上诉，上海市高级人民法院并没有给出任何的分析和说明，只是简单地"不予支持"。也足以看出法院在这个问题上的无奈。

在前述案件中，多数专利权人在起诉侵权产品使用者时，同时或已经起诉了侵权产品的制造者。这些案件包括：泉州三金模具有限公司等与王鼎安等侵害实用新型专利权纠纷案、上海奥顿轻工机械有限公司与周文侵害实用新型专利权纠纷案、山东水泊焊割设备制造有限公司与瑞通专用汽车制造有限公司专利侵权纠纷案、珠海市晶艺玻璃工程有限公司诉深圳市机场股份有限公司、北方国际合作股份有限公司专利侵权案、绍兴东方能源工程技术有限公司与浙江华德利纺织印染有限公司等侵犯实用新型专利权纠纷案、北京英特莱摩根热陶瓷纺织有限公司与北京光华安富业门窗有限公司侵犯发明专利权纠纷案、阿图尔-菲舍尔工厂有限两合公司诉沈阳凯兴装饰工程有限公司、山西省博物馆等专利侵权纠纷案，等等。还有一些案件，专利权人只起诉了侵权产品的使用者。这些案件包括：谢奇与长沙佳兴房地产集团有限公司实用新型专利侵权案、王及伟诉中国民用航空西南地区空中交通管理局云南分局侵犯实用新型专利权纠纷案、彭经纬诉昆明沁园春餐饮有限公司侵犯实用新型专利权纠纷案、昆明市万变窗墙有限责任公司诉昆明车立方汽车销售有限公司纠纷侵犯实用新型专利权案，等等。

从法院的判决看，法院在分析认定侵权产品使用者的责任时，并没有考虑专利权人是否起诉侵权产品制造者，以及侵权产品制造者是否已经赔偿的情况。法院作出上述五种不同的判决，主要是因为不同法院的认识和判决习惯不同，与专利权人是否从侵权产品制造者那里得到赔偿并没有直接的联系。

三、美国专利侵权产品使用者的法律责任

（一）美国专利法中的专利侵权

《美国专利法》第271条（a）规定：除本法另有规定外，未经授权，在专利有效期内，在美国领土内制造、使用、许诺销售或销售受专利权保护的发明或进口者，构成专利侵权。可见，与我国专利法的规定相同，美国专利法中未经专利权人许可制造和使用专利产品，都属于直接侵权行为。

（二）先诉原则及针对专利侵权产品使用者的起诉

在美国联邦法院，对于两个相关联的案件，如果没有特殊情况，先起诉的案件优先于后起诉的案件，后起诉的案件应中止等待先诉案件的结果。① 但是，如果第一个诉讼诉的是专利侵权产品的转售者，而第二个诉讼是制造者提起的针对专利权人的宣告式诉讼，这种情况下，有可能第一个诉讼中止。这被称为"客户诉讼例外"。②

如果专利权人已经对侵权产品制造者提起诉讼，什么情况下可以起诉制造者的客户，很多年来存在争议。在 Bechik Products, Inc. v. Flexible Products, Inc. 案③ 中，涉及禁止对专利权人禁止起诉制造者客户的临时禁令。专利权人 Bechik 起诉 Flexible 制造和销售侵犯专利权的产品，起诉另一被告 Crown 在制造的产品中使用了上述产品。制造者承认对所有损害承担赔偿责任。专利权人又向 Crown 的客户发出了诉讼警告函。美国地区法院认为这种警告并无恶意，也并非不公平。上诉法院认为，警告函只是一个公平的警告，提醒一旦产品制造者不能承担全部损害赔偿责任时客户所面临的赔偿责任。第二巡回上诉法院认为，专利权人有通过诉讼保护其专利权的法定权利。但是，如果没有实质上损害专利权人依据专利法取得的权利并且可以阻止不必要的诉讼，就应禁止专利权人向制造者的客户发送诉讼警告函。因此，法院最终认定，在侵权产品制造者提供了保证金保证进行全部赔偿的情况下，应禁止专利权人向制造者的客户发送诉讼警告函。

但是，在 American Chemical Paint Co. v. Thompson Chemical Corp. 案④ 中，禁止专利权人对侵权产品制造者客户提起诉讼的临时禁令被二审法院撤销。专利权人指控被告制造和销售体现其发明的材料。在得知被告将材料出售给经销商后，专利权人又对两个经销商提起诉讼。受理第一个诉讼的法院发布了禁令，禁止专利权人针对制造者客户提起新的诉讼。上诉法院认为，针对购买了侵权产品的转售者，专利权人有权提起诉讼，要求赔偿利润和损失并要求发布禁令，这独立

① William Gluckin & Co. v. International Playtex Corp., 407 F.2d 177, 178（2d Cir. 1969）.
② Jerry r. Selinger & Jessica w. Young, Suing An Infringing Competitor's Customers: Or, Life Under The Single Recovery Rule, 31 J. Marshall L. Rev. 19.
③ 225 F.2d 603（2d Cir. 1955）.
④ 244 F.2d 64（9th Cir. 1957）.

于针对侵权产品制造者提起的诉讼。法院承认针对专利权人的禁令可以在不损害专利权人权利的情况下阻止不必要的诉讼，但除非侵权产品制造者在经济上对自己或其客户所可能承担的赔偿责任作出回应，发放针对客户诉讼的禁令会损害专利权人的权利。

美国法院并没有明确什么情况下不能针对专利侵权产品的使用者提起诉讼。但从上诉案件可以看出，专利权人对侵权产品的使用者提起的诉讼，关系到专利权人是否从侵权产品制造者那里得到了充分的赔偿。在专利权人从侵权产品制造者那里得到了充分赔偿的情况下，再对侵权产品使用者提起诉讼的权利是受到限制的。

（三）专利侵权产品制造者充分赔偿后，使用人的停止侵权责任

1. 单一赔偿规则（Single Recovery Rule）与使用人停止侵权

当专利权人从侵权产品制造者那里得到了赔偿，是否还可以再向该侵权产品的使用者主张权利？针对这一问题，美国法院创立了单一赔偿规则：专利权人从侵权产品制造者或使用者那里只能得到单一赔偿，当专利权人从侵权产品制造者那里获得赔偿之后，不能再要求侵权产品使用者停止使用。

早在 1876 年的 Perrigo v. Spaulding 案[①] 中就阐述了单一赔偿原则。被告购买了他人销售的机器，原告曾对该机器的生产销售者提起诉讼，法院作出了原告胜诉的判决，对专利权人做了损失和利润赔偿。然后专利权人又提起了诉讼，要求禁止使用者使用该机器。纽约南区巡回法院指出：专利权人出售其专利设备和机器供他人使用，从制造的设备和机器的销售利润中得到回报，很明显他的利益因销售的提高而增长，而其利润与生产成本以及普通的合理生产利润一起构成专利产品的价值。……当专利权人自己销售了专利产品时，他得到了利润，从而对所售产品的权利，以及在该产品生命周期内使用它的权利，获得全部补偿。在他人侵权的情况下，他得到了利润和损害赔偿，从而其所受损害也获得了全部补偿，其处境与自己制造并出售专利产品是相同的。当专利权人制造并出售专利产品时，使用专利的权利随销售

---

① 13 Blatchf. 391, 392 (1876).

而转移。当侵权人制造并出售了专利产品时，他必须将所得利润支付给专利权人，利润的计算根据专利权人发明所占份额来确定。如果专利权人除了利润损失之外还有其他可以证明的损害，也应当得到赔偿。但是，当专利权人已经从一方当事人得到全部赔偿后，就得到了法律所给予他的全部。而该产品或机器，实质上得到了专利权人许可，可以在其生命周期内使用，而免于受到专利权人的任何进一步指控。

2. 单一赔偿规则与充分补偿（full compensation）

但是，美国最高法院在 1884 年的 Birdsell v. Shaliol 案 [①] 判决中，对单一赔偿规则的适用提出了限制，认为只有侵权产品制造者对专利权人的损失进行了充分补偿时，才能免除对该产品销售和使用者的责任。该案中，Birdsell 是专利权人，将其专利许可给 Birdsell 公司。Birdsell 起诉了侵权产品制造者 Ashland 公司，而 Birdsell 公司不是当事人，但资助了诉讼。法院认定 Ashland 公司侵权并颁布了禁令。但对于赔偿，法院经过审计 Ashland 公司并没有利润，并且法院认为，即使有利润也应赔偿给 Birdsell 公司，而 Birdsell 公司又不是当事人，法院最后判决只赔偿 Birdsell 1 美元。后来，Birdsell 和 Birdsell 公司作为共同原告起诉 Ashland 公司制造的侵权产品使用者 Shaliol 和 Feikert。美国地区法院认为，针对制造者 Ashland 公司的判决，已经给予了专利权人 1 美元的名义赔偿，Birdsell 和 Birdsell 公司就不能再对侵权产品使用者提起诉讼。美国最高法院认为，侵权人通过支付制造和使用的赔偿，并不意味着得到继续使用的权利。除了赔偿过去的损失外，还可以通过禁令禁止使用。同样，支付了销售侵权机器的损害赔偿，并不能给自己或销售者使用机器的权利。如果使用专利产品的人主张，由于制造和销售者已经给予了赔偿，从而自己免于承担赔偿责任，只能发生在实际损失已经支付，并且原告因两过错者的行为剥夺了其同一财产，并且他已经得到了充分赔偿。最后，法院认为，针对共同侵权人之一没有得到充分补偿的判决，不能阻止针对另一侵权人提起诉讼。因此，针对侵权人的名义判决，不妨碍针对另一个继续从事错误行为者提起诉讼。

Birdsell 案后，美国法院的几个判决都认定专利权人从侵权产品

---

① 112 U.S. 485, 487（1884）.

制造者那里获得赔偿后，仍可以要求该产品的使用者停止使用。例如，Tuttle v. Matthews 案[①] 中，法院判决专利有效，且被告通过制造和销售齿耙侵犯了专利。然后计算损害赔偿。在计算损害赔偿的过程中，被告得知专利权人向侵权产品齿耙的使用者收取费用。被告要求法院发布禁令，禁止其向自己的客户收费。但法院拒绝了禁令请求。法院认为，很多专利的价值在于其使用。专利权人制造、使用、销售的权利是分别独立的，通过行使一种权利得到赔偿，并不必然使产品处于公有领域可供人无辜地不受限制使用。另一个案件是 United States Printing Co. v. American Playing Card Co. 案[②]，专利权人起诉印刷厂，指控其使用侵权印刷机印刷扑克。专利权人曾经起诉产品的制造者并且和解。法院认为，如果专利权人得到了制造者利润的判决，他使制造的机器可以自由销售和使用。在这种情况下，侵权人的利润就是其制造和销售专利产品的侵权行为的全部赔偿。但是，如果只有损害赔偿的和解协议，这只是对之前行为的赔偿，而与之后的行为无关。还有一个案件是 De Laski & Thropp Circular Woven Tire Co. v. Empire Rubber & Tire Co. 案[③]。该案中，法院认为，专利权人从第一个案件中得到的赔偿，不会包括侵权使用人使用的赔偿。法院还认为，如果专利权人这样选择，有权从客户那里得到利润，不管从制造者那里得到什么赔偿，并且可以针对侵权机器得到禁止使用的禁令。

但是，也有的案件中，法院否定了针对专利侵权产品使用者的禁令请求。例如，在第九巡回上诉法院 1914 年判决的 Stebler V. Riverside Heights Orange Growers' Ass'n 案[④] 中，法院依据单一赔偿规则驳回了针对专利侵权产品使用者的禁令请求。原告是专利权人，制造和销售专利产品。原告提起诉讼，而被告要求法院发布禁令，禁止专利权人针对被告产品的使用者提起诉讼。被告的理论是根据地区法院的中间判决，原告将得到针对所有侵权产品的全部补偿，使用者将不再受侵权指控。被告是产品生产者和销售者，而针对消费者的诉讼，将困扰被告的客户，从而需要支付相当的费用。法院认为，原告从制

---

① 28 F. 98（C.C.N.D.N.Y. 1886）.
② 70 F. 50（C.C.W.D. Mich. 1895）.
③ 239 F. 139（D.C.D.N.J. 1916）.
④ 214 F. 550（9th Cir. 1914）.

造和销售侵权产品获得利润。这些利润是制造成本与售价之差。这些利润是其得到的唯一补偿。当最后的判决作出时，原告将得到被告制造侵权产品并出售给他人使用的全部补偿，这将与他自己制造并出售的程度和范围是相同的。这是真的，一个针对被告得到利润以及可能的损失的判决，应当认为将来使用专利产品的权利不受专利权人指控。在目前的案件中，不仅原告得到判决有权得到因侵权而受到实际损失，而且已经得到被告因侵权而获得的利润。则落入这样的规则，如果原告被两个侵权人剥夺了财产，并且得到了其中一个的充分补偿，则豁免了另一个人。

1922年美国最高法院的 Union Tool Co. v. Wilson 案[①]判决又涉及这一问题。虽然该案并不是针对侵权产品使用者是否应当停止使用的问题，但法院论述了侵权产品的使用是否合法的问题，实质上也有助于解决专利侵权产品使用者是否应停止使用的问题。专利权人 Wilson 成功起诉 Union Tool 公司侵犯其扩孔器专利，得到了禁令和计算利润的赔偿。禁令不但禁止 Union Tool 公司制造和销售侵权产品，还就已经生产和销售的侵权产品提供配件。后来，Wilson 又起诉 Union Tool 公司向之前的购买者销售配件，违反了禁令。美国最高法院认为，"中间判决已经通过损害和利润，对于禁令生效前已经销售的产品给予了专利权人补偿。专利权人针对他人制造和销售侵犯其专利权的产品，通过要求全部赔偿并且得到了全部赔偿，将侵权人的销售接纳为如同自己销售，因此不可避免地许可了产品的使用，使这些产品不再受专利权的控制。这种许可一直持续到产品的整个生命周期，即使需要修理也不会终止。"但是，由于专利权人还没有得到赔偿，法院认定 Union Tool 公司违反了禁令。可见，该案的判决虽然认定 Union Tool 公司不得向侵权产品使用者提供配件，但同时也明确了全部补偿后的单一赔偿原则，即如果专利权人得到了全部补偿，则专利权人无权再对已经生产销售的产品主张权利。

其后第六巡回上诉法院审理的 Egry Register Co. v. Standard Register Co. 案[②]也涉及侵权人销售配件的问题，法院作出了侵权产品制造者有权向使用者销售配件的判决。案中专利权人主张被告通过制

---

① 259 U.S. 107（1922）.

② 23 F.2d 438（6th Cir. 1928）.

造和销售侵权机器侵犯了专利权，同时通过销售机器配件构成引诱侵权。上诉法院认为，侵权产品的制造者在按照合理使用费赔偿了专利权人后，再向这些产品的使用者销售配件不构成侵权。法院判决的理由是：专利权人有权得到合理使用费的赔偿。使用合理使用费的赔偿方式，即假定在侵权开始时就得到了许可，或者说判决创立并适用了有溯及力的强制许可。在采用了合理使用费作为赔偿后，帮助侵权的整个架构就不成立了，因为使用者侵权的理论被否决了，取而代之的是许可之后的使用为合法、非侵权的理论。

Goodyear Tire & Rubber Co. v. Overman Cushion Tire Co. 案[①]虽然不涉及侵权产品使用者的责任，但法院确立了侵权产品制造者与销售者的单一赔偿规则。专利权人针对侵权产品制造者的销售商也是制造者纽约子公司提起了第一个诉讼，法院认定专利有效且被侵犯。在计算损害赔偿期间，专利权人要求追加制造者为共同被告，但法院没有支持。后来，专利权人又对制造者提起了第二个诉讼。第一个诉讼作出的最后判决中，法院针对纽约子公司销售的轮胎以合理使用费为标准进行了赔偿。在第二个案件中，专利权人要求按制造者将轮胎销售给纽约子公司的利润进行赔偿。上诉法院认识到，在第一个案件中专利权人得到的赔偿，已经超出了将母公司也作为共同被告而起诉时所得到的利润赔偿。因此，第一个案件中的使用费赔偿，是基于整个从生产到销售给公众的链条。纽约子公司被起诉时，已经为生产和销售的所有产品支付了合理使用费。

Wagner Sign Service, Inc. v. Midwest News Reel Theatres, Inc. 案[②] 中，法院认为，即使专利权人还没有得到全部赔偿，但在侵权产品制造者为赔偿做了提供担保的情况下，专利权人不能再主张使用者停止使用。争议产生在专利权人得到胜诉判决但尚未执行前。Adler通过制造和销售信号设备侵犯了 Wagner 的专利权。在二审计算损害赔偿期间，Adler 为执行提供了担保。专利权人又对 Adler 的一个客户提起了诉讼，而该客户只是设备使用者。地区法院对该使用者发布了临时禁令。上诉法院认为，真正的问题在于执行担保是不是意味着全部赔偿，如果意味着全部赔偿，则专利权人不能再提起第二个诉讼。

---

① 95 F.2d 978（6th Cir. 1937）.

② 119 F.2d 929（7th Cir. 1941）.

当事人选择了第一个诉讼，要求从制造者那里得到全部利润和损害赔偿，并且得到了执行担保，就意味着针对制造者可以满足其赔偿，就不能再针对使用者诉讼，因此最终撤销了一审的禁令。

（四）采用合理使用费赔偿后的侵权产品使用者责任

1. 最高法院的判决

从前面的介绍可以看出，在 19 世纪末到 20 世纪上半叶，美国法院已经确立，在专利权人得到"充分赔偿"后，无权再要求侵权产品的使用者停止使用。但是，对于如何确定专利权人所得到的赔偿是否是"充分赔偿"，法院的认识并不相同。这与当时美国专利法规定的侵权赔偿的计算方式有关。1819 年的美国专利法使联邦法院可以受理衡平诉讼，可以发放禁令，同时也可以将侵权人非法获利返还给专利权人。在专利侵权诉讼中，美国法院往往任命助理司法官通过核查被告的财务账簿等，计算出非法获利，再确定赔偿给原告的数额。1946 年的美国专利法，将原来的非法获利的赔偿标准改为合理许可费的标准，规定了原告可以获得"对制造、使用或销售该发明的赔偿，不少于其合理许可费的一般赔偿金"。经 1952 年的法律编纂，《美国专利法》第284 条第 1 款规定：在认定侵权的前提下，法院应判处侵权人支付专利专利权人足以弥补侵权损害的赔偿，但是在任何情况下该赔偿的数额不少于侵权人使用该发明的合理使用费，同时还要包括法院判定和利息和费用。这一规定一直延用至今。按照这种侵权赔偿的计算方法，专利权人所得到的侵权赔偿本来就是"足以弥补侵权损害"的，且不少于专利许可使用费，这就使专利权人处于好像已经将专利许可给侵权人一样的状况。

专利法修改后，美国法院认定专利侵权产品使用者的责任更为简便。Aro Manufacturing Co., Inc. v. Convertible Top Replacement Co. 案[①]虽然不涉及侵权产品使用者的责任，但美国最高法院在判决中论述了这一问题。案件涉及帮助侵权人因为直接侵权人赔偿就可以避免赔偿的问题。虽然不是生产者与使用者的关系，但推理与此相关。原告享有一项汽车可折叠顶部的专利，福特公司出售的汽车上使用了

---

① 377 U.S. 476 (1964).

该专利。后来，福特公司与专利权人达成了和解协议。根据该协议，在协议签订之前生产的汽车的销售者、使用者都免除了专利侵权责任。但"更换的帆布"在和解协议的范围之外，福特公司需要支付使用费取得专利权人许可才能生产和销售。Aro 制造公司制造了更换的帆布，销售给福特车主供更换顶部使用。专利权人对 Aro 制造公司提起侵权诉讼，主张 Aro 制造公司构成帮助侵权。专利权人的依据是 Birdsell 案和 Union Tool 案，但其主张被最高法院驳回。

美国最高法院指出："Birdsell 允许专利权人取得针对侵权产品制造和销售者的判决之后，再让专利产品的使用者为使用而承担责任。Union Tool 案中，专利产品的制造者为制造和销售承担了责任之后，销售在同一专利产品中使用的配件仍构成侵权。两个案件有相同的事实基础，专利权人没有从前一个判决中收到钱，因而没有就侵权得到充分补偿，或者说实质上没有得到任何补偿。但是，与这两个案件的情况不同，本案中福特在和解协议中支付的数额明确载明包括了对福特客户使用专利产品的补偿。另外，协议还涵盖了将来的使用，从这个意义上，正如一个专利许可一样，从签订协议之日起，就不存在需要赔偿专利权人的使用侵权了。"美国最高法院认为，如果制造者或销售者支付了全部赔偿，则可以解除使用者的责任，这也适用于帮助侵权。

2. 美国学者的观点

美国专利法专家 A. Deller 在著作中也阐述了这一原则：如果针对制造和销售给他人使用的行为，已经实际上得到全部许可费，则对于产品的购买者而言构成默示许可，就像制造者已经得到制造和销售的许可时可以合法地使用样，可以同样地使用它。①

3. 侵权产品使用人同时使用专利方法的问题

有的专利权人既有产品专利又有方法专利，在使用其专利产品时，就使用其方法专利。在这种情况下，专利产品的使用人就不仅仅是产品的使用人，同时还是方法专利的使用人。这时，如果专利权人从侵权产品制造者那里得到了充分赔偿，是否还可以要求产品使用人停止使用其专利方法呢？美国法院的判决也涉及这个问题。美国第十巡回上诉法院在 1975 年的 Maloney-Crawford Tank Corp. v. Sauder

---

① A. Deller, Deller's Walker on Patents, §398 (2d ed. 1965).

Tank Co.① 回答了这个问题。在前一个案件中，法院对于生产者的判决采用了合理使用费计算赔偿，认为包括了弥补制造者以及其购买者的侵权。专利权人主张，自己拥有三项专利，一项产品专利和两项方法专利。专利产品的制造者侵犯了其产品专利，其得到赔偿的仅是一个专利，而使用者侵犯另两个方法专利。一审法院驳回了这种主张，认为设备就是用来实施这三个专利的，专利权人应当预见到其回报来源于专利产品的最初售价，而不可能再向使用者收取使用费。上诉法院认为一审法院没有明显错误。

美国第七巡回上诉法院在 1983 年的 Signode Corp. v. Weld-Loc Systems, Inc. 案② 中也表达了同样的观点。Signode 公司是专利权人，被告 Weld-Loc 公司是一家美国公司，被告 Strapex AG 是一家瑞士公司，拥有上述公司的股份。Strapex AG 生产 Strapex Model 361 在欧洲销售，要求 Signode 给予美国专利许可，但遭到拒绝。1980 年 Weld-Loc 的子公司 Strapex Corporation 开始在美国销售 Strapex Model 361。至一审时，已经销售了三四百件。Signode 对三被告提起诉讼，一审法院拒绝了临时禁令的请求。Signode 公司针对临时禁令提起上诉，理由之一是其可能受到不可弥补的损害。因为如果被告的侵权行为一直持续到判决，被告将无法作出赔偿，而原告将不得不针对数百个使用者提起诉讼，要求禁止他们使用专利方法。第七巡回上诉法院认为，Signode 主张，如果只是就工具销售的损失得到赔偿，也只是对产品专利的赔偿。好像认为它可以得到方法专利的赔偿。但是，Signode 虽然既有产品专利又有方法专利，使其不能就销售和使用专利产品得到赔偿。Signode 可以有多种方式实施其专利，例如，它可以对销售的工具收一次费然后就每次使用专利方法收费，但是，从作为合理的商业上考虑，它只就销售工具和使用专利方法收一次费。Signode 就每件产品销售所失去的利润就代表了其就产品专利和方法专利所受损失的总和。如果 Signode 就失去的利润得到赔偿，就是对产品专利和方法专利的赔偿。Signode 主张它将有权对所有 Strapex Model 361 的用户申请禁令救济，现有已经有三四百个用户，其后的销售数量会更多，从而增加对这些用户提起诉讼的负担，将是不可弥补的损害。

① 511 F.2d 10（10th Cir. 1975）.

② 700 F.2d 1108, 1115, 218 USPQ 293, 298（7th Cir. 1983）.

但是，如果 Signode 在本案中胜诉，被上诉人将被迫支付因销售而产生的利润损失，因为它们是产品专利的直接侵权人和方法专利的间接侵权人。如前所述，Signode 在销售每件产品时的利润代表了所有专利的回报。如果被告支付了利润损失，Signode 因产品和方法专利侵权已得到全部赔偿，没有必要进一步诉讼 Strapex Model 361 的用户。

另外，美国最高法院在 2008 年 Quanta company Inc. v. LG Electronics Inc 案① 中已经明确：方法专利本身虽然不能以产品或设备那样的方式进行销售，但是方法专利可以体现于产品，方法专利可以通过体现该方法的产品销售而穷竭。结合上述两案和美国最高法院的意见，可以得出这样的结论：如果专利权人从侵权产品制造者那里得到了充分赔偿，无权再要求产品使用人停止使用其关联专利方法。

4. 联邦巡回上诉法院的判决

美国联邦巡回上诉法院于 1982 年成立后，成为美国唯一管辖专利上诉案件的法院。在对待侵权产品使用者责任方面，该法院遵循美国最高法院的判决，在多数案件中都认为专利权人从侵权产品制造者那里得到了充分的补偿，不能再对售出的侵权产品行使专利权。

在 King Instrument Corp. v. Otari Corp. 案② 中，联邦巡回上诉法院第一次对侵权产品售出后是否还应受专利权人控制陈述了自己的观点。King 公司是专利权人，起诉了 Otari 公司。地区法院判令赔偿损失，并颁发了禁令，禁止被告销售产品和配件。诉讼过程中，被告支付了赔偿。被告上诉中的一个问题是，针对配件的禁令的质疑。联邦巡回上诉法院认为，地区法院禁止被告销售配件是错误的。被告有权向其客户销售不受专利保护的配件，从而对已经销售并且专利权人得到充分补偿的侵权产品进行修理。被告已经对给专利权人造成的损害进行了赔偿，因此，对于这些销售得到了默示许可。这一许可一直到这些产品的整个有效生命周期，并且许可向客户提供配件以供维修使用。由于被告是默示被许可人，其向客户销售不受专利保护的配件不构成直接侵权。

在 Amstar Corp. v. Envirotech Corp. 案③ 中，联邦巡回上诉法

---

① 553 U.S. 617（2008）.

② 814 F.2d 1560（Fed. Cir. 1987）.

③ 823 F.2d 1538, 1545, 3 U.S.P.Q.2d 1412, 1417（Fed. Cir. 1987）.

院也作出了专利权人得到充分补偿的认定。Amstar 公司是专利权人，Envirotech 公司制造并出售了侵权产品，有几件出售给 EFN 公司供该公司使用。Amstar 公司诉 Envirotech 公司和 EFN 公司侵权其专利权。Envirotech 的母公司出具了担保函，称将在判决作出 30 日内 Envirotech 公司承担侵权赔偿责任。地区法院对 Envirotech 发布禁令，但没有对 EFN 发布禁令。Amstar 公司提出上诉称，EFN 购买了侵权产品，并在诉讼过程中使用，应受到惩罚。联邦巡回上诉法院指出，禁令是用来阻止侵权的，而不是用来惩罚的。地区法院判令 Envirotech 公司按利润损失赔偿就销售给 EFN 的 7 套产品赔偿 Amstar 公司，Amstar 公司并没有提出除了利润损失外还有其他损失，或者利润损失不足以弥补其损失。在得到充分的补偿后，Amstar 公司无权再要求禁止使用。

2008 年的 Innogenetics v.Abbott Laboratories 案[①] 涉及对专利权的补偿是否充分的问题。Innogenetics 是专利权人，其专利涉及诊断工具，一审法院认定侵权成立并颁发了禁令，禁止 Abbott 销售产品。Abbott 上诉称一审法院明显错误，认为原告受到无法弥补的损害以及 Abbott 赔偿的 700 万美元不足以构成充分救济。在计算损害赔偿时，陪审团认定入门费是 580 万美元，因此 Innogenetics 已经得到了充分补偿，不管是过去的侵权，还是之后销售侵权产品。在计算损害赔偿时，陪审团命令计算合理使用费，计算的起点是侵权开始之时。但没有指示陪审团计算到判决之日，相反，陪审团得到的指示为合理使用费包括 "前期费用和今后许可使用费"。最后陪审团计算的入门费为 580 万美元，每件产品 5 ~ 10 欧元，Abbot 已经销售了产品为 19 万。但证据显示，损害赔偿不仅仅是对过去侵权的赔偿，580 万美元的入门费是长期许可销售其产品的对价。法院认为，对于针对使用者的诉讼，我们不能只是简单地推测对于一个理性的使用人而言将付多少使用费，而不顾及制造者将支付多少，以及如果制造者已经得到许可对于使用人将得到什么。就本案而言，原告得到的补偿并不因为 Heublein or HCI 是否是被告而有所不同。在确定合理使用费时，许可人将认识到 HCI 将制造而 Heublein 将使用。很难相信一个假设的判断，仅针对被

---

① 512 F. 3d.1363（Fed. Cir. 2008）.

告三年的，会得出 700 万美元的许可使用费。Abbott 期间的销售总额为 1300 万美元。因此，已经判断的合理使用费包括了预测到其后销售或者包括了其后销售的入门费。当专利权人要求并得到了这种补偿时，就不能再提出对于之后的销售会受到不可弥补的损害。因此，最后判决撤销一审的禁令，发回重审。

但是，在个别案件中，美国联邦巡回上诉法院也作出因专利权人没有得到充分补偿，仍有权就售出的侵权产品行使权利的判决。例如，Carborundum Co. v. Molten Metal Equipment Innovations 案[①] 中，法院支持了专利权人可以禁令侵权产品制造者向使用者出售配件的主张。Metaullics 生产销售非专利泵专门用于专利系统，还销售泵的配件，而客户可以自由从其他厂家购买配件。Metaullics 成功起诉了 Molten Metal Equipment Innovations（MMEI），因 MMEI 生产和销售专门用于专利系统的泵构成帮助侵权。法院判决了利润损失，并禁令销售泵和配件。MMEI 对禁令范围提出质疑，认为自己就出售的泵赔偿了利润损失，已经得到修理其泵的默示许可。Metaullics 主张其没有就配件的销售得到赔偿，如果没有禁令，就可以针对配件的销售得到赔偿。联邦巡回上诉法院支持了这种主张。

（五）专利权人未从制造者那里得到赔偿时的使用人责任

上面的案件都是专利权人从侵权产品制造者那里得到赔偿的案件。如果专利权人没有要求侵权产品制造者承担责任，而是直接要求侵权产品的使用人承担责任，在法律上也是允许的。但是，很长时间以来，专利权人直接起诉侵权产品使用者的情形非常少见。[②] 但随着非实施主体（NPE）提起的专利诉讼越来越多，专利权人针对侵权科技产品使用者提起的诉讼也变得常见起来。[③]

尽管美国学者认为针对侵权产品使用者提起的诉讼既无效率也不公平，[④] 但美国法院仍按照现行法律追究使用者的责任，包括停止侵

---

① 72 F.3d 872 (Fed. Cir. 1995).

② Roger D. Blair and Thomas F. Cotter, An Economic Analysis Of Seller And User Liability In Intellectual Property Law, 68 U. Cin. L. Rev. 1 (1999).

③④ Colleen Chien and Edward Reines, Why Technology Customers Are Being Sued En Masse For Patent Infringement And What Can Be Done, 49 Wake Forest L. Rev. 235 (2014).

权责任。例如，佛罗里达中区法院在 2011 年判决的 Enpat, Inc. v. Pavel Budnic 案 ① 中，对侵权产品使用者发放了禁令。原告 Enpat 公司指控被告 Pavel Budnic 公司使用了 JCM 生产销售的 "翼梁改装组件"，而该产品落入其专利的保护范围。Enpat 公司要求发放永久禁令，禁止 Budnic 公司使用 JCM 改进组件，从其拥有的飞机上拆除这些改进组件，并为之前的侵权使用赔偿损失 3450 美元。Budnic 公司没有提出异议，也没有出庭应诉。法院判决支持了原告损害赔偿和禁令的请求。在确定损害赔偿时，法院参考了原告给案外人 Lake Amphibian Aircraft 的许可，许可年限为产品的整个生命周期，许可费为 7000 美元。结合其他因素，法院认为原告提出的 3450 美元的损害赔偿有证据支持，并足以弥补 Enpat 公司因 Budnic 公司之前使用专利产品所造成的损害。针对专利权人提出的禁令请求，法院按照美国最高法院 eBay 案中提出的要素进行了分析：第一，专利改进组件所适用的飞机型号早在 2004 年就停止了生产，实质上所有的现存的飞机都已经安装了专利组件或 JCM 侵权组件，因此专利权人只能针对产品使用者主张权利。如果只适用合理使用费赔偿，专利权人将失去排除其他人使用其专利的权利，因此遭受无法弥补的损失。另外，由于 Budnic 公司不参加庭审，使 Enpat 公司无法发现损失的范围。因此，使用损害赔偿无法弥补其损害。第二，平衡原被告双方的困难程度，也支持颁布永久禁令。第三，没有证据表明禁令会影响公共利益。相反，颁布禁令保护 Enpat 公司的专利有利于公共利益。

四、关于专利侵权产品使用者停止侵权责任的思考

从前面的分析和介绍可以看出，我国法院对于专利侵权产品使用者的停止侵权责任的处理，与美国法院的做法有明显的区别。美国法院上百年专利司法的经验，为我们合理确定专利侵权产品使用者责任提供了可以借鉴的资料。

（一）专利侵权产品使用者的停止侵权责任

《与贸易有关的知识产权协定》第 28 条 1 项之（1）条规定：若一

① 2011 U.S. Dist. LEXIS 37440.

项专利的标的事项是一种产品，则专利所有者有权阻止未得到专利所有者同意的第三方制造、使用、出卖、销售或为这些目的而进口被授予专利的产品。可见，专利权人有权阻他人使用未经专利权人同意而制造的专利产品，是国际公约对专利保护的最低要求之一。其实，各国的专利法早已规定了上述内容。我国专利法自 1984 年制定以来，一直将使用未经专利权人许可制造的专利产品，作为实施专利的专利侵权行为之一。

本来，只有制造专利产品的行为才是严格意义上的"实施专利"。但是，如果只将专利权人的权利限于阻止他人制造专利产品，则专利权很难得到实质保护。因为在有些情况下，专利权人找不到侵权产品的制造者，或者制造者虽可以找到但无力赔偿。将销售、使用专利产品的行为，也规定为专利权人的权利范围，便于专利权保护其专利权。

根据我国《专利法》第 70 条的规定，生产经营目的使用不知道是未经专利权人许可而制造并售出的专利侵权产品，能证明该产品合法来源的，不承担赔偿责任。实践中，使用者往往都会主张自己是"不知道"的，是善意的。专利权人在多数情况下也很难证明侵权产品的使用人是"不知道"的，这时专利产品使用者的主要责任形式就是停止侵权。

（二）专利侵权产品制造者责任与使用者责任之关系

未经专利权人许可制造和使用专利产品的行为，是专利法规定的两种专利侵权行为。从事实上来看，两种行为是有着联系的。制造是使用的前提，没有制造就没有使用。从法律上来看，两种行为的法律后果是不是有联系呢？对此，我国专利法没有明确的规定。从法院的司法实践看，由于绝大多数情况下法院只是判令使用人承担停止侵权责任，而不让其承担赔偿责任。在确定是否判令使用者停止使用时，法院一般不考虑侵权产品制造者是否已经赔偿的问题。

赔偿损失和停止侵权两种民事责任形式。这两种责任形式是有密切联系的。"停止侵权"表面上是停止从事某种行为，而实质上"停止侵权"是一种比损害赔偿更重的"处罚"。在法院作出停止侵权的判决后，如果被控侵权人不愿意停止侵权，仍可以与专利权人协商，并向专利权人支付费用后，被告就取得自己使用的权利。从专利权人的角度看，专利权人如果将专利许可给他人使用，专利权人一般只就制造行为发放许可，不再对被许可人所制造产品的使用人收取专利费。在出现专利侵权时，专利权人所受到的损失就是失去了发放许可的机会，即合理许可使用费的损失。侵权诉讼损害赔偿的目的就是"填平"权利人的损失。因此，如果专利权人的损失已经得到了全部赔偿，专利侵权产品就像得到了专利权人的许可一样。

根据权利用尽的原则和相关法律规定，专利权人自愿许可的情况下，被许可人制造了专利产品并出售后，他人再转售和使用该商品都不是专利侵权行为。专利权人的损失在侵权诉讼中已经得到全部补偿的情况下，侵权人制造的专利产品的法律性质与被许可人制造的专利产品的性质并没有实质性差异。因此，美国法院确立单一赔偿规则是符合专利法的宗旨的，也是值得我们借鉴的。

（三）单一赔偿规则的适用

适用单一赔偿规则的前提是专利权人得到了充分补偿。充分赔偿的条件之一是"充分"，也就是说专利权人因侵权产品的制造和使用所受到的损失得到了百分之百的赔偿。赔偿是否"充分"，直接影响到侵权产品使用者的责任。不同的计算方法影响到赔偿是否"充分"的认定。美国的合理使用费计算方法，本身已经包含对专利权人充分补偿的意思。所以比较容易认定"充分补偿"。我国专利法规定了四种侵权赔偿数额的计算方式，实践中适用最多的是法定赔偿。法定赔偿不是计算得出的赔偿数额，而是法院根据实际情况酌定得出的赔偿数额。在法院确定法定赔偿额时，法院认为是对专利的充分赔偿。但是，法院据以确定法定赔偿额的生产和销售量，有可能不全面。如果其后出现了当时没有考虑到的侵权产品，对该侵权产品的使用者主张停止侵权，则制造者所支付的赔偿还不足以认定为"充分赔偿"。

充分赔偿的条件之二是专利权人已经得到了赔偿或者得到赔偿没有风险。充分赔偿并不只是判决中确定的赔偿，而是专利权人已经得到或可以得到的充分赔偿。因此，仅仅是针对侵权产品制造者的胜诉判决，并不能认定专利权人得到了充分赔偿。即使有了胜诉判决，该判决也可能因侵权人无力支付等原因得不到执行。如果这时认定专利权人已经行使了权利，从而不能再向使用者主张权利，则不符合专利法将制造、使用都作为实施专利行为的本意。

五、结论

通过以上的分析和介绍，对于如何适用专利侵权产品使用者停止侵权的责任，提出以下意见：

（1）专利权人或利害关系人在起诉了侵权产品制造者后，又起诉侵权产品使用者并要求停止使用的，如果在确定制造者赔偿责任时已经考虑到了第二个案件中所涉及的侵权产品，并且制造者已经对专利权人或利害关系人进行了充分的赔偿，专利权人或利害关系人的损失已经得到全部弥补，应驳回专利权人或利害关系人的起诉。

（2）专利权人或利害关系人同时起诉侵权产品的制造者和使用者，并要求使用者停止使用的，在确定制造者的赔偿责任时应考虑到使用人使用专利产品的事实，使专利权人或利害关系人的损失得到全部弥补。如果使用者停止使用不影响公共利益，且给使用人带来的损失与专利权人所得到利益并不明显失衡时，在判决中可以判决如果侵权产品制造者在判决生效后 30 日内仍未全部履行判决，则使用者应停止使用。在制造者全部履行判决确定的赔偿责任后，使用者可恢复使用。

（3）专利权人或利害关系人只起诉侵权产品使用者并要求停止使用的，法院应当允许被诉侵权产品的制造者主动参加诉讼；被诉侵权产品的制造者也可以对专利权人提起确认不侵权诉讼。制造者提起确认不侵权诉讼的，针对侵权产品使用人的诉讼应当中止。

（4）专利权人或利害关系人只起诉侵权产品使用者并要求停止使用，被诉侵权产品的制造者未主动参加诉讼，也未提起确认不侵权诉讼或者确认不侵权诉讼未得到法院支持的，使用者停止使用不影响公共利益，且给使用人带来的损失与专利权人所得到利益并不明显失衡时，可判令使用者停止使用。

（5）专利权人对某一产品既有产品专利又有使用方法专利的，如果购买了该产品后必然使用其专利方法，专利权人或利害关系人要求侵权产品使用人停止使用其专利方法的，可只考虑产品专利，不考虑方法专利。

关于《专利法修改草案》的个人意见[*]

一、专利行政执法的问题，涉及第三条、第六十条、第六十四条

1. 第三条关于国家知识产权局的职责

第三条拟增加以下内容：国务院专利行政部门"负责涉及专利的市场监督管理工作，查处有重大影响的专利侵权和假冒专利行为。"

上述内容，明确了国家知识产权局的专利查处职责。个人认为，上述内容不一定在专利法中规定。专利法中只需规定各级专利行政部门的行政执法的职权。具体国家知识产权局和各地方知识产权局在级别管辖上如何分工，不宜由专利法作出规定。可以由专利法实施细则或国家知识产权局规章规定。

2. 关于专利行政部门的"查处"职权

第三条的规定使用了"查处"这个词，在现行专利法中只有一处，就是"对涉嫌假冒专利行为进行查处时"。修改草案中有 4 处，分别是第三条 2 处，第六十条 1 处，第六十四条 1 处，其所针对的对象，包括专利侵权和假冒专利行为。

"查处"本身的含义有主动进行调查处理的意思。草案的规定，使专利行政执法部门不但可以主动查处假冒专利，而且可以主动查处专利侵权。当然，第六十条的规定把查处限定于故意侵权。个人认为，

---

* 2015 年 4 月 1 日，国家知识产权局发布了《关于就〈中华人民共和国专利法修改草案（征求意见稿）〉公开征求意见的通知》（http://www.sipo.gov.cn/ztzl/ywzt/zlfjqssxzdscxg/xylzlfxg/201504/t20150401_1095934.html）。笔者 2015 年 4 月 29 日参加了国家知识产权局条法司组织的征求意见会，并将会上发言的内容整理为书面意见提交给国家知识产权局，遂形成本文。

即使是故意侵权，因不涉及公共利益，是由专利行政部门主动进行还是应当由专利权人决定，也是值得考虑的问题。在专利权人没有提出请求的情况下，专利行政执法中不宜主动查处专利侵权行为。如果专利权人不配合，专利行政部门很难认定专利侵权，并且一旦认定错误，还涉及行政赔偿的问题。

3. 县级以上地方人民政府设立专利行政部门和开展行政执法的问题

修改草案使用了"专利行政部门"的用语。现行的专利法中只有国务院专利行政部门，修改草案增加了地方专利行政部门。从用语上看是县级以上地方人民政府都设立专门的专利行政部门，并且开展行政执法的工作。对此，个人认为应慎重考虑，充分调研，是否有必要在县级以上行政部门设立专门的专利行政机构并开展专利行政执法。如果机构设立起来，但没有足够的工作量，没有足够的专利案件或者足够的具有相应专业知识的执法人员，都会产生比较严重的负面影响。另外，专利侵权认定是一项比较复杂的工作，执法尺度的统一是非常必要的，从其他国家和我国的做法看，认定侵权的机构需要集中，以便于统一尺度。如果县级以上专利行政部门都处理专利案件，很难保证执法质量和尺度的统一。

4. 行政执法中的强制措施

草案第六十条规定了行政处罚的措施，"并可以没收、销毁侵权产品、专用于制造侵权产品或者使用侵权方法的零部件、工具、模具、设备等。"上述内容，有的是属于行政处罚的范畴，有的是属于制止侵权的范畴，但也带惩罚性。专利侵权作为一种民事侵权行为，不影响公共利益，采取惩罚性的措施是否有必要，应认真研究。实质上，法院虽然也可以采取这些民事强制措施，但法院采取的非常罕见。因为一般专利产品可以经过一定的加工使之成为不侵权产品，而工具也可以改造为其他用途，另外，如果专利行政部门采取了这些措施，但后来侵权认定被法院撤销了，又涉及国家赔偿。个人认为，专利法中是否作出上述规定，值得认真考虑。

二、关于职务发明的规定，涉及第六条

修改草案对于职务发明的一个重大修改，是删除了现行专利法中的关于"主要利用本单位物质技术条件"属于职务发明的规定，将其不作为职务发明的情形。我个人赞同这一规定。这一规定是与其他国家的规定一致的。另外，虽然现行专利法中有主要利用本单位物质技术条件完成的发明创造属于职务发明的规定，但现实中真正单纯以利用本单位的物质技术条件而认定为职务发明的，非常少见。可能有些企业对于这一修改草案会提出不同意见，但如果让企业提供"主要利用本单位的物质技术条件"而属于单位职务发明的比例，恐怕很难提供。因此，实质上对于企业利益的影响并没有像表面上看起来那样大。如果草案中的规定成为正式的法律规定，单位就可以加强管理，或通过合同进行约束，最终不会影响到单位的利益。

三、关于专利法的基本原则，涉及第十四条

修改草案增加了关于基本原则的规定，即"行使专利权应当遵循诚实信用原则，不得损害公共利益，不得不正当地排除、限制竞争，不得阻碍技术进步。"

个人认为，增加上述规定意义并不大，并且可能会带来认定的困难。首先，如果说增加基本原则的规定，是为了解决"法院审理某些案件及行政机关制定相关下位规范时缺乏足够的法律依据"的问题，其实这一目的很难实现。法院在审理某些案件时，如认定某行为违法，适用的是其他的法律，如合同法、反垄断法、反不正当竞争法，不可能适用专利法。其次，这一规定中的有些内容在理解上会存在争议。专利权作为一种垄断权，行使专利权本身是不利于公共利益的，如何把握和认定行使专利权"损害公共利益"和"阻碍技术进步"会存在争议。

四、关于专利代理，涉及第十九条

修改草案增加了专利代理师，"专利代理师和专利代理机构应当遵守法律、行政法规，按照被代理人的委托办理专利申请或者其他专利事务"。这句话存在一个小的问题，它隐含专利代理师按照被代理人的委托办理专利申请或者其他专利事务。但是，专利代理师只是执业人员，是接受专利代理机构的指派从事专利代理工作，接受委托的是

专利代理机构。现行《专利代理条例》第十七条的规定，"专利代理人必须承办专利代理机构委派的专利代理工作，不得自行接受委托。"新增加的这条规定，与专利代理条例中的上述规定从字面看是存在冲突的。

五、专利复审和无效中依职权审查的范围，涉及第四十一条和第四十六条

（一）关于复审中的依职权审查

草案第四十一条新增加：专利复审委员会对复审请求进行审查，必要时可以对专利申请是否符合本法有关规定的其他情形进行审查。

这一条涉及复审范围的问题，最近也是一个有争议的问题，法院特别是北京市高级人民法院最近的判决主张限制专利复审委员会依职权审查的范围。例如，在北京高院（2014）高行终字第1101号判决中，法院提出，原驳回决定是依据专利申请不具有新颖性，但专利复审委员会引入了创造性审查，这一行为违反了《专利审查指南2001》的规定，造成了行政相对人的审级损失，构成程序违法。北京市高级人民法院在（2013）高行终字第902号中指出：对专利复审委员会依职权审查的容忍通常也应仅仅限于"驳回决定未提及的明显实质性缺陷"。如果涉及驳回决定已经提及的缺陷，无论其是否属于"明显实质性缺陷"，专利复审委员会在驳回复审程序中均可予以审查。同样，如果驳回决定未提及的缺陷不属于"明显实质性缺陷"，则不属于专利复审委员会依职权审查的范围。而且，专利复审委员会在依职权审查时应当履行听证原则，确保申请人陈述意见的权利和机会。但必须指出的是，至于什么是"驳回决定未指出的明显实质性缺陷"，《专利审查指南》未予明确规定。发明专利申请审查实践中，尽管专利复审委员会审查"驳回决定未指出的明显实质性缺陷"确有一定的合理性，但专利复审委员会确有滥用"驳回决定未指出的明显实质性缺陷"之嫌，这主要表现在专利复审委员会在未审查复审请求的基础上直接以驳回决定未提及的理由作出维持驳回决定的情形越来越多，同时专利复审委员会解释"驳回决定未指出的明显实质性缺陷"的随意性越来越大，

专利复审委员会任意变更驳回决定的理由几乎都被解释为"驳回决定未指出的明显实质性缺陷"。在这种情况下，应当从严解释"驳回决定未指出的明显实质性缺陷"，而且专利复审委员会一般应当在审查复审请求并认定申请人的复审请求不能成立后，才可以审查"驳回决定未指出的明显实质性缺陷"。

鉴于以上的争议，在专利法修改时对复审程序中复审委依职权审查的范围作出规定，是有必要的。按照修改草案四十一条的规定，复审过程中审查员可以对专利授权过程中的任何可能导致不能授权的理由进行审查。这样做的好处是有利于专利授权质量的提高，减少审查过程中的程序。但坏处是对于专利申请人来说，减少了一次获得救济的机会。因为如果是在审查过程中发现的不符合授权条件的问题，专利申请人可以先申请复审，再提起行政诉讼。而如果在复审过程中，专利复审委员会直接依职权审查以新的理由维持了原驳回决定，申请人只有通过行政诉讼来解决。另外，在复审过程中，申请人往往只关注原审查决定中的驳回理由，不太关注复审委引入的新理由。在这种情况下复审委以新的理由作出维持原驳回决定的决定，使申请人措手不及。因此，是否扩大专利复审委员会在复审中依职权审查的范围，应考虑如果扩大了依职权审查的的范围，是否导致专利申请人的审级损失，申请人是否对于新引入的驳回理由有充分的陈述和修改的机会。本人认为，在目前的行政诉讼体制下，不必担心申请人的审级损失。按现行法律的规定，在专利复审委员会作出决定后，当事人可以向法院提起行政诉讼，行政诉讼一审后如不服可以提起上诉。当事人还有两级行政诉讼可以对专利复审委员会的决定进行审查。如果专利复审委员会的决定在实体上有问题，是可以得到纠正的。我国不同于日本等国只有一次审判机会的诉讼制度。并不是说只有经过三级的复审（复审委的复审和两级行政诉讼）才能认为是救济充分，即使由专利复审委员会引入新的理由作出决定，然后再经过两级行政诉讼，并不能认为是审级损失。相反，这样做还会节省程序，节省专利申请人的时间。

另外，按照修改草案第四十一条的规定进行复审，还必须有一个前提条件，就是在复审过程中，针对复审委新发现的驳回理由，应给申请人充分的陈述和修改的机会。这种机会应与审查过程中的机会相同。

因此，本人认为，修改草案第四十一条的规定，在保证复审程序中当事人修改和陈述机会，并且现行的行政诉讼体制不变的情况下，是可行的，也是合理的。此规定实行后，当事人就会明白复审程序并不是只就原审查决定的理由进行审查，而是进行全面审查，因此应认真对待复审委提出的任何一个可能影响专利授权的理由。

（二）关于无效中的依职权审查

《专利法》修改草案第四十六条第一款规定，"专利复审委员会对宣告专利权无效的请求进行审查，必要时可以对专利权是否符合本法有关规定的其他情形进行审查，及时作出决定，并通知请求人和专利权人。"这一款规定了在专利无效程序中复审委的依职权审查。虽然根据《专利审查指南2010》的规定，依职权审查是无效程序中的一项原则。但其实在无效程序中依职权审查的范围复审程序是不同的。无效程序是专利授权后的程序，而复审程序是在专利授权前，可以认为是审查程序的延续。在专利无效程序中，专利权人虽可以修改专利权利要求，但不能修改说明书，并且修改权利要求受到范围和时间的限制。在无效程序中，如果复审委"依职权审查"的情形与复审相同，对于专利权人来说是不公平的。在专利复审程序中，只有在极特别的情况下，例如专利权人修改权利要求时，复审委才应当依职权进行审查。也就是说，其依职权审查的范围应受到严格的限制。从修改草案看，修改草案第四十六条第一款的表述与第四十一条的表述是相同的，容易让人认为复审委在复审和无效中"依职权审查"也是相同的。因此，建议取消第四十六条第一款的修改。

六、无效决定的登记和公告问题，涉及第四十六条

修改草案第四十六条第二款规定："宣告专利权无效或者维持专利权的决定作出后，国务院专利行政部门应当及时予以登记和公告。"

另外，修改草案第六十条规定："对于因无效宣告请求而中止审理或者处理的专利侵权纠纷，宣告专利权无效或者维持专利权的决定公告后，人民法院和专利行政部门应当及时审理或者处理。"

上述规定，没有明确无效决定生效的问题，但从规定的内容看，实质上还是无效决定作出后就生效。否则，登记和公告就没有意义。

登记和公告其实只是针对全部或部分无效的审查决定。维持专利全部有效的决定，不存在进行登记和公告的问题。对于全部或部分无效的决定，登记和公告后，就已经向社会公示了专利权已经无效。但是，在以后的行政诉讼过程中，有10%的无效决定被行政诉讼撤销，这就是说，已经无效的专利有10%的专利复活了。在登记为无效又被认定有效的这段时间内，他人实施专利的行为是否被认定有侵权？如果被认定为侵权，则对实施人不公平，且会影响公众对于专利公告的公信力。如果认定这段时间内的实施行为不属于侵权，则实质上缩短了专利的保护期限，对于专利权人不公平，并且会违反国际公约的规定。

修改草案第六十条的规定，只规定了法院和专利行政部门"及时审理或处理"，但没有明确是否将无效审查决定作为生效的决定。结合第四十六条第二款的规定，如果按照生效的决定对待，对于一个宣告专利权无效的决定，法院就应当驳回专利权人的诉讼请求。但是，如果其后该无效审查决定被行政诉讼撤销了，原侵权判决就应当重审，这会影响判决的严肃性，也给当事人以及社会公众带来困惑。现在法院的做法，以及正在讨论的司法解释的意见是驳回起诉，这是比较合理的。

因此，不建议采用修改草案第四十六条第二款和第六十条第三款的规定。

七、专利评价报告，涉及第六十一条

修改草案第六十一条，改变了现行法规定的人民法院或者管理专利工作的部门"可以"要求专利权人或者利害关系人出具专利权评价报告的规定，而是要求"应当"要求专利权人或者利害关系人出具专利权评价报告。这一规定，存在以下的问题：第一，要求实用新型和外观设计专利的专利权人在主张权利时都提交评价报告，对于某些当事人来说是一个重大的负担。特别是对于离偏远地区的个人发明人来说，本来专利保护就需要付出一定的成本，且得到的赔偿又比较低，如果再要求他们提供专利评价报告，无疑会增加其维权成本，挫伤其维权的积极性。第二,专利评价报告"作为审理、处理专利侵权纠纷的证据"使用，但实质上法院只是作为参考，而很难作为证据使用。评价报告即使作出可能不具有新颖性或创造性的结论，法院也不能据此认定专利无效或不侵权。很多情况下，当事人提供了评价报告，但并没有在案件中使用。就案件审理过程中的证据而言，只有可以证明案件事实的材料，才可以作为证据。但专利评价报告，并不是证明案件事实的材料。如果要求当事人提交，但又在审理过程中没有使用，则更让专利权人怀疑这一做法的合理性。第三，对于专利权人不提交评价报告的后果，这一条并没有规定。如果没有法律后果，这样的要求很难实现。但是，如果规定了专利权人不提交评价报告时的法律后果，则又不合理。法律后果无非以下几种做法：第一种做法是不予立案。如果在立案阶段就要求专利权人提交评价报告，不提交评价报告就不予立案，这不符合"立案登记制"要求的简化立案程序和条件的原则。第二种做法是驳回起诉，专利评价报告，只是诉讼中的证据。而驳回起诉主要是程序和受理条件的问题。以没有提交评价报告，作为驳回起诉的理由不合适。第三种做法是驳回诉讼请求，在专利权有效的情况下，以没有提交评价报告为由驳回诉讼请求也没有法律依据。

因此，把实用新型和外观设计专利评价报告作为要求保护时必须提交的材料，浪费专利权人的费用和时间，增加了专利权人的负担。并且会抑制实用新型专利制度的使用。虽然日本要求实用新型专利权人提交评价报告，但日本处在限制实用新型专利适用的阶段，并且其实用新型专利非常少。而我国目前实用新型的数量很大，并且我们也不应限制实用新型制度的适用，在这种情况下不应当把评价报告作为要求保护必须提交的材料。当然，按现在的做法，专利权人自愿选择是否提交评价报告。如果没有提交评价报告，法院中止审理的可能性比较大。将评价报告作为确定是否中止审理的基本依据，是合理的可行的。修改为草案中的内容，似无必要。

八、惩罚性赔偿，涉及第六十五条

修改草案六十五条第三款规定了惩罚性赔偿。对于增加惩罚性赔偿，我们没有不同意见，但这里的表述可以修改。建议第二款直接改为提高数额，并调整这一条中各款之间的排列，与商标法的规定一致。

建议第二、三款如下表述：

对于故意侵犯专利权的行为，人民法院可以根据侵权行为的情节、规模、损害后果等因素，将根据前款所确定的赔偿数额提高至二到三倍。

权利人的损失、侵权人获得的利益和专利许可使用费均难以确定的，人民法院可以根据专利权的类型、侵权行为的性质和情节等因素，确定给予一万元以上三百万元以下的赔偿。

九、关于行政部门通知网络服务者的问题

修改草案第七十一条（新增 X2 条）第三款规定："专利行政部门认定网络用户利用网络服务侵犯专利权的，应当通知网络服务提供者采取必要措施予以制止，网络服务提供者未及时采取必要措施的，对损害的扩大部分与该网络用户承担连带责任。"这一规定，并没有明确专利行政部门在什么情况下会通知网络服务商，是在根据专利权人的请求，处理案件的过程中，还是专利行政部门可以主动进行认定？从性质上来说，通知网络服务商制止用户的侵权行为，属于什么性质，也不清楚。如果是行政决定，应是可以进行行政诉讼的。如果不是行政决定，其作出通知的依据和权限是什么，都是值得考虑的问题。另外，如果专利行政部门通知网络服务商后，停止了用户的行为，但后来经过判决认定用户并不构成专利侵权，则专利行政机关的通知是错误的，就要赔偿用户的损失，这可能会使专利行政部门面临较重的责任。因此，建议不是由专利行政部门主动通知网络服务商，而是在专利权人提出请求并且提供了充分的担保后，法院或专利行政部门再通知网络服务商。

十、国立科研机构和高等学校的职务发明实施的问题，涉及第七十八条

修改草案第七十八条（新增 X5 条）规定，在国立科研机构和高等学校的职务发明在一定期限内未实施的，发明人可以与单位协商，由发明人进行实施。这一规定针对科研机构和高校的专利转移转化问题，但实质上并没有提供解决问题的途径。这一条赋予单位与发明人协商的权利。也就是说，是否同意由发明人实施，还必须在单位同意的基

础上。这一权利，实质是虚的、没有意义的权利。另外，即使单位同意并与发明人签订了协议，发明人自行实施或者许可他人也存在法律方面的问题。如果发明人自己实施，基本上是非商业性个人使用，不需要与单位协商就可以。而许可他人实施，只能以专利权人的名义进行，发明人无法与他人签订许可合同。因此，这一条的规定没有意义，且有不合理的地方，建议删除。

十一、当然许可后的诉前临时禁令，涉及第八十条

修改草案第八十条规定，"当然许可期间，专利权人不得就该专利给予独占或者排他许可、请求诉前临时禁令。"首先，这一规定，从程序上剥夺了作出当然许可承诺的专利权人的请求诉讼禁令的权利，是不合适的。在某些情况下，如果他人实施其专利，且根本没有支付专利使用费的意思，专利权人要求取得禁令的权利应保留，但应受严格的限制，只有在极个别的情况下才可以支持。另外，这里只提到诉前临时禁令，诉中禁令以及永久禁令性质也是一样的。建议这一款修改为："当然许可期间，专利权人不得就该专利给予独占或者排他许可。专利权人向人民法院或专利行政管理部门请求禁令的，一般不予支持。"

十二、专利行政部门决定许可费的问题，涉及第八十一条和第八十二条

修改草案八十一条规定："当事人就当然许可发生纠纷的，由国务院专利行政部门裁决。当事人不服的，可以自收到裁决通知书之日起十五日内向人民法院起诉。"

修改草案第八十二条规定，对于标准必要专利的专利权人未披露专利时，"许可使用费由双方协商；双方不能达成协议的，由地方人民政府专利行政部门裁决。当事人对裁决不服的，可以自收到通知之日起三个月内向人民法院起诉。"

上述两种情况，实质上是两个平等民事主体就专利使用费发生的争议。这类争议，不宜由专利行政部门处理。专利行政部门特别是地方专利行政部门，对于处理专利使用费的争议，缺乏相应的经验，因

为在处理争议的过程中，如果双方当事人有不同意见，就会涉及是否落入专利保护范围的判断。另外，由专利行政部门处理，专利行政部门不适合对许可合同关系是否成立进行判定，而这是确定使用费纠纷的基础。当事人不服时再提起行政诉讼，不如直接由法院作为民事案件受理和判决更合适。法院在审理过程中，可以先判定是否成立许可关系，然后在许可关系成立的基础上确定使用费的数额。

十三、关于标准必要专利的问题，涉及第八十二条

近年来，因实施标准必要专利引起的纠纷引起了社会的关注。如果能在专利法中对标准必要专利的处理规则作出规定，将具有重要意义。但是另一方面，目前对于此类纠纷的处理，还存在很大的争议，法院也存在不同的做法。在专利法中作出规定还存在很大的难度。

修改草案第八十二条针对专利权人在标准制定过程中不披露其拥有的标准必要专利的情形做了规定，基本规则是这是相当于标准必要专利默示许可，但默示许可不等于免费许可，专利权人仍有权要求标准实施者支付合理的使用费。这一规定，基本吸收了最高人民法院《关于朝阳兴诺公司按照建设部颁发的行业标准〈复合载体夯扩桩设计规程〉设计、施工而实施标准中专利的行为是否构成侵犯专利权问题的函》的规定。最高人民法院的复函，针对的是个案的情况，并且是在"鉴于目前我国标准制定机关尚未建立有关标准中专利信息的公开披露及使用制度的实际情况"下做的，复函中还提出了"但支付的数额应明显低于正常的许可使用费"。可以看出，在该案中，由于并没有在标准制订过程中要求披露专利的制度，所以对未披露的专利权人，仍允许其收取专利使用费，但应明显低于正常的使用费。但现在国家标准化委员会、国家知识产权局已经发布了《国家标准涉及专利的管理规定（暂行）》，要求参与制订标准的组织和个人披露其拥有和知悉的专利。虽然上述规定只适用于国家标准，但要求披露专利已经成为各标准制订组织的基本要求。另外，国家工商总局在 2015 年 4 月发布的《关于禁止滥用知识产权排除、限制竞争行为的规定》第 13 条规定："具有市场支配地位的经营者没有正当理由，不得在标准的制定和实施过程中实施下列排除、限制竞争行为：（一）在参与标准制定的过程中，故

意不向标准制定组织披露其权利信息，或者明确放弃其权利，但是在某项标准涉及该专利后却对该标准的实施者主张其专利权。"

按修改草案第八十二条的规定，专利权人即使不披露其专利，也不用承担不利的后果，仍可以要求支付使用费。这其实与专利权人作出按"公平、合理、无歧视"原则许可承诺的专利权人并没有根本的区别。因此，修改草案第八十二条的规定，对不披露其专利的专利权人持比较宽容的态度，这不利于促使专利权人披露其专利。鉴于专利权人不披露其专利的情形比较复杂，有关的规则还在争议中，在没有成熟意见的情况下，可以暂不对此作出规定。

除了不向标准制订组织披露专利的情形外，更多的情形是专利权人向标准制订组织披露了专利并作出 FRAND 许可承诺后，专利权如何行使其专利权的问题。其中最主要的是两个方面的问题，一是专利权人是否还可以得到禁令救济；二是专利使用费如何计算。专利使用费的计算是一个技术性的工作，现在尚没有公认的计算方法，难以在专利法的作出规定。专利权人是否可以得到禁令救济的问题，各国的做法已经基本一致，学界看法也基本相同。那就是，专利权人一般不能再获得禁令救济。当然，对于在标准制订过程中故意不披露其专利的专利权人来说，一般也不能获得禁令救济。因此，建议在专利法的修改草案中作出如下的规定：

参与标准制订的专利权人在标准制定过程中不披露其拥有的标准必要专利的，或者专利权人已经承诺按照"公平、合理、无歧视"的原则许可其标准必要专利的，专利权人要求人民法院或专利行政管理部门责令实施该标准的人停止侵权的，一般不予支持。

附：

本意见所涉及的《专利法修改草案》主要条款

第三条　国务院专利行政部门**主管**全国的专利工作，统一受理和审查专利申请，依法授予专利权，**负责涉及专利的市场监督管理工作，查处有重大影响的专利侵权和假冒专利行为，负责建设专利信息公共服务体系，促进专利信息传播与利用，依法授予专利代理师资格、审**

批专利代理机构。

县级以上地方人民政府**专利行政部门**负责本行政区域内的**专利工作**，开展专利行政执法，查处专利侵权和假冒专利行为，提供专利公共服务。

第六条　执行本单位任务所完成的发明创造为职务发明创造。

职务发明创造申请专利的权利属于该单位；申请被批准后，该单位为专利权人。

非职务发明创造，申请专利的权利属于发明人或者设计人；申请被批准后，该发明人或者设计人为专利权人。

利用本单位的物质技术条件所完成的发明创造，单位与发明人或者设计人订有合同，对申请专利的权利和专利权的归属作出约定的，从其约定；**没有约定的，申请专利的权利属于发明人或者设计人。**

第十四条　（新增 X1 条，原条文移至第七十七条）

行使专利权应当遵循诚实信用原则，不得损害公共利益，不得不正当地排除、限制竞争，不得阻碍技术进步。

第十九条　在中国没有经常居所或者营业所的外国人、外国企业或者外国其他组织在中国申请专利和办理其他专利事务的，应当**按照规定**委托依法设立的专利代理机构办理。

中国单位或者个人在国内申请专利和办理其他专利事务的，可以委托依法设立的专利代理机构办理。

专利代理师和专利代理机构应当遵守法律、行政法规，按照被代理人的委托办理专利申请或者其他专利事务；对被代理人发明创造的内容，除专利申请已经公布或者公告的以外，负有保密责任。**专利代理师和**专利代理机构的具体管理办法由国务院规定。

第四十一条　国务院专利行政部门设立专利复审委员会。专利申请人对国务院专利行政部门驳回申请的决定不服的，可以自收到通知之日起三个月内，向专利复审委员会请求复审。

专利复审委员会对复审请求进行审查，必要时可以对专利申请是否符合本法有关规定的其他情形进行审查，作出决定，并通知专利申请人。

专利申请人对专利复审委员会的复审决定不服的，可以自收到通知之日起三个月内向人民法院起诉。

第四十六条　专利复审委员会对宣告专利权无效的请求**进行审查，必要时可以对专利权是否符合本法有关规定的其他情形进行审查**，及时作出决定，并通知请求人和专利权人。

宣告专利权无效**或者维持专利权**的决定作出后，**国务院专利行政部门应当及时予以登记和公告**。

对专利复审委员会宣告专利权无效或者维持专利权的决定不服的，可以自收到通知之日起三个月内向人民法院起诉。人民法院应当通知无效宣告请求程序的对方当事人作为第三人参加诉讼。

第六十条　未经专利权人许可，实施其专利，即侵犯其专利权，引起纠纷的，由当事人协商解决；不愿协商或者协商不成的，专利权人或者利害关系人可以向人民法院起诉，也可以请求**专利行政**部门处理。**专利行政**部门处理时，认定侵权行为成立的，可以责令侵权人立即停止侵权行为，并**可以没收、销毁侵权产品、专用于制造侵权产品或者使用侵权方法的零部件、工具、模具、设备等**。当事人不服的，可以自收到处理通知之日起十五日内依照《中华人民共和国行政诉讼法》向人民法院起诉；侵权人期满不起诉又不停止侵权行为的，**专利行政部门**可以申请人民法院强制执行。进行处理的**专利行政部门**应当事人的请求，可以就侵犯专利权的赔偿数额进行调解；调解不成的，当事人可以依照《中华人民共和国民事诉讼法》向人民法院起诉。**达成的调解协议经人民法院依法确认有效，一方当事人拒绝履行或者未全部履行的，对方当事人可以向人民法院申请强制执行。**

对涉嫌群体侵权、重复侵权等扰乱市场秩序的故意侵犯专利权的行为，由专利行政部门依法查处；专利行政部门认定故意侵权行为成立且扰乱市场秩序的，可以责令侵权人立即停止侵权行为，没收、销毁侵权产品、专用于制造侵权产品或者使用侵权方法的零部件、工具、模具、设备等。非法经营额五万元以上的，可以处非法经营额一倍以上五倍以下的罚款；没有非法经营额或者非法经营额五万元以下的，可以处二十五万元以下的罚款。

对于因无效宣告请求而中止审理或者处理的专利侵权纠纷，宣告**专利权无效或者维持专利权的决定公告后，人民法院和专利行政部门应当及时审理或者处理。**

第六十一条　专利侵权纠纷涉及新产品制造方法的发明专利的，

制造同样产品的单位或个人应当提供其产品制造方法不同于专利方法的证明。

专利侵权纠纷涉及实用新型专利或者外观设计专利的，**除须立即审理、处理的情形外**，人民法院或者**专利行政**部门**应当**要求专利权人或者利害关系人出具由国务院专利行政部门对相关实用新型专利或外观设计专利进行检索、分析和评价后作出的专利权评价报告，作为审理、处理专利侵权纠纷的证据。

人民法院认定侵犯专利权行为成立后，为确定赔偿数额，在权利人已经尽力举证，而与侵权行为相关的账簿、资料主要由被控侵权人掌握的情况下，可以责令被控侵权人提供与侵权行为相关的账簿、资料；被控侵权人不提供或者提供虚假的账簿、资料的，人民法院可以参考权利人的主张和提供的证据判定赔偿数额。

第六十四条　**专利行政部门**根据已经取得的证据，对涉嫌**侵犯专利权行为或者**假冒专利行为进行查处时，可以询问有关当事人，调查与涉嫌违法行为有关的情况；对当事人涉嫌违法行为的场所实施现场检查；查阅、复制与涉嫌违法行为有关的合同、发票、账簿以及其他有关资料；检查与涉嫌违法行为有关的产品，对有证据证明是**扰乱市场秩序的故意侵犯专利权的产品或者**假冒专利的产品，可以查封或者扣押。

专利行政部门依法行使前款规定的职权时，当事人应当予以协助、配合，不得拒绝、阻挠。**当事人拒绝、阻挠专利行政部门行使职权的，由专利行政部门予以警告；构成违反治安管理行为的，由公安机关依法给予治安管理处罚；构成犯罪的，依法追究刑事责任。**

第六十五条　侵犯专利权的赔偿数额按照权利人因被侵权所受到的实际损失确定；实际损失难以确定的，可以按照侵权人因侵权所获得的利益确定。权利人的损失或者侵权人获得的利益难以确定的，参照该专利许可使用费的倍数合理确定。赔偿数额还应当包括权利人为制止侵权行为所支付的合理开支。

权利人的损失、侵权人获得的利益和专利许可使用费均难以确定的，人民法院可以根据专利权的类型、侵权行为的性质和情节等因素，确定给予一万元以上一百万元以下的赔偿。

对于故意侵犯专利权的行为，人民法院可以根据侵权行为的情节、规模、损害后果等因素，将根据前两款所确定的赔偿数额提高至二到

三倍。

第七十一条　网络服务提供者知道或者应当知道网络用户利用其提供的网络服务侵犯专利权，但未及时采取删除、屏蔽、断开侵权产品链接等必要措施予以制止的，应当与该网络用户承担连带责任。

专利权人或者利害关系人有证据证明网络用户利用网络服务侵犯其专利权的，可以通知网络服务提供者采取前款所述必要措施予以制止。网络服务提供者接到合格有效的通知后未及时采取必要措施的，对损害的扩大部分与该网络用户承担连带责任。

专利行政部门认定网络用户利用网络服务侵犯专利权的，应当通知网络服务提供者采取必要措施予以制止，网络服务提供者未及时采取必要措施的，对损害的扩大部分与该网络用户承担连带责任。

第七十八条　国家设立的研究开发机构、高等院校自职务发明创造获得专利权之后合理期限内，既未自行实施或者作好实施的必要准备，也未转让和许可他人实施的，在不变更专利权属的前提下，发明人或者设计人可以与单位协商自行实施或者许可他人实施该专利，并按照协议享有相应的权益。

第八十条　任何人希望实施当然许可的专利的，应当以书面方式通知专利权人，并支付许可费。

当然许可期间，专利权人不得就该专利给予独占或者排他许可、请求诉前临时禁令。

第八十一条　当事人就当然许可发生纠纷的，由国务院专利行政部门裁决。当事人不服的，可以自收到裁决通知书之日起十五日内向人民法院起诉。

第八十二条　参与国家标准制定的专利权人在标准制定过程中不披露其拥有的标准必要专利的，视为其许可该标准的实施者使用其专利技术。许可使用费由双方协商；双方不能达成协议的，由地方人民政府专利行政部门裁决。当事人对裁决不服的，可以自收到通知之日起三个月内向人民法院起诉。

对最高人民法院《专利侵权司法解释二（2月25日稿）》的个人意见[*]

一、关于第二条

（一）是否在专利复审委员会作出无效决定后就驳回起诉，应慎重考虑

该条的规定，可能存在以下几个问题：

第一，驳回起诉的法律依据值得商榷。不符合受理条件才能驳回起诉，而在专利被复审委宣告无效后，最接近的理由应是不再符合"原告是与本案有直接利害关系的公民、法人和其他组织"这一条件。但是，专利法等法律未明确规定专利无效决定自作出之日起生效，本司法解释草案第三十三条又规定了无效决定并非自作出之日起生效。既然原告的专利权仍然有效，原告仍具有起诉的权利，驳回起诉依据不足。

第二，按这一条的规定，在专利权被宣告无效后的行政诉讼期间，专利权人不能再据此提起侵权诉讼。如果在此期间专利权人发现了以前的其他人的专利侵权行为，即将超过诉讼时效，而"在生效的行政决定或行政判决认定上述权利要求有效"后，可能已经超过了诉讼时效，或者虽然没有超过诉讼时效，但专利权人要求赔偿的起算点被推迟了。

第三，从社会效果上看，有些人不清楚驳回起诉和驳回诉讼请求

---

   * 2011年9月开始，最高人民法院民三庭开始了对《最高人民法院关于审理侵犯专利权纠纷案件应用法律若干问题的解释（二）》的起草工作，笔者受邀对2015年2月25日的司法解释草案提出意见，本文系作者提交的书面意见。

的区别，可能认为驳回起诉就是允许继续使用。特别是对于当事人之外的人来说，如果看到他人使用某种技术方案被起诉后"胜诉"了，可能会效仿，但后来有 10% 的可能性专利被最终认定有效，这对于社会公众来说有一定程度上的误导。

本人认为，这一条的出发点，并不是解决当事人的问题，而是解决法院的问题。对于当事人来说，如果在诉讼过程中，原告据以主张的权利要求被专利复审委员会宣告无效，法院中止诉讼对当事人是最方便的。但中止诉讼可能造成法院案件的积压。如果只是为了解决法院的积案而作出这一条的规定，似无必要。法院的积案要靠法院的管理方式的改变来解决，而不能靠增加这一条的规定。

（二）如果确有必要作出这一条的规定，建议作适当修改

1. 第一款中的"可以"，使法院可以自主决定是否驳回起诉，这会出现相同情形有的驳回有的继续审理的情形，不利于司法的统一。虽然这类案件由北京知识产权法院一家法院审理，该院会适当统一标准，但仍会使当事人无法预测。为了司法的统一，建议将"可以"改为"应当"。

2. 第二款中"该行政判决同时判令专利复审委员会重新作出决定的"……，不知道针对的是哪类决定。在法院撤销专利复审委员会的决定后，都会判令专利复审委员会重新作出决定，而不只是在程序违法和主要证据不足时。"主要证据不足"也不能作为另行考虑的情形。这里可以修改为"专利复审委员会的决定因程序违法而被撤销时"……。

二、关于第三条

对第三条规定的内容没有意见。

对第三条的表述提一点建议。第三条中"导致说明书无法用于解释权利要求"的表述，与第一句"权利要求记载的文字含义清楚"不协调，一般含义清楚就不涉及使用说明书进行解释的问题，建议改为"权利要求记载的文字含义清楚，但在说明书中没有相应的内容，明显违反专利法第二十六条第三款、第四款的规定且不属于本解释第四条所称明显错误的……"。

三、关于第六条

目前这两款的规定，容易使人认为第二款是在第一款的基础上作出的规定，第二款中的"专利审查档案"仅指第一款中的专利审查档案。从对这一条的解释看，第二款与第一款并没有关系，是适用于所有情形的。为避免误解，可将这两款的顺序调整。

第一款："可用于解释权利要求的专利审查档案，包括……"

第二款：现第一款的内容。

四、关于第七条

就这一条的适用范围提如下建议。

虽然《专利审查指南》关于封闭式权利要求的规定，是针对所有类型的权利要求。但其真正适用的领域主要是化学领域。这一条第一款的规定，应只限于化学领域组合物。对于其他领域如机械领域中出现的类似表述，暂不宜作出这么严格的规定，而是根据实际情况，以本领域技术人员的理解为基础进行合理解释。本条第一款规定的针对的是"组合物"，应指的是化学领域的组合物。为进一步明确，可改为"化学领域组合物"。

五、关于第八条

1. 第一款在逻辑上有点不通顺。第一款提到，对于结构、组分、步骤、条件或其之间的关系等，通过其在发明创造中所起的功能或者效果进行限定的技术特征。从这句话的表述看，功能或者效果是用来限定结构、组分等的。而功能性技术特征，是用来限定发明创造的，并且在权利要求书中并没有结构、组分等，第一款的规定理解起来也比较绕。

2. "条件或者其之间的关系"不好理解，"之间的关系"能否可以通过功能界定，很难找到具体的例子。

3. 认定某一技术特征是否属于功能性特征，应是一个法律认定，不是通过证据证明的事实，使用"当事人举证证明"强调了当事人要提交证据，但有时当事人不用提交证据，通过说明和解释就可以确定的，本款的规定就难以适用。另外，这样规定，也限制了法院主动认定某些技术特征不是功能性特征。

4. 第一款只将"仅通过阅读权利要求书即可直接、明确地确定其实现上述或者效果的具体实施方案"排除在外，使功能性特征的范围比较大。有时，专利权人在权利要求中使用了一个自造词，然后在说明书中对该自造词进行了解释。而在造词时，使用了表示功能或效果的词。按照权利要求解释的方法，该自造词的含义可以通过权利要求书作出明确的解释，就不必认定这是一个功能性技术特征。

5. 第二款包括了对功能性特征的字面解释和等同解释，但最后一句"技术特征"落入专利权的保护范围，不太通顺。为了便于表述，可以不再区分相同侵权和等同侵权，只用相同侵权。

综合以上四点，对第一款提出如下建议：权利要求中以功能或者效果表述的技术特征，即功能性特征，是指仅记载其在发明创造中所起的功能或者效果，但未披露具体结构、组分、步骤或行为的技术特征。本领域普通技术人员通过阅读说明书并结合当事人提供的证据，可以直接地、明确地确定该技术特征的含义是某具体结构、组分、步骤或行为的，不属于功能性特征。

第二款："……，人民法院应当认定该相应技术特征与功能性特征相同。"如果作出上述规定，对于功能性特征，就不再存在等同特征，这可能与美国的做法有点不同，但结果是一样的。与目前司法解释草案的结果也是相同的，只是表述更方便。且这样规定，与2009年的司法解释也是一致的。2009年的解释，"人民法院应当结合说明书和附图描述的该功能或者效果的具体实施方式及其等同的实施方式，确定该技术特征的内容。"按一般的理解，这里的"等同的实施方式"指的也是在侵权日的等同。

六、关于第十条

对于以方法表征的产品权利要求，在侵权诉讼中如何解释，其他国家也没有统一的做法。在司法解释中作出规定是有必要的。

对于此类权利要求在侵权诉讼中的解释，主要是考虑制备方法和不考虑制备方法两种思路。草案第十条采用了考虑制备方法的思路。但是，在说明的解释中，以《专利审查指南》的规定作为参考，得出制备方法对产品权利要求具有限定作用，逻辑上存在问题。从《专利审查指南》的规定看，在专利审查过程中，在确定新颖性和创造性时，只考虑产品本身的结构和组成，并不考虑制备方法。也就是说，即使制备方法是新的，但该制备方法并没有导致产品的结构和组成与现有技术有区别，仍不能获得专利授权。所以，《专利审查指南》的规定，是只考虑产品，不考虑制备方法是否具有新颖性的。按照这种审查原则所授权的专利权，产品的结构与组成，与现有技术相比是具有新颖性和创造性的。这样，专利权人的贡献，不在于制备方法，而在于产品本身。对其专利进行保护，也应当不限于其制备方法，而是保护其产品本身。在专利侵权诉讼中，只考虑被控侵权物与专利权利要求界定的产品在结构、组成方面是否相同或等同，而不应考虑制备方法。因此，按照我国《专利审查指南》对于方法表征的产品权利要求的审查方法，在专利侵权诉讼中不对比制备方法是否相同，逻辑上才成立，也是合理的。当然，如果在侵权诉讼中不考虑制备方法，只就产品的结构、组分进行对比，有时对比起来会比较麻烦。并且，我国存在很多没有经过实质审查的实用新型专利，如果只就产品本身进行对比，有时给予专利权人的保护超出了其贡献。

因此，目前第十条的规定，作为一种政策考虑而采取的做法，也是可行的。它对于专利权人来说，保护的力度稍弱。但这种方法有利于明确专利权的保护范围，保障了专利权的公示作用，会抑制专利申请人采用方法表征权利要求的做法。但是，应当看到，这种做法与现行审查指南的规定不是一致的，而是冲突的。其冲突的情形，与功能性特征在审查与侵权诉讼中的冲突是基本相同的。

七、关于第十八条

同意这一条规定的内容。但是，本条第三款最后一句"当事人将作出上述书面承诺的制造者、进口者列为民事诉讼法第五十二条第一款所称的共同被告或者民事诉讼法第五十六条第二款所称的第三人的，人民法院应当依法处理。"其适用范围非常小。不能适用于制造者没有作出书面承诺时的处理，也没有涉及被告申请追加制造者为被告或第三人的处理。因此，建议："被告申请追加制造者或进口者为共同被告或第三人的，人民法院应当依法处理。如果临时保护期内的制造者以及专利授权后的销售者或使用者在同一案件中处理，人民法院只判令制造者支付使用费，销售和使用者不承担责任。"这是因为，如果法院判令制造者支付了使用费，即使没有支付，其效力不低于制造者书面承诺支付费用，这时可以判令销售和使用者不承担责任。

八、关于第二十五条

这一条规定没有涉及强制性标准，适用范围有点窄。其实，对于强制性标准，如果专利权人已经作出了 FRAND 声明，其处理的方法与推荐性标准应是相同。区别在于，对于强制性标准而言，即使专利权人未作出 FRAND 声明，仍可以纳入标准，只是"应当由国家标准化管理委员会、国家知识产权局及相关部门和专利权人或者专利申请人协商专利处置办法。"（《国家标准涉及专利的管理规定（暂行）》第十五条）。这种情况下的处理办法与专利权人已经作出 FRAND 声明会有所不同。因此，建议扩大本条的适用范围，适用于"推荐性国家、行业或者地方标准明示所涉必要专利的信息，或者强制性国家标准已明示所涉必要专利的信息，且专利权人已经同意在公平、合理、无歧视基础上许可任何组织或者个人在实施该国家标准时实施其专利的……"。

第二款的规定主要解决是否颁发禁令的问题，从其他国家近些年来的做法看，绝大多数国家都否定了禁令的要求，其条件主要是看使用人是否善意要求取得专利许可，但不考虑专利权人是否违反 FRAND 原则。这是因为，在专利权人提起的要求颁发禁令的诉讼中，只要使用人愿意接受许可，并善意进行谈判，不管谈判进行到什么阶段，也不管专利权人是否违反了 FRAND 原则，都不必颁发禁令。第二款将"专利权人故意违反其在标准制订中承诺的公平、合理、无歧视的许可义务导致无法达成专利实施许可合同，且被诉侵权人在协商中无明显过错的"，实无必要。建议第二款改为："推荐性国家、行业或者地方标准明示所涉必要专利的信息，或者强制性国家标准已明示所涉必要专利的信息，且专利权人已经同意在公平、合理、无歧视基础上许可任何组织或者个人在实施该国家标准时实施其专利，被诉侵权人已善意与专利权人协商该专利的实施许可条件的，对于专利权人请求停止标准实施行为的主张，人民法院一般不予支持。"

第三款确定了法院受理专利使用费纠纷。对此，我觉得应慎重考虑。第一，使用费率是双方当事人协商确定的内容，法院不宜直接替当事人确定合同的内容；第二，如果按这一条的规定法院受理类似纠纷，则不利于促进当事人积极谈判。对于被控侵权人而言，其更希望找对自己更有利的当地法院来确定专利使用费，于是会不积极谈判；第三，受理此类纠纷的法律依据并不充分。第四，虽然其他国家如美国近年也受理了一些由法院确定使用费率的案件，但美国都是以违约（利益第三人合同）提起的诉讼，法院在审理过程中确定专利使用费率只是确定是否违约，而不是为当事人制定合同条款，其在判决中计算的许可费，并不强制当事人遵循。

因此，不能轻易采取协商不成就可以由标准实施人提起诉讼的做法。但是，如果当事人协商确实达不成协议，陷入僵局如何处理。本人认为，因为有了本条第二款的规定，专利实施人一般不会受到禁令的制约，便可以在谈判没有结果前就使用专利技术。如果专利权人主张侵权或专利使用费，依据本条第二款的规定，只要被控侵权人已提出善意谈判，法院不会颁发禁令，但可以根据具体情况要求法院确定专利许可使用费的数额。这样，专利许可使用费并不是作为单独的诉讼解决，而是在专利侵权诉讼中解决，保障了解决的途径，可以促进当事人积极协商，且对当事人也更公平。

九、关于第二十六条

1.这一条实质上使付出合理对价的使用者不用承担任何责任。可能存在以下问题：第一，法律依据不足。根据《专利法》第十一条和第七十条的规定，专利产品使用者属于实施专利的行为，在不知道且有合法来源时，可以不承担赔偿责任。而按照这条司法解释的规定，只要付出合理对价，就不用承担任何责任。法律依据在哪里，其付出对价和是否承担责任之间并没有法律上的联系。因为对于专利权人来说，即使使用者已经支付了对价，专利权人并没有从该产品中得到利益，生产者有可能下落不明或失去赔偿能力，这时专利权人得到不赔偿且不能制止进一步的使用，显然保护力度不够。第二，与 TRIPS 协定的要求不符。《TRIPS 协定》第二十八条规定："若一项专利的标的事项是一种产品，则专利所有者有权阻止未得到专利所有者同意的第三方制造、使用、出卖、销售或为这些目的而进口被授予专利的产品。"即使使用者已经支付了合理对价，但无法解释为已经得到专利权人同意，这种情况下免除使用者的责任，不符合 TRIPS 协定的要求。第三，很难用善意取得制度解释这一规定。善意取得主要是针对所有权。在特定情形下，由于所有权只能归属于一方所有，而各方当事人均无过错，法律设定了善意取得制度使之归属于取得方，以保护交易安全。如果说就专利侵权产品支付了合理对价的使用者是"善意取得"，其取得的对象是什么？当然不是所有权，可以说是专利实施权，或者对标的物的使用权。这一权利，并不能说随着交易的进行就自然获得。也并不是说必须授予使用人专利实施权才能维护交易安全。第四，实践中可能会出现把责任转嫁到虚拟的生产者，使用者逃避专利侵权责任的情形。

2. 对于使用者免除责任的条件，我们可以借鉴美国的"单一赔偿规则"，"就争议的专利侵权产品，如果专利权人已经从制造者那里得到了充分赔偿或即将得到全部赔偿，则无权再要求该产品的销售者、使用者承担侵权责任"。按照上述原则，专利侵权产品的销售者、使用者是否应承担停止侵权的责任，主要不是看其是否支付了合理对价，而是看专利权人是否从制造者那里得到了充分赔偿。本人觉得这一原则比草案二十六条的规定更合理，且法律依据更充分。专利权人得到充分赔偿，可以视为其对专利产品的默示许可。根据以上原则，本人提出如下具体建议：

（1）专利权人或利害关系人在起诉了侵权产品制造者后，又起诉侵权产品使用者并要求停止使用的，如果前一案件中确定制造者赔偿责任时已经考虑到了第二个案件中所涉及的侵权产品，并且制造者已经对专利权人或利害关系人进行了充分的赔偿，专利权人或利害关系人的损失已经得到全部弥补，应驳回专利权人或利害关系人的起诉。

（2）专利权人或利害关系人同时起诉侵权产品的制造者和使用者，并要求使用者停止使用的，在确定制造者的赔偿责任时应考虑到使用人使用专利产品的事实，使专利权人或利害关系人的损失得到全部弥补。如果使用者停止使用不影响公共利益，且给使用人带来的损失与专利权人所得到利益并不明显失衡时，在判决中可以判决如果侵权产品制造者在判决生效后三十日内仍未全部履行判决，则使用者应停止使用。判决生效后，如果制造者进行了赔偿，则使用人可以继续使用；如果制造者没有在规定的时间内赔偿，则使用者应停止使用。如果其后制造者全部履行判决确定的赔偿责任，使用者可恢复使用。

（3）专利权人或利害关系人只起诉侵权产品使用者并要求停止使用的，法院应当允许被诉侵权产品的制造者主动参加诉讼；被诉侵权产品的制造者也可以对专利权人提起确认不侵权诉讼。制造者提起确认不侵权诉讼的，针对侵权产品使用人的诉讼应当中止。

（4）专利权人或利害关系人只起诉侵权产品使用者并要求停止使用，被诉侵权产品的制造者未主动参加诉讼，也未提起确认不侵权诉讼或者确认不侵权诉讼未得到法院支持的，使用者停止使用不影响公共利益，且给使用人带来的损失与专利权人所得到利益并不明显失衡时，可判令使用者停止使用。

（5）专利权人对某一产品既有产品专利又有使用方法专利的，如果购买了该产品后必然使用其专利方法，专利权人或利害关系人要求侵权产品使用人停止使用其专利方法的，可只考虑产品专利，不考虑方法专利。

十、关于第二十七条

该条将拒绝颁发禁令的情形只限于损害公共利益，其适用范围过小。在实际案件中，停止侵权会损害公共利益的情形并不多见，多数情况下是停止侵权给侵权人带来巨大损失，而专利权人借机要挟侵权人支付高额的和解费，以换取继续使用。对于这种情况，美国在决定是否颁发禁令时考虑的一个因素是双方的利弊得失，即原告收益与被告受到的损失是否不成比例。这一做法，对于抑制专利流氓的投机诉讼具有重要意义。司法解释的前几稿中还将"导致当事人之间的利益严重失衡"作为不停止侵权的一种理由，但这一稿中取消了。本人认为，以前的规定还有保留的必要。如果按现在第二十七条的规定，法院只考虑公共利益，即使明知专利权人以停止侵权要挟侵权人，法院也不能以其他理由否定禁令的请求。面对中国可能出现的 NPE 诉讼，停止侵权的条件应更严格一些，建议恢复上一稿中"导致当事人之间的利益严重失衡"的有关规定。

十一、关于第三十四条

专利复审委员会作出专利权无效的决定后，如何对待已经生效的判决，以及如何执行原判决，主要是看什么方式更方便和公平。该司法解释第三十四条的规定，如果判决未履行完毕，则需要通过再审程序撤销该判决，并且由再审法院裁定中止执行。同时第二款规定，如果专利权人提供了充分担保，则有可能继续执行。但这时存在三个问题：一是，执行法院是一审法院，而受理再审的是二审法院或最高人民法院。从申请再审到作出中止执行的裁定，需要一定的时间。在这段时间，一审法院是否应继续执行？二是，如果上级法院已经做了中止执行的裁定，在申请执行人提供了担保时，下级法院作出恢复执行的决定，这在效力上存在问题。三是，当事人通过再审程序才能中止执行，对于当事人以及法院来说都增加了很多负担。

《专利法》第四十七条已经规定了专利决定作出前后的执行后果的不同，之前已经执行的，不具有追溯力；之前尚未执行的，不再执行。这就可以在司法解释中直接作出决定，作出后就中止执行的规定。由于专利无效决定作出后 90% 是维持的，所以如果在专利无效决定作出日还没有执行的，负责执行的法院可以直接作出中止执行的裁定，不必通过再审程序。这样更高效和简便。同时，如果当事人持未生效的专利复审委员会决定要求申请再审的，法院应不予受理。

建议第一款改为："专利复审委员会认定专利全部无效或部分无效的，自无效审查决定作出之日起，依据该审查决定中认定无效的权利要求所做的判决、调解书应中止执行。"

第二款仍保留现草案的内容。

附：

本意见所涉及的司法解释草案的主要条款

第二条　权利人在专利侵权诉讼中主张的权利要求被专利复审委员会宣告无效的，审理专利侵权纠纷案件的人民法院可以裁定驳回权利人基于该无效权利要求的起诉。

有证据证明专利复审委员会宣告上述权利要求无效的决定被生效的行政判决撤销的，权利人可以另行起诉；该行政判决同时判令专利复审委员会重新作出决定的，权利人可以在生效的行政决定或者行政判决认定上述权利要求有效后另行起诉。

权利人另行起诉的，从本条第一款所称裁定书送达之日起，诉讼时效中止。从本条第二款所称行政决定或者行政判决生效之日起，诉讼时效期间继续计算。

第三条　权利要求记载的文字含义清楚，但存在明显违反专利法第二十六条第三款、第四款的情形导致说明书无法用于解释权利要求，且不属于本解释第四条所称明显错误的，人民法院可以根据权利要求的记载确定专利权的保护范围。

在专利侵权诉讼的裁判作出前，无效宣告请求人基于前款所称事由请求专利复审委员会宣告该专利权无效的，人民法院可以裁定中止诉讼。

第六条　涉案专利与其他专利为分案申请关系的，人民法院可以运用该其他专利及其专利审查档案、生效的专利授权确权纠纷裁判文书解释涉案专利的权利要求。

专利审查档案，包括专利审查、复审、无效过程中专利申请人或者专利权人提交的书面材料，国务院专利行政部门及其专利复审委员会作出的审查意见通知书、会晤记录、口头审理记录、生效的专利复审请求审查决定书和专利权无效宣告请求审查决定书等。

第七条　对于以"由……组成"、"组成为……"表述的封闭式组合物权利要求，被诉侵权技术方案在包含权利要求全部技术特征的基础上增加其他技术特征的，人民法院应当认定被诉侵权技术方案未落入专利权的保护范围，但该增加的技术特征属于不可避免的常规数量杂质的除外。

前款所称封闭式权利要求，一般不包括以"由……制成"等表述的中药组合物权利要求。

第八条　权利要求中以功能或者效果表述的技术特征，即功能性特征，是指对于结构、组分、步骤、条件或其之间的关系等，通过其在发明创造中所起的功能或者效果进行限定的技术特征，但当事人举证证明属于本领域普通技术人员仅通过阅读权利要求即可直接、明确地确定其实现上述功能或者效果的具体实施方式的除外。

与说明书及附图记载的实现前款所称功能或者效果不可缺少的技术特征相比，被诉侵权技术方案的相应技术特征是以基本相同的手段，实现相同的功能，达到相同的效果，且本领域普通技术人员在被诉侵权行为发生时无需经过创造性劳动就能够联想到的，人民法院应当认定该相应技术特征落入功能性特征所限定的专利权的保护范围。

第十条　对于产品权利要求中以制备方法界定产品的技术特征，被诉侵权产品的制备方法与其不相同也不等同的，人民法院应当认定被诉侵权技术方案未落入专利权的保护范围。

第十八条　权利人依据专利法第十三条诉请在发明专利申请公布日至授权公告日期间实施该发明的单位或者个人支付适当费用的，人民法院可以参照专利法第六十五条的规定合理确定。发明专利申请公布时申请人请求保护的范围与发明专利公告授权时的专利权保护范围不一致，被诉技术方案均落入上述两种范围的，人民法院应当认定被告在前款所称期间内实施了该发明；被诉侵权技术方案仅落入其中一种范围的，人民法院应当认定被告在前款所称期间内未实施该发明。

在发明专利授权公告日以后，未经专利权人许可，使用、许诺销售、销售在本条第一款所称期间内已制造、进口的产品，且该制造者、进口者已支付或者书面承诺支付专利法第十三条所称适当费用，权利人主张上述使用、许诺销售、销售行为侵犯其专利权的，人民法院不予支持。当事人将作出上述书面承诺的制造者、进口者列为民事诉讼法第五十二条第一款所称的共同被告或者民事诉讼法第五十六条第二款所称的第三人的，人民法院应当依法处理。

对最高人民法院《专利侵权司法解释二（2月25日稿）》的个人意见

第二十五条　推荐性国家、行业或者地方标准明示所涉必要专利的信息，被诉侵权人以实施该标准、无需专利权人许可为由抗辩不侵犯该专利权的，人民法院一般不予支持。

推荐性国家、行业或者地方标准明示所涉必要专利的信息，被诉侵权人与专利权人协商该专利的实施许可条件时，专利权人故意违反其在标准制定中承诺的公平、合理、无歧视的许可义务，导致无法达成专利实施许可合同，且被诉侵权人在协商中无明显过错的，对于权利人请求停止标准实施行为的主张，人民法院一般不予支持。

本条第二款所称实施许可条件，应当由专利权人、被诉侵权人协商确定；经充分协商，仍无法达成一致的，可以请求人民法院确定。人民法院在确定上述实施许可条件时，应当根据公平、合理、无歧视的原则，综合考虑专利的创新程度及其在标准中的作用、标准所属的技术领域、标准的性质、标准实施的范围和相关的许可条件等因素。

法律、行政法规对实施标准中的专利另有规定的，从其规定。

第二十六条　为生产经营目的使用、许诺销售或者销售不知道是未经专利权人许可而制造并售出的专利侵权产品，且举证证明该产品合法来源的，对于权利人请求停止上述使用、许诺销售、销售行为的主张，人民法院应予支持。但是，被诉侵权产品的使用者举证证明其已向销售者支付该产品的合理对价的除外。

不知道，一般是指实际不知道。但是，权利人举证证明使用者、许诺销售者或者销售者应当知道的，对于其不知道的主张，人民法院不予支持。

合法来源，是指通过合法的销售渠道、通常的买卖合同等方式取得产品。对于合法来源，使用者、许诺销售者或者销售者应当提供符合交易习惯的相关证据，仅以合同中的权利瑕疵担保条款证明合法来源的，人民法院不予支持。

第二十七条　侵权人停止侵权行为将损害公共利益的，对于权利人请求侵权人停止侵权行为的主张，人民法院不予支持，但应当判令侵权人支付相应的合理费用。

第三十四条　当事人依据专利复审委员会作出但未生效的宣告专利权无效的决定申请再审，请求撤销专利权无效宣告前人民法院作出但尚未执行或者尚未执行完毕的专利侵权的判决、调解书的，经审查属实，人民法院可以裁定中止再审审查，并中止原判决、调解书的执行。

　　专利权人向人民法院提供充分、有效的担保请求继续执行前款所称判决、调解书的，人民法院应当继续执行；侵权人向人民法院提供充分、有效的反担保请求中止执行的，人民法院应当准许。宣告专利权无效的决定未被人民法院生效裁判撤销或者确认无效的，专利权人应当赔偿因继续执行给对方造成的损失；宣告专利权无效的决定被人民法院生效裁判撤销或者确认无效、专利权仍然有效的，人民法院可以依据前款所称判决、调解书直接执行上述反担保财产。